Der kleine Duden Sprachtipps

Der kleine Duden
Bearbeitet von der Dudenredaktion

1. **Deutsches Wörterbuch**
   Ein praktischer Helfer für den Alltag

2. **Fremdwörterbuch**
   Ein Nachschlagewerk für den täglichen Gebrauch

3. **Deutsche Grammatik**
   Eine Sprachlehre für Beruf, Studium, Fortbildung und Alltag

4. **Sprachtipps**
   Hilfen im sprachlichen Alltag

5. **Der passende Ausdruck**
   Ein Synonymwörterbuch für die Wortwahl

Der kleine Duden

Sprachtipps

Hilfen für den sprachlichen Alltag

3., neu bearbeitete Auflage 2004
Bearbeitet von der Sprachberatungsstelle
der Dudenredaktion

DUDENVERLAG
Mannheim · Leipzig · Wien · Zürich

Redaktionelle Bearbeitung der 3. Auflage:
Anja Konopka
Dr. Matthias Wermke

Herstellung Monika Schoch
Typographie Iris Farnschläder, Hamburg
Umschlaggestaltung Mischa Acker

Bibliografische Information der Deutschen Bibliothek
Die Deutsche Bibliothek verzeichnet diese Publikation in der Deutschen Nationalbibliografie; detaillierte bibliografische Daten sind im Internet über http://dnb.ddb.de abrufbar.

Satz: A–Z Satztechnik GmbH, Mannheim
(PageOne, alpha Media Partner GmbH)
Druck und Bindearbeit: Clausen & Bosse, Leck
Printed in Germany
ISBN 3-411-05583-9

Vorwort

Dieser Band ist ein praktischer »Pannenhelfer« zur Klärung rechtschreiblicher, grammatischer und stilistischer Zweifelsfragen, wie sie täglich von der Duden-Sprachberatung geklärt werden. Wer beim Schreiben plötzlich unsicher ist, ob es *wegen des Regens* oder *wegen dem Regen* heißt, wer nicht genau weiß, wo ein Komma gesetzt werden muss und wo nicht, der findet hier schnell und bequem die passenden Hinweise zum richtigen Sprachgebrauch. Das gilt natürlich auch für die neuen Rechtschreibregeln.

Alle Artikel in diesem Nachschlagewerk sind alphabetisch angeordnet. So kann jeder, ohne lange suchen zu müssen, auf schnelle und unkomplizierte Art Antwort auf seine Fragen finden. Um den Benutzerinnen und Benutzern den Zugang zu den enthaltenen Informationen zu erleichtern, wurde bei der Abfassung der Einträge bewusst eine für jedermann leicht verständliche Darstellungsweise gewählt und auf sprachwissenschaftliche Fachausdrücke weitgehend verzichtet.

Die »Sprachtipps« sind ein bewährter und nützlicher Ratgeber für den sprachlichen Alltag. Sie helfen, Fehler zu vermeiden, und leiten zu einem angemessenen Gebrauch der deutschen Sprache an.

Die Duden-Sprachberatung

Zur Neuregelung der deutschen Rechtschreibung

Seit dem 1. August 1998 gelten in den deutschsprachigen Ländern neue Rechtschreibregeln. Das Ziel der 1996 verabschiedeten Reform ist es, die Regeln zu vereinfachen und sie leichter erlernbar und anwendbar zu machen. Zugleich soll jedoch in das vertraute Schriftbild und in historisch gewachsene Schreibkonventionen nur in geringem Umfang und so behutsam wie möglich eingegriffen werden.
Die folgende Zusammenstellung gibt einen Überblick über die wichtigsten Veränderungen.

1. Der Buchstabe ß

Der Buchstabe ß, der in der Schweiz generell durch ss abgelöst ist, bleibt in Deutschland, Österreich und Liechtenstein erhalten, wird aber nur noch nach langem Selbstlaut (Vokal; wie in *Fuß, Füße*) und nach Doppellaut (Diphthong; wie in *Strauß, Sträuße*) geschrieben.

alt: *Fluß, Baß, keß, läßt, Nußknacker* > neu: *Fluss, Bass, kess, lässt, Nussknacker*

2. Eigenschaftswörter, die zu Hauptwörtern geworden sind

Zu Hauptwörtern gewordene Eigenschaftswörter schreibt man auch in festen Wortgruppen groß.

alt: *sein Schäfchen ins trockene bringen, im trüben fischen, im allgemeinen* > neu: *sein Schäfchen ins Trockene bringen, im Trüben fischen, im Allgemeinen*

3. Wörter derselben Wortfamilie

In einzelnen Fällen werden die Schreibungen von Wörtern, die derselben Wortfamilie angehören, vereinheitlicht.

alt: *numerieren, überschwenglich* > neu: *nummerieren* (wie *Nummer*), *überschwänglich* (zu *Überschwang*)

4. Zusammentreffen von drei gleichen Mitlauten (Konsonanten)

Wenn bei Zusammensetzungen drei gleiche Mitlaute aufeinander treffen, bleiben auch bei folgendem Selbstlaut alle drei erhalten.

alt: *Brennessel, Schiffahrt* > neu: *Brennnessel, Schifffahrt* (Ausnahmen: *dennoch, Drittel, Mittag*)

5. Zusammensetzungen mit Zeitwörtern, Eigenschaftswörtern und Mittelwörtern

Bei Zusammensetzungen mit Zeit-, Eigenschafts- und Mittelwörtern schreibt man häufiger als bisher getrennt.

alt: *spazierengehen, radfahren, ernstgemeint, erdölexportierend* > neu: *spazieren gehen, Rad fahren, ernst gemeint, Erdöl exportierend*

6. Zusammensetzungen mit Zahlen in Ziffern

Zusammensetzungen mit Zahlen in Ziffern schreibt man jetzt mit Bindestrich.

alt: *24karätig, 8pfünder* > neu: *24-karätig, 8-Pfünder*

7. Die Trennung von Wörtern mit st

Das st wird wie eine normale Verbindung aus Mitlauten behandelt und ist nicht mehr grundsätzlich untrennbar.

alt: *ha-stig, Ki-ste* > neu: *has-tig, Kis-te*

8. Die Trennung von Wörtern mit ck

Die Verbindung ck bleibt bei der Trennung erhalten und kommt auf die neue Zeile.

alt: *Bäk-ker, schik-ken* > neu: *Bä-cker, schi-cken*

9. Die Trennung von Fremdwörtern

Fremdwörter, die heute kaum noch als Zusammensetzungen erkannt werden, darf man ohne Berücksichtigung ihrer ursprünglichen Bestandteile nach Sprechsilben trennen.

> alt: *He-li-ko-pter* (aus griech hélix und ptéron) > neu auch: *He-li-kop-ter*

10. Das Komma vor „und"

Sind zwei vollständige Hauptsätze durch „und" verbunden, braucht man kein Komma zu setzen.

> alt: *Karl war in Schwierigkeiten, und niemand konnte ihm helfen.* > neu auch: *Karl war in Schwierigkeiten und niemand konnte ihm helfen.*

11. Das Komma bei Grundformen (Infinitiven) und Mittelformen (Partizipien)

Auch längere Konstruktionen mit Grund- oder Mittelform braucht man nicht mit Komma abzutrennen.

> alt: *Er begann sofort, das neue Buch zu lesen. Ungläubig den Kopf schüttelnd, verließ er das Zimmer.* > neu auch: *Er begann sofort das neue Buch zu lesen. Ungläubig den Kopf schüttelnd verließ er das Zimmer.*

A *a*

ab	**1. Beugung nach *ab*:** Bei einer Raumangabe steht nach *ab* nur der Wemfall: *ab unserem Werk; ab allen deutschen Flughäfen.* Bei einer Zeitangabe oder Mengenangabe kann nach *ab* auch der Wenfall stehen: *ab erstem Mai* oder: *ab ersten Mai; ab Mittwoch, dem 3. April* oder: *ab Mittwoch, den 3. April; ab 50 Exemplaren* oder: *ab 50 Exemplare; ab 12 Jahren* oder: *ab 12 Jahre.* Steht bei einer solchen Zeit- oder Mengenangabe ein Geschlechtswort (Artikel) oder ein Fürwort, dann ist nur der Wemfall richtig: *ab dem 15. Mai; ab meinem 18. Geburtstag.* **2. ab/von – an:** Das Verhältniswort (die Präposition) *ab* ist besonders in der Kaufmanns- und Verwaltungssprache gebräuchlich: *ab Hannover; ab 50 Kisten; ab 1. September.* Stilistisch neutral ist *von – an: von Hannover an; von 50 Kisten an; vom 1. September an.*
Abend	Groß schreibt man das Hauptwort: *am Abend; gegen Abend; vom Morgen bis zum Abend; zu Abend essen.* Dies gilt nach den neuen amtlichen Rechtschreibregeln entsprechend in den folgenden Fällen: *gestern, heute, morgen Abend; von morgen Abend an.*
abends	Bitte lesen Sie hierzu unter »mittags« nach.
aber	Vor dem Bindewort (der Konjunktion) *aber* steht immer ein Komma, gleichgültig ob es Sätze oder nur Satzteile miteinander verknüpft: *Es war gut, aber teuer. Ich habe davon gehört, aber ich glaube es nicht.*
abgenommen	Das Mittelwort der Vergangenheit (2. Partizip) *abgenommen* darf man nicht als Beifügung gebrauchen. Man kann also

	nicht sagen: *die abgenommenen Zuschauerzahlen; die abgenommenen Vorräte* u. Ä. Richtig wäre dagegen: *die geringer gewordenen Zuschauerzahlen; die zusammengeschmolzenen Vorräte.*
Abgeordnete, der und die	Man beugt das Wort in folgender Weise: *der Abgeordnete, ein Abgeordneter, zwei Abgeordnete, die Abgeordneten, einige Abgeordnete, alle Abgeordneten, solche Abgeordnete* und *solche Abgeordneten, beide Abgeordneten* und seltener auch *beide Abgeordnete, genanntem Abgeordneten, die Versorgung ausscheidender Abgeordneter.* Als Beisatz (Apposition): *mir (dir, ihm) als Abgeordneten* und: *mir (dir, ihm) als Abgeordnetem; ihr als Abgeordneten* und: *ihr als Abgeordneter.* In Verbindung mit *Herr* oder *Frau* heißt es: *Ich habe mit Herrn Abgeordneten Meyer gesprochen. Ich habe mit Frau Abgeordneten Meyer* oder: *mit Frau Abgeordneter Meyer gesprochen.* Ohne *Herr* oder *Frau* muss es heißen: *Ich habe mit Abgeordnetem Schmidt gesprochen. Ich habe mit Abgeordneter Schmidt gesprochen.*
abgesehen davon	Nach *abgesehen davon* oder *davon abgesehen* kann nach den neuen Regeln ein Komma stehen, um die Gliederung des Satzes deutlich zu machen: *Abgesehen davon[,] gab es keine Störungen. Davon abgesehen[,] gab es keine Störungen.* Folgt ein *dass,* dann kann zwischen *abgesehen davon* und *dass* nach den neuen Regeln ebenfalls ein Komma stehen, wenn man diese Teile der Fügung nicht als Einheit ansieht: *Abgesehen davon[,] dass uns einmal das Benzin ausging, verlief alles gut. Davon abgesehen[,] dass ...*
abhalten	Weil das Zeitwort *abhalten* schon verneinenden Sinn hat (= nicht tun lassen), darf man einen von ihm abhängenden Satz nicht zusätzlich verneinen. Also nicht: *Sie hielt ihn da-*

A

	von ab, nicht noch mehr zu trinken. Richtig heißt es: *Sie hielt ihn davon ab, noch mehr zu trinken.*
abhängen	Die Vergangenheitsformen des regelmäßigen Zeitwortes *abhängen (= hängte ab, abgehängt)* und des unregelmäßigen Zeitwortes *(= hing ab, abgehangen)* darf man nicht mit-einander verwechseln. Hat *abhängen* eine Ergänzung im Wenfall bei sich, gelten die regelmäßigen Formen: *Er hängte das Bild ab. Sie hat ihre Gegnerin abgehängt.* Steht *abhängen* jedoch ohne eine Ergänzung im Wenfall, dann sind die unregelmäßigen Formen anzuwenden: *Der Hase hing drei Tage auf dem Balkon ab. Das hat nur von dir abgehangen.*
abheften	Nach *abheften in* steht gewöhnlich der Wemfall (Frage: wo?): *ein Schriftstück im Ordner abheften.*
Abhilfe	An das Hauptwort *Abhilfe* (das zu dem Zeitwort *abhelfen* gehört) kann man die Sache, der abgeholfen werden soll, nicht im Wesfall anschließen. Also nicht richtig: *die Abhilfe eines Mangels, eines Fehlers* o. Ä. Man muss ausweichen auf eine andere Formulierung, etwa: *einem Mangel, einem Fehler abhelfen* oder: *die Beseitigung eines Mangels, eines Fehlers, eines Übelstandes.*
Abiturient	Das Hauptwort *Abiturient* erhält – außer im Werfall – die Endung *-en: der Abiturient, des Abiturienten* (nicht: *des Abiturients*), *dem Abiturienten* (nicht: *dem Abiturient*), *den Abiturienten* (nicht: *den Abiturient*), Mehrzahl: *die Abiturienten.*
Abkürzungen	siehe Tabelle

A

Abkürzungen

1. Abkürzungen mit Punkt:
Der Punkt steht im Allgemeinen nach Abkürzungen, die nur geschrieben, nicht aber gesprochen werden, z. B.: *betr.* (für: *betreffend, betreffs*), *Dr.* (für: *Doktor*), *Ggs.* (für: *Gegensatz*), *i. A.* (für: *im Auftrag*), *Frankfurt a. M.* (für: *Frankfurt am Main*), *a. G.* (für: *als Gast*), *ü. d. M.* (für: *über dem Meeresspiegel*), *usw.* (für: *und so weiter*), *z. T.* (für: *zum Teil*), *Ztr.* (für: *Zentner*). Das gilt auch für die Abkürzungen der Zahlwörter: *Tsd.* (für: *Tausend*), *Mio.* (für: *Million[en]*), *Mrd.* (für: *Milliarde[n]*), ferner für fremdsprachige Abkürzungen, die man heute – vor allem in der Alltagssprache – gewöhnlich nicht mehr im vollen Wortlaut spricht, z. B.: *a. D.* (für: *außer Dienst*), *i. V.* (für: *in Vertretung*), *ppa.* (für: *per procura*), *h. c.* (für: *honoris causa*).

2. Abkürzungen ohne Punkt:
Der Punkt steht im Allgemeinen nicht nach Abkürzungen, die als solche auch gesprochen werden: *BGB, AG, Kripo, Akku, UNO.* Abkürzungen für Maß- und Gewichtseinheiten, chemische Grundstoffe, Himmelsrichtungen und die meisten Münzbezeichnungen sind Symbole oder Zeichen und werden – bis auf herkömmliche Einheiten wie *Pfd.* (= Pfund) und *Ztr.* (= Zentner) – ohne Punkt geschrieben: *m, km, kg, l.*
Ohne Punkt stehen auch die Zeichen für die Himmelsrichtungen, für die chemischen Elemente und für die meisten Münzbezeichnungen: *SW* (= Südwesten), *Cl* (= Chlor), *EUR* (= Euro) usw. Alle diese Abkürzungen bleiben stets unverändert: *5 m, über 10 000 EUR, die Eigenschaften des Cl.* Schwankungsfälle: Bei ausländischen Maß- und Münzbezeichnungen wird im Deutschen gewöhnlich die landesübliche Form der Abkürzung gebraucht: *ft.* (= Foot), *ya.* (= Yard), *Fr.* und *sFr.* (= Schweizer Franken). Es kommen – z. B. im Bankwesen – auch andere Schreibungen vor: *sfr* (= Schweizer Franken). Ein Sonderfall ist die Abkürzung *Co.* (= Compagnie/Kompanie), die heute im Allgemeinen nur [ko:] ausgesprochen wird. Sie kommt fast ausschließlich in Firmennamen vor und kann je nach der Schreibung des Firmennamens mit oder ohne Punkt stehen.

3. Beugung von Abkürzungen, die nicht gesprochen, sondern nur geschrieben werden:
Bei diesen Abkürzungen wird die Beugungsendung im Schriftbild oft nicht wiedergegeben: *am 2. Dezem-*

Abkürzungen (Fortsetzung)

ber lfd. J. (= laufenden Jahres); *gegen Ende d. M.* (= dieses Monats). Setzt man die Beugungsendung jedoch, gilt Folgendes: Endet eine Abkürzung mit dem letzten Buchstaben der Vollform, hängt man die Endung unmittelbar an: *Hrn.* (= Herrn), *Bde.* (= Bände); sonst steht sie nach dem Abkürzungspunkt: *mehrere Jh.e* (= Jahrhunderte), *B.s* (= Bismarcks) *Reden.* Die Mehrzahl wird gelegentlich durch Buchstabenverdopplung ausgedrückt: *Mss.* (= Manuskripte), *Jgg.* (= Jahrgänge), *ff.* (= folgende).

4. Beugung von Abkürzungen, die als solche gesprochen werden:
Grundsätzlich ist es auch bei diesen Abkürzungen (*Pkw, BGB* usw.) nicht nötig, die Beugungsendung im Schriftbild wiederzugeben: *des Pkw* (seltener: *des Pkws*), *des BGB* (seltener: *des BGBs*). In der Mehrzahl erscheint allerdings häufiger die Endung *-s;* und zwar auch bei solchen Abkürzungen, deren Vollform in der Mehrzahl nicht so ausgeht: *die Pkws* (neben: *die PKW;* nicht: *PKWen*), *die MGs* (neben: *die MG;* nicht: *die MGe*), *die AGs* (nicht: *AGen*), *die THs* (nicht: *THen*). Bei weiblichen Abkürzungen sollte in der Mehrzahl immer dann ein *-s* angefügt werden, wenn eine Verwechslung mit der Einzahl möglich ist: *die GmbHs*; (nicht gut, da mit der Einzahl übereinstimmend: *die GmbH).* Abkürzungen, die auf Zischlaute enden, bleiben stets unverändert: *50 PS.*

5. Zusammensetzungen mit Abkürzungen:
Zwischen der Abkürzung und dem Grundwort steht immer ein Bindestrich: *Kfz-Papiere, UKW-Sender.* Zusammensetzungen, bei denen das letzte abgekürzte Wort noch einmal ausgeschrieben wird, sind stilistisch unschön (etwa: *ABM-Maßnahme, ISBN-Nummer*). Man sollte in der geschriebenen Sprache entweder nur die Abkürzung verwenden oder die ganze Abkürzung auflösen.

Abneigung Nach *Abneigung* steht das Verhältniswort *gegen.* Es heißt also richtig: *eine Abneigung gegen einen Menschen* (nicht: *vor einem Menschen*) *haben.*

A

abraten	Weil das Zeitwort *abraten* schon verneinenden Sinn hat (= jemandem nicht zu etwas raten), darf man einen von ihm abhängenden Satz nicht zusätzlich verneinen. Also nicht: *Sie riet ihm davon ab, nicht mit dieser Fluglinie zu fliegen.* Richtig heißt es: *Sie riet ihm davon ab, mit dieser Fluglinie zu fliegen.*
Absolvent	Das Hauptwort *Absolvent* erhält – außer im Werfall – die Endung *-en: der Absolvent, des Absolventen* (**nicht:** *des Absolvents*), *dem Absolventen* (nicht: *dem Absolvent*), *den Absolventen* (nicht: *den Absolvent*), Mehrzahl: *die Absolventen.*
abstellen	Nach *abstellen auf/in/unter* steht gewöhnlich der Wemfall (Frage: wo?): *das Gepäck auf dem Bahnsteig abstellen; das Auto in der Garage, unter einem Vordach abstellen.*
abtrocknen	Es kann sowohl *Nach dem Regen ist es* als auch *hat es rasch wieder abgetrocknet* heißen.
abwägen	Die Formen der Vergangenheit lauten: *wog ab, hat abgewogen.* Seltener, aber auch richtig sind die Formen: *wägte ab, hat abgewägt.*
abwenden	Die Formen der Vergangenheit lauten sowohl *wendete ab, hat abgewendet* als auch *wandte ab, hat abgewandt.*
abzüglich	Nach *abzüglich* steht üblicherweise der Wesfall: *abzüglich des gewährten Rabatts, abzüglich der genannten Getränke.* Steht aber das Hauptwort, das von *abzüglich* abhängt, allein, also ohne ein Begleitwort, dann bleibt es in der Einzahl im Allgemeinen ungebeugt: *abzüglich Rabatt.* In der Mehrzahl aber weicht man bei allein stehenden Hauptwörtern auf den Wemfall aus, wenn der Wesfall nicht erkennbar ist: *abzüglich Getränken.*

sich in **Acht** nehmen	Wenn man die Wendung *sich in Acht nehmen* in Verbindung mit *vor* gebraucht, hat sie die Bedeutung »sich vor etwas hüten«. Sie hat damit verneinenden Sinn und ein von ihr abhängender Satz darf dann nicht auch noch verneint werden. Also nicht richtig: *Er nahm sich davor in Acht, nicht zu schnell zu fahren.* Sondern richtig nur: *Er nahm sich davor in Acht, zu schnell zu fahren.* Hat die Wendung *sich in Acht nehmen* (ohne *vor*) jedoch die Bedeutung »aufpassen, auf etwas achten«, dann ist die Verneinung des von ihr abhängenden Satzes richtig: *Nimm dich in Acht, dass du dich nicht erkältest! Er nahm sich in Acht, dass er keinen Fehler machte.*
AG	**Kommasetzung:** Tritt die Abkürzung *AG* in Firmennamen auf, dann ist sie Bestandteil des Namens und wird nicht durch Komma abgetrennt: *Badenwerk AG, Vereinigte Stahlwerke AG.* **Geschlecht:** Steht bei einem solchen Firmennamen ein Geschlechtswort (Artikel), dann richtet sich dieses meistens nicht nach dem Namensbestandteil *AG.* Es heißt also z. B.: *das Badenwerk AG* (nicht: *die Badenwerk AG*). Dagegen heißt es *Bilanz der Deutschen Milchhof AG,* weil hier *AG* das Grundwort des Firmennamens bildet. Allerdings sollte man dann die Abkürzung besser ausschreiben: *die Produktion der Dichtungsring-Aktiengesellschaft.*
ähnlich	**1. Rechtschreibung:** Man schreibt das Eigenschaftswort nach den neuen Rechtschreibregeln immer dann groß, wenn es als Hauptwort gebraucht wird, z. B.: *Ähnliches und Verschiedenes; etwas/nichts Ähnliches; das/alles Ähnliche; Er hat Ähnliches erlebt; Zeitschriften und Ähnliches.* **2. Beugung nach ähnlich:** Ein Eigenschaftswort oder Mittelwort (Partizip), das auf *ähnlich* folgt, erhält (auch wenn es als Hauptwort gebraucht wird) die gleichen Endungen wie *ähnlich* selbst: *ähnliche schöne Bilder, ein ähnliches gestelltes Foto, mit ähnlichen alten Bildern; mit ähnlichem Gescheitem; ähnliche Bekannte.*

A

all **1. Rechtschreibung:** Das Wort *all* schreibt man immer und in allen seinen Formen klein, außer in der Fügung *mein Ein und Alles.* **2. Beugung von *all:* a)** Steht *all* vor einem Hauptwort, dem nicht *der, die, das* beigefügt ist, lauten die Formen im Werfall: *aller Schmerz, alle Freude, alles Gefühl; alle Schmerzen, Freuden, Gefühle.* Im Wesfall lauten die heute üblichen Formen: *die Ursache allen Schmerzes, aller Freude, allen Gefühls.* Bei Hinzutreten eines Eigenschaftswortes sind zwei Formen korrekt: *trotz allen* oder *alles bösen Schmerzes; trotz allen* oder *alles guten Gefühls.* Wird das Hauptwort auf ein Eigenschaftswort zurückgeführt, ist dagegen nur eine Form richtig: *der Urheber alles Bösen.* In der Mehrzahl ist wiederum nur eine Form üblich: *der Urheber aller (bösen) Schmerzen, Freuden, Gefühle.* Im Wemfall lauten die Formen: *bei allem Schmerz, aller Freude, allem Gefühl; bei allen Schmerzen, Freuden, Gefühlen.* Im Wenfall heißt es: *für allen Schmerz, alle Freude, alles Gefühl; für alle Schmerzen, Freuden, Gefühle.* **b)** Nach Fürwörtern beugt man *all* folgendermaßen: *das alles, dieses alles; die alle, diese alle; ihr alle, euer aller Wohl, unser aller Wohl; was alles; welche alle.* Im Wemfall jedoch treten Fälle auf, in denen zwei Formen üblich sind: *dem allem* oder häufiger: *dem allen; diesem allem* oder *diesem allen.* **3. Beugung nach *alle:* a)** Die Beugung des folgenden Wortes bereitet oftmals Schwierigkeiten, zumal wenn es sich bei diesem Wort um ein Hauptwort handelt, das auf ein Mittelwort (Partizip) oder Eigenschaftswort zurückzuführen ist wie z. B. *der Anwesende* (auf *anwesend*), *der Verwandte* (auf *verwandt*), *der Abgeordnete* (auf *abgeordnet*), *das Fremde* (auf *fremd*) usw. In den einzelnen Fällen lauten die Formen in der Einzahl folgendermaßen: Werfall: *alles Schöne, Störende;* Wesfall: *die Beseitigung alles Schönen, Störenden;* Wemfall: *bei allem Schönen, Störenden;* Wenfall: *für alles Schöne, Störende.* In der Mehrzahl kommen dagegen für die einzelnen Fälle – außer dem Wemfall – zwei Formen vor, wobei die zweiten Formen allerdings selten sind. Werfall: *alle Abgeordneten*/(selten:) *Abgeordnete;* Wesfall: *die Pässe aller Abgeordneten*/(selten:) *Abgeordneter;* Wemfall: *mit allen Abgeordneten;* Wenfall: *für alle Abgeordneten*/(selten:) *Abgeordnete.* **b)** Probleme bereiten auch die Formen des Eigenschaftswortes oder Mittelwortes, das auf *all* folgt und das sich auf ein folgendes Hauptwort bezieht. Auch hier gibt es neben den üblichen Formen solche, die selten sind *(aller übertriebener Aufwand; die Beteiligung aller interessierter Kreise).* Die üblichen Formen lauten in der Einzahl: Werfall: *aller übertriebene Aufwand;* Wesfall: *die Vermeidung alles übertriebenen Aufwandes;* Wemfall: *mit allem übertriebenen Aufwand;* Wenfall: *für allen übertriebenen Aufwand.* In der Mehrzahl: Werfall: *alle engen Freunde;* Wesfall: *die Beteiligung aller engen Freunde;* Wemfall: *mit allen engen Freunden;* Wenfall: *für alle engen Freunde.* Tritt zu diesen Formen noch ein Fürwort (z. B.: *alle seine engen Freunde; für alle diese engen Freunde*), erhält es die gleiche Endung wie *alle.*

4. all oder alle: Vor einem Hauptwort, das mit Geschlechtswort *(der, die, das)* oder Fürwort (*mein, dein* usw.) steht, kann sowohl *all* als auch *alle* stehen: *all* oder *alle meine Hoffnungen; das Kreischen all* oder *aller ihrer Fans; all* oder *alle die Leute.* In einigen Fällen ist die Form *all* die üblichere: *mit all seinem Fleiß; bei all dem Ärger; all dieser Arbeit war er überdrüssig.*

5. alles, was: Einen Nebensatz, der mit dem Wort *alles* angekündigt ist, leitet man mit *was* (nicht mit *das*) ein: *Sie glaubte alles, was er ihr erzählte.*

allgemein

Steht *allgemein* in Verbindung mit einem Hauptwort, wird es kleingeschrieben: *die allgemeine Wehrpflicht; allgemeine Geschäftsbedingungen.* Nur als Bestandteil eines Namens wird es großgeschrieben: *Frankfurter Allgemeine Zeitung; Allgemeiner Deutscher Automobil-Club.* Man schreibt es aber auch dann groß, wenn es als Hauptwort

	gebraucht wird, z. B. *etwas Allgemeines sagen; er bewegt sich stets im Allgemeinen* (= ohne das Besondere zu beachten). Im Sinne von »ganz gewöhnlich« schreibt man *im Allgemeinen* in neuer Rechtschreibung ebenfalls groß: *Im Allgemeinen verhält es sich so.*
als	Vor dem Bindewort (der Konjunktion) *als* steht ein Komma, wenn es einen Nebensatz einleitet: *Er kam erst, als die anderen schon gegangen waren. Es dauerte länger, als man erwartet hatte. Er war noch zu klein, als dass er es hätte wissen können. Er tut, als ob er nichts von der Sache wüsste. Hans ist größer, als Andreas im gleichen Alter war.* Nach den neuen Rechtschreibregeln kann man vor *als* ein Komma setzen, wenn es vor einer Wortgruppe mit der Grundform eines Zeitworts (Infinitivgruppe) steht: *Es ist besser zu gehen[,] als noch länger zu warten.* Kein Komma steht vor *als* in den folgenden Fällen: *Hans ist größer als Andreas. Das ist mehr als genug. Hier hilft nichts als geduldiges Warten.* Mit oder ohne Komma kann ein Beisatz (eine Apposition) mit *als* stehen: *Herr Müller als Vertreter der Firma sprach über die Geschäftsentwicklung. Herr Müller, als Vertreter der Firma, sprach über die Geschäftsentwicklung.*
als oder **wie**	Nach der ersten Steigerungsstufe (dem Komparativ) eines Eigenschaftswortes steht immer *als,* nicht *wie.* Richtig heißt es: *Er ist größer als du. Die Schwierigkeiten waren größer, als wir angenommen hatten.* Nicht richtig ist: *Er ist größer wie du. Die Schwierigkeiten waren größer, wie wir angenommen hatten.* Auch nach *anders, niemand, keiner, nichts* und *umgekehrt* steht *als: Es kam anders als erwartet. Niemand als er kann mir helfen. Ich habe mit keinem Menschen als ihm darüber gesprochen. Das verursacht nichts als Unruhe. Es war umgekehrt, als man es dargestellt hatte.*

als dass	Vor *als dass* steht immer ein Komma: *Das Wetter war zu schlecht, als dass man hätte länger spazieren gehen können.*
Als letzter Gruß/ Als letzten Gruß	Beide Formulierungen sind richtig. Beschriftungen auf Kranzschleifen sind als verkürzte Sätze aufzufassen. Die vollständigen Sätze könnten also etwa lauten: *Wir bringen diesen Kranz als letzten Gruß* (= Wenfall) oder: *Dieser Kranz ist als letzter Gruß gedacht* (= Werfall).
also	Vor *also* steht ein Komma, wenn es ein Eigenschaftswort, das ein vorangehendes anderes Eigenschaftswort näher bestimmt, einleitet: *Das ist ein veraltetes, also ungebräuchliches Wort.* Vor *also* steht auch ein Komma, wenn es einen beigeordneten Satz anschließt: *Sie antwortete, also schien sie interessiert zu sein.* Auch das bekräftigend aus dem Satz herausgehobene *also* wird durch ein Komma abgetrennt: *Also, es bleibt dabei! Also, bis morgen!* In Kommas eingeschlossen wird ein durch *also* beigefügtes Eigenschaftswort, das seinem Hauptwort nachgestellt ist, wenn der Satz weitergeht: *Er hat alle Kinder, also auch die frechen, gern gehabt.*
alters	Es heißt entweder *seit alters* oder *von alters her.* Man schreibt also: *Seit alters findet dieses Fest Ende September statt.* Oder aber: *Von alters her findet dieses Fest Ende September statt.* (Nicht richtig ist dagegen die Vermischung *seit alters her.*)
am Arbeiten (Feiern, Essen o. Ä.) sein	Diese Form gehört der landschaftlichen Umgangssprache an. Standardsprachlich heißt es *beim (beim Arbeiten, Feiern, Essen sein)* oder *im (im Weggehen, Abklingen sein).*

A

am Montag (Dienstag, Mittwoch usw.), dem/den	Beide Formen sind richtig. Man kann sagen *Die Konferenz findet am Montag, dem 1. März 1997[,] statt* oder: *Die Konferenz findet am Montag, den 1. März 1997 statt.* Zu beachten ist aber, dass im ersten Beispielsatz *dem 1. März 1997* ein Beisatz (eine Apposition) ist, der gewöhnlich in Kommas eingeschlossen wird, nach den neuen amtlichen Rechtschreibregeln aber nicht in Kommas eingeschlossen werden muss. Im zweiten Beispielsatz dagegen ist *den 1. März 1997* eine Aufzählung im Wenfall, nach der kein Komma steht. Wird der Satz noch um die Angabe der Uhrzeit erweitert, wird diese jedoch in beiden Fällen durch Komma abgetrennt: *Die Konferenz findet am Montag, dem* oder *den 1. März 1997, um 11 Uhr statt.* Nach den neuen amtlichen Rechtschreibregeln kann hinter der Uhrzeitangabe ein Komma stehen, wenn der Satz danach weitergeht: *Die Konferenz findet am Montag, [um] 11 Uhr[,] statt.*
Amt	Es heißt richtig: *von Amts wegen.*
Amtmännin/ Amtfrau	Die weibliche Entsprechung zu *Amtmann* lautet entweder *Amtmännin* oder *Amtfrau.* In der Anrede kann man also wahlweise *Frau Amtmännin* oder *Frau Amtfrau* verwenden.
an oder **zu**	Der Gebrauch von *an* oder *zu* in Verbindung mit den Namen von Festen ist landschaftlich verschieden. Während man besonders in Süddeutschland *an Ostern, an Pfingsten, an Weihnachten* usw. sagt, ist in Norddeutschland *zu* gebräuchlich: *zu Ostern, zu Pfingsten, zu Weihnachten* usw. Beide Ausdrucksweisen sind richtig.
an die	Wenn *an die* so viel bedeutet wie »etwa, ungefähr«, hat es keinen Einfluss auf die Beugung des folgenden Hauptworts. Dies kann man erkennen, wenn man *an die* zur Probe weglässt: *Sie half 50 Kindern,* deshalb: *Sie half an die 50 Kindern. Gemeinden von 10 000 Einwohnern,* deshalb: *Gemeinden von an die 10 000 Einwohnern. Er bereiste 50 Städte,* deshalb: *Er bereiste an die 50 Städte.*

an einem Tag wie jedem anderen/ wie jeder andere	Beide Formen sind richtig. Man setzt entweder den fraglichen Ausdruck in unmittelbare Beziehung zu *Tag,* also: *an einem Tag wie jedem anderen.* Beide Glieder stehen dann im Wemfall. Oder man sieht *wie jeder andere* als die Verkürzung eines Nebensatzes an, der vollständig etwa lauten würde: *wie es jeder andere Tag ist.* Beide Glieder stehen dann im Werfall.
an was oder **woran**	Vor allem in der gesprochenen Sprache ersetzen viele Sprecher heute *woran* durch *an was: An was denkst du? Ich frage mich, an was du denkst.* Die Verbindung *an was* ist jedoch umgangssprachlich. Stilistisch besser ist *woran: Woran denkst du? Ich frage mich, woran du denkst.*
analog	Nach *analog* kann das Verhältniswort (die Präposition) *zu* stehen: *analog zu diesem Fall.* Genauso richtig ist der Anschluss ohne Verhältniswort, nur mit dem Wemfall: *analog diesem Fall.*
anbauen	Nach *anbauen an* steht überwiegend der Wenfall (Frage: wohin?): *eine Veranda an das Haus anbauen.* Die Verbindung mit dem Wemfall (Frage: wo?) ist auch möglich, sie kommt aber nicht so häufig vor: *eine Veranda an dem Haus anbauen.*
anbei	Ein Hauptwort in Verbindung mit *anbei* kann im Werfall stehen: *Anbei gewünschter Verrechnungsscheck* oder im Wenfall: *Anbei gewünschten Verrechnungsscheck.* Das zuletzt genannte Beispiel könnte vollständiger lauten: *Anbei übersenden wir Ihnen den gewünschten Verrechnungsscheck.* Beide Ausdrucksweisen treten besonders im geschäftlichen Briefwechsel und der Amtssprache auf.
anbringen	Nach *anbringen an* steht überwiegend der Wemfall (Frage: wo?): *Er brachte das Bücherbrett an der Wand an.* Die Verbindung mit dem Wenfall (Frage: wohin?) ist auch möglich: *Er brachte das Bücherbrett an die Wand an.*

A

anderer, andere, anderes

1. Rechtschreibung: Das Wort *anderer* usw. schreibt man im Allgemeinen klein: *der andere, eine andere, alles andere, nichts anderes, kein anderer, zum einen – zum andern.* Nach den neuen amtlichen Rechtschreibregeln schreibt man nur in den folgenden Fällen groß: *die Suche nach dem Anderen* (= nach einer neuen Welt); *der Dialog mit dem Anderen* (= dem Gegenüber).

2. Beugung nach *andere:* Ein Eigenschaftswort oder Mittelwort (Partizip), das auf *anderer* usw. folgt, beugt man (auch wenn es als Hauptwort gebraucht wird) in gleicher Weise wie *anderer* usw. selbst: *anderes gedrucktes Material, bei anderer seelischer Verfassung, eine Menge anderer wertvoller Gegenstände; ein anderer Abgeordneter, die anderen Beamten, die Forderungen anderer Betroffener.* Eine Abweichung gibt es im Wemfall, wenn es beispielsweise für *aus anderem wertvollem Material* oder *mit anderem Neuem* häufig auch heißt: *aus anderem wertvollen Material* oder *mit anderem Neuen.*

3. jemand anders/jemand anderer: In Verbindung mit den Wörtern *jemand, niemand* und *wer* gebraucht man üblicherweise die Form *anders: es war jemand anders; wer anders, mit wem anders; sie kennt hier niemand anders.* Daneben tritt besonders im Süddeutschen und im Österreichischen auch die Form *anderer* mit den entsprechenden Beugungsformen auf: *jemand anderer, mit jemand anderem, ich meine wen anderen, ich kenne hier niemand anderen.*

4. nicht viel anders: Nach *nicht viel* wird immer die Form *anders* verwendet: *das ist heute nicht viel anders.*

5. Vergleich: Bei einem Vergleich steht nach *anderer* usw. das Wort *als* (nicht: *wie*): *Er war alles andere als schön. Es war ganz anders als beim ersten Mal.*

anderes als	Wenn die Angabe nach *anderes als* in der Mehrzahl steht, dann kann das zugehörige Zeitwort in der Einzahl oder in der Mehrzahl stehen, die Mehrzahl wird im Allgemeinen bevorzugt: *Anderes als leere Kartons fand sich nicht,* häufiger: *fanden sich nicht in dem Verschlag.*
anderthalbmal	Nach *anderthalbmal so…* kann *wie* oder *als* stehen. Beide Formen sind richtig. Üblicher ist heute *wie: Die neue Tonne ist anderthalbmal so groß wie,* seltener: *als die alte.*
anempfehlen	Die Formen von Gegenwart und Vergangenheit dieses Zeitwortes sind: *empfiehlt an/empfahl an* und ebenso: *anempfiehlt/anempfahl. Man empfiehlt (empfahl) uns dieses Hotel an.* Oder: *Man anempfiehlt (anempfahl) uns dieses Hotel.*
anerkennen	Die Formen von Gegenwart und Vergangenheit dieses Zeitworts sind: *erkennt an/erkannte an.* Seltener, aber auch richtig sind die nicht getrennten Formen: *anerkennt/anerkannte: Er erkennt (erkannte) die Forderungen der Gläubiger an.* Seltener: *Er anerkennt (anerkannte) die Forderungen der Gläubiger.*
anfällig	Nach *anfällig* steht meist das Verhältniswort (die Präposition) *für,* seltener *gegen: Er ist anfällig für Erkältungen,* seltener auch: *Er ist anfällig gegen Erkältungen.* Beide Anschlüsse sind richtig.
Anfang/ anfangs	Bei dem Hauptwort *Anfang* kann ein Monatsname, eine Jahreszahl oder eine Zeitangabe wie *Jahr, Monat, Woche* stehen: *Anfang Februar, Anfang 1980, Anfang des Jahres.* Das Umstandswort (Adverb) *anfangs* dagegen steht ohne weitere zeitliche Angabe: *Anfangs war alles noch in Ordnung.* Nicht richtig ist die Verbindung von *anfangs* mit einer Zeitangabe, wie sie bisweilen in der Umgangssprache vorkommt (etwa: *Anfangs des Jahres besucht Sie unser Vertreter*).

A

anfangen	**1. Wortstellung:** Bei der Bildung von Sätzen mit dem Zeitwort *anfangen* ergeben sich oft Schwierigkeiten bei der Wortstellung. Richtig gebildet sind beispielsweise die Sätze: *Danach fing sie an bitterlich zu weinen* und: *Danach fing sie bitterlich zu weinen an.* Nicht richtig hingegen wäre: *Danach fing sie bitterlich an zu weinen.* Nicht richtig ist die Stellung auch im folgenden Beispiel: *Man wird uns entdecken, wenn der Hund an zu bellen fängt.* Richtig ist: *... wenn der Hund zu bellen anfängt* oder: *... wenn der Hund anfängt zu bellen.* **2. haben oder sein:** Standardsprachlich richtig ist nur: *Ich habe bei ihm angefangen.* Nicht richtig hingegen ist die landschaftliche Form: *Ich bin bei ihm angefangen.* **3. Komma:** Wenn das Zeitwort *anfangen* mit einer Wortgruppe, die die Grundform eines anderen Zeitwortes enthält, verbunden ist (Infinitivgruppe), dann kann man ein Komma setzen, um die Gliederung des Satzes deutlich zu machen oder um Missverständnisse auszuschließen: *Er fing sofort an, die Steine zu sortieren* oder *Er fing sofort an die Steine zu sortieren.* Beide Möglichkeiten sind nach den neuen amtlichen Rechtschreibregeln richtig.
anfragen	Das Zeitwort *anfragen* steht mit dem Verhältniswort (der Präposition) *bei,* wenn die befragte Person genannt wird. Richtig muss es also heißen: *Sie fragte telefonisch bei ihm wegen der Bücher an.* (Nicht: *Sie fragte ihn telefonisch wegen der Bücher an.*)
Anführungszeichen	siehe Tabelle
Angebot	Das Wort hat mehrere Bedeutungen, nach denen jeweils andere Verhältniswörter (Präpositionen) folgen. In der Bedeutung »angebotene Warenmenge« verbindet man es mit *von* oder *an: Das Angebot von Gemüse* oder *an Gemüse war gering.* Hat es die Bedeutung »Offerte, Kaufangebot«, dann kann es mit *über* oder *für* stehen: *Wir bitten Sie um*

Anführungszeichen

1. Formen:
Im deutschen Schriftsatz werden im Allgemeinen die Anführungszeichen „…“ und »…« sowie ihre einfachen Formen ‚…‘ und ›…‹ verwendet. Sie stehen ohne Zwischenraum vor und nach den eingeschlossenen Textabschnitten, Wörtern u. a. Einfache (oder: halbe) Anführungszeichen stehen innerhalb eines Textes, der bereits in Anführungsstrichen steht: „Meine Damen, Sie sehen nun das Modell ‚Abendwolke‘.“

2. Gebrauch:
a) Anführungszeichen stehen bei der wörtlichen Rede, bei wörtlich wiedergegebenen Gedanken und Textstellen (= Zitaten):

„Es ist unbegreiflich“, sagte er zu mir.
„So – das war also Paris“, dachte sie.
„Der Mensch“, so heißt es dort, „ist ein Gemeinschaftswesen.“

b) Anführungszeichen dienen der Hervorhebung einzelner Wörter, Namen, Fügungen, Titel von Büchern, Zeitungen, Fernsehsendungen usw.:

Das Wort „Schifffahrt“ wird mit drei „f“ geschrieben.
Mit seinem Motto „Abwarten und Tee trinken“ kommt er hier nicht weit.
Um wie viel Uhr kommt heute der Film „Manche mögen's heiß“ im Fernsehen?
Der Umfang des Magazins „Der Spiegel“ hat zugenommen.
(Aber: *der Umfang des „Spiegels“*)

Man braucht aber keine Anführungszeichen zu setzen, wenn durch den Textzusammenhang die Bedeutung klar ist *(das Hotel Bahamas, das Segelschiff Gorch Fock, der Film Casablanca)* oder wenn die hervorzuhebenden Teile bereits auf andere Weise kenntlich gemacht sind:
das Wort *Lebensstandard.*
Hast du *Vom Winde verweht* gesehen?
Eine besondere Art der Hervorhebung liegt z. B. vor in:

Der „treue“ Freund verriet sie als Erster.
Auf der Landwirtschaftsschau gab es allerhand „Schweinereien“ zu sehen.

Die Anführungszeichen verdeutlichen hier ein Wortspiel, eine ironisch gedachte Ausdrucksweise.

3. Zusammentreffen von Anführungszeichen und anderen Zeichen:
a) Anführungszeichen und Punkt:
Der Punkt steht vor dem schließenden Anführungszeichen, wenn

A

Anführungszeichen (Fortsetzung)

er zur wörtlichen Rede bzw. zum Zitat gehört:

Er erwiderte: „Das muss jeder selbst entscheiden."

Der Punkt steht hinter dem schließenden Anführungszeichen wenn er nicht zu der Anführung gehört:

Nach Konrad Adenauer herrschte in der Bundesrepublik „ein Abgrund von Landesverrat".

Ich lese gerade „Es muss nicht immer Kaviar sein".

Wir fuhren mit dem Luxusdampfer „Bremen".

b) Anführungszeichen und Komma:
Das Komma steht nach den neuen amtlichen Rechtschreibregeln immer hinter dem schließenden Anführungszeichen, wenn nach der wörtlichen Rede oder der angeführten Textstelle der übergeordnete Satz folgt oder weitergeführt wird:

„Wir lassen uns nicht entmutigen", so betonte der Minister.

„Es ist möglich", sagte er, „dass wir noch heute abreisen."

Als er mich fragte: „Weshalb darf ich das nicht?", war ich sehr verlegen.

„Du bist ein Schuft!", rief sie.

„Kommst du mit?", fragte er.

c) Anführungszeichen und Ausrufe- oder Fragezeichen:
Das Ausrufezeichen (bzw. Fragezeichen) steht vor dem schließenden Anführungszeichen, wenn es zur Anführung gehört.

„Komm mir nicht wieder unter die Augen!", rief sie.

„Wer kommt denn nun alles?", fragte sie.

Das Ausrufe- bzw. Fragezeichen steht hinter dem schließenden Anführungszeichen, wenn es nicht zur Anführung gehört:

Sing doch nicht immer nur „Hänschen klein"!

Kennst du auch „Asterix und Kleopatra"?

Angebot *Ihr Angebot über die Lieferung von ...* oder *für die Lieferung von ...* Im Sinne von »Anerbieten, Preisvorschlag« schließlich kann *Angebot* die Verhältniswörter *auf,* seltener auch *für* nach sich haben: *Er hat ein günstiges Angebot auf das Haus* oder auch *für das Haus erhalten.*

Angehörige, der und die	Man beugt das Wort in folgender Weise: *der Angehörige, ein Angehöriger, zwei Angehörige, die Angehörigen, einige Angehörige, alle Angehörigen, solche Angehörige* und *solche Angehörigen, beide Angehörigen* und seltener auch *beide Angehörige; genanntem Angehörigen, die Teilnahme ehemaliger Angehöriger.* Als Beisatz (Apposition): *mir (dir, ihm) als Angehörigen* und *mir (dir, ihm) als Angehörigem; ihr als Angehörigen* und *ihr als Angehöriger.*
Angeklagte, der und die	**1. Beugung:** Man beugt das Wort in folgender Weise: *der Angeklagte, ein Angeklagter, zwei Angeklagte, die Angeklagten, einige Angeklagte, alle Angeklagten, solche Angeklagte* und *solche Angeklagten, beide Angeklagten* und seltener auch *beide Angeklagte; genanntem Angeklagten, die Verurteilung jugendlicher Angeklagter.* Als Beisatz (Apposition): *mir (dir, ihm) als Angeklagten* und *mir (dir, ihm) als Angeklagtem; ihr als Angeklagten* und *ihr als Angeklagter.* **2. Komma:** Man kann sowohl schreiben: *Das hat der Angeklagte A. Schmidt gesagt* als auch: *Das hat der Angeklagte, A. Schmidt, gesagt.* Nach den neuen amtlichen Rechtschreibregeln ist beides richtig.
angenehm enttäuscht	Diese meist scherzhaft gemeinte Fügung (anstelle von *angenehm überrascht*), bei der der negative Sinn von *enttäuscht* bewusst außer Acht gelassen wird, soll ausdrücken, dass das Ausbleiben einer bereits erwarteten Enttäuschung als angenehm, erfreulich empfunden wird. Diese Fügung ist umgangssprachlich.
angenommen	Vor und nach *angenommen* steht immer ein Komma: *Können wir, angenommen, er kommt, die Angelegenheit gleich klären?* Nach den neuen amtlichen Rechtschreibregeln kann in der Fügung *angenommen dass* vor dem *dass* ein

A

	Komma stehen; wird die Fügung aber als Einheit verstanden, kann das Komma auch entfallen: *Wohin wollen wir fahren, angenommen[,] dass morgen schönes Wetter ist?*
Angestellte, der und die	Man beugt das Wort in folgender Weise: *der Angestellte, ein Angestellter, zwei Angestellte, die Angestellten, einige Angestellte, alle Angestellten, solche Angestellte* und *solche Angestellten, beide Angestellten* und seltener auch *beide Angestellte; besagtem Angestellten, die Aufgabe leitender Angestellter.* Als Beisatz (Apposition): *mir (dir, ihm) als Angestellten* und *mir (dir, ihm) als Angestelltem; ihr als Angestellten* und *ihr als Angestellter.*
Angriff	Nach dem Wort *Angriff* im Sinne von »das Angreifen, Beginnen eines Kampfes« kann in vielen Fällen *auf* oder *gegen* stehen: *Sie flogen Angriffe auf* oder *gegen Nachschubwege.* In bestimmten Zusammenhängen wird jedoch die eine oder die andere Möglichkeit bevorzugt: *Der Angriff auf* (selten auch: *gegen*) *die feindlichen Stellungen brach zusammen.* Oder: *Der Gegner plante einen Angriff gegen* (selten auch: *auf*) *die Befestigungen am Kanal.* Gebraucht man *Angriff* in der Bedeutung »heftige Kritik, Anfeindung«, dann ist nur *gegen* üblich: *Das sind massive Angriffe gegen das Fernsehen.* Oder: *Sie richteten Angriffe gegen die Opposition.*
anhand	**1. Rechtschreibung:** Nach den neuen amtlichen Rechtschreibregeln ist nur noch die Zusammenschreibung richtig: *Er kam anhand der Unterlagen zu diesem Schluss.* **2. Beugung:** Neben dem Wesfall ist auch der Anschluss mit *von* möglich: *anhand der Unterlagen* oder aber *anhand von Unterlagen.*
anheften	Nach *anheften an* kann sowohl der Wenfall stehen (Frage: wohin?) als auch der Wemfall (Frage: wo?): *Sie wollte eine Schleife an das Kleid* oder *an dem Kleid anheften.*

anklagen, sich	Bei *sich anklagen als* steht das Hauptwort, das dem *als* folgt, gewöhnlich im Werfall: *Er klagte sich als der eigentliche Schuldige an.* Der Wenfall *(Er klagte sich als den eigentlichen Schuldigen an)* kommt seltener vor, ist aber auch richtig.
ankleben	Nach *ankleben an* kann sowohl der Wenfall stehen (Frage: wohin?) als auch der Wemfall (Frage: wo?): *Er klebte einen Zettel an die Tür* oder *an der Tür an.*
ankommen	In Sätzen wie *Es kommt ganz auf das Wetter an. Auf dich allein kommt es jetzt an* o. ä. fügen viele Sprecher fälschlich *darauf* oder *drauf* hinzu. (Nicht richtig also: *Es kommt ganz auf das Wetter darauf an* oder: *Auf dich allein kommt es jetzt drauf an.*)
Anlage	**1. als Anlage/in der Anlage:** Beide Formulierungen, die im geschäftlichen Briefwechsel häufig vorkommen, sind richtig: *Als Anlage übersende ich Ihnen* oder *In der Anlage übersende ich Ihnen zwei Gutachten.* **2. Anlage 1 und 2 enthält/enthalten alles Wichtige:** Bei Formulierungen dieser Art kann das Zeitwort in der Einzahl oder in der Mehrzahl stehen, beides ist richtig. Entsprechend also auch: *Anlage 1 bis 3* (oder *Anlage 1 bis Anlage 3*) *enthält* oder *enthalten alles Wichtige.* Dagegen aber: *Die Anlagen 1 und 2 enthalten alles Wichtige.* In diesem Fall ist nur die Mehrzahl möglich, weil *Anlagen* auch in der Mehrzahl steht.
anlässlich	Das Verhältniswort (die Präposition) *anlässlich* ist besonders in der Amts- und Verwaltungssprache gebräuchlich und steht mit dem Wesfall: *anlässlich seines Besuches, anlässlich des Jahrestages, anlässlich ihres Jubiläums.* Andere Möglichkeiten, die stilistisch besser sind, sind *bei, zu* und *aus Anlass,* die je nach Zusammenhang an die Stelle von *anlässlich* treten können: *Er sprach bei seinem Besuch auch*

	mit dem Oppositionsführer. Zum Jahrestag der Befreiung waren alle Gebäude beflaggt. Aus Anlass ihres Jubiläums erhielt sie ein Geschenk. Nicht richtig ist eine Vermischung zweier Möglichkeiten: *die uns anlässlich zu unserer Hochzeit übermittelten Glückwünsche.* Richtig ist nur: *anlässlich unserer Hochzeit* oder besser noch: *zu unserer Hochzeit.*
anlegen	Nach *anlegen an* steht im Allgemeinen der Wemfall (Frage: wo?): *Das Boot legte am Ufer an.* Die Verbindung mit dem Wenfall (Frage: wohin?) ist auch möglich, sie kommt aber nicht so häufig vor: *Das Boot legte ans Ufer an.* Nach *anlegen in* im Sinne von »investieren« kann nur der Wemfall stehen: *Er legte sein Geld in Wertpapieren* (nicht: *Wertpapiere*) *an.*
anleimen	Nach *anleimen an* kann sowohl der Wenfall stehen (Frage: wohin?) als auch der Wemfall (Frage: wo?): *Er leimte das abgebrochene Stück an den Lampenschirm* oder auch *an dem Lampenschirm wieder an.*
anliegend	Die Formel *Anliegend übersenden wir Ihnen ...* ist besonders im geschäftlichen Briefwechsel üblich. Man kann sie leicht missverstehen. Daher weicht man besser auf die eindeutigeren Formulierungen *als Anlage, in der Anlage* oder *anbei* aus.
anlöten	Nach *anlöten an* kann sowohl der Wemfall (Frage: wo?) als auch der Wenfall (Frage: wohin?) stehen: *Er lötete den Draht an der Fassung* oder *an die Fassung an.*
anmontieren	Nach *anmontieren an* kann sowohl der Wemfall (Frage: wo?) als auch der Wenfall (Frage: wohin?) stehen: *Er wollte eine Halterung an der Wand* oder *an die Wand anmontieren.*

anrufen	Richtig ist in der Standardsprache die Verbindung mit dem Wenfall: *Ich rufe dich später an.* Die Verbindung mit dem Wemfall *(Ich rufe dir später an)* gehört der landschaftlichen Umgangssprache, besonders der Schweiz und Südwestdeutschlands, an.
anscheinend/ scheinbar	Auf den Bedeutungsunterschied zwischen den beiden Wörtern achten viele Sprecher in der Umgangssprache oft nicht und gebrauchen *scheinbar* fälschlich im Sinne von *anscheinend.* Das Eigenschaftswort *scheinbar* sagt aus, dass etwas nur dem äußeren Eindruck nach, nicht aber in Wirklichkeit so ist, wie es sich darstellt: *Die Zeit stand scheinbar still. Der Widerspruch ist nur scheinbar.* Mit *anscheinend* hingegen drückt man die Vermutung aus, dass etwas so ist, wie es erscheint: *Er ist anscheinend krank. Anscheinend ist niemand im Haus.* Will man eine Vermutung zum Ausdruck bringen, dann ist der Gebrauch von *scheinbar* falsch: *Du hast mich scheinbar* (statt richtig: *anscheinend*) *vergessen. In diesem Gehege sind scheinbar* (statt richtig: *anscheinend*) *Mufflons.*
anschließen	Nach *anschließen an* in der Bedeutung »anbringen, verbinden« steht der Wenfall (Frage: wohin?), seltener auch der Wemfall (Frage: wo?): *den Schlauch an die Wasserleitung,* seltener *an der Wasserleitung anschließen.* In manchen Fällen ist nur der Wenfall üblich: *Das Haus wurde an die Fernheizung angeschlossen.*
anschweißen	Nach *anschweißen an* kann sowohl der Wemfall (Frage: wo?) als auch der Wenfall (Frage: wohin?) stehen: *Wir müssen einen Flansch an dem Rohr* oder *an das Rohr anschweißen.*
ansehen, sich	Bei *sich ansehen als* steht das Hauptwort, das auf *als* folgt, gewöhnlich im Werfall: *Er sieht sich als guter Kollege an.* Der Wenfall *(Er sieht sich als guten Kollegen an)* ist weniger gebräuchlich, aber auch richtig.

A

Ansehen Nach Ausdrucksweisen wie *das Ansehen des Kunsterziehers, des Unternehmers; das Ansehen von Kunsterzieher Müller, von Direktor Meyer* steht gelegentlich eine Ergänzung mit *als: das Ansehen des Kunsterziehers als Lehrer; das Ansehen von Kunsterzieher Müller als Lehrer.* Dabei ist Folgendes zu beachten:

Das Ansehen des Kunsterziehers als ...: Folgt nach *als* eine Ergänzung mit *der, die, das, ein, eine* usw., setzt man diese üblicherweise in den gleichen Fall wie das Wort, auf das sie sich bezieht (hier: *des Kunsterziehers;* Wesfall): *Das schadet dem Ansehen des Kunsterziehers als des beliebtesten Lehrers der Schule.* Folgt jedoch die Ergänzung nach *als* ohne *der, die* usw., ist es heute üblich, den Werfall zu verwenden: *Das schadet dem Ansehen des Kunsterziehers als beliebtester Lehrer der Schule.* Das Gleiche gilt für Beispiele mit Fürwort: *Das ist der Kunsterzieher seinem Ansehen als beliebtester Lehrer schuldig.*

Das Ansehen von Kunsterzieher Müller als ...: In solchen Sätzen bezieht man die auf *als* folgende Ergänzung üblicherweise auf *von* und setzt sie deshalb in den Wemfall (Frage: von wem?): *das Ansehen von Kunsterzieher Müller als dem beliebtesten Lehrer/als beliebtestem Lehrer der Schule.*

Es ist jedoch auch möglich, die Ergänzung in den Werfall zu setzen: *das Ansehen von Kunsterzieher Müller als beliebtester Lehrer der Schule. Das schadet dem Ansehen von Direktor Meyer als erfolgreicher Unternehmer.*

anstatt **1. Beugung:** Das Wort *anstatt* kann entweder Verhältniswort (Präposition) oder Bindewort (Konjunktion) sein. Als Verhältniswort bedeutet es so viel wie »anstelle« und hat nach sich den Wesfall: *Anstatt des Geldes gab sie ihm ihren Schmuck. Anstatt einer Krawatte trug er eine Fliege.*

Eine Ausnahme macht man jedoch bei den Hauptwörtern, die im Wesfall genauso aussehen wie im Werfall *([die] Worte – [der] Worte).* Statt des Wesfalles verwendet man dann den Wemfall: *Anstatt Worten will ich Taten sehen.*

Anstatt lässt sich jedoch auch als Bindewort verwenden. Es

	hat dann die Bedeutung »und nicht«. In dieser Bedeutung hat *anstatt* keinen Einfluss auf das folgende Wort und seine Beugung: *Er half ihr anstatt ihrem Begleiter* (= und nicht ihrem Begleiter). *Man zeichnete sie anstatt ihn* (= und nicht ihn) *aus.* In manchen Sätzen kann man *anstatt* sowohl als Verhältniswort wie auch als Bindewort verwenden. Deshalb sind im folgenden Beispielsatz beide Formen richtig: *Er traf den Pfahl anstatt der Konservendose* (= anstelle der Konservendose). *Er traf den Pfahl anstatt die Konservendose* (= und nicht die Konservendose). **2. Komma:** Einen mit *anstatt dass* eingeleiteten Satz trennt man immer durch Komma ab: *Sie lobte ihn, anstatt dass sie ihn tadelte. Anstatt dass der Minister kam, erschien sein Staatssekretär.* Eine Fügung mit *anstatt zu* kann nach den neuen amtlichen Rechtschreibregeln durch ein Komma abgetrennt werden, muss aber nicht: *Er spielte[,] anstatt zu arbeiten. Anstatt sich zu beeilen[,] bummelte sie.*
anstelle oder **an Stelle**	**1. Rechtschreibung:** Beide Schreibungen sind richtig: *Sie machte anstelle* oder *an Stelle des Gemüses einen Salat.* **2. Beugung:** Neben dem Wesfall ist auch der Anschluss mit *von* möglich: *anstelle/an Stelle des Gemüses* oder aber *anstelle/an Stelle von Gemüse.*
Antrag	Das Hauptwort *Antrag* steht mit dem Verhältniswort (der Präposition) *auf* (nicht mit *um* oder *nach*): *Er stellte einen Antrag auf Fahrpreisermäßigung.*
anvertrauen	Die Formen von Gegenwart und Vergangenheit dieses Zeitworts sind: *vertraut an/vertraute an.* Seltener, aber auch richtig sind die nicht getrennten Formen: *anvertraut/anvertraute: Er vertraut (vertraute) uns seine Sachen an.* Seltener: *Er anvertraut (anvertraute) uns seine Sachen.*

anwenden	Das Zeitwort *anwenden* hat die Vergangenheitsformen *wendet an, hat angewendet* und *wandte an, hat angewandt.* Die Formen *wandte an, hat angewandt* werden häufiger gebraucht.
Anwesende, der und die	Man beugt das Wort in folgender Weise: *der Anwesende, ein Anwesender, zwei Anwesende, die Anwesenden, einige Anwesende, alle Anwesenden, solche Anwesende* und *solche Anwesenden, beide Anwesenden* und seltener auch *beide Anwesende; besagtem Anwesenden, die Mehrheit stimmberechtigter Anwesender.* Als Beisatz (Apposition): *mir (dir, ihm) als Anwesenden* und: *mir (dir, ihm) als Anwesendem; ihr als Anwesenden* und: *ihr als Anwesender.* In der Anrede: *Verehrte Anwesende!* (nicht: *Anwesenden*), aber: *Meine verehrten Anwesenden!*
Anzahl	**1. Eine Anzahl Tippfehler fand/fanden sich in dem Brief:** Im Allgemeinen bezieht man das Zeitwort auf *Anzahl* und setzt es in die Einzahl: *Eine Anzahl Tippfehler fand sich in dem Brief. Bei dem Einbruch wurde eine Anzahl kostbarer Gemälde gestohlen. Eine Anzahl Studenten demonstrierte vor dem Gebäude.* Gelegentlich bezieht man das Zeitwort aber nicht auf *Anzahl,* sondern auf das Gezählte und setzt es in die Mehrzahl (d. h., man konstruiert nach dem Sinn): *Eine Anzahl Tippfehler fanden sich in dem Brief. Bei dem Einbruch wurden eine Anzahl kostbarer Gemälde gestohlen. Eine Anzahl Studenten demonstrierten vor dem Gebäude.* Beide Möglichkeiten sind richtig. **2. eine Anzahl hübscher/hübsche Sachen:** Üblicherweise steht nach *Anzahl* die folgende Angabe im Wesfall: *eine Anzahl hübscher Sachen; für eine Anzahl Abgeordneter; mit einer Anzahl Schafe, kleiner Kinder.* Es ist jedoch auch möglich, die Angabe, die dem Mengenbegriff *Anzahl* folgt, in den gleichen Fall zu setzen wie *Anzahl: eine Anzahl hübsche Sachen; für eine Anzahl Abgeordnete; mit*

	einer Anzahl Schafen, kleinen Kindern. Beide Möglichkeiten sind richtig.
Anzahl oder **Zahl**	Die alte Unterscheidung, dass *Zahl* die Gesamtzahl, die Gesamtmenge ausdrückt, *Anzahl* dagegen einen Teil davon, ist auch im heutigen Sprachgebrauch noch nicht verloren gegangen: *Eine größere Anzahl Mitglieder ist ausgetreten. Die Zahl der verbliebenen Mitglieder beträgt 3 497.* Den Unterschied sollte man überall da beachten, wo es auf eine genaue Aussage ankommt.
April	Steht *April* im Wesfall, dann ist sowohl die Form mit *-s (des Aprils)* als auch die Form ohne *-s (des April)* richtig.
Architekt	Das Hauptwort *Architekt* erhält – außer im Werfall – die Endung *-en: der Architekt, des Architekten* (nicht: *des Architekts*), *dem Architekten* (nicht: *dem Architekt*), *den Architekten* (nicht: *den Architekt*), Mehrzahl: *die Architekten.* In der Anschrift ist auch die ungebeugte Form *Architekt* zulässig: *[An] Herrn Architekt Meyer* neben *[An] Herrn Architekten Meyer.*
Art	**1. eine Art Salats/Salat/von Salat:** Eine Ergänzung, die sich der Fügung *eine Art ...* anschließt, kann folgendermaßen aussehen: *eine Art Salats, eine Art Salat, eine Art von Salat.* Alle drei Formen sind richtig. Die erste Form klingt allerdings gehoben und tritt selten auf. Steht bei dem Hauptwort (hier: *Salat*) eine Beifügung, heißt es: *eine Art italienischen Salats, eine Art italienischer Salat, eine Art von italienischem Salat.* Im Wemfall: *Der Wirt kam mit einer Art italienischen Salats, mit einer Art italienischem Salat, mit einer Art von italienischem Salat.* Ist die Ergänzung jedoch nicht (wie *der Salat*) männlich oder sächlich, sondern weiblich (z. B. *die Glasur*), lauten die Formen: *eine Art Glasur, eine Art von Glasur.* Mit Beifügung: *eine Art blauer*

Glasur, eine Art von blauer Glasur. Im Wemfall: *mit einer Art blauer Glasur, mit einer Art von blauer Glasur.* Neben *mit einer Art blauer Glasur* ist auch *mit einer Art blauen Glasur* richtig.

2. Diese Art Übungen ist/sind zu absolvieren: Im Allgemeinen bezieht man das Zeitwort auf *Art* und setzt es in die Einzahl: *Diese Art Übungen ist zu absolvieren. Welche Art Übungen wird absolviert?* Gelegentlich wird das Zeitwort aber nicht auf *Art,* sondern auf das Gezählte bezogen und in die Mehrzahl gesetzt (d. h., man konstruiert nach dem Sinn): *Diese Art Übungen sind zu absolvieren. Welche Art Übungen werden absolviert?* Beide Möglichkeiten sind richtig.

Assistent

Das Hauptwort *Assistent* erhält – außer im Werfall – die Endung *-en: der Assistent, des Assistenten* (nicht: *des Assistents*), *dem Assistenten* (nicht: *dem Assistent*), *den Assistenten* (nicht: *den Assistent*), Mehrzahl: *die Assistenten.*

auch wenn

Einen mit *auch wenn* eingeleiteten Satz trennt man immer durch Komma ab: *Er freut sich über jede Nachricht, auch wenn du ihm nur eine Karte schreibst. Auch wenn sie hervorragende Zeugnisse gehabt hätte, hätte sie die Stelle nicht bekommen.* Bildet jedoch *auch wenn* keine Einheit, sondern leitet nur *wenn* den Nebensatz ein, während *auch* zum Hauptsatz gehört, steht das Komma zwischen *auch* und *wenn: Er freut sich auch, wenn du ihm nur eine Karte schreibst.*

auf

1. Rechtschreibung: Richtig ist *auf und ab gehen,* aber: *auf- und absteigen.* Die unterschiedliche Schreibweise hat folgenden Grund: Im ersten Beispiel ist *auf und ab* ein zusammengehörendes Wortpaar in der Bedeutung »ohne bestimmtes Ziel«. Im zweiten Beispiel handelt es sich um zwei unabhängige Zusammensetzungen, nämlich *aufsteigen* und *absteigen.* Beim ersten Wort ersetzt nun der Bindestrich

	-steigen: auf- (= aufsteigen). Die Zusammensetzung *abstei-gen* schließt sich an. **2. auf oder in:** Bei Inselnamen steht *auf: auf Sylt, auf der Mainau, auf Capri.* Ist dieser Name jedoch auch Ländername (z. B. bei Jamaika), ist *auf* und *in* richtig: *auf Jamaika* oder *in Jamaika.*
auf was oder **worauf**	Vor allem in der gesprochenen Sprache ersetzen viele Sprecher heute *worauf* durch *auf was: Auf was stützt sich Ihre Annahme? Ich weiß nicht, auf was sich Ihre Annahme stützt.* Die Verbindung *auf was* ist jedoch umgangssprachlich. Stilistisch besser ist *worauf: Worauf stützt sich Ihre Annahme? Ich weiß nicht, worauf sich Ihre Annahme stützt.*
auferlegen	Die Formen von Gegenwart und Vergangenheit dieses Zeitworts sind: *erlegt auf/erlegte auf.* Selten, aber auch richtig sind die nicht getrennten Formen: *auferlegt/auferlegte: Sie erlegen (erlegten) ihm eine Geldbuße auf.* Selten: *Sie auferlegen (auferlegten) ihm eine Geldbuße.*
auffallen	Nach *auffallen* steht gewöhnlich das Verhältniswort (die Präposition) *durch: Er fiel durch sein sonderbares Benehmen auf.* Neben *durch* ist in einigen Fällen auch das Verhältniswort *mit* möglich und richtig: *Sie fiel überall durch ihre laute* oder *mit ihrer lauten Stimme auf.*
auffallend oder **auffällig**	Das Eigenschaftswort *auffällig* wird meist dann verwendet, wenn man etwas Ungünstiges, Unerfreuliches, Negatives ausdrücken möchte. *Sie trug auffällige* (d. h. kräftige, grelle) *Farben. Er benimmt sich auffällig* (d. h. merkwürdig). Dagegen lässt sich *auffallend* gut mit Günstigem, Erfreulichem, Positivem verbinden: *eine Frau von auffallender Schönheit; ein auffallend intelligentes Kind.* Man sagt aber auch: *auffallend hässlich sein.*

aufführen, sich	Bei *sich aufführen wie* oder *als* steht das folgende Hauptwort heute im Werfall. Richtig ist also: *Er führte sich wie ein Narr auf. Er führt sich als großer Herr auf.*
aufgrund oder **auf Grund**	**1. Rechtschreibung:** Beide Schreibungen sind richtig: *Er wurde aufgrund* oder *auf Grund der Indizien verurteilt.* **2. Beugung:** Neben dem Wesfall ist auch der Anschluss mit *von* möglich: *aufgrund/auf Grund der Indizien* oder aber *aufgrund/auf Grund von Indizien.*
aufgrund/ durch/ wegen	Diese Wörter werden oft falsch angewendet oder man verwechselt sie. Will man das richtige Wort wählen, so muss man die inhaltlichen Unterschiede beachten. *Aufgrund* gibt den Ausgangspunkt oder die Grundlage für ein bestimmtes Handeln an: *Aufgrund bestimmter Aussagen wurde er verhaftet. Sie wurde aufgrund meines Vorschlags beauftragt.* Dagegen nennt *durch* das Mittel oder Werkzeug: *Durch den Blitzschlag wurde das Haus zerstört* (nicht: *Aufgrund des Blitzschlags ...*). *Wir haben durch die Zeitung von dem Unglück erfahren.* Jedoch nicht: *Durch den Kälteeinbruch haben sich die Arbeiten verschoben.* Sondern: *Wegen des Kälteeinbruchs haben sich die Arbeiten verschoben.* Denn hier fragt man nicht nach dem Mittel, sondern nach der Ursache, und *wegen* drückt diese Ursache aus: *Wegen Umbau ist das Geschäft geschlossen. Sie fehlte wegen Krankheit.*
aufhängen	Die Formen von *aufhängen* lauten: *hängte auf, hat aufgehängt.* Es muss also heißen: *Ich hängte* (nicht: *hing*) *die Wäsche auf. Ich habe die Wäsche aufgehängt* (nicht: *aufgehangen*). Bitte lesen Sie dazu auch unter »hängen« nach.
Aufnahmeprüfung	Bei Formulierungen wie *die Aufnahmeprüfung in die Schauspielschule* macht man fälschlicherweise *in die Schauspielschule* von *-prüfung* abhängig statt von *Aufnahme.* Richtig muss es heißen: *die Prüfung zur Aufnahme in die*

	Schauspielschule oder *die Aufnahmeprüfung für die Schauspielschule.*
aufnehmen	Nach *jemanden* oder *etwas aufnehmen in/unter/auf …* kann sowohl der Wenfall (Frage: wohin?) als auch der Wemfall (Frage: wo?) stehen; der Wenfall ist häufiger: *Ich werde das Gedicht in meine* (seltener: *in meiner*) *Sammlung aufnehmen. In die Frachtbriefe* (seltener: *In den Frachtbriefen*) *ist folgender Vermerk aufzunehmen.* Häufig ist jedoch nur einer der beiden Fälle möglich. Während der Wenfall im Allgemeinen eine enge Verbindung ausdrückt, bezeichnet der Wemfall eine weniger enge Bindung. Man vergleiche: *Ich nahm den jungen Mann als Schwiegersohn in meine Familie auf.* Aber: *Ich nahm ihn als Feriengast in meiner Familie auf.* In beiden Beispielen sind die Fälle nicht austauschbar. Beispiele für den Wenfall: *jemanden in die eigenen Reihen, in einen Chor, unter die Heiligen, in den Schoß der Familie aufnehmen; Angaben in ein Adressbuch, in eine Liste, in einen Text, in ein Stenogramm, in die Ladepapiere aufnehmen; ein Theaterstück in das Repertoire aufnehmen; etwas in seinen Plan aufnehmen; etwas auf [ein Ton]band aufnehmen.* Beispiele für den Wemfall: *in keinem Krankenhaus aufgenommen werden; einen Flüchtling in der Wohnung, im Haus aufnehmen; Tote in einem Gemeinschaftsgrab aufnehmen. Ich werde zu so später Stunde in keinem Hotel mehr aufgenommen.*
Aufprall; aufprallen	Nach *Aufprall auf* ist sowohl der Wemfall (Frage: wo?) als auch der Wenfall (Frage: wohin?) richtig. Der Wemfall kommt allerdings seltener vor: *Die Maschine explodierte beim Aufprall auf das Wasser,* seltener: *auf dem Wasser. Der Mann war beim Aufprall auf das Pflaster,* seltener: *auf dem Pflaster sofort tot.* Für *aufprallen auf* gilt das Gleiche: *Das Flugzeug prallte auf das Wasser,* seltener: *auf dem Wasser auf und zerschellte.*

A

aufschlagen	**1. hat aufgeschlagen oder ist aufgeschlagen:** In der Bedeutung »sich erhöhen« verbindet sich das Zeitwort *aufschlagen* meist mit *haben,* seltener mit *sein.* Es heißt also: *Die Preise haben aufgeschlagen* oder seltener: *sind aufgeschlagen.* Beides ist richtig. **2. auf dem oder auf das Pflaster aufschlagen:** Nach *aufschlagen auf* in der Bedeutung »hart auftreffen, aufprallen« kann der Wemfall (Frage: wo?) und ebenso der Wenfall (Frage: wohin?) stehen. Es kann also heißen: *Er ist bei dem Sturz auf der Bordkante aufgeschlagen.* Oder: *Er ist bei dem Sturz auf die Bordkante aufgeschlagen.*
aufspielen, sich	Bei *sich aufspielen als* steht das Hauptwort, das auf *als* folgt, heute im Werfall, nicht im Wenfall. Richtig ist also nur: *Er spielte sich als großer Held auf.* Nicht: *Er spielte sich als großen Helden auf.*
aufstützen	Nach *aufstützen auf* steht heute gewöhnlich der Wenfall (Frage: wohin?), seltener der Wemfall (Frage: wo?): *Sie hatte die Ellenbogen auf den Tisch aufgestützt.* Oder seltener: *Sie hatte die Ellenbogen auf dem Tisch aufgestützt.* Beides ist richtig.
auftragen	Nach *auftragen auf* steht gewöhnlich der Wenfall (Frage: wohin?), seltener der Wemfall (Frage: wo?). *Man trägt die Farbe auf den nassen Untergrund auf.* Oder seltener: *Man trägt die Farbe auf dem nassen Untergrund auf.* Beides ist richtig.
aufwenden	Die Formen der Vergangenheit lauten sowohl *wendete auf, hat aufgewendet* als auch *wandte auf, hat aufgewandt.*
August	Steht *August* im Wesfall, dann ist sowohl die Form mit *-[e]s (des August[e]s)* als auch die Form ohne *-s (des August)* richtig.

aus oder **von**	Länder- und Städtenamen stehen mit dem Verhältniswort (der Präposition) *aus,* wenn sie der Angabe des Lebensbereiches oder des Geburtsortes eines Menschen dienen: *Ich komme aus Berlin, die Familie stammt aus Ostpreußen, er ist aus Schwaben.* Das Verhältniswort *von* anstelle von *aus* ist nicht standardsprachlich, sondern nur landschaftlich üblich. Nennt man jedoch eine Stadt oder ein Land als Ausgangspunkt einer Reise o. Ä., dann kann man den Orts- oder Ländernamen sowohl mit *aus* wie mit *von* verbinden: *Die Maschine kommt aus Stuttgart. Wir kommen gerade von Stuttgart.*
aus aller Herren Länder oder **Ländern**	Die heute gebräuchliche Form lautet: *aus aller Herren Länder.*
aus was oder **woraus**	Vor allem in der gesprochenen Sprache ersetzen viele Sprecher heute *woraus* durch *aus was: Aus was schließt du das? Aus was wird dieser Kuchen hergestellt?* Die Verbindung *aus was* ist jedoch umgangssprachlich. Stilistisch besser ist *woraus: Woraus schließt du das? Woraus wird dieser Kuchen hergestellt?*
Ausbildungsplatz	Will man dieses Wort z. B. in einem Bewerbungsschreiben verwenden, dann kann man auf verschiedene Weise formulieren: *Ich bewerbe mich um/suche einen Ausbildungsplatz zur Erlernung des Friseurhandwerks, ... einen Ausbildungsplatz für den Beruf des Friseurs, ... einen Ausbildungsplatz für Friseure.*
ausbleiben	Wenn man das Zeitwort *ausbleiben* verneint gebraucht *(Es konnte nicht ausbleiben, dass ..., es blieb nicht aus, dass ...),* dann darf der ihm folgende Nebensatz nicht mehr verneint werden. Nicht richtig ist darum: *Es konnte nicht ausbleiben, dass er sich nicht erkältete.* Richtig ist: *Es konnte nicht ausbleiben, dass er sich erkältete.*

A

ausbleichen	Die Vergangenheitsformen des regelmäßigen Zeitwortes *ausbleichen (= bleichte aus, hat ausgebleicht)* und des unregelmäßigen Zeitwortes *(= blich aus, ist ausgeblichen* oder auch schon *ist ausgebleicht)* darf man nicht miteinander verwechseln. Hat *ausbleichen* eine Ergänzung im Wenfall bei sich, gelten die regelmäßigen Formen: *Die Sonne bleichte die Wäsche aus. Sie hat ihr Haar ausgebleicht.* Steht *ausbleichen* jedoch ohne eine Ergänzung im Wenfall, dann sind die unregelmäßigen Formen anzuwenden: *Der Stoff blich aus. Der Teppich ist ausgeblichen* (oder auch: *ist ausgebleicht*).
ausbreiten	Nach *ausbreiten auf* steht der Wemfall (Frage: wo?): *Sie breitete die Decke auf dem Tisch aus.* Nach *sich ausbreiten über* kann sowohl der Wemfall (Frage: wo?) als auch der Wenfall (Frage: wohin?) stehen: *Nebel breitete sich über dem Land aus.* Auch: *Nebel breitete sich über das Land aus.*
ausführen oder **durchführen**	Die beiden Zeitwörter sind in ihrer Bedeutung zwar ähnlich, doch nicht gleich. Sie sind in den meisten Fällen nicht gegeneinander austauschbar. Das Zeitwort *ausführen* bedeutet »etwas (nach Plan, nach einer Weisung) in die Tat umsetzen, verwirklichen«. Man kann beispielsweise *Reparaturen, bestimmte Arbeiten, einen Befehl, eine Bestellung, einen Auftrag ausführen.* Das Zeitwort *durchführen* bedeutet ebenfalls »etwas in die Tat umsetzen«. Im Gegensatz zu *ausführen* betont *durchführen* den Vorgang, den Ablauf oder das Organisatorische bei der Handlung, die in die Tat umgesetzt wird/werden soll. Man kann beispielsweise *Wahlen, eine Volkszählung, eine Werbeaktion, eine Messung durchführen.* Das Zeitwort *ausführen* spricht dagegen nur an, dass tatsächlich eine Handlung in die Tat umgesetzt wird. In den aufgezählten Beispielen lassen sich beide Wörter deshalb nicht gegeneinander austauschen.

ausgenommen	Das Hauptwort oder Fürwort (Pronomen) vor *ausgenommen* steht meist im Wenfall: *Ich muss dem ganzen Buch widersprechen, den Schluss ausgenommen.* Es steht im Werfall, wenn das Wort, auf das es sich bezieht, ebenfalls im Werfall steht: *Alle waren gekommen, ihr Bruder ausgenommen.* (Das Bezugswort ist hier *alle.*) Steht ein Hauptwort oder Fürwort hinter *ausgenommen,* hängt seine Beugung von dem Zeitwort des Satzes ab: *Seinen Freunden hatte er nichts davon gesagt, ausgenommen einem einzigen.* (Das Zeitwort *sagen* hat den Wemfall bei sich: *jemandem etwas sagen.* Nach *ausgenommen* steht darum hier der Wemfall: *einem einzigen.*) *Er hatte alle Teilnehmer begrüßt, ausgenommen einen, der zu spät gekommen war.* (Das Zeitwort *begrüßen* hat den Wenfall bei sich. Nach *ausgenommen* steht darum hier der Wenfall: *ausgenommen einen.*)
ausklingen	In der Bedeutung »aufhören zu klingen« lassen sich die zusammengesetzten Vergangenheitsformen von *ausklingen* mit *haben* oder mit *sein* bilden: *Die Glocken hatten ausgeklungen* oder: *Die Glocken waren ausgeklungen.* In der übertragenen Bedeutung »in bestimmter Weise ausgehen, enden« hingegen kann man diese Vergangenheitsformen nur mit *sein* bilden. *Die Feier war harmonisch ausgeklungen.*
Auslassungszeichen (Apostroph)	siehe Tabelle
Ausrufezeichen	siehe Tabelle
ausscheren	Es heißt richtig: *Der Wagen ist* (nicht: *hat*) *aus der Kolonne ausgeschert.*

Auslassungszeichen (Apostroph)

Das Auslassungszeichen deutet an, dass Laute, die gewöhnlich zu sprechen oder zu schreiben sind, ausgelassen werden:

Sie hat 'ne (= eine) Menge erlebt; ein'ge Leute, wen'ge Stunden.

Nach den neuen amtlichen Rechtschreibregeln steht kein Auslassungszeichen für das ausgelassene Schluss-*e* bei Hauptwörtern und bestimmten Formen der Zeitwörter:

Der Wahn ist kurz, die Reu ist lang; ich lass das nicht zu; könnt er das nur erreichen!; führ den Hund aus!

Es steht ebenfalls kein Auslassungszeichen bei den mit *r-* anfangenden Kürzungen *ran, rauf, raus* usw.; bei allgemein üblichen Verschmelzungen *ans, aufs, durchs, fürs, beim, zum* usw.; bei ungebeugt verwendeten Eigenschaftswörtern und Fürwörtern (Pronomen), z. B. *groß Geschrei, solch Glück, manch schöne Stunde;* bei üblichen verkürzten (Neben)formen von Eigenschaftswörtern und Umstandswörtern (Adverbien) wie *blöd, bös, gern, heut* usw.; bei Wörtern, bei denen ein unbetontes *-e-* im Wortinnern ausgefallen ist, z. B.:

ich wechsle, ich lindre; wir sehn, stehn; Reglung, Englein; wacklig, wässrig; finstre Gestalten, edle Menschen, trocknes Laub.

Es steht kein Auslassungszeichen bei Jahreszahlen, z. B.:

Ende 02, Mai 68 usw.

oder bei Abkürzungen:

des Jh.s, die Lkws, die Pkws.

Nach den neuen amtlichen Rechtschreibregeln kann man das Auslassungszeichen auch zur Verdeutlichung in folgenden Fällen verwenden:

bei umgangssprachlichen oder mundartlichen Verschmelzungen wie

Wir gehn in' Zirkus

und bei der schriftlichen Wiedergabe gesprochener Sprache, z. B.

„So 'n Blödsinn!“.

Für das ausgelassene *-i-* der Endung *-isch* bei Eigennamen muss kein Auslassungszeichen eingesetzt werden:

grimmsche Märchen, bismarcksche Politik, mozartsche Oper.

Nach den neuen amtlichen Rechtschreibregeln kann aber gelegentlich ein Auslassungszeichen stehen, um die Grundform des Namens vor der Endung *-sch* zu verdeutlichen; man schreibt dann groß:

die Grimm'schen Märchen.

Vor *-s* bei Namen im Wesfall steht

Auslassungszeichen (Fortsetzung)

gewöhnlich kein Auslassungszeichen: *Hamburgs Hafen, Peters Bierbar, Edwards Hochzeit, de Gaulles Politik, Meyers Lexikon.*
Nach den neuen amtlichen Rechtschreibregeln kann ein Auslassungszeichen gesetzt werden, um die Grundform des Namens zu verdeutlichen: *Andrea's Blumenecke.*
Endet ein Name auf *-s, -ss, -ß, -tz, -z, -x,* dann steht zur Kennzeichnung des Wesfalls immer das Auslassungszeichen: *Aristoteles' Schriften, Grass' Romane, Bordeaux' Umgebung.*

Ausrufezeichen

1. Das Ausrufezeichen nach Aufforderungs- und Wunschsätzen:
Ein Ausrufezeichen steht nach Sätzen und Satzstücken, die einen Wunsch, eine Aufforderung, einen Befehl oder ein Verbot ausdrücken: *Komm sofort zurück! Nehmen Sie doch bitte Platz! Wäre ich doch schon fertig! Rauchen verboten! Ruhe! Guten Appetit! Vorsicht, bissiger Hund!*
Ein Ausrufezeichen steht nicht, wenn man Aufforderungssätze ohne besonderen Nachdruck spricht: *Geben Sie mir bitte das Buch.*

2. Das Ausrufezeichen nach Ausrufen und Ausrufesätzen:
Ein Ausrufezeichen steht nach Ausrufen, die die Form eines vollständigen oder eines verkürzten Satzes (auch eines Fragesatzes) haben oder nur aus einem Wort bestehen: *Das ist ja großartig! So ein Unsinn! Was erlauben Sie sich! Kein Kommentar! Gesperrt!*

3. Das Ausrufezeichen nach Grußformeln:
Grußformeln sind stark verkürzte Sätze, nach ihnen steht ein Ausrufezeichen: *Guten Tag! Frohe Feiertage! Auf Wiedersehen!*

4. Das Ausrufezeichen nach Ausrufewörtern und Ausrufe lauten:
Nach Ausrufewörtern und Ausrufelauten steht ein Ausrufezeichen: *Ach! Oh! Au! Hallo! Pfui! Pst!*
Stehen mehrere Ausrufewörter nebeneinander, die nicht besonders

A

Ausrufezeichen (Fortsetzung)

betont sind, dann steht zwischen ihnen ein Komma. Das Ausrufezeichen steht erst nach dem letzten Ausrufewort:

Nein, nein, nein! Doch, doch!

5. Das Ausrufezeichen nach der Briefanrede:
Nach der Anrede in Briefen kann ein Ausrufezeichen stehen. (Im Brieftext schreibt man danach groß.) Anstelle des Ausrufezeichens ist heute jedoch ein Komma üblich. (Der Brieftext beginnt klein.)

Sehr geehrter Herr Schmidt!
Gestern erhielt ich Ihren Brief …
Sehr geehrter Herr Schmidt,
gestern erhielt ich Ihren Brief …

6. Ausrufezeichen und Fragezeichen:
Stellt eine Frage zugleich einen Ausruf dar, dann kann man hinter das Fragezeichen noch ein Ausrufezeichen setzen:

Warum denn nicht?!

7. Ausrufezeichen in Klammern:
Gelegentlich kann man nach Angaben, die man bezweifeln oder hervorheben möchte, ein eingeklammertes Ausrufezeichen setzen:

Der Einbrecher hatte früher als Schweißer (!) gearbeitet.

ausschließlich

1. Falsche Steigerung: Das Eigenschaftswort *ausschließlich* (= alleinig) ist nicht steigerbar. Nicht richtig ist also: *das ausschließlichste Recht, die ausschließlichste Verwendung.*
2. Beugung: Das Verhältniswort (die Präposition) *ausschließlich* (= ohne) steht mit dem Wesfall, wenn vor dem Hauptwort, das auf *ausschließlich* folgt, noch ein weiteres Wort steht. Es heißt also: *die Kosten ausschließlich des genannten Betrages, die Miete ausschließlich der Heizungskosten.* Steht das Hauptwort, das auf *ausschließlich* folgt, in der Einzahl allein, dann hat es keine Beugungsendung. Es heißt dann: *der Preis ausschließlich Porto.* Steht das Hauptwort, das auf *ausschließlich* folgt, in der Mehrzahl allein, dann muss es im Wemfall stehen. Es heißt dann: *der Preis ausschließlich Getränken.*

aussenden	Die Formen der Vergangenheit lauten sowohl *sendete aus, hat ausgesendet* als auch *sandte aus, hat ausgesandt.*
Außenstehende, der und die	Man beugt das Wort in folgender Weise: *der Außenstehende, ein Außenstehender, zwei Außenstehende, die Außenstehenden, einige Außenstehende, alle Außenstehenden, solche Außenstehende* und *solche Außenstehenden, beide Außenstehenden* und seltener auch *beide Außenstehende; besagtem Außenstehenden, die Meinung unabhängiger Außenstehender.* Als Beisatz (Apposition): *mir (dir, ihm) als Außenstehenden* und *mir (dir, ihm) als Außenstehendem; ihr als Außenstehenden* und *ihr als Außenstehender.*
außer	**1. Verhältniswort oder Bindewort:** Man kann *außer* in der Bedeutung »ausgenommen« als Verhältniswort (Präposition) oder als Bindewort (Konjunktion) auffassen. Sieht man es als Verhältniswort an, dann steht danach der Wemfall: *Er besaß nichts mehr außer einem Koffer mit Kleidern. Niemand konnte es wissen außer mir.* Sieht man *außer* dagegen als Bindewort an, dann steht danach immer derjenige Fall, den das Bezugswort hat. Es kann also auch heißen: Wenfall: *Er besaß nichts mehr außer einen Koffer mit Kleidern.* Werfall: *Niemand konnte es wissen außer ich.* Und im Wesfall: *Ich entsinne mich all dieser Vorfälle nicht mehr außer eines einzigen.* **2. Ich geriet außer mir/außer mich:** In der Fügung *außer sich geraten* kann das Fürwort (Pronomen) im Wemfall oder im Wenfall stehen: *Ich geriet außer mir vor Freude.* Oder: *Ich geriet außer mich vor Freude.* Beides ist richtig. **3. Komma:** Wenn *außer* eine (nachgetragene) Einschränkung anschließt, trennt man diese durch ein Komma ab: *Niemand kann mir helfen, außer ich selbst.* Ohne Komma wird der Ausdruck mit *außer* in den Satz einbezogen: *Niemand außer mir selbst kann mir helfen.* Manchmal ist

A

	beides möglich: *Sie können mich[,] außer in der Mittagszeit[,] immer erreichen.*
austeilen	Nach *austeilen unter* steht gewöhnlich der Wenfall. *Sie teilten Lebensmittel unter die Flüchtlinge aus.* Der Wemfall ist seltener: *Sie teilten Lebensmittel unter den Flüchtlingen aus.*
ausweisen, sich	Bei *sich ausweisen als* steht das Hauptwort, das auf *als* folgt, gewöhnlich im Werfall: *Er wies sich als tüchtiger Fachmann aus. Er wies sich als Angestellter der Firma X aus.* Der Wenfall *(Er wies sich als tüchtigen Fachmann/als Angestellten der Firma X aus)* ist auch richtig, kommt aber selten vor.
auszeichnen, sich	Bei *sich auszeichnen als* steht das Hauptwort, das auf *als* folgt, heute im Werfall: *Er zeichnete sich als umsichtiger Mitarbeiter aus.*
Auszubildende, der und die	Man beugt das Wort in folgender Weise: *der Auszubildende, ein Auszubildender, zwei Auszubildende, die Auszubildenden, einige Auszubildende, alle Auszubildenden, solche Auszubildende* und *solche Auszubildenden, beide Auszubildenden* und seltener auch *beide Auszubildende; besagtem Auszubildenden, die Einstellung junger Auszubildender.* Als Beisatz (Apposition): *mir (dir, ihm) als Auszubildenden* und *mir (dir, ihm) als Auszubildendem; ihr als Auszubildenden* und *ihr als Auszubildender.*
Automat	Das Hauptwort *Automat* erhält – außer im Werfall – immer die Endung *-en: der Automat, des Automaten* (nicht: *des Automats*), *dem Automaten* (nicht: *dem Automat*), *den Automaten* (nicht: *den Automat*), Mehrzahl: *die Automaten.* Es heißt also z. B.: *Er holte sich Zigaretten am Automaten. Sie mussten den Automaten reparieren.*

B *b*

backen	Richtig sind sowohl die Formen *du bäckst, er bäckt* als auch *du backst, er backt.* Die Formen der Vergangenheit *du bukest* bzw. *du bukst, er buk* sind veraltet. Stattdessen sagt man heute *du backtest, er backte.*
Bad	Die von Ortsnamen mit *Bad* (z. B. *Bad Hersfeld*) gebildeten Formen auf *-er* kann man nach den neuen amtlichen Rechtschreibregeln mit oder ohne Bindestrich schreiben: *Bad Hersfelder Festspiele* oder *Bad-Hersfelder Festspiele.* Bei Benennungen wie *Bad-Ems-Straße* wird mit Bindestrichen durchgekoppelt.
bald	**1. Steigerung:** Das Umstandswort (Adverb) *bald* lässt sich steigern. Die Formen sind unregelmäßig und lauten: *bald – eher – am ehesten.* **2. Komma:** Bei *bald ... bald ...* (das Satzteile oder Sätze verbindet) steht vor dem zweiten *bald* (und auch vor jedem weiteren) immer ein Komma: *Bald ist er hier, bald dort. Bald lachte das Kind, bald weinte es, bald schrie es erbärmlich.*
baldmöglichst	Dieses Wort, das aus der Fügung *so bald wie möglich* zusammengezogen ist, wird hauptsächlich in der Amtssprache verwendet. Stilistisch besser ist *möglichst bald: Antworten Sie bitte möglichst bald.*
Bank	Zusammengesetzte Wörter wie *Blutbank, Organbank* oder auch *Datenbank* (die Aufbewahrungsstellen für bestimmte auf Abruf verfügbare Dinge bezeichnen) schließen sich bei der Bildung der Mehrzahl an *Bank* im Sinne von »Geldinstitut« (also *Banken*) an, nicht an *Bank* im Sinne von

	»Sitzgelegenheit« *(Bänke).* Also: *Blutbanken, Organbanken, Datenbanken.* Dagegen aber: *Muschelbänke, Sandbänke, Austernbänke.*
Barock	**1. der oder das:** Sowohl *der Barock* als auch *das Barock* sind richtig. **2. des Barocks oder des Barock:** Der Wesfall von *Barock* lautet *des Barocks.* In der Fachsprache der Kunstwissenschaft dagegen wird das *-s* meist weggelassen: *des Barock.*
basieren	Nach *basieren auf* im Sinne von »fußen, beruhen, sich stützen auf« steht der Wemfall (Frage: auf wem oder was?): *Ihre Ausführungen basierten auf genauer Kenntnis. Der Text basiert auf einem genauen Vergleich.*
bausparen	Das Zeitwort *bausparen* kommt meist nur in der Grundform (im Infinitiv) vor *(Wir wollen bausparen)* oder als Hauptwort *(Wir haben uns zum Bausparen entschlossen).* Andere Formen kommen z. B. in der Sprache der Werbung vor: *Wer bauspart, ist klug.*
bayerisch, bayrisch oder **bairisch**	Das Eigenschaftswort zu *Bayern* lautet *bayerisch* oder *bayrisch.* Die Form mit *-e-* kommt standardsprachlich häufiger vor: *der Bayerische Wald; Bayerisch Eisenstein;* Ausnahme: *Bayrischzell.* Das Eigenschaftswort schreibt man mit *-i- (bairisch),* wenn man damit die Sprache des Dialektraumes in Bayern und Österreich bezeichnet.
Beamte	Man beugt das Wort in folgender Weise: *der Beamte, ein Beamter, zwei Beamte, die Beamten, einige Beamte, alle Beamten, solche Beamte* und *solche Beamten, beide Beamten* und seltener auch *beide Beamte; genanntem Beamten, die Versorgung ausscheidender Beamter.* Als Beisatz (Apposition): *mir (dir, ihm) als Beamten* und: *mir (dir, ihm) als Beamtem.*

Beantwortung	Im amtlichen und kaufmännischen Bereich steht am Briefanfang häufig die Formulierung *in Beantwortung Ihres Schreibens.* Dieser Ausdruck ist stilistisch unschön und meist auch überflüssig, denn der Bezug ist ja bei solchen Schreiben in der Regel bereits angegeben. Will man trotzdem noch einen Bezug formulieren, dann besser in der Form: *Auf Ihr Schreiben …* oder: *Zu Ihrem Schreiben vom … teilen wir Ihnen mit …*
Bedarf	Es heißt richtig *Bedarf an* (nicht: *für*) *etwas: Der Bedarf an Arbeitskräften ist gestiegen. Wir haben keinen Bedarf an Getränken.* In der Kaufmannssprache wird auch mit *In* angeschlossen: *Bedarf in Kohlen haben.*
bedeuten	Steht das Hauptwort, das auf *bedeuten* folgt, mit einem Geschlechtswort (Artikel), kann es nur im Wenfall stehen: *Dieser Roman bedeutete für ihn den ersten* (nicht: *der erste*) *Erfolg. Das bedeutet einen* (nicht: *ein*) *Eingriff in meine Rechte.* In Sätzen ohne *der, die, das, ein, eine* usw. kommt auch der Werfall vor (der Wenfall ist jedoch üblicher): *Mord bedeutet elektrischer* (Wenfall: *elektrischen*) *Stuhl. Abitur bedeutet nicht reiner* (Wenfall: *reinen*) *Zeitverlust.* Verwendet man den Werfall, drückt *bedeuten* im Sinne von »so viel sein wie« eine Gleichsetzung aus.
bedeutend oder **bedeutsam**	Das Wort *bedeutend* drückt aus, dass jemand oder etwas bemerkenswert, hervorragend ist: *Sie ist eine bedeutende Wissenschaftlerin. Dies war ein bedeutendes Ereignis.* Das Wort *bedeutsam* drückt dagegen aus, dass etwas wichtig, von großer Tragweite ist. Es wird in der Regel nicht auf Personen bezogen: *Das ist eine bedeutsame Entdeckung. Die Rede des Präsidenten war für uns alle bedeutsam.*
Bedeutung	Nach Ausdrucksweisen wie *die Bedeutung des Lehrers, der Sportlerin; die Bedeutung von Lehrer Müller, von Dr. Meyer* steht gelegentlich eine Ergänzung mit *als: die Bedeu-*

B

tung des Lehrers als Erzieher; die Bedeutung von Lehrer Müller als Erzieher. Dabei ist Folgendes zu beachten:
Die Bedeutung des Lehrers als ...: Folgt nach *als* eine Ergänzung mit *der, die, das, ein, eine* usw., setzt man diese in den gleichen Fall wie das Wort, auf das sie sich bezieht (hier: *des Lehrers;* Wesfall): *Er erkannte die Bedeutung des Lehrers als eines einflussreichen Erziehers seiner Kinder. Sie unterschätzte die Bedeutung der Krebsvorsorge als einer sozialen Maßnahme.* Folgt jedoch die Ergänzung nach *als* ohne *der, die* usw., ist es üblich, den Werfall zu verwenden: *Er erkannte die Bedeutung des Lehrers als einflussreicher Erzieher seiner Kinder. Sie unterschätzte die Bedeutung der Krebsvorsorge als soziale Maßnahme.* Auch richtig, allerdings seltener ist hier der Wesfall: *Er erkannte die Bedeutung des Lehrers als einflussreichen Erziehers seiner Kinder. Sie unterschätzte die Bedeutung der Krebsvorsorge als sozialer Maßnahme.* Mit Fürwort (Pronomen) ist Werfall üblich: *Er erkannte seine Bedeutung als einflussreicher Lehrer der Kinder. Sie unterschätzte ihre Bedeutung als soziale Maßnahme.*
Die Bedeutung von Lehrer Müller als ...: In solchen Sätzen bezieht man die Ergänzung, die auf *als* folgt, üblicherweise auf *von* und setzt sie deshalb in den Wemfall (Frage: von wem?): *die Bedeutung von Lehrer Müller als einem einflussreichen/als einflussreichem Erzieher der Kinder.* Es ist jedoch auch möglich, die Ergänzung in den Werfall zu setzen: *die Bedeutung von Lehrer Müller als einflussreicher Erzieher der Kinder. Die Bedeutung von Frau Dr. Meyer als großer Kunstmäzenin wurde besonders gewürdigt.*

bedienen, sich

1. sich jemandes, einer Sache bedienen: In Sätzen wie *Er bediente sich seines Bruders als Dolmetscher* oder *Er bediente sich der Wiese als Flugplatz* steht das Hauptwort, das dem *als* folgt, nur dann im Werfall *(Dolmetscher; Flugplatz),* wenn es keine Beifügung bei sich hat. Erhält es jedoch einen Zusatz (in Form von *der, die, das, ein, eine* oder in

B

	Form eines Eigenschaftswortes), steht der ganze Ausdruck im Wesfall: *Er bediente sich seines Bruders als geschickten Dolmetschers. Er bediente sich der Wiese als eines Flugplatzes.* **2. sich bedienen lassen:** Bei *sich bedienen lassen wie* steht das Hauptwort, das dem *wie* folgt, gewöhnlich im Werfall: *Er lässt sich bedienen wie ein Fürst.*
Bedienstete, der und die	Man beugt das Wort in folgender Weise: *der Bedienstete, ein Bediensteter, zwei Bedienstete, die Bediensteten, einige Bedienstete, alle Bediensteten, solche Bedienstete* und *solche Bediensteten, beide Bediensteten* und seltener auch *beide Bedienstete; tüchtigem Bediensteten, die Einstellung verheirateter Bediensteter.* Als Beisatz (Apposition): *mir (dir, ihm) als Bediensteten* und: *mir (dir, ihm) als Bedienstetem, ihr als Bediensteten* und: *ihr als Bediensteter.*
befallen	Das Mittelwort der Vergangenheit (2. Partizip) von *befallen* (es lautet ebenfalls *befallen*) kann nur unter bestimmten Voraussetzungen als Beifügung eines Hauptwortes stehen. Richtig ist: *Die [von der Seuche] befallenen Schweine wurden geschlachtet.* Falsch dagegen ist: *die das Kind befallene Krankheit.* Das erste Beispiel ist richtig, denn man kann auflösen: *die befallenen Schweine = Schweine, die befallen worden sind.* Wendet man dieses Schema im zweiten Beispiel an *(die befallene Krankheit = Krankheit, die befallen worden ist),* wird der inhaltliche Fehler deutlich. Der Bezug ist hier nicht richtig. Statt *die das Kind befallene Krankheit* heißt es richtig: *die Krankheit, die das Kind befallen hat.*
befassen	Neben *sich mit etwas befassen* kommt heute auch *jemanden* oder *etwas mit etwas befassen* vor: *Er befasste die Gerichte mit Anklagen. Ein junger Beamter wurde mit dieser Aufgabe befasst.* Diese Verwendungsweise ist besonders amtssprachlich.

B

befestigen	Nach *befestigen an* und *befestigen auf* steht heute der Wemfall (Frage: wo?): *Sie befestigte die Girlande an der Wand. Die Ski müssen sorgfältig auf dem Gepäckträger befestigt werden.*
befindlich	Das Eigenschaftswort *befindlich* gehört zwar zu *sich befinden,* man darf es aber nicht mit *sich* verbinden: *der in der Auslage befindliche Schmuck* oder (stilistisch weniger schön): *der sich in der Auslage befindende Schmuck.* Nicht richtig ist die Vermischung: *der sich in der Auslage befindliche Schmuck.*
beginnen	**1. Gebrauch des Mittelworts:** Das Mittelwort der Vergangenheit (2. Partizip) von *beginnen* (es lautet *begonnen*) lässt sich nur unter bestimmten Voraussetzungen als Beifügung eines Hauptwortes verwenden. Richtig ist: *Sie hat die begonnene Arbeit fortgesetzt.* Falsch dagegen ist: *Der im April begonnene Konjunkturaufschwung hat sich nicht fortgesetzt.* Das erste Beispiel ist richtig, denn man kann auflösen: *die begonnene Arbeit = Arbeit, die begonnen worden ist.* Wendet man dieses Schema im zweiten Beispiel an *(der begonnene Konjunkturaufschwung = der Konjunkturaufschwung, der begonnen worden ist),* wird der inhaltliche Fehler deutlich: Der *Konjunkturaufschwung* ist nämlich nicht begonnen worden, sondern er hat begonnen. Deshalb kann es nur heißen: *Der Konjunkturaufschwung, der im April begonnen hat, hat sich nicht fortgesetzt.* Richtig ist auch: *Der im April beginnende Konjunkturaufschwung hat sich nicht fortgesetzt.* **2. Komma:** Wenn das Zeitwort *beginnen* mit einer Wortgruppe, die die Grundform eines anderen Zeitworts enthält, verbunden ist (Infinitivgruppe), dann kann man ein Komma setzen, um die Gliederung des Satzes deutlich zu machen oder um Missverständnisse auszuschließen: *Er begann sofort[,] ein Loch zu bohren* oder *Er begann[,] sofort ein Loch zu bohren.* Beide Möglichkeiten sind nach den neuen amtlichen Rechtschreibregeln richtig.

behängen	Die Formen lauten: *behängte, hat behängt.* Es heißt also richtig: *Sie behängte* (nicht: *behing*) *den Christbaum mit Schmuck. Sie hat den Christbaum mit Schmuck behängt* (nicht: *behangen*). Bitte lesen Sie dazu auch unter »hängen« nach.
beharren	Nach *beharren auf* steht der Wemfall. Es muss also heißen: *Ich beharre auf meinem* (nicht: *auf meinen*) *Anspruch.*
beheizen oder **heizen**	Die Verwendung von *beheizen* oder *heizen* ist folgendermaßen geregelt: Verwendet man das Zeitwort ohne eine Ergänzung, muss es immer *heizen* heißen: *Wir heizen elektrisch. Bei uns wird ab 15. September geheizt.* Die Verwendung von *beheizen* ist dann üblich, wenn man angeben will, womit oder auf welche Art geheizt wird, oder wenn ausgedrückt werden soll, dass etwas mit Wärmeenergie versorgt wird. Es gehört also vor allem der technischen und der Verwaltungssprache an: *Der Kessel kann mit Öl oder Kohle beheizt werden. Die Stadtwerke beheizen über 5 000 Wohnungen. Es waren 13 Räume zu beheizen. Man beheizte das Haus durch Fernheizung.* Sonst ist *heizen* auch in Sätzen, die eine Ergänzung haben, gebräuchlich: *Der Vater heizt den Ofen. Der Saal war schlecht geheizt.*
behindern/ hindern/ verhindern	Manchmal ist es schwierig, diese Wörter richtig zu gebrauchen. Das Zeitwort *behindern* bedeutet »hemmen; störend aufhalten«; es drückt aus, dass etwas erschwert wird, aber nicht, dass es unmöglich gemacht wird: *Der Betrunkene behinderte den Verkehr. Die Spielerinnen behinderten sich gegenseitig.* Das Wort *verhindern* bedeutet dagegen »bewirken, dass etwas nicht geschieht oder getan wird«. Wer etwas verhindert, macht es unmöglich: *Sie verhinderte ein Unglück. Der Torwart verhinderte einen Rückstand.* Das einfache *hindern* schließlich kann sowohl im Sinne von »behindern« als auch im Sinne von »verhindern« stehen: *Der Verband hinderte sie sehr bei der Hausarbeit. Der Nebel hinderte ihn, schneller zu fahren.* In Verbindung mit *an* hat

	hindern immer die Bedeutung »verhindern«: *Der Lärm hinderte mich am Einschlafen. Niemand kann mich daran hindern, abzureisen.*
behindert	Die Formen des Eigenschaftswortes, die eine körperliche oder geistige Behinderung als einen medizinischen Tatbestand ausdrücken, werden unterschiedlich geschrieben. *Geistig behindert* und *körperlich behindert* schreibt man immer getrennt. *Schwerbehindert* wird zusammengeschrieben, wenn es die Bedeutung »durch schwere körperliche Behinderung dauernd geschädigt« hat und *schwer* nicht gesteigert oder erweitert ist: *Seit dem Unfall ist sie schwerbehindert.* Aber: *Besonders schwer behinderte Kinder bedürfen einer individuellen Förderung.* Immer zusammen schreibt man dagegen *körperbehindert* und *mehrfachbehindert.* In Verbindung mit *nicht* wird nach der neuen amtlichen Rechtschreibung in der Regel getrennt geschrieben: *ein nicht behindertes Kind; Diese Kinder sind nicht behindert.* Die Zusammenschreibung ist aber auch zulässig: *ein nichtbehindertes Kind.*
bei	**1. Wemfall:** Nach *bei* steht der Wemfall: *Bei dir fühle ich mich wohl. Sie beschwerte sich bei der Geschäftsführerin.* Standardsprachlich nicht richtig sind landschaftlich gebräuchliche Formen (mit dem Wenfall) wie: *Die Fliegen gehen bei die Wurst. Heute gehen wir bei Oma.* Statt *bei* muss hier *an* beziehungsweise *zu* stehen: *Die Fliegen gehen an die Wurst. Heute gehen wir zu Oma.* **2. bei was oder wobei:** Vor allem in der gesprochenen Sprache ersetzen viele Sprecher heute *wobei* durch *bei was: Bei was hast du dich verletzt? Ich weiß nicht, bei was er sich verletzt hat.* Die Verbindung *bei was* ist jedoch umgangssprachlich. Stilistisch besser ist *wobei: Wobei hast du dich verletzt? Ich weiß nicht, wobei er sich verletzt hat.*
beide	**1. Rechtschreibung:** Das Wort *beide* wird immer und in allen seinen Formen kleingeschrieben: *Einer von den beiden war es. Es kamen beide.*

Schwierigkeiten der Beugung bei *beide*

2. Beugung von *beide*:

a) In Verbindung mit persönlichen Fürwörtern (Personalpronomen) beugt man folgendermaßen:

(Werfall:) *Sie beide kamen.*
(Wesfall:) *Das ist unser (euer, ihrer) beider Eigentum.*
(Wemfall:) *Er kennt uns (euch, sie) beide.*

b) wir beiden/wir beide; ihr beiden, ihr beide

In Verbindung mit *wir* und *ihr* sind im Wemfall zwei Formen üblich: Neben *wir beide* gibt es auch die seltenere, aber ebenfalls richtige Form *wir beiden.*

Nach *ihr* heißt es meist, zumal wenn es als Anrede herausgehoben ist,

Ihr beiden:
Ihr beiden, seid ihr wieder versöhnt?
Seid ihr beiden/(aber auch:) *ihr beide wieder versöhnt?*

Steht *beide* zwischen *wir (ihr)* und einem Hauptwort, beugt man es wie ein gewöhnliches Eigenschaftswort:

wir beiden Anfänger
ihr beiden Diebe.

In Verbindung mit Fürwörtern (Pronomen) anderer Art beugt man *beide* folgendermaßen:

Dies[es] beides/alles beides gefällt mir.
Alle beide kamen.

Jedoch: *Diese (jene) beiden kamen. Man bedarf aller beider.* Jedoch: *Man bedarf dieser (jener) beiden. Sie hilft allen (diesen, jenen) beiden. Er kennt alle (diese, jene) beiden.*

3. Beugung des Eigenschaftsworts nach *beide*:

Steht *beide* vor einem Eigenschaftswort, dem noch ein Hauptwort folgt, beugt man dieses Eigenschaftswort in der Regel schwach, d. h. es endet auf *-en:*

(Werfall:) *beide großen Parteien*
(Wesfall:) *die Mitglieder beider großen Parteien*
(Wemfall:) *mit beiden großen Parteien*

Die starke Beugung:

(Werfall:) *beide großen Parteien*
(Wesfall:) *die Mitglieder beider großer Parteien*

ist ebenfalls richtig, allerdings seltener.

B

4. a) beide oder die beiden: Sowohl *beide* als auch *die beiden* bezieht sich auf zwei schon bekannte oder genannte Wesen oder Dinge. Die Form *beide* ist im Satz besonders betont und drückt aus, dass die Aussage die zwei Wesen oder Dinge in gleicher Weise betrifft: *Beide Brüder* (= nicht nur einer) *sind gefasst worden.* Die Form *die beiden* ist weniger betont: *Die beiden Brüder sind gefasst worden* (= sie sind nicht mehr frei). **b) die zwei beiden:** Da *zwei* und *beide* das Gleiche bedeuten, sind Fügungen wie *die zwei beiden* und *wir zwei beide* (oder *wir zwei beiden*) nicht standardsprachlich. Sie finden sich manchmal verstärkend oder scherzhaft in der nord- und mitteldeutschen Umgangssprache.
5. beide oder beides: Statt *beide* kann in bestimmten Fällen auch *beides* stehen, wenn es allein steht und sich auf Dinge und nicht auf Personen bezieht: *Das Werk und die Aufführung, beides gab den Kritikern Rätsel auf* neben: *... beide gaben den Kritikern Rätsel auf.*
6. die beiden Ersten oder die ersten beiden: Die Fügung *die beiden Ersten* bezieht sich jeweils auf das erste Glied zweier verschiedener Größen: *Die beiden Ersten der zwei Vorläufe liefen die gleiche Zeit.* Im Gegensatz dazu bezieht sich *die ersten beiden* auf das erste und das zweite Glied einer einzigen Größe: *Die ersten beiden jedes Vorlaufs kommen weiter.*

beige Diese Farbbezeichnung beugt man standardsprachlich nicht, d. h., sie bleibt unverändert: *ein beige Kostüm, in einem beige Kleid.* Wer diese Form umgehen will, kann ausweichen auf die Zusammensetzung mit *-farben: ein beigefarbenes Kostüm, in einem beigefarbenen Kleid.*

beigefügt Die im geschäftlichen Briefwechsel häufig verwendete Formulierung *Beigefügt erhalten Sie ...* ist zwar vom grammatischen Standpunkt aus nicht eindeutig. Es ist jedoch klar, dass hier nicht der Empfänger »beigefügt« ist. Wem dieses *beigefügt* jedoch missverständlich oder unschön vorkommt,

	kann es weglassen oder auf *hiermit, anbei* oder auf *in der/als Anlage* ausweichen.
Beileids-bezeigung oder **-bezeugung**	Beide Formen sind üblich und richtig. Vergleichen Sie dazu auch die unter »bezeigen« oder »bezeugen« gemachten Ausführungen.
beiliegend	Die im geschäftlichen Briefwechsel häufig verwendete Formulierung *Beiliegend übersende ich Ihnen ...* ist zwar vom grammatischen Standpunkt aus nicht eindeutig. Es ist jedoch klar, dass hier nicht der Absender »beiliegt«. Wem dieses *beiliegend* jedoch missverständlich oder unschön vorkommt, kann es weglassen oder auf *hiermit, anbei* oder auf *in der/als Anlage* ausweichen.
Beisatz (Apposition)	Unter einem Beisatz versteht man ein Hauptwort oder eine Wortgruppe, die einem anderen Hauptwort erklärend beigefügt ist. **1. Komma:** Der Beisatz wird meist nachgestellt und in Kommas eingeschlossen: *Klaus, dem besten Schüler, wurde ein Buchpreis überreicht. Der Tod dieses Gelehrten, des Begründers der Strahlenheilkunde, ist ein großer Verlust für die Wissenschaft.* Nach den neuen amtlichen Rechtschreibregeln ist das Komma nach dem letzten Bestandteil eines Beisatzes (wenn der Text danach weitergeht) freigestellt, da man mehrteilige Angaben als Aufzählung oder Beisatz verstehen kann. Dies gilt in den folgenden Fällen: Nach einer mehrteiligen Wohnungsangabe *(Herr Meier ist von Bonn, Königstr. 20[,] nach Köln umgezogen)*, nach mehrteiligen Stellenangaben aus Büchern o. Ä. *(Die Regeln sind im Duden, Rechtschreibung, S. 10[,] erschienen)*, nach mehrteiligen Datums- oder Zeitangaben *(Sie kommt am Samstag, dem 10. Oktober, 15 Uhr[,] in Bonn an).* Wenn der Name dem Beisatz folgt, können beide Kommas entfallen: *Dem besten Schüler[,] Klaus[,] wurde ein Buchpreis überreicht.*

2. Beugung: Üblicherweise stehen der Beisatz und das Hauptwort, zu dem er gehört, im gleichen Fall. Es gibt aber auch Fälle, in denen der Beisatz im Werfall steht, obwohl das Bezugswort im Wesfall steht: *das Wirken dieses Mannes, Vorkämpfer* (selten: *Vorkämpfers*) *für die Rassengleichheit; der Tod dieses Gelehrten, Begründer* (selten: *Begründers*) *der Strahlenheilkunde.*

Falsch hingegen ist es, den Beisatz in den Wemfall zu setzen, obwohl das Bezugswort in einem anderen Fall steht. Richtig muss es heißen: *Der Preis für Brot, das* (nicht: *dem*) *Grundnahrungsmittel der Bevölkerung, ist gestiegen. Dies lässt sich am besten am Beispiel Brasiliens, des größten Landes* (nicht: *dem größten Land*) *Südamerikas, zeigen.*

3. Anschluss mit als/wie: Beisätze kann man auch mit *als* oder *wie* anschließen: *Unternehmungen wie einen Ausflug oder eine Wanderung schätzt er nicht besonders. Ihm als dem Leiter dieser Schule war so etwas noch nicht begegnet. Für Sie als leitenden Angestellten kommt das nicht in Betracht.*

Steht das Bezugswort im Werfall, Wemfall oder Wenfall, dann müssen diese Beisätze im Fall übereinstimmen, also: *mir als Verantwortlichem* (nicht: *als Verantwortlicher*).

Nur bei einem Bezugswort im Wesfall kann der Beisatz unter bestimmten Umständen auch im Werfall stehen: *Die Bedeutung des Passes als wichtige* (auch: *wichtiger*) *Handelsstraße hat sich abgeschwächt.* Aber nur: *die Würdigung Georges als eines großen Schauspielers. Das schadete dem Ansehen des Kunsterziehers als des beliebtesten Lehrers der Schule.*

beißen

Nennt man nach *beißen* die betroffene Person und den betroffenen Körperteil, dann kann die Person im Wemfall oder auch im Wenfall stehen: *Der Hund hat ihr ins Bein gebissen.* Oder: *Der Hund hat sie ins Bein gebissen.* Der Wemfall *(ihr)* ist üblicher. Nach *beißen* in der Bedeutung »brennen,

	ätzen« heißt es: *Der Rauch beißt in den* oder *in die Augen. Der Rauch biss mir,* selten: *mich in die Augen.*
bekannt wegen/für/ durch	Nach *bekannt* kann man mit den Verhältniswörtern *wegen, für* oder *durch* anschließen: *Das Restaurant ist wegen seiner guten Küche bekannt. Sie ist für ihre Freigebigkeit bekannt. Er ist durch seine Auftritte im Fernsehen bekannt geworden.* Zu beachten ist, dass *durch* nur dann stehen darf, wenn ein Vorgang, nicht wenn ein Zustand angesprochen ist. Nicht möglich: *Das Restaurant ist durch seine gute Küche bekannt.*
Bekannte, der und die	Man beugt das Wort in folgender Weise: *der Bekannte, ein Bekannter, zwei Bekannte, die Bekannten, einige Bekannte, alle Bekannten, solche Bekannte* und *solche Bekannten, beide Bekannte* und seltener auch *beide Bekannten; erwähntem Bekannten, der Besuch alter Bekannter.* Als Beisatz (Apposition): *mir (dir, ihm) als Bekannten* und: *mir (dir, ihm) als Bekanntem; ihr als Bekannten* und: *ihr als Bekannter.*
bekennen, sich	Bei *sich bekennen als* steht das Hauptwort, das dem *als* folgt, heute gewöhnlich im Werfall: *Er bekannte sich als eigentlicher Urheber.* Der Wenfall *(Er bekannte sich als eigentlichen Urheber)* veraltet allmählich.
Beklagte, der und die	Man beugt das Wort in folgender Weise: *der Beklagte, ein Beklagter, zwei Beklagte, die Beklagten, einige Beklagte, alle Beklagten, solche Beklagte* und *solche Beklagten, beide Beklagten* und seltener auch *beide Beklagte; erwähntem Beklagten, die Anwälte zahlungsunfähiger Beklagter.* Als Beisatz (Apposition): *mir (dir, ihm) als Beklagten* und *mir (dir, ihm) als Beklagtem; ihr als Beklagten* und *ihr als Beklagter.*

B

beleuchten oder **erleuchten**	Das Zeitwort *beleuchten* verwechseln manche Sprecher mit *erleuchten: Die Fenster des Hauses waren noch beleuchtet* (statt richtig: … *erleuchtet*). Das Zeitwort *beleuchten* bedeutet »[von außen] Licht auf etwas werfen« *(Die Bühne wird mit Scheinwerfern beleuchtet)* oder »etwas mit Licht versehen« *(ein Fahrzeug beleuchten).* Dagegen ist *erleuchten* zu verwenden, wenn man sagen will, dass etwas innen oder von innen mit Licht erfüllt wird: *Der Saal war festlich erleuchtet.* Im Unterschied zu *beleuchten* kann man bei *erleuchten* nicht den Menschen, sondern nur die Lichtquelle als Verursacher nennen: Falsch ist: *Der Mann erleuchtete das Zimmer.* Richtig ist: *Viele Kerzen erleuchteten das Zimmer.*
benutzen oder **benützen**	Die beiden Zeitwörter sind gleichbedeutend. Während *benutzen* häufiger in Norddeutschland gebraucht wird, ist *benützen* im süddeutschen Raum gebräuchlicher: *Er benutzt nur Seife* oder: *Er benützt nur Seife.*
bereits schon	Die beiden Wörter *bereits* und *schon* bedeuten das Gleiche. Man kann darum nicht beide nebeneinander stellen. Es genügt, zu sagen: *Ich bin schon fertig* oder: *Ich bin bereits fertig.* Nicht: *Ich bin bereits schon fertig.*
bergsteigen	Von dem Zeitwort *bergsteigen* gebraucht man im Allgemeinen nur die Grundform (den Infinitiv) und das Mittelwort der Vergangenheit (das 2. Partizip): *Sie wollen im Urlaub bergsteigen. Ich bin* oder *ich habe in meiner Jugend berggestiegen.* Vereinzelt kommen auch andere Formen vor: *Wer bergsteigt, muss über bestimmte Kenntnisse verfügen.*
berichten über oder **berichten von**	Der Unterschied in der Bedeutung der beiden Verhältniswörter (Präpositionen) ist nur gering. Man kann sagen, dass *über jemanden, über etwas berichten* einen umfassenden, eingehenden Bericht meint, während *von jemandem, von etwas berichten* sich mehr auf Einzelheiten bezieht.

Berufstätige, der und die	Man beugt das Wort in folgender Weise: *der Berufstätige, ein Berufstätiger, zwei Berufstätige, die Berufstätigen, einige Berufstätige, alle Berufstätigen, solche Berufstätige* und *solche Berufstätigen, beide Berufstätigen* und seltener auch *beide Berufstätige; besagtem Berufstätigen, die Erfassung pflichtversicherter Berufstätiger.* Als Beisatz (Apposition): *mir (dir, ihm als Berufstätigen* und *mir (dir, ihm) als Berufstätigem; ihr als Berufstätigen* und *ihr als Berufstätiger.*)
berühmt wegen/für/ durch	Nach *berühmt* können die Verhältniswörter (Präpositionen) *wegen, für* oder *durch* stehen: *Das Restaurant ist wegen seiner guten Küche berühmt. Er war für seine Schlagfertigkeit berühmt. Sie ist durch ihre Moderationen im Fernsehen berühmt geworden.* Zu beachten ist, dass *durch* nur dann stehen darf, wenn man einen Vorgang, nicht wenn man einen Zustand anspricht. Nicht möglich: *Das Restaurant ist durch seine gute Küche berühmt.*
besagt	Das Wort *besagt* ist wie ein gewöhnliches Eigenschaftswort zu behandeln. Folgt auf *besagt* ein weiteres Eigenschaftswort, dann erhalten beide Wörter die gleichen Endungen, z. B.: *die besagten neuen Bücher; die Umschläge besagter neuer* (nicht: *neuen*) *Bücher; besagtes neues* (nicht: *neue*) *Buch; besagtem neuem* (aus lautlichen Gründen auch noch: *neuen*) *Buch.* Dieses Eigenschaftswort ist besonders in der Amtssprache üblich. Als Beisatz (Apposition): *mir (dir, ihm) als Berufstätigen* und *mir (dir, ihm) als Berufstätigem; ihr als Berufstätigen* und *ihr als Berufstätiger.*
Beschäftigte, der und die	Man beugt das Wort in folgender Weise: *der Beschäftigte, ein Beschäftigter, zwei Beschäftigte, die Beschäftigten, einige Beschäftigte, alle Beschäftigten, solche Beschäftigten, beide Beschäftigten* und seltener auch *beide Beschäftigte; ausscheidendem Beschäftigten, die Belange ausländischer Beschäftigter.*

	Als Beisatz (Apposition): *mir (dir, ihm) als Beschäftigten* und *mir (dir, ihm) als Beschäftigtem; ihr als Beschäftigten* und *ihr als Beschäftigter.*
Bescheid	Das Wort *Bescheid* wird immer großgeschrieben, auch in Verbindungen wie *Bescheid wissen, Bescheid sagen, Bescheid geben, Bescheid tun* usw.
Beschuldigte, der und die	**1. Beugung:** Man beugt das Wort in folgender Weise: *der Beschuldigte, ein Beschuldigter, zwei Beschuldigte, die Beschuldigten, einige Beschuldigte, alle Beschuldigten, solche Beschuldigte* und *solche Beschuldigten, beide Beschuldigten* und seltener auch *beide Beschuldigte; genanntem Beschuldigten, die Anwälte besagter Beschuldigter.* Als Beisatz (Apposition): *mir (dir, ihm) als Beschuldigten* und *mir (dir, ihm) als Beschuldigtem; ihr als Beschuldigten* und *ihr als Beschuldigter.* **2. Komma:** Man kann sowohl schreiben: *Das hat der Beschuldigte Fritz Müller gesagt* als auch: *Das hat der Beschuldigte, Fritz Müller, gesagt.* Nach den neuen amtlichen Rechtschreibregeln ist beides richtig.
beschweren, sich	Im Unterschied zu dem Hauptwort *die Beschwerde* schreibt man die Beugungsformen des Zeitwortes *sich beschweren* mit *-t: er beschwert sich, ihr beschwert euch, er hat sich beschwert, er beschwerte sich.*
besitzen	**1. Gebrauch des Mittelworts:** Das Mittelwort der Vergangenheit (2. Partizip) von *besitzen* (es lautet *besessen*) ist nicht als Beifügung eines Hauptwortes zu verwenden. Also nicht: *Er verkaufte das zwanzig Jahre besessene Haus,* sondern: *Er verkaufte das Haus, das er zwanzig Jahre lang besessen hatte.* **2. besitzen oder haben:** Das Zeitwort *besitzen* bezieht sich auf alles, was man als materiellen oder geistigen Besitz erwerben und zu Eigen haben kann und worüber man mehr oder

minder frei verfügen kann. Dazu gehören auch Eigenschaften meist positiver, aber auch negativer Art, sofern sie nur fest mit dem betreffenden Menschen verbunden sind und ihn für die Dauer oder wenigstens für eine gewisse Zeit charakterisieren: *viele Bücher, ein Auto, die Mittel besitzen, Talent, Fantasie, jemandes Vertrauen, die Frechheit besitzen.* Das Zeitwort *haben* stellt zunächst nur ein Vorhandensein fest und sagt über den Besitz als solchen nichts aus: *Er hat Geld bei sich* (= dabei), aber: *Er besitzt viel Geld* (= er ist reich). Es tritt überall dort auf, wo die Vorstellung eines Besitzes (gleich welcher Art) nicht zutreffend ist. So sagt man nicht: *Er besitzt einen guten Posten,* sondern: *Er hat einen guten Posten.* Nicht: *Er besitzt eine nette Frau,* sondern: *Er hat eine nette Frau.* Nicht richtig ist es, *besitzen* statt *haben* zu verwenden, wenn die Vorstellung des Besitzes offensichtlich sinnwidrig erscheint oder wo nur ein zufälliges oder einmaliges Vorhandensein ausgedrückt werden soll, das nicht wesensmäßig zur Person oder Sache gehört. Man kann also nicht sagen: *Er besaß Schulden. Er besitzt blaue Augen. Er besitzt Feinde,* sondern: *Er hat Schulden. Er hat blaue Augen. Er hat Feinde.*

besondere Man schreibt das Eigenschaftswort groß, wenn es als Hauptwort gebraucht wird, z. B.: *Sie liebt das Besondere. Sie hat etwas Besonderes.* Dies gilt nach den neuen amtlichen Rechtschreibregeln auch für *im Besonderen: Im Besonderen interessiere ich mich für amerikanische Literatur.*

besonders Vor *besonders* steht ein Komma, wenn es einen Zusatz einleitet. *Äpfel und Nüsse, besonders aber Feigen isst er gern.* Der Zusatz *besonders aber Feigen* ist ein Aufzählungsglied. Als Zusatz kann jedoch auch eine nähere Erläuterung zum Vorangehenden stehen: *Alkohol, besonders aber Rotwein, verträgt er nicht.* Hier ist der Zusatz *besonders aber Rotwein* kein Aufzählungsglied, sondern eine nähere Bestimmung, ein Beisatz von *Alkohol.* Diese Bestimmung ist ein Einschub, der durch Kommas vom übrigen Satz abgetrennt

B

wird. (Ausnahme: *Ausländische, besonders aber holländische und belgische Firmen traten als Bewerber auf.* Man setzt kein schließendes Komma, um den Zusammenhang der Fügung nicht zu stören.) Tritt zu diesem *besonders* noch ein *wenn* (*als, weil* o. Ä.), dann kann nach den neuen amtlichen Rechtschreibregeln zwischen *besonders* und *wenn* ein Komma stehen: *Er geht gern spazieren, besonders[,] wenn die Sonne scheint.*

besser

1. Rechtschreibung: Man schreibt das Eigenschaftswort, wenn es als Hauptwort gebraucht wird, in der Regel groß, z. B.: *jemanden eines Besseren belehren; sich eines Besseren besinnen; ich habe etwas Besseres.* Nach den neuen amtlichen Rechtschreibregeln wird auch *das Bessere* großgeschrieben: *Es ist das Bessere, wenn ...*

2. bessere oder bessre: Bei den gebeugten Formen von *besser* wird das zweite *-e-* gewöhnlich nicht ausgestoßen. Wenn man es aber tut, steht nach den neuen amtlichen Rechtschreibregeln auch in diesen Formen *ss: eine bessre Ernte.*

Bestätigung

Nach Formulierungen wie *die Bestätigung des Fraktionsführers; die Bestätigung von Fraktionsführer Müller* steht gelegentlich eine Ergänzung mit *als: die Bestätigung des Fraktionsführers als Präsident; die Bestätigung von Fraktionsführer Müller als Präsident.* Dabei ist Folgendes zu beachten:

Die Bestätigung des Fraktionsführers als ...: Folgt nach *als* eine Ergänzung mit *der, die, das, ein, eine* usw., setzt man diese üblicherweise in den gleichen Fall wie das Wort, auf das sie sich bezieht (hier: *des Fraktionsführers;* Wesfall): *Er konnte die Bestätigung des Fraktionsführers als des neuen Präsidenten nicht verhindern.* Folgt jedoch die Ergänzung nach *als* ohne *der, die* usw., ist es heute üblich, den Werfall zu verwenden: *Er konnte die Bestätigung des Fraktionsführers als neuer Präsident nicht verhindern.* Das Gleiche gilt für Beispiele mit Fürwort (Pronomen): *Er konnte dessen Bestätigung als neuer Präsident nicht verhindern.*

B

	Die Bestätigung von Fraktionsführer Müller als ...: In solchen Sätzen bezieht man die Ergänzung, die auf *als* folgt, üblicherweise auf *von* und setzt sie deshalb in den Wemfall (Frage: von wem?): *die Bestätigung von Fraktionsführer Müller als dem neuen Präsidenten/als neuem Präsidenten.* Es ist jedoch auch möglich, die Ergänzung in den Werfall zu setzen: *die Bestätigung von Fraktionsführer Müller als neuer Präsident.*
bestbezahlt	Da das Eigenschaftswort *bestbezahlt* bereits eine höchste Steigerungsstufe *(best...)* enthält, ist es nicht noch einmal steigerbar: *der bestbezahlte* (nicht: *bestbezahlteste*) *Job.*
beste	Man schreibt das Eigenschaftswort, wenn es als Hauptwort gebraucht wird, im Allgemeinen groß, z. B.: *das Beste in seiner Art, der Beste in seiner Klasse; das Beste aus etwas machen.* Nach den neuen amtlichen Rechtschreibregeln gilt dies auch für die folgenden Wendungen: *jemanden zum Besten haben/halten; etwas zum Besten geben; nicht zum Besten stehen.* Man schreibt neu ebenfalls groß, wenn man *das Beste* durch »am besten« ersetzen kann. *Es ist das Beste, du schweigst!* Nach den neuen Rechtschreibregeln kann man im folgenden Fall groß- oder kleinschreiben: *Ich bin aufs beste/Beste vorbereitet.*
bestehen	Das Mittelwort der Vergangenheit (2. Partizip) von *bestehen* (es lautet *bestanden*) kann man nur unter bestimmten Voraussetzungen als Beifügung eines Hauptwortes verwenden. **1. die bestandene Prüfung:** Richtig ist: *Wir feierten die bestandene Prüfung.* Falsch dagegen ist: *der bestandene Prüfling* oder *der 50 Jahre bestandene Verein.* Das erste Beispiel ist richtig, denn man kann auflösen: *die bestandene Prüfung = die Prüfung, die bestanden worden ist.* Wendet man dieses Muster bei den anderen beiden Beispielen an *(der bestandene Prüfling = der Prüfling, der bestanden worden ist; der 50 Jahre bestandene Verein = der Verein,*

B

der 50 Jahre bestanden worden ist), wird der inhaltliche Fehler deutlich. Hier kann es nur heißen: *der Prüfling, der bestanden hat; der Verein, der 50 Jahre lang bestanden hat.* **2. der bestandene Platz:** Richtig sind auch Formen wie *der mit Bäumen bestandene Platz; das mit Schilf bestandene Ufer.* Hier gehört *bestanden* zu einer sonst nicht mehr gebräuchlichen Verwendungsweise von *bestehen.*

Bestellung Das Wort *Bestellung* steht mit *auf, über, von,* seltener mit *für. Für* darf man nicht verwenden, wenn vor dem Bestellten eine Zahlenangabe steht: *Wir bestätigen Ihre Bestellung von 5 000 Exemplaren. Wir haben eine Bestellung auf* oder *über 3 000 Liter Heizöl erhalten* (nicht: *für 3 000 Liter*). Aber ohne Zahlenangabe: *Es sind viele Bestellungen für Bücher eingegangen.*

bestmöglich Da das Eigenschaftswort *bestmöglich* bereits eine höchste Steigerungsstufe *(best...)* enthält, ist es nicht noch einmal steigerbar: *die bestmögliche* (nicht: *bestmöglichste*) *Methode.*

Bestrafung Nach Formulierungen wie *die Bestrafung des Generals; die Bestrafung von General Gomez* steht gelegentlich eine Ergänzung mit *als: die Bestrafung des Generals als Drahtzieher der Verschwörung; die Bestrafung von General Gomez als Verschwörer.* Dabei ist Folgendes zu beachten: *Die Bestrafung des Generals als ...:* Folgt nach *als* eine Ergänzung mit *der, die, das, ein, eine* usw., setzt man diese üblicherweise in den gleichen Fall wie das Wort, auf das sie sich bezieht (hier: *des Generals;* Wesfall): *Er forderte die Bestrafung des Generals als des eigentlichen Drahtziehers der Verschwörung.* Folgt jedoch die Ergänzung nach *als* ohne *der, die* usw., ist es heute üblich, den Werfall zu verwenden: *Er forderte die Bestrafung des Generals als eigentlicher Drahtzieher der Verschwörung.* Das Gleiche gilt für Beispiele mit Fürwort (Pronomen): *Er forderte dessen Bestrafung als eigentlicher Drahtzieher der Verschwörung.*

	Die Bestrafung von General Gomez als ...: In solchen Sätzen bezieht man die Ergänzung, die auf *als* folgt, üblicherweise auf *von* und setzt sie deshalb in den Wemfall (Frage: von wem?): *die Bestrafung von General Gomez als dem eigentlichen/als eigentlichem Drahtzieher der Verschwörung.* Es ist jedoch manchmal auch möglich, die Ergänzung in den Werfall zu setzen: *die Bestrafung von General Gomez als eigentlicher Drahtzieher der Verschwörung.*
bestreiten	Weil das Zeitwort *bestreiten* schon verneinenden Sinn hat (= etwas für nicht zutreffend erklären), kann man einen von ihm abhängende Satz nicht verneinen. Nicht richtig ist darum: *Sie bestritt immer wieder, diese Äußerung nicht getan zu haben.* Richtig ist: *Sie bestritt immer wieder, diese Äußerung getan zu haben.*
Bete oder **Beete**	Beide Schreibungen sind richtig: *Rote Bete* oder *Rote Beete.*
Beteiligte, der und die	Man beugt das Wort in folgender Weise: *der Beteiligte, ein Beteiligter, zwei Beteiligte, die Beteiligten, einige Beteiligte, alle Beteiligten, solche Beteiligte* und *solche Beteiligten, beide Beteiligten* und seltener auch *beide Beteiligte; genanntem Beteiligten, die Vernehmung besagter Beteiligter.* Als Beisatz (Apposition): *mir (dir, ihm) als Beteiligten* und: *mir (dir, ihm) als Beteiligtem; ihr als Beteiligten* und: *ihr als Beteiligter.*
betrachten, sich	Bei *sich betrachten als* steht das Hauptwort, das dem *als* folgt, gewöhnlich im Werfall: *Ich betrachte mich als dein Kamerad.* Der Wenfall *(Ich betrachte mich als deinen Kameraden)* kommt seltener vor, ist aber auch richtig.
Betrag	Es heißt richtig *ein Betrag von* (nicht: *über*) *200,– EUR.* Wohl aber kann man sagen *ein Scheck über 200,– EUR.*

B

betreffend	**1. Wortstellung:** Das Wort, das von *betreffend* abhängt, steht im Wenfall. Dieses Wort kann *betreffend* vorangestellt sein, es kann aber auch nachfolgen: *Unser letztes Schreiben den Vertragsbruch betreffend ...* oder: *Unser letztes Schreiben betreffend den Vertragsbruch ...* **2. Komma:** Diese Fügungen mit *betreffend* kann man nach den neuen amtlichen Rechtschreibregeln durch Komma abtrennen, um die Gliederung des Satzes deutlich zu machen: *Unser letztes Schreiben[,] den Vertragsbruch betreffend[,] ist ...* und: *Unser letztes Schreiben[,] betreffend den Vertragsbruch[,] ist ...*
betreffs	Dieses Wort der Amts- und Kaufmannssprache steht, falls man es verwenden will, mit dem Wesfall: *Betreffs Ihrer Forderung ...* Stilistisch besser ist: *Was Ihre Forderung [an]betrifft, ...* oder: *Wegen Ihrer Forderung ...*
betroffen	Wenn *betroffen* zu der heute nicht mehr üblichen Verwendungsweise von *betreffen* im Sinne von »widerfahren, heimsuchen« gehört, kann man es nur unter bestimmten Voraussetzungen als Beifügung eines Hauptwortes verwenden. Richtig ist: *In den vom Erdbeben betroffenen Gebieten droht Seuchengefahr.* Falsch dagegen ist: *das die Familie betroffene Unglück.* Das erste Beispiel ist richtig, denn man kann auflösen: *die betroffenen Gebiete = die Gebiete, die betroffen worden sind.* Wendet man dieses Muster im zweiten Beispiel an *(das betroffene Unglück = das Unglück, das betroffen worden ist),* wird der inhaltliche Fehler deutlich. Der Bezug ist hier nicht richtig. Statt *das die Familie betroffene Unglück* kann es nur heißen: *das Unglück, das die Familie betroffen hat.*
Betroffene, der und die	Man beugt das Wort in folgender Weise: *der Betroffene, ein Betroffener, zwei Betroffene, die Betroffenen, einige Betroffene, alle Betroffenen, solche Betroffene* und *solche Betroffenen, beide Betroffenen* und seltener auch *beide*

	Betroffene; besagtem Betroffenen, die Einsprüche enttäuschter Betroffener. Als Beisatz (Apposition): *mir (dir, ihm) als Betroffenen* und: *mir (dir, ihm) als Betroffenem, ihr als Betroffenen* und: *ihr als Betroffener.*
Bevollmächtigte, der und die	Man beugt das Wort in folgender Weise: *der Bevollmächtigte, ein Bevollmächtigter, zwei Bevollmächtigte, die Bevollmächtigten, einige Bevollmächtigte, alle Bevollmächtigten, solche Bevollmächtigte* und *solche Bevollmächtigten, beide Bevollmächtigten* und seltener auch *beide Bevollmächtigte; besagtem Bevollmächtigten, die Maßnahmen erfahrener Bevollmächtigter.* Als Beisatz (Apposition): *mir (dir, ihm) als Bevollmächtigten* und: *mir (dir, ihm) als Bevollmächtigtem; ihr als Bevollmächtigten* und: *ihr als Bevollmächtigter.*
bevor	**1. Verneinung:** Das Bindewort (die Konjunktion) *bevor* leitet einen Nebensatz ein. Dieser Nebensatz kann dem Hauptsatz vorangehen, er kann ihm aber auch folgen. Ist der vorangehende Hauptsatz verneint, kann in dem Nebensatz, der mit *bevor* eingeleitet ist, keine Verneinung stehen. Verneinungen drückt man mit *nicht, kein, nie* usw. aus. Also heißt es richtig: *Ich treffe keine Entscheidung, bevor ich mit ihm gesprochen habe.* Nicht: *..., bevor ich nicht mit ihm gesprochen habe.* Steht jedoch der Nebensatz vor dem Hauptsatz (und drückt er außer der zeitlichen Aussage auch eine Bedingung aus), setzt man die Verneinung: *Bevor du nicht unterschrieben hast, lasse ich dich nicht fort.* **2. Komma:** Einen Nebensatz, der mit *bevor* eingeleitet ist, trennt man immer durch Komma vom Hauptsatz. Schwierigkeiten können jedoch auftreten, wenn zu *bevor* eine weitere Bestimmung tritt. Diese bildet mit *bevor* im Allgemeinen eine Einheit, die man auch nach der neuen amtlichen Rechtschreibung nicht durch Komma trennt: *Sie rief mich an, schon bevor du kamst. Denn bevor er schreiben konnte,*

B

	musste er sich erst Papier suchen. Zu unterscheiden sind jedoch die beiden folgenden Sätze: *Drei Wochen bevor der Sohn zurückkehrte, starb die Mutter. Ein ganzes Jahr, bevor ich die Rente bekam, habe ich von meinen Ersparnissen gelebt.* Im ersten Satz gehört die Zeitangabe *drei Wochen* nicht zum Hauptsatz (nicht: *Die Mutter starb drei Wochen, bevor ...*), sondern zum Nebensatz *(Die Mutter starb, drei Wochen bevor der Sohn ...).* Hier bilden Zeitangabe und *bevor* eine Einheit, die man nicht durch ein Komma trennt. Im zweiten Satz dagegen gehört die Zeitangabe *ein ganzes Jahr* zum Hauptsatz *(Ein ganzes Jahr habe ich von meinen Ersparnissen gelebt),* der Nebensatz lautet allein *bevor ich die Rente bekam.* Dieser Nebensatz ist in den Hauptsatz eingeschoben und muss durch Kommas abgetrennt werden.
bewahren	Weil das Zeitwort *bewahren* schon verneinenden Sinn hat (= nicht zulassen), darf man einen von ihm abhängenden Satz nicht zusätzlich verneinen. Nicht richtig ist darum: *Sie bewahrte ihn davor, keinen falschen Schritt zu tun.* Richtig ist: *Sie bewahrte ihn davor, einen falschen Schritt zu tun.*
bewähren, sich	Bei *sich bewähren als* steht das Hauptwort, das dem *als* folgt, heute im Werfall: *Er hat sich als treuer Gefährte bewährt.* Der Wenfall *(Er hat sich als treuen Gefährten bewährt)* ist veraltet.
Bewunderin/ Bewundrerin/ Bewundrin	Alle drei Formen sind richtig. Die Form *Bewundrin* wird allerdings seltener gebraucht.
bezeichnen, sich	Nach *sich bezeichnen* kann nur *als,* nicht *für* stehen: *Sie bezeichnete sich als* (nicht: *für*) *zuständig.* Bei *sich bezeichnen als* steht das Hauptwort, das dem *als* folgt, gewöhnlich im Werfall: *Er bezeichnete sich als Präsident*

	aller Bürger. Der Wenfall *(Er bezeichnete sich als Präsidenten aller Bürger)* kommt seltener vor, ist aber auch richtig.
bezeigen oder **bezeugen**	Während *bezeigen* im Sinne von »zeigen, ausdrücken, zu erkennen geben« gebraucht wird, bedeutet *bezeugen* »Zeugnis ablegen von etwas«. Deswegen heißt es: *jemandem Respekt, Ehrerbietung, seine Teilnahme bezeigen* (= zeigen, erweisen) und *Freude, Furcht bezeigen* (= ausdrücken, zu erkennen geben), aber: *jemandes Unschuld, die Wahrheit, einen Tatbestand unter Eid bezeugen* (= davon Zeugnis ablegen). In einigen Fällen berühren sich *bezeigen* und *bezeugen* inhaltlich so eng, dass der Gebrauch beider Wörter möglich und richtig ist: *jemandem seine Dankbarkeit bezeigen* (= zu erkennen geben) oder *bezeugen* (= bekunden).
beziehungsweise	Für *beziehungsweise* (auch für die Abkürzung *bzw.*) gelten die gleichen Kommaregeln wie für *oder,* wobei Änderungen nach den neuen amtlichen Rechtschreibregeln zu beachten sind. Bitte vergleichen Sie die Angaben unter »oder«.
bezüglich	Dieses Wort ist besonders in der Amtssprache üblich. Man kann es oft durch *wegen, in, über, nach, von* usw. ersetzen. Falls man es verwenden will, steht es in der Regel mit dem Wesfall: *Ihre Anfrage bezüglich der Bücher. Bezüglich dieser Angelegenheit können wir nichts sagen.* In der Mehrzahl weicht man jedoch auf den Wemfall aus, wenn der Wesfall nicht eindeutig erkennbar ist (sondern mit dem Werfall und dem Wenfall übereinstimmt): *bezüglich Geschäften* (nicht: *Geschäfte*), *bezüglich fünf Büchern* (nicht: *Bücher*).
Bindestrich	siehe Tabelle

B

Bindestrich

1. Bindestrich zur Ergänzung:
Der Bindestrich steht als Ergänzungsbindestrich bei zusammengesetzten Wörtern, wenn ein gemeinsamer Bestandteil nur einmal genannt wird:

Feld- und Gartenfrüchte,
Hin- und Rückfahrt,
ab- und zunehmen,
ein- bis zweimal.

Vermeiden sollte man dagegen Formen wie

Bekannt- und Freundschaften,
Klar- und Wahrheit.

Der Bindestrich ersetzt hier keine Wörter, sondern nur Silben.

2. Bindestrich zur Verdeutlichung:
Im Allgemeinen schreibt man zusammengesetzte Wörter nicht mit Bindestrich:

Fahrkartenschalter, Ichsucht, Diplomingenieur, Fußballbundestrainer.

Dies gilt nach den neuen amtlichen Rechtschreibregeln auch für Wörter aus dem Englischen:

Happyend, Cornedbeef.

Ein Bindestrich kann nach den neuen amtlichen Rechtschreibregeln in den folgenden Fällen gesetzt werden:
Bei unübersichtlichen Zusammensetzungen:

Stadtverwaltungs-Oberinspektorin, Gemeindegrundsteuer-Veranlagung;

bei Zusammensetzungen aus zwei Hauptwörtern, wenn durch die Zusammenfügung drei gleiche Buchstaben aufeinander treffen:

Tee-Ernte, Schiff-Fahrt;

bei Zusammensetzungen, bei denen der Autor Wortteile besonders hervorheben will:

Ich-Sucht;

bei Zusammensetzungen aus gleichrangigen Eigenschaftswörtern:

süß-sauer, blau-weiß-rot.

Ein Bindestrich steht dagegen immer bei Zusammensetzungen mit einzelnen Buchstaben, Ziffern, Abkürzungen und Zeichen:

A-Dur, x-beliebig, 3-Tonner, 5-mal, 17-jährig, km-Zahl, Tbc-krank, Bestell-Nr., 5 %-Klausel, 3 : 2-Sieg.

3. Bindestrich bei Namen:
Im Allgemeinen schreibt man eine Zusammensetzung, die aus einem Namen und einem einfachen Wort besteht, ohne Bindestrich:

Dieselmotor, Litfaßsäule, Goethehaus, lutherfeindlich usw.

B

Bindestrich (Fortsetzung)

Man kann jedoch auch, um den Namen hervorzuheben, einen Bindestrich setzen, besonders auch bei unübersichtlichen Zusammensetzungen:

Schiller-Museum,
Beethoven-Festhalle.

Dies gilt nach den neuen amtlichen Rechtschreibregeln auch für entsprechende Eigenschaftswörter:
Moskau-freundlich, Napoleon-treu.
Bei den Eigenschaftswörtern steht nach den neuen amtlichen Regeln in den folgenden Fällen immer ein Bindestrich:
bei Eigenschaftswörtern, die aus mehrteiligen Eigennamen abgeleitet sind:

heinrich-mannsche Romane,
von-bülowsche Zeichnungen;

bei Ableitungen aus nicht amtlichen Zusätzen:

alt-heidelbergische Romantik.

Eine Ausnahme sind Ableitungen auf -er, die man mit oder ohne Bindestrich schreiben kann:

Sankt Galler Zeitung

oder

Sankt-Galler Zeitung.

Auch bei geographischen Bezeichnungen, die aus gleichrangigen Eigenschaftswörtern bestehen, kann ein Bindestrich stehen, muss aber nicht:

deutsch-amerikanisches Fest oder deutschamerikanisches Fest.

4. mehrere Bindestriche:
In den folgenden Fügungen muss man zwei oder mehr Bindestriche setzen. Diese Fügungen bestehen nämlich zum einen aus einem Grundwort (das Grundwort ist das letzte Wort einer Zusammensetzung, es braucht kein Hauptwort zu sein, es kann z. B. auch ein Eigenschaftswort sein). Zum anderen gehen dem Grundwort mehrere Wörter (oder auch Buchstaben, Ziffern, Abkürzungen, Zeichen) voran:

September-Oktober-Heft, Rhein-Main-Halle, Goethe-Schiller-Denkmal, Do-it-yourself-Bewegung, Mitte-links-Regierung, Frage-und-Antwort-Spiel, Hals-Nasen-Ohren-Arzt, Ad-hoc-Bildung, Sankt-Josefs-Kirche, DIN-A4-Blatt, A-Dur-Tonleiter, K.-o.-Schlag, Blitz-K.-o., Vitamin-C-haltig, Max-Planck-Gesellschaft, Johannes-Gutenberg-Universität, Goethe-und-Schiller-Gedenkstunde, Sankt-(St.-)Marien-Kirche, Dortmund-Ems-Kanal, Rhein-Main-Flughafen,

B

Bindestrich (Fortsetzung)	
Rio-de-la-Plata-Bucht, Sankt-(St.-)Gotthard-Gruppe, König-Christian-IX.-Land, 2-kg-Dose, 40-PS-Motor, 1.-Klasse-Kabine, Formel-1-Rennwagen, 400-m-Lauf, 4×100-m-Staffel, 5-km-Gehen, 3/4-Liter-Flasche, das In-den-April-Schicken, das Auf-die-lange-Bank-Schieben, das Ins-Blaue-Fahren, das Für-sich-haben-Wollen.	Eine Ausnahme sind Fügungen, in denen die Wörter, die dem Grundwort vorangehen, durch Anführungszeichen zu einer Einheit verbunden sind. Hier steht nur ein Bindestrich zwischen dieser Gruppe und dem Grundwort: »25 Jahre ZDF«-Feier.

binnen Nach *binnen* steht gewöhnlich der Wemfall: *binnen wenigen Augenblicken, binnen drei Jahren, binnen kurzem.* In gehobener Ausdrucksweise verwendet man den Wesfall: *binnen knapper zwei Stunden, binnen eines Jahres.*

bis **1. Zeichen:** Statt *bis* auszuschreiben, wird häufig das *bis*-Zeichen (ein Strich: –) verwendet: *Er hat 4–5-mal angerufen. Sprechstunde 8–10, 15–17 Uhr.* Das *bis*-Zeichen ist jedoch nicht zulässig, wenn *bis* in Verbindung mit *von* die Erstreckung eines Zeitraumes bezeichnet: *Sprechstunde von 8 bis 10 Uhr* (nicht: *von 8–10 Uhr*). Ausschreiben muss man auch, wenn der *bis*-Strich an das Ende oder an den Anfang einer Zeile zu stehen käme.

2. Orts- und Zeitangaben: Keine Schwierigkeiten bereiten Ortsangaben wie *bis Berlin, bis hierher* oder Zeitbestimmungen wie *bis heute, bis Sonntag* usw. Es gibt jedoch auch längere Angaben, die in einen bestimmten Fall zu setzen sind. Gewöhnlich stehen diese Angaben im Wenfall: *bis kommenden Sonntag, bis nächste Woche, bis dritten April; bis Dienstag, den dritten April; vom 1. (ersten) bis 15. (fünfzehnten) April.* Manchmal wird jedoch der Wemfall vorgezogen *(bis 1990, dem Jahr seines Todes),* besonders bei Ortsnamen: *Wir fahren bis Mannheim, dem Zentrum der Kurpfalz.*

3. von 1 000 bis 5 000 Einwohnern: Keinerlei Einfluss übt *bis* auf die Wahl des Falles aus in Beispielen wie: *Gemeinden von 1 000 bis 5 000 Einwohnern; in zwei bis drei Stunden; mit 20 bis 30 Jahren.* Der Wemfall ist hier abhängig von *von, in, mit.* Auch in Beispielen wie *Dichter des 17. bis 19. Jahrhunderts; Artikel 22, erster bis dritter Absatz* ist *bis* ohne Einfluss auf die Beugung der nachfolgenden Wörter.

4. bis zu: Nach der Verbindung *bis zu* und einer Zahlenangabe steht das folgende Hauptwort gewöhnlich im Wemfall, der von *zu* abhängig ist: *Dies gilt für Gemeinden bis zu 10 000 Einwohnern. Jugendlichen bis zu 18 Jahren ist der Zutritt verboten. Darauf steht Gefängnis bis zu zehn Jahren.* Lässt man das *zu* weg – was besonders in der gesprochenen Sprache häufig vorkommt –, steht nach *bis* der Wenfall: *Kinder bis 12 Jahre zahlen die Hälfte.* Es kommen jedoch auch Sätze vor, in denen *bis zu* keinen Einfluss auf die Beugung des folgenden Wortes ausübt; allein das Zeitwort bestimmt dann den Fall: *Der Vorstand kann bis zu 8 Mitglieder umfassen.* Dass *bis zu* hier keinen Einfluss hat, erkennt man daran, dass man es ohne weiteres weglassen könnte; der Satz bliebe trotzdem vollständig erhalten: *Der Vorstand kann 8 Mitglieder umfassen.* Weitere Beispiele: *(Bis zu) sechs Kinder schlafen in einem Zimmer.*

5. bis [einschließlich] 19. Juli: Bei Zeitangaben ist es heute allgemein üblich, *bis* einschließend zu verstehen: *Urlaub bis [zum] 19. Juli* (der 19. Juli ist der letzte Urlaubstag). *Die Ausstellung ist noch bis Oktober geöffnet* (im Oktober ist sie noch geöffnet). Man kann hier mit einem zusätzlichen *einschließlich* den Sachverhalt verdeutlichen: *Urlaub bis einschließlich 19. Juli.*

6. Verneinung: Das Wort *bis* kann die Aufgabe haben, einen Nebensatz einzuleiten: *Warte nicht, bis ich komme.* Neben der zeitlichen Aussage kann der *bis*-Nebensatz nach

B

einem verneinten Hauptsatz jedoch auch eine Bedingung zum Ausdruck bringen. Nur in diesem Fall ist es zulässig, aber nicht notwendig, auch den *bis*-Satz zu verneinen: *Du darfst nicht gehen, bis [nicht] die Arbeit gemacht ist.* Steht in dem vorangehenden Hauptsatz ein Wort in der zweiten Steigerungsstufe, das außerdem verneint ist, dann tritt bei der Einleitung des Nebensatzes noch *als* vor *bis: Das Kind hörte nicht eher zu weinen auf, als bis es vor Müdigkeit einschlief.*

bitte

1. Komma: Das Wort *bitte,* das am Anfang, in der Mitte oder auch am Ende eines Satzes stehen kann, trennt man durch ein Komma ab oder schließt es in Kommas ein, wenn man ihm Nachdruck verleihen möchte: *Bitte, kommen Sie einmal herüber. Legen Sie, bitte, einige Entwürfe vor. Unterschreiben Sie, bitte!* Gebraucht man *bitte* aber als reine Höflichkeitsform, dann steht es ohne Komma: *Bitte kommen Sie einmal herüber. Legen Sie bitte einige Entwürfe vor. Unterschreiben Sie bitte!* Beide Möglichkeiten sind also richtig.

2. Bitte Tür schließen: In Sätzen dieser Art, in denen *bitte* formelhaft in Verbindung mit der Grundform (dem Infinitiv) eines Zeitworts steht, setzt man kein *zu.* (Also nicht: *Bitte Tür zu schließen.* Dagegen aber: *Ich bitte Sie, die Tür zu schließen.*) Weitere Beispiele für die richtige Form ohne *zu: Bitte Rückseite beachten. Bitte nicht rauchen. Beim Verlassen der Kabine bitte die Tür offen lassen.*

bitten

1. Komma: Wenn das Zeitwort *bitten* mit einer Wortgruppe, die die Grundform eines anderen Zeitwortes enthält, (Infinitivgruppe) verbunden ist, dann kann man ein Komma setzen, um die Gliederung des Satzes deutlich zu machen oder um Missverständnisse auszuschließen: *Er bittet sie die Türen zu schließen* oder *Er bittet sie, die Türen zu schließen.* Beide Möglichkeiten sind nach den neuen amtlichen Rechtschreibregeln richtig.

	2. Alle werden gebeten, pünktlich zu erscheinen: In einem solchen Satz darf man *werden* nicht durch *sind* ersetzen (also nicht: *Alle sind gebeten ...*).
blass	Sowohl die Steigerungsformen *blasser, blasseste* als auch *blässer, blässeste* sind richtig. Die Formen *blasser, blasseste* sind üblicher.
Blatt	**1. Blatt oder Blätter:** Steht *Blatt* als Mengenangabe, besonders in Verbindung mit Zahlen, so bleibt es in der Mehrzahl ungebeugt, d. h. unverändert: *100 Blatt Papier.* Sonst lautet die Mehrzahl *die Blätter.* **2. Beugung nach *Blatt:*** Nach *Blatt* als Mengenangabe steht das, was als Menge angegeben wird (z. B. *Papier*), meist im selben Fall wie die Mengenangabe *Blatt* selbst: *100 Blatt [holzfreies] Papier, mit 100 Blatt holzfreiem Papier, für 100 Blatt holzfreies Papier.* Gelegentlich in gehobener Ausdrucksweise auch mit dem Wesfall: *100 Blatt holzfreien Papiers, mit 100 Blatt holzfreien Papiers.* Steht die Mengenangabe *Blatt* selbst im Wesfall, so heißt es: *der Preis eines Blattes Papier* oder *der Preis eines Blatt Papiers,* aber (mit einem beigefügten Eigenschaftswort) nur: *der Preis eines Blattes holzfreien Papiers.*
blaurot oder **blaurot**	Farbbezeichnungen dieser Art kann man nach den neuen amtlichen Rechtschreibregeln mit oder ohne Bindestrich schreiben. Die Schreibung ist in diesen Fällen unabhängig von der Bedeutung der Farbbezeichnung: *ein blauroter* oder *blau-roter Stoff* (»ein Stoff in den Farben Blau und Rot« oder »ein Stoff, der einen roten Farbton besitzt, der ins Blaue spielt«.
bleichen	Sowohl in der Bedeutung »bleich werden« als auch in der Bedeutung »etwas bleich machen« lauten die Formen der Vergangenheit *bleichte, gebleicht.* In der Bedeutung »bleich werden« sind die früher üblichen Formen *blich, geblichen*

B

	heute veraltet. In dieser Bedeutung werden die zusammengesetzten Vergangenheitsformen mit *sein* gebildet (z. B.: *Der Teppich ist in der Sonne gebleicht. Ihr Haar ist im Urlaub am Meer stark gebleicht.*), während sie in der Bedeutung »etwas bleich machen« mit *haben* gebildet werden: *Sie haben die Wäsche gebleicht.*
Block	Dieses Hauptwort hat zwei verschiedene Mehrzahlformen: *die Blöcke* und *die Blocks.* Dabei zeigt sich, dass die Form *Blöcke* meist für klotzförmige Gegenstände oder massive Brocken verwendet wird, die Form *Blocks* dagegen eher für zusammengesetzte, komplexe Dinge, insbesondere für zusammengeheftete, geschichtete Papiere jeder Art und für Gebäudekomplexe. Vergleichen Sie bitte auch die mit *-block* zusammengesetzten Stichwörter.
Bogen	Die Mehrzahl von *Bogen* lautet *die Bogen* oder *die Bögen.* Vor allem in Süddeutschland, Österreich und der Schweiz ist *die Bögen* gebräuchlich.
boxen	Nennt man in Verbindung mit dem Zeitwort *boxen* Person und Körperteil, auf die sich *boxen* bezieht, dann kann die Person im Wemfall oder auch im Wenfall stehen: *Er hat seinem Gegner in den Magen geboxt.* Oder: *Er hat seinen Gegner in den Magen geboxt.* Der Wemfall *(seinem Gegner)* ist üblicher.
brauchen	**1. Du brauchst nicht zu kommen:** In Sätzen dieser Art lassen die Sprecher das *zu* häufig weg: *Du brauchst nicht kommen.* Sie verhalten sich dabei, als hätten sie statt *brauchen* Wörter wie *müssen, sollen, können* oder *dürfen* verwendet, die in entsprechenden Fällen ohne *zu* stehen: *Du musst nicht kommen, sollst nicht kommen, kannst nicht kommen, darfst nicht kommen.* Im Gegensatz zu der gesprochenen Alltagssprache, wo die Verwendung von *brauchen*

	ohne *zu* sehr verbreitet ist (und in gewisser Weise auch als gerechtfertigt erscheint), wird in der geschriebenen Sprache *brauchen* jedoch noch mit *zu* verwendet. Also: *Du brauchst nicht zu kommen. Er braucht erst morgen anzufangen.* **2. brauchen oder gebraucht:** Das Mittelwort der Vergangenheit (2. Partizip) von *brauchen* heißt *gebraucht: Sie haben das Geld nicht gebraucht. Ich habe dazu zwei Stunden gebraucht.* Steht aber vor *brauchen* noch ein weiteres Zeitwort in der Grundform (im Infinitiv), so steht nicht *gebraucht,* sondern *brauchen.* Es stehen dann beide Zeitwörter in der Grundform, also nicht: *Das hätte er nicht zu tun gebraucht,* sondern richtig nur: *Das hätte er nicht zu tun brauchen.* **3. ich brauchte, du brauchtest, er brauchte:** Die Möglichkeitsform (der Konjunktiv) von *brauchen* in Sätzen wie *Er tat, als ob er sie nicht brauchte* hat keinen Umlaut (also nicht: *ich bräuchte, du bräuchtest* usw., wie es besonders in Süddeutschland oft heißt).
brav	Die Steigerungsformen von *brav* lauten *braver, bravste* (nicht: *bräver, brävste*).
Break	Sowohl *der Break* als auch *das Break* sind richtig.
brennen	Bei dem Zeitwort *brennen* im Sinne von »schmerzen« steht bei Verwendungsweisen wie *die Augen, die Füße brennen* die betroffene Person im Wemfall (nicht im Wenfall): *Die Füße brennen mir* (nicht: *mich*). *Ihm* (nicht: *ihn*) *brannten die Augen.* Auch bei Verwendungsweisen wie *der Pfeffer, die scharfe Soße brennt,* bei der gewöhnlich Person und Körperteil genannt werden, auf die sich *brennen* bezieht, steht die Person im Wemfall: *Der Pfeffer brannte ihm entsetzlich in den Augen. Die scharfe Soße brannte mir wie Feuer im Hals.*

Briefbogen	Die Mehrzahl von *Briefbogen* lautet *die Briefbogen* oder *die Briefbögen.* Vor allem in Süddeutschland, Österreich und der Schweiz ist *die Briefbögen gebräuchlich*.
Bruchteil	Richtig ist *der Bruchteil.* Es heißt also: *Die Einnahmen deckten nur einen Bruchteil* (nicht: *ein Bruchteil*) *der Kosten.*
Bruchzahlen	**1. ein Viertel des Weges/ein viertel Zentner:** Groß schreibt man, wenn man die Bruchzahl als Hauptwort gebraucht: *ein Drittel, drei Fünftel, ein Zwanzigstel, drei Hundertstel, ein Achtel des Betrages, ein Viertel des Weges, drei Tausendstel von dieser Summe* usw. Klein schreibt man, wenn die Bruchzahl vor Maß- und Gewichtsbezeichnungen als Beifügung gebraucht wird: *ein viertel Zentner Mehl, ein achtel Kilo, drei tausendstel Sekunden* usw. **2. drei achtel Liter/drei Achtelliter:** Zusammen schreibt man, wenn Bruchzahlen vor allgemein gebräuchliche feste Maßbezeichnungen getreten sind: *ein Viertelpfund, drei Achtelliter, eine Viertelstunde, drei Zehntelsekunden* usw. Die Getrenntschreibung bleibt trotzdem immer möglich, wenn man einzelne Bruchteile zählen will: *drei achtel Liter; zwei viertel Zentner.*
Buchstabe	Der Wesfall des Wortes *Buchstabe* lautet *des Buchstabens* oder *des Buchstaben.* Die Form *des Buchstabens* ist üblicher.
Bund	Nach *Bund* als Mengenbezeichnung (z. B. *drei Bund*) steht das, was als Menge angegeben wird (z. B. *Stroh, Radieschen*), meist im selben Fall wie die Mengenbezeichnung *Bund* selbst: *drei Bund [trockenes] Stroh, mit drei Bund trockenem Stroh.* Gelegentlich in gehobener Ausdrucksweise auch mit dem Wesfall: *drei Bund trockenen Strohs, mit drei Bund trockenen Strohs.* Nur wenn das, was als Menge angegeben wird, in der Mehrzahl steht, wird häufiger auch

	der Wesfall gebraucht, also: *drei Bund frische Radieschen* neben: *drei Bund frischer Radieschen.* Steht die Mengenbezeichnung *Bund* selbst im Wesfall, so heißt es: *das Gewicht eines Bundes Stroh* oder *das Gewicht eines Bund Strohs,* aber (mit einem hinzugefügten Eigenschaftswort) nur: *das Gewicht eines Bundes trockenen Strohs.*
Bündel	Für *Bündel* als Mengenbezeichnung und für das, was als Menge nach *Bündel* steht, gelten die bei *Bund* gemachten Angaben. Bitte lesen Sie unter diesem Stichwort nach.
Bürokrat	Das Hauptwort *Bürokrat* erhält – außer im Werfall – die Endung *-en: der Bürokrat, des Bürokraten* (nicht: *des Bürokrats*), *dem Bürokraten* (nicht: *dem Bürokrat*), *den Bürokraten* (nicht: *den Bürokrat*), Mehrzahl: *die Bürokraten.*

C c

Cappuccino	Die Mehrzahl von *Cappuccino* lautet *die Cappuccinos* oder *die Cappuccino.*
Cartoon	Sowohl *der Cartoon* als auch *das Cartoon* sind richtig.
Cellist	Das Hauptwort *Cellist* erhält – außer im Werfall – die Endung *-en: der Cellist, des Cellisten* (nicht: *des Cellists*), *dem Cellisten* (nicht: *dem Cellist*), *den Cellisten* (nicht: *den Cellist*), Mehrzahl: *die Cellisten.*
Cello	Die Mehrzahl von *Cello* lautet *die Cellos* oder *die Celli* (nicht: *die Cellis*).
Cent	**1. Mehrzahl:** In Verbindung mit Zahlwörtern bleibt *Cent* häufig ungebeugt, d. h. unverändert: *Das kostet 20 Cent.* Es wird aber gebeugt, wenn die einzelnen Münzen gemeint sind: *Es sind nur dreißig einzelne Cents im Sparschwein.* **2. Achtzig Cent reicht/reichen nicht:** Von diesen beiden Formen ist standardsprachlich die Mehrzahl vorzuziehen: *Achtzig Cent reichen nicht, sind zu wenig, wurden noch abgezogen.* (In der Umgangssprache besteht allerdings die Neigung, das Zeitwort in die Einzahl zu setzen: *Achtzig Cent reicht nicht.*)
Chemie	Die Wörter *Chemie, chemisch, Chemiker, Chemikalien* usw. spricht man in der Standardsprache nicht (wie in manchen Landschaften üblich) mit »k«, sondern mit dem so genannten Ichlaut (dem Laut, wie er in dem Wort *ich* gesprochen wird).

Chicorée	Sowohl *die Chicorée* als auch *der Chicorée* sind richtig. Nach den neuen amtlichen Rechtschreibregeln ist auch die eingedeutschte Schreibung *Schikoree* möglich.
chic/schick	In den ungebeugten Formen sind beide Schreibungen möglich: *Der Mantel ist sehr chic* oder *ist sehr schick.* In den gebeugten Formen *(ein schicker Mantel, die Farbe eines schicken Kleides)* ist jedoch die Schreibung *chic* nicht möglich.
China	Die Wörter *China, chinesisch, Chinese* usw. spricht man in der Standardsprache nicht (wie in manchen Landschaften üblich) mit »k«, sondern mit dem so genannten Ichlaut (dem Laut, wie er in dem Wort *ich* gesprochen wird).
City	Die Mehrzahl von *City* lautet *die Citys.*
Club oder **Klub**	Die eingedeutschte Schreibung *Klub* ist heute üblich. Die Schreibung *Club* ist aber nicht falsch. Sie hat sich besonders in Vereinsnamen erhalten (da sie zur Zeit der Vereinsgründung üblich war). Auch in Barnamen ist diese Schreibung üblich.
Countdown	Sowohl *der Countdown* als auch *das Countdown* sind richtig. Der Wesfall lautet entweder *des Countdown* oder *des Countdowns.* Nach den neuen amtlichen Rechtschreibregeln ist auch die Schreibung mit Bindestrich möglich: *das/der Count-down.*
creme	Diese Farbbezeichnung beugt man standardsprachlich nicht, also: *ein creme Kostüm, mit einem creme Hut.* Wer diese Form nicht verwenden will, kann ausweichen auf die Zusammensetzung mit *-farben: ein cremefarbenes Kostüm, mit einem cremefarbenen Hut.*
Curry	Für die Bezeichnung der Gewürzmischung sind sowohl *der Curry* als auch *das Curry* richtig.

D *d*

da

1. Komma: Einen mit *da* eingeleiteten Nebensatz muss man immer durch Komma abtrennen: *Er konnte nicht laufen, da er sich verletzt hatte. Jetzt, da er alles verloren hat, kümmert sich niemand um ihn. Da er schon älter war, wollte ihn niemand einstellen.* Das Bindewort *da* tritt auch in Fügungen wie *besonders da* auf. Nach den neuen amtlichen Rechtschreibregeln kann man hier auch zwischen *besonders* und *da* ein Komma setzen, wenn *besonders* und *da* nicht als Einheit empfunden werden: *Er konnte nicht laufen, besonders[,] da er sich verletzt hatte.*

2. Abtrennung von da bei zusammengesetzten Wörtern wie dabei, dafür, davon usw.: Besonders in der norddeutschen Umgangssprache kommt diese Trennung häufig vor. Sie ist standardsprachlich nicht richtig. Es muss also heißen: *Dabei habe ich mir nichts gedacht* (nicht: *Da habe ich mir nichts bei gedacht*). *Dafür kann ich nichts* (nicht: *Da kann ich nichts für*). *Davon habe ich noch nichts gehört* (nicht: *Da habe ich noch nichts von gehört*). *Dagegen habe ich nichts* (nicht: *Da habe ich nichts gegen*).

3. da oder weil: Die beiden Wörter stimmen in ihrer Bedeutung weitgehend überein. Ein feiner Unterschied im Gebrauch ergibt sich jedoch aus der unterschiedlichen Aussagekräftigkeit. Man gebraucht eher *da,* wenn in dem Nebensatz, den es einleitet, etwas weniger Wichtiges, etwas bereits Bekanntes steht (dieser Nebensatz steht dann meist auch vor dem Hauptsatz): *Da heute ja Freitag ist, können wir früher nach Hause gehen. Da du ohnehin zur Post gehst, kannst du auch meinen Brief einwerfen.* Wenn in dem Nebensatz etwas verhältnismäßig Wichtiges, etwas Neues steht, dann verwendet man überwiegend *weil* (der Nebensatz steht dann meist nach dem Hauptsatz): *Mein Sohn konnte*

	gestern nicht am Unterricht teilnehmen, weil er eine Magenverstimmung hatte. Wenn im Hauptsatz durch Wörter wie *deswegen, deshalb, darum, besonders* o. Ä. verstärkt auf die Bedeutung des Grundes hingewiesen wird, dann steht nur *weil: Wir können deshalb früher nach Hause gehen, weil heute Freitag ist.*
dahin gehend	Diese Verbindung schreibt man getrennt: *Er äußerte sich dahin gehend, dass ...*
dank	Das Verhältniswort (die Präposition) *dank* kann den Wemfall oder den Wesfall nach sich haben: *dank seinem Fleiß* oder *dank seines Fleißes.* In der Mehrzahl steht jedoch überwiegend der Wesfall: *dank besonderer Verfahren; dank der Fortschritte moderner Hygiene.* In der Mehrzahl weicht man dann auf den Wemfall aus, wenn der Wesfall nicht eindeutig erkennbar ist, sondern mit dem Werfall und dem Wenfall übereinstimmt. Dies ist immer dann der Fall, wenn vor dem Hauptwort kein Begleitwort steht: *Dank Regalen habe ich mehr Platz* aber *Dank neuer Regale habe ich mehr Platz.*
danke/Danke schön oder **Dankeschön**	Man schreibt die Dankesformel getrennt in Sätzen wie: *Du musst danke schön,* (nach neuer Rechtschreibung auch möglich:) *Danke schön sagen. Ich möchte ihr nur danke schön,* (nach neuer Rechtschreibung auch möglich:) *Danke schön sagen. Er sagte: »Danke schön!«* Groß und zusammen schreibt man, wenn die Formel zu einem Hauptwort geworden ist in Fällen wie: *Er sagte ein herzliches Dankeschön. Richte an deinen Bruder ein Dankeschön für seine Hilfe aus.*
dann oder **denn**	Besonders in der norddeutschen Umgangssprache setzen viele Sprecher in Sätzen wie: *Na, dann geht es eben nicht* oder: *Dann bis morgen* statt *dann* fälschlicherweise *denn.* Sätze wie: *Na, denn geht es eben nicht. Denn bis morgen* sind standardsprachlich nicht richtig.

Darlehen oder **Darlehn**	Beide Formen sind richtig. Üblicher ist heute *Darlehen.* In Zusammensetzungen jedoch wird häufig *Darlehn* verwendet: *Darlehnsvertrag* o. Ä.
darüber hinaus	Die Fügung *darüber hinaus* schreibt man immer getrennt: *Sie haben darüber hinaus noch manches erlebt.* Diese Getrenntschreibung gilt auch, wenn *hinaus* mit einem Zeitwort zusammengeschrieben wird: *Er ist noch darüber hinausgegangen. Alles, was darüber hinausführt.* Nach den neuen amtlichen Rechtschreibregeln wird *hinaus* nur mit dem Zeitwort *sein* nicht zusammengeschrieben: *Er wird darüber hinaus sein.*
darunter	Ein mit *darunter* gebildeter Satz kann lauten: *Dies geschah in vielen Ländern, darunter der Bundesrepublik* (Wemfall) oder *darunter die Bundesrepublik* (Werfall). Welchen Fall man wählt, hängt nicht von *darunter* ab, sondern davon, ob und wie man den Satz im Stillen ergänzt. Wiederholt man nach *darunter* im Stillen ein *in,* dann lautet der Satz: *Dies geschah in vielen Ländern, darunter [in] der Bundesrepublik.* Ergänzt man aber nach *darunter* etwa *befindet sich,* dann heißt es: *Dies geschah in vielen Ländern, darunter [befindet sich] die Bundesrepublik.* Beide Satzbildungen sind richtig. Ähnlich ist es in folgenden Fällen: *Er suchte mehrere Läden auf, darunter einen Antiquitätenladen* oder *darunter [war auch] ein Antiquitätenladen. Mehreren Schülern, darunter zwei Zehnjährigen* oder *darunter [befanden sich auch] zwei Zehnjährige, wurden Buchpreise verliehen.*
das oder **dass**	Die beiden Wörter *das* und *dass* verwechseln viele Sprecher, obwohl sie ganz unterschiedliche Aufgaben in einem Satz erfüllen. Wer unsicher ist bei der Schreibung, der sollte sich eine einfache Regel merken: Lässt sich für das Wort auch *dieses* oder *welches* einsetzen, dann handelt es sich um das nur mit einem »s« zu schreibende *das.* Ergibt diese Ein-

	setzprobe keinen Sinn, so muss es sich um das mit Doppel-s zu schreibende *dass* handeln. Auf diese Weise lässt sich beispielsweise eindeutig feststellen, dass in Sätzen wie *Was glaubst du, dass sie gesagt hat? Was ratet ihr, dass ich tun soll?* nur *dass* richtig sein kann. Ähnlich verhält es sich bei der Redensart: *Was du nicht willst, dass (!) man dir tu, das* (= dieses) *füg auch keinem andern zu.*
das oder **was**	Es heißt richtig: *Das Boot, das* (nicht: *was*) *gekentert ist. Das Kleine, das* (nicht: *was*) *ich im Arm hielt. Das Hoheitsvolle, das* (nicht: *was*) *von ihrer Gestalt ausging.* Dagegen aber heißt es: *All das Schöne, was* (nicht: *das*) *wir gesehen haben. Es ist das Tollste, was* (nicht: *das*) *ich je erlebt habe. Es gibt vieles, was* (nicht: *das*) *mich interessiert.* Man gebraucht also *das,* wenn es sich auf eine bestimmte Person oder Sache, auf etwas Einzelnes bezieht, hingegen gebraucht man *was,* wenn es sich auf eine Gesamtheit, auf etwas Allgemeines, Unbestimmtes bezieht.
das gleiche/ dasselbe	Bitte lesen Sie unter »der gleiche/derselbe« nach.
das heißt (d. h.)	Vor *das heißt* steht immer ein Komma: *Es war nur ein schwacher, d. h. untauglicher Versuch. Wir werden den Vorfall nicht weitermelden, d. h. keine Strafanzeige erstatten.* Unmittelbar nach *das heißt* kann ein zweites Komma stehen, aber nur dann, wenn ein ganzer Satz folgt: *Am frühen Abend, d. h., sobald die Büros geschlossen haben, ist der Verkehr am stärksten. Wir werden den Fall nicht weitermelden, d. h., wir haben kein Interesse an einer Strafanzeige.* Das zweite Komma kann nach den neuen amtlichen Rechtschreibregeln auch stehen, wenn anstelle des ganzen Satzes nach *das heißt* eine Wortgruppe mit der Grundform eines Zeitwortes (Infinitivgruppe) steht: *Er versuchte den Ball zu passen, d. h.[,] ihn seinem Nebenmann zuzuspielen.*

D

D

dasjenige, was	Einen Nebensatz, der mit dem hinweisenden Wort *dasjenige* angekündigt ist, leitet man mit *was* ein (nicht mit *das*): *Dasjenige, was sie am liebsten tun, ist ihnen verboten.*
dass	Ein mit *dass* eingeleiteter Nebensatz muss immer durch Komma abgetrennt werden: *Die Hauptsache ist, dass du kommst. Die Nachricht, dass er zugestimmt hat, kam schon gestern. Dass du so schnell kommst, hätte ich nicht gedacht.* Vor Fügungen mit *dass* (z. B. *auch dass, sodass, als dass*) muss ein Komma stehen: *Ich bin zu müde, als dass ich dies noch erledigen könnte.* Werden die Teile dieser Fügungen nicht als feste Einheit gesehen, kann vor dem dass ein zusätzliches Komma stehen: *Ich habe alles gesehen, auch[,] dass er das Geld eingesteckt hat.* Bitte lesen Sie für alle anderen Fälle dazu unter dem entsprechenden Stichwort nach.
dasselbe	Bitte lesen Sie unter »derselbe, dieselbe, dasselbe« nach.
Datumsangaben	siehe Tabelle
davon, dass	Bei der Verbindung *davon, dass* steht nach *davon* immer ein Komma: *Das hast du nun davon, dass du so lange weggeblieben bist. Davon, dass du schreist, wird es auch nicht besser.* Zu dem Ausdruck *abgesehen davon, dass* lesen Sie bitte unter »abgesehen davon« nach.
de	Diesen Namenszusatz (z. B. in *de Gaulle, de Sica*) schreibt man am Satzanfang und in Aneinanderreihungen wie *De-Gaulle-Rede, De-Sica-Film* groß.

Datumsangaben

1. die reine Datumsangabe:
Die reine Datumsangabe kann folgende Form haben:

04. 08. 2002
04. 08. 02
2002-08-24
02-08-24
4. August 2002
4. Aug. 2002

2. Datumsangabe in Briefen in Verbindung mit dem Ortsnamen:
Handelt es sich um eine gewöhnliche Datumsangabe, d. h., soll der betreffende Tag nur als gewöhnlicher Kalendertag genannt werden, wählt man im Allgemeinen die Zeitangabe mit *den* oder die bloße Zeitangabe:

Berlin, den 04. 08. 2002
Berlin, den 4. August 2002
Berlin, 4. August 02
Berlin, 04. 08. 2002
Berlin, 4. Aug. 2002

Soll dagegen der betreffende Tag als ein bedeutsamer, aus dem zeitlichen Ablauf herausgehobener Tag genannt werden, dann bevorzugt man die Zeitangabe mit *am*. Datumsangaben mit *am* verleihen einem Tag gewissermaßen etwas Bedeutsames und finden sich daher in Urkunden, Dokumenten, feierlichen Anzeigen und dergleichen:

Berlin, am 4. August 2002

In Werbebriefen wird häufig auf die Angabe des genauen Datums verzichtet, stattdessen wird nur der Monat genannt, eingeleitet durch *im:*

Berlin, im August 2002

Grammatisch nicht korrekt ist der Anschluss *Berlin, dem …*

3. Am Montag (Dienstag, Mittwoch usw.) dem/den:
Beide Formen sind richtig. Man kann sagen *Die Konferenz findet am Montag, dem 1. März 2002[,] statt* oder: *Die Konferenz findet am Montag, den 1. März 2002 statt.* Im ersten Beispielsatz ist *dem 1. März 2002* ein Beisatz (Apposition), im zweiten Beispielsatz dagegen ist *den 1. März 2002* eine Aufzählung im Wenfall.

4. Das Datum in Verbindung mit dem Wochentag:
Werden Monat und Wochentag genannt, gelten nach neuer Rechtschreibung folgende Varianten als korrekt:

Sie kommt Montag, den 4. Juli[,] an.

D

Datumsangaben (Fortsetzung)	
oder *Sie kommt am Montag, den 4. Juli an* oder *Sie kommt am Montag, dem 4. Juli[,] an.* Im ersten und letzten Beispiel kann der Schreiber entscheiden, ob er das zweite Komma setzen will, im zweiten Beispiel steht immer nur ein Komma. In Verbindung mit *bis zu* kann es heißen: *bis zum Freitag, dem 15. Oktober* oder *bis zum Freitag, den 15. Oktober.* Beide Formen sind richtig.	**5. Das Datum in Verbindung mit dem Wochentag, einer Zeitangabe und einer Ortsangabe:** *Die Versammlung findet [am] Montag, den 4. Juli, [um] 11 Uhr[,] im Gemeindehaus statt.* Folgt auf das Datum noch die Angabe einer Uhrzeit, dann steht vor dieser Angabe ein Komma. Nach der Angabe der Uhrzeit kann nach den neuen amtlichen Rechtschreibregeln ein Komma stehen, wenn der Satz weitergeführt wird.

Debütant Das Hauptwort *Debütant* erhält – außer im Werfall – die Endung *-en: der Debütant, des Debütanten* (nicht: *des Debütants*), *dem Debütanten* (nicht: *dem Debütant*), *den Debütanten* (nicht: *den Debütant*), Mehrzahl: *die Debütanten.*

dein, deine Das besitzanzeigende Fürwort (Possessivpronomen) *dein, deine* schreibt man üblicherweise klein: *de in Buch, deine Geigen.* Klein schreibt man es nach den neuen amtlichen Rechtschreibregeln auch dann, wenn es bei der Anrede gebraucht wird und dabei eine Person unmittelbar angesprochen wird wie in Briefen, aber auch in Wahlaufrufen, Erlassen, Grabinschriften, Widmungen, Mitteilungen eines Lehrers unter Klassenarbeiten, auf Fragebogen, in schriftlichen Prüfungsaufgaben usw.: Brief: *Vielen Dank für deine Nachricht.* Bemerkung des Lehrers unter einem Aufsatz: *Du*

	hast auf deine Arbeit viel Mühe verwendet. Fragebogen: *Was sind deine Berufswünsche?* Groß schreibt man *dein, deine,* wenn es zum Hauptwort geworden ist in Fällen wie: *das Dein und das Mein, Mein und Dein verwechseln, ein Streit über Mein und Dein.* Nach den neuen amtlichen Rechtschreibregeln kann man *dein, deine* (entsprechend auch *deinig*), wenn es zum Hauptwort geworden ist, groß- oder kleinschreiben: *Du musst das dein[ig]e* oder *das Dein[ig]e tun; Grüße die dein[ig]en* oder *die Dein[ig]en.* Immer klein schreibt man dagegen, wenn sich *dein, deine* auf ein voranygehendes Hauptwort bezieht: *Wessen Bücher sind das? Sind es die deinen?*
deinerseits, deinesgleichen, deinethalben, deinetwegen, deinetwillen	Diese Wörter schreibt man nach den neuen amtlichen Rechtschreibregeln in der Anrede immer klein. Bitte lesen Sie dazu unter »dein« nach.
deines Vaters Haus/ deinem Vater sein Haus	Für Formulierungen wie *deines Vaters Haus* oder *das Haus deines Vaters* heißt es umgangssprachlich oft auch *deinem Vater sein Haus.* Diese Ausdrucksweise ist nicht richtig.
deinetwegen oder **wegen dir**	In der Umgangssprache verwenden viele Sprecher statt *deinetwegen wegen dir: Das habe ich nur wegen dir getan.* Hochsprachlich richtig ist: *Das habe ich nur deinetwegen getan.*
Delegierte, der und die	Man beugt das Wort in folgender Weise: *der Delegierte, ein Delegierter, zwei Delegierte, die Delegierten, einige Delegierte, alle Delegierten, solche Delegierte* und *solche Delegierten, beide Delegierten* und seltener auch *beide Delegierte; gewähltem Delegierten, die Reden verschiedener Delegierter.*

D

	Als Beisatz (Apposition): *mir (dir, ihm) als Delegierten* und *mir (dir, ihm) als Delegiertem; ihr als Delegierten* und *ihr als Delegierter.*
dem oder **den**	Man kann sowohl sagen *Die Konferenz findet am Montag, dem 1. März 2002, statt* als auch: *Die Konferenz findet am Montag, den 1. März 2002 statt.* Ein Unterschied besteht nach den neuen amtlichen Rechtschreibregeln nur darin, dass bei der Fügung mit *dem* das zweite Komma auch entfallen kann: *Die Konferenz findet am Montag, dem 1. März 2002[,] statt,* während bei dem zweiten Beispiel nie ein zweites Komma steht. Wird der Satz noch um eine Angabe der Uhrzeit erweitert, wird diese jedoch in beiden Fällen durch Komma abgetrennt: *Die Konferenz findet am Montag, dem* oder *den 1. März 2002, um 11 Uhr[,] statt.* Nach den neuen amtlichen Rechtschreibregeln kann hinter der Uhrzeit ebenfalls ein Komma stehen.
Demonstrant	Das Hauptwort *Demonstrant* erhält – außer im Werfall – die Endung *-en: der Demonstrant, des Demonstranten* (nicht: *des Demonstrants*), *dem Demonstranten* (nicht: *dem Demonstrant*), *den Demonstranten* (nicht: *den Demonstrant*), Mehrzahl: *die Demonstranten.*
der oder **er**	Es gilt als umgangssprachlich, gelegentlich auch als unhöflich, wenn man in bestimmten Zusammenhängen in Bezug auf eine männliche Person *der* gebraucht und nicht *er,* wie es standardsprachlich wäre. Richtig also: *Das muss er doch selber wissen.* Nicht: *Das muss der doch selber wissen.* Richtig: *Mein Vater ist sehr altmodisch, mit ihm kann ich nicht darüber sprechen.* Nicht: *... mit dem kann ich nicht darüber sprechen.*
der gleiche/ derselbe	Besonders in der gesprochenen Umgangssprache verwechseln viele Sprecher *der gleiche (die gleiche, das gleiche)* mit *derselbe (dieselbe, dasselbe).* Zwischen beiden Ausdrücken

besteht aber ein feiner Unterschied. *Derselbe* (entsprechend auch *dieselbe, dasselbe*) bedeutet *der nämliche* und zeigt eine völlige Übereinstimmung an: *Er trägt denselben Anzug wie gestern,* d. h., er trägt diesen einen und keinen anderen Anzug. Andere typische Beispiele für *derselbe (dieselbe, dasselbe)* sind: *Sie stammt aus demselben Dorf wie ich. Es war ein und derselbe Schauspieler. Es war dieselbe Stadt wie damals.*

Der gleiche (die gleiche, das gleiche) bedeutet eine Übereinstimmung in allen Merkmalen oder eine Vergleichbarkeit: *Er fordert das gleiche Recht für alle,* d. h. ein merkmalsgleiches Recht für alle. Als Beispiel für die Bedeutung der Vergleichbarkeit kann folgender Satz dienen: *Sie hat die gleiche Figur wie ihre Schwester,* d. h., sie hat eine vergleichbare Figur. Ein anderes typisches Beispiel für *der gleiche (die gleiche, das gleiche)* ist: *Sie trug beim Ball das gleiche Kleid wie ihre Freundin.*

Wenn man in der Umgangssprache beide Ausdrücke vertauscht, kann es zu Missverständnissen kommen. Man sollte deshalb in der Standardsprache den Unterschied zwischen *derselbe (dieselbe, dasselbe)* und *der gleiche (die gleiche, das gleiche)* berücksichtigen: *Die Monteure der Firma fahren den gleichen Wagen* bedeutet, dass sie einen Wagen desselben Fabrikats benutzen. *Die Monteure der Firma fahren denselben Wagen* bedeutet, dass sie den einen Firmenwagen gemeinsam bzw. abwechselnd benutzen.

Oft ergibt sich allerdings auch aus dem Zusammenhang, wie eine Aussage gemeint ist.

derartig

Ein Eigenschaftswort oder Mittelwort (Partizip), das auf *derartig* folgt, beugt man (auch wenn es als Hauptwort gebraucht wird) in gleicher Weise wie *derartig* selbst: *derartiges gedrucktes Material, bei derartiger seelischer Verfassung, mit derartigem frechem Betragen* (die Form *mit derartigem frechen Betragen* ist heute nicht mehr üblich), *derartige schlimme Fehler, die Vermeidung derartiger*

persönlicher Beschuldigungen; ein derartiger Abgeordneter, derartige Kranke, die Meinung derartiger Betroffener.
Oft steht *derartig* auch unverändert vor einem Eigenschaftswort: *mit einem derartig frechen Betragen.* Diese Form ist ebenfalls richtig.

D

deren

1. Beugung nach *deren:* Ein Eigenschaftswort oder Mittelwort (Partizip), das auf *deren* folgt, beugt man (auch wenn es als Hauptwort gebraucht wird) stark: *Ich sprach mit Maria und deren nettem* (nicht: *netten*) *Mann. Das ist nur für Mitglieder und deren Angehörige* (nicht: *Angehörigen*). *Mit Ausnahme unserer Mitarbeiter und deren Angehöriger* (nicht: *Angehörigen*) ...
2. Falsch gebildete Form *derem:* Eine Form, die *derem* lautet, gibt es nicht, denn man kann *deren* nicht in den Wemfall setzen. Es heißt also richtig nur: *Sie sprach mit Maria und deren* (nicht: *derem*) *Mann. In Bezug auf die Wirtschaft, in deren* (nicht: *derem*) *Rahmen ...*
3. deren oder derer: Die Formen *deren* und *derer* werden oft verwechselt. Bei Rückweisung heißt es immer *deren: Die Frau, deren* (nicht: *derer*) *er sich annahm. Die Taten, deren* (nicht: *derer*) *sie sich rühmen. Die Beweise, aufgrund deren* (nicht: *derer*) *er verurteilt wurde. Punkte, anhand deren* (nicht: *derer*) *er sich orientierte.* Die Form *derer* kommt nur als Hinweis auf etwas Folgendes und nur noch als Form der Mehrzahl vor: *Sie erinnerte sich derer* (nicht: *deren*), *die ihr früher so nahe gestanden hatten.*

derselbe, dieselbe, dasselbe

1. Anstelle von *er, sie, es:* Es ist stilistisch unschön, *derselbe* usw. anstelle des persönlichen Fürworts (Personalpronomens) zu gebrauchen, also etwa: *Nachdem die Äpfel geerntet worden waren, wurden dieselben auf Horden gelagert.* Dafür besser: *... wurden sie auf Horden gelagert.*
2. anstelle von *sein, ihr:* Ebenso unschön ist es, *derselbe* usw. anstelle von *sein, ihr* zu gebrauchen: *Das höchste Bau-*

	werk in der Gegend ist ein alter Turm. Die Höhe desselben ist etwa 100 Meter. Dafür besser: *... Seine Höhe ist etwa 100 Meter.*
dessen	**1. Beugung nach *dessen:*** Ein Eigenschaftswort oder Mittelwort (Partizip), das auf *dessen* folgt, beugt man (auch wenn es als Hauptwort gebraucht wird) stark: *Ich sprach mit Hans und dessen nettem* (nicht: *netten*) *Freund. Vor dem Denkmal und dessen breitem* (nicht: *breiten*) *Sockel ... Für den Kranken und dessen Angehörige* (nicht: *Angehörigen*) *... Mit Ausnahme des Kranken und dessen Angehöriger* (nicht: *Angehörigen*) ... **2. Falsch gebildete Form *dessem:*** Eine Form, die *dessem* lautet, gibt es nicht, denn man kann *dessen* nicht in den Wemfall setzen. Es heißt also richtig nur: *Sie sprach mit Hans und dessen* (nicht: *dessem*) *Freund. Im Hinblick auf den Wirtschaftsplan, in dessen* (nicht: *dessem*) *Rahmen ...*
deutsch/ Deutsch	Man schreibt *deutsch* in Verbindung mit einem Zeitwort dann klein, wenn es mit »wie?« erfragt werden kann. *Er denkt und fühlt deutsch. Sie wollen sich deutsch unterhalten. Redet sie jetzt deutsch oder holländisch?* Ebenfalls klein schreibt man in der festen Verbindung *mit jemandem deutsch reden* (= jemandem deutlich die Meinung sagen). Man schreibt jedoch groß, wenn *Deutsch* im Sinne von »deutsche Sprache« verwendet wird und mit »was?« erfragt werden kann: *Sein Deutsch ist schlecht. Sie spricht kein Wort/nur gebrochen Deutsch. Im älteren Deutsch ...; aus dem Deutschen ins Englische übersetzen. Er hat eine Vier in Deutsch. Sie kann/lernt/versteht Deutsch. Jetzt spricht sie zwar englisch* (wie?), *aber ihre Muttersprache ist Deutsch* (was?). *Eine Zusammenfassung in Deutsch* (= in der Sprache Deutsch) ... *Der Prospekt erscheint in Deutsch und Englisch.* Nach den neuen amtlichen Rechtschreibregeln schreibt man in den folgenden Fällen eben-

	falls groß: *auf gut Deutsch* (= unverblümt, ohne Beschönigung). *Sie hat ihren Aufsatz auf Deutsch geschrieben. Der Brief ist in Deutsch geschrieben.*
Deutsche, der und die	Man beugt das Wort in folgender Weise: *der Deutsche, ein Deutscher, zwei Deutsche, die Deutschen, einige Deutsche, alle Deutschen, solche Deutsche* und *solche Deutschen, beide Deutschen* und seltener auch *beide Deutsche; unbekanntem Deutschen, die Namen prominenter Deutscher.* Als Beisatz (Apposition): *wir Deutschen* und seltener auch *wir Deutsche; mir (dir, ihm) als Deutschen* und *mir (dir, ihm) als Deutschem; ihr als Deutschen* und *ihr als Deutscher.*
Dezember	Steht *Dezember* im Wesfall, dann ist sowohl die Form mit *-s (des Dezembers)* als auch die Form ohne *-s (des Dezember)* richtig. Die Form mit *-s* ist häufiger.
Dezernent	Das Hauptwort *Dezernent* erhält – außer im Werfall – die Endung *-en: der Dezernent, des Dezernenten* (nicht: *des Dezernents*), *dem Dezernenten* (nicht: *dem Dezernent*), *den Dezernenten* (nicht: *den Dezernent*), Mehrzahl: *die Dezernenten.*
Diamant	Das Hauptwort *Diamant* erhält – außer im Werfall – die Endung *-en: der Diamant, des Diamanten* (nicht: *des Diamants*), *dem Diamanten* (nicht: *dem Diamant*), *den Diamanten* (nicht: *den Diamant*), Mehrzahl: *die Diamanten.*
die oder **sie**	Es gilt als umgangssprachlich, gelegentlich auch als unhöflich, wenn man in bestimmten Zusammenhängen in Bezug auf eine weibliche Person *die* gebraucht und nicht *sie*, wie es standardsprachlich wäre: Richtig also: *Das muss sie doch selber wissen.* Nicht: *Das muss die doch selber wissen.* Richtig: *Meine Mutter ist sehr altmodisch, mit ihr kann ich*

	nicht darüber sprechen. Nicht: ... *mit der kann ich nicht darüber sprechen.*
die gleiche/ dieselbe	Bitte lesen Sie unter »der gleiche/derselbe« nach.
Dienstagabend	Nach den neuen amtlichen Rechtschreibregeln ist nur noch die Schreibweise *Dienstagabend* richtig: *Am nächsten Dienstagabend treffen wir uns. Meine Dienstagabende sind alle belegt.* Man kann für *Dienstag* selbstverständlich alle anderen Wochentage einsetzen. Ebenso wie *Abend* wird auch *Morgen, Mittag, Vormittag, Nachmittag* und *Nacht* behandelt: *Ich hatte Dienstagnacht einen Autounfall. Am Dienstagvormittag hat er einen Arzttermin.* Das nachgetragene *früh* schreibt man dagegen nur getrennt: *[am] Dienstag früh.*
dienstagabends oder **dienstags abends**	Beide Schreibweisen sind nach den neuen amtlichen Rechtschreibregeln richtig und bedeuten »an jedem wiederkehrenden Dienstag zur Abendzeit«. Ebenso wie *Dienstag* werden alle anderen Wochentage behandelt; statt *abends* kann es auch *morgens, nachmittags* usw. heißen.
dieselbe	Bitte lesen Sie unter »derselbe, dieselbe, dasselbe« nach.
dieser, diese, dieses	**1. Anfang dieses Jahres:** Es heißt richtig: *Anfang dieses* (nicht: *diesen*) *Jahres; am 10. dieses Monats; ein Gerät dieses Typs.* **2. dies/dieses:** Anstatt *dieses* kann man auch das ungebeugte *dies* in gleicher Bedeutung gebrauchen, vor allem wenn man es allein stehend verwendet: *Dies ist richtig. Dies alberne Geschwätz widert mich an.* **3. mit diesem seinem Buch:** Folgt auf *dieser* usw. ein besitzanzeigendes Fürwort (*mein, dein, sein* usw.), erhält es die gleiche Endung wie *dieser* usw.: *mit diesem seinem Buch, von diesem deinem Freund, von dieser seiner Schöpfung.*

D

	Andere Endungen haben jedoch Eigenschaftswörter, die zusätzlich hinzugefügt werden: *von dieser seiner neuesten Schöpfung; von diesem deinem engen Freund; mit diesem seinem besten Buch.*
Diplomat	Das Hauptwort *Diplomat* erhält – außer im Werfall – die Endung *-en: der Diplomat, des Diplomaten* (nicht: *des Diplomats*), *dem Diplomaten* (nicht: *dem Diplomat*), *den Diplomaten* (nicht: *den Diplomat*), Mehrzahl: *die Diplomaten.*
Dirigent	Das Hauptwort *Dirigent* erhält – außer im Werfall – die Endung *-en: der Dirigent, des Dirigenten* (nicht: *des Dirigents*), *dem Dirigenten* (nicht: *dem Dirigent*), *den Dirigenten* (nicht: *den Dirigent*), Mehrzahl: *die Dirigenten.*
doch	Vor *doch* steht ein Komma, wenn es Zusätze einleitet: *Er probierte es oft, doch vergebens.* Es steht auch ein Komma, wenn *doch* Sätze einleitet: *Sie versprach, mir zu helfen, doch sie kam nicht.*
Doktor	**1. Anschrift und Anrede:** In der **Anschrift** verbindet man den Doktortitel immer mit dem Namen, d. h., man schreibt in die erste Zeile *Herrn* bzw. *Frau,* in die nächste Zeile *Dr.* und Namen. Ist eine Person Inhaber mehrerer Doktortitel, dann führt man diese ohne Komma hintereinander auf: *Frau Prof. Dr. phil. Dr. med. Helga Schulz.* Bei mehr als drei Titeln kann man sich mit *Dr. mult.* (= doctor multiplex »mehrfacher Doktor«) helfen. Schreibt man mehrere Doktoren gemeinsam an, setzt man in der Anschrift die Abkürzung Dres. (= doctores), z. B. *Dres. R. Müller und H. Otto* (auf die nächste Zeile:) *Rechtsanwälte.* Auch in der **Anrede** kürzt man den Doktortitel gewöhnlich ab. Nur wer sehr höflich sein will, lässt den Namen weg, er muss dann aber *Doktor* ausschreiben: *Sehr geehrter Herr Doktor!* Ist der Angeschriebene Träger mehrerer akademi-

	scher Titel, wird nur in der Anrede nur einer – im Zweifelsfall der ranghöchste – genannt. Die Anrede für die oben genannte Frau Prof. Dr. phil. Dr. med. Helga Schulz wäre also *Sehr geehrte Frau Professor* bzw. *Sehr geehrte Frau Professor Schulz.* Auch die Bezeichnung , in welchem Bereich der Doktortitel erworben wurde (phil., theol., rer. pol. usw.), wird in der Anrede weggelassen. **2. Beugung:** Steht das Wort *Doktor* (oder die Abkürzung *Dr.*) in Verbindung mit einem Familiennamen, dann bleibt es – im Gegensatz zum Namen – ungebeugt, d. h., es wird nicht verändert: *der Bericht [Herrn] Doktor Schulzes; die Praxis Dr. Müllers; die Villa des Doktor Meier.*
Dollar	Der Wesfall lautet *des Dollars* oder *des Dollar.* Die Mehrzahl lautet *die Dollars: Auf seine Dollars kann sie verzichten.* Jedoch in Verbindung mit Zahlwörtern über *eins* lautet die Mehrzahl *Dollar: Das kostet 5 000 Dollar.*
Donnerstagabend	Bitte lesen Sie unter »Dienstagabend« nach.
doof	Die Steigerungsformen von *doof* lauten *doofer, doofste* (nicht: *döfer, döfste*).
Doppelpunkt	siehe Tabelle
Dozent	Das Hauptwort *Dozent* erhält – außer im Werfall – die Endung *-en: der Dozent, des Dozenten* (nicht: *des Dozents*), *dem Dozenten* (nicht: *dem Dozent*), *den Dozenten* (nicht: *den Dozent*), Mehrzahl: *die Dozenten.* In der Anschrift ist jedoch auch die ungebeugte Form *Dozent* zulässig: *[An] Herrn Dozent Meyer* neben *[An] Herrn Dozenten Meyer.*

D

Doppelpunkt

1. Der Doppelpunkt bei der direkten Rede:
Der Doppelpunkt steht vor der direkten Rede, wenn diese vorher angekündigt ist:

Der Präsident sagte: »Ich werde meinem Land treu dienen.«
Der Vater verkündete: »Morgen machen wir einen Ausflug.«

Der Doppelpunkt steht auch dann, wenn der ankündigende Satz nach der direkten Rede weitergeführt wird:

Er fragte mich: »Weshalb darf ich das nicht?«, und begann zu schimpfen.
(Die wörtliche Rede beginnt nach dem Doppelpunkt immer mit großem Anfangsbuchstaben.)

2. Der Doppelpunkt bei Aufzählungen:
Der Doppelpunkt steht vor angekündigten Aufzählungen. Das erste Wort schreibt man nur dann groß, wenn es ein Hauptwort ist:

Sie hat schon mehrere Länder besucht: Frankreich, Spanien, Polen, Ungarn.
Die üblichen Leistungsnoten in der Schule lauten: sehr gut, gut, befriedigend, ausreichend, mangelhaft, ungenügend.
Folgende Teile werden nachgeliefert: gebogene Rohre, Muffen, Schlauchklemmen und Dichtungen.

Der Doppelpunkt steht nicht, wenn einer Aufzählung Wörter wie *nämlich, d. h., d. i., z. B.* vorausgehen. In diesen Fällen steht ein Komma:

Der Teilnehmerkreis setzt sich aus verschiedenen Gruppen zusammen, nämlich Arbeitern, Angestellten und Unternehmern.
Wir werden Ihnen alle durch die Dienstreise entstehenden Kosten, d. h. Fahrgeld, Auslagen für Übernachtung und Verpflegung, ersetzen.

3. Der Doppelpunkt bei Sätzen, Satzstücken, Einzelwörtern:
Der Doppelpunkt steht vor vollständigen Sätzen, Satzstücken oder einzelnen Wörtern, die ausdrücklich angekündigt sind. Dabei schreibt man das erste Wort eines vollständigen Satzes nach den neuen amtlichen Rechtschreibregeln immer groß, das Einzelwort bzw. das erste Wort des Satzstücks jedoch nur dann groß, wenn es ein Hauptwort ist:

Das Sprichwort lautet:
Der Apfel fällt nicht weit vom Stamm.
Haus und Hof, Geld und Gut:

Doppelpunkt (Fortsetzung)

Alles ist verloren.
Rechnen: sehr gut.
Nächste TÜV-Untersuchung: 30. 9. 2002.

Auch nach den Angaben in Firmenbriefköpfen wie

Ihr Zeichen, Ihre Nachricht vom, Unser Zeichen, Tag, Datum, Betreff/Betr., Bankkonto, Telefon u. a.

kann, wenn die folgende Mitteilung in die gleiche Zeile kommt, ein Doppelpunkt gesetzt werden. Dasselbe gilt für Hinweise auf Vordrucken und Formularen wie

Erfüllungsort: ...; Lieferadresse: ...; Der Direktor: ...; Die Erziehungsberechtigten: ...

4. Doppelpunkt und Ziffernschreibung:

In der Mathematik verwendet man den Doppelpunkt bei Teilungsaufgaben:

16 : 4 = 4; 1 : 2 = 0,5.

Bei der Angabe von Sport- und Wahlergebnissen, kartographischen Angaben u. a. drückt der Doppelpunkt ein (Zahlen)verhältnis aus:

Hamburger SV – Bayern München 2 : 2.
Ein klarer 5 : 1-Sieg. Der deutsche Tennismeister schlug den Spanier in drei Sätzen 6 : 2, 6 : 3, 7 : 5.
Die Erfolgsaussichten stehen 50 : 50. Die Wahlprognosen zeigen ein Verhältnis von 60 : 40 für die Kandidatin der konservativen Partei.
Die Karte ist im Maßstab 1 : 5 000 000 angelegt.

Schließlich steht der Doppelpunkt als Gliederungszeichen zwischen Stunden, Minuten und Sekunden bei genauen Zeitangaben (Sekunden und Zehntelsekunden trennt man durch ein Komma):

Die Zeit des Siegers im Marathonlauf beträgt 2 : 35 : 30,2 Stunden (= 2 Stunden, 35 Minuten, 30,2 Sekunden).
Mit 8 : 41,7 Minuten (= 8 Minuten, 41,7 Sekunden) stellte sie einen neuen Rekord auf.
(Anstelle des Doppelpunktes steht hier gelegentlich auch nur ein Punkt: 13.58 Minuten; 4.25.30,9 Stunden; aber nicht: *4 : 25.30,9 Stunden.)*

D

drei viertel

1. Rechtschreibung: Nach den neuen amtlichen Rechtschreibregeln schreibt man *drei viertel* immer getrennt: *eine drei viertel Stunde* (oder: *eine Dreiviertelstunde*), *ein drei viertel Liter* (oder: *ein Dreiviertelliter*), *in drei Viertel der Länge.* Getrennt schreibt man schon immer, wenn eindeutig *viertel* (oder: *Viertel*) gezählt wird: *in drei viertel Stunden* (oder: *in drei Viertelstunden* = dreimal einer Viertelstunde), *ein Viertel des Kuchens und drei Viertel des Kuchens.* Auch bei Uhrzeitangaben wird getrennt geschrieben: *Es ist drei viertel zwölf.*

2. Groß-/Kleinschreibung: Klein schreibt man *drei viertel* immer, wenn Maßangaben folgen: *ein drei viertel Kilo, in einer drei viertel Stunde.* Außerdem schreibt man es in Uhrzeitangaben vor einer Zahl klein: *um drei viertel fünf.* Groß schreibt man *drei Viertel* in allen anderen Fällen: *um drei Viertel größer, ein drei Viertel des Umsatzes, um drei Viertel vor fünf.*

3. drei Viertel der Einwohner sind katholisch: Folgt auf die Bruchzahl ein Hauptwort im Wesfall (*der Einwohner, der Bevölkerung, des Weges* usw.), steht das Zeitwort gewöhnlich in der Mehrzahl: *Abgestimmt haben drei Viertel der Bevölkerung. Drei Viertel der Bauern sind unzufrieden. In diesem Monat werden drei Viertel der Autobahn fertig. Drei Viertel aller Mitglieder erschienen.* Steht das Hauptwort nach *drei Viertel* in der Einzahl, ist manchmal auch das Zeitwort in der Einzahl: *Drei Viertel des Weges ist zurückgelegt.*

Drittel

1. Beugung: Steht *Drittel* im Wemfall der Mehrzahl, dann verwendet man heute meist die gebeugte Form *Dritteln,* wenn das Gemessene nicht folgt oder ein Artikel vor der Maßzahl steht: *zu zwei Dritteln fertig sein; mit den zwei Dritteln musst du auskommen.* Folgt das Gemessene, ist die ungebeugte Form üblicher: *mit zwei Drittel der Summe.*

2. Ein Drittel der Schüler ist/sind krank: Folgt der Angabe *ein Drittel* ein Hauptwort in der Einzahl, dann steht auch

D

	das Zeitwort in der Einzahl: *Ein Drittel der Klasse ist krank.* Folgt auf *ein Drittel* ein Hauptwort in der Mehrzahl, dann steht das Zeitwort üblicherweise in der Einzahl, es kann jedoch auch in der Mehrzahl stehen: *Ein Drittel der Schüler ist krank,* seltener: *Ein Drittel der Schüler sind krank.* Wenn die Bruchzahl in der Mehrzahl steht *(zwei Drittel),* verwendet man beim Zeitwort meistens die Mehrzahl, und zwar unabhängig davon, ob das Hauptwort, das der Bruchzahl folgt, in der Mehrzahl oder in der Einzahl steht: *Zwei Drittel der Klasse/der Schüler sind krank.* Steht das Hauptwort nach der Bruchzahl in der Einzahl, steht manchmal auch das Zeitwort in der Einzahl: *Zwei Drittel der Klasse ist krank.*
drohen	Die Kommasetzung bei dem Zeitwort *drohen* ist nach den neuen amtlichen Rechtschreibregeln grundsätzlich unabhängig von der Bedeutung des Zeitwortes geregelt. Wenn *drohen* mit einer Wortgruppe, die die Grundform eines anderen Zeitwortes enthält, verbunden ist (Infinitivgruppe), kann man ein Komma setzen oder es weglassen: *Der Kranke drohte[,] sich ein Leid anzutun.* Da das Komma gesetzt werden kann, um Missverständnisse auszuschließen, ist im folgenden Beispiel das Komma z. B. weniger sinnvoll: *Der Kranke drohte zu ersticken.*
drücken	**1. etwas drückt jemandem/jemanden auf die Schulter:** Nennt man im Zusammenhang mit dem Zeitwort *drücken* sowohl eine Person als auch ein Körperteil, auf die sich *drücken* bezieht, dann kann die Person im Wemfall oder auch im Wenfall stehen. Der Wemfall ist jedoch üblicher: *Die Kiste drückte ihm auf die Schulter.* Seltener: *Die Kiste drückte ihn auf der Schulter.* **2. vor oder von:** Im Sinne von »etwas nicht mitmachen, nicht tun wollen« wird *sich drücken* in der Regel mit *vor* verwendet: *Er drückt sich vor der Arbeit.*

D

du	Das persönliche Fürwort *du* (und auch *deiner, dir, dich*) wird nach den neuen amtlichen Rechtschreibregeln immer kleingeschrieben, auch wenn es in der Anrede gebraucht wird. Dies ist der Fall in Briefen, Wahlaufrufen, Erlassen, Grabinschriften, Widmungen, Mitteilungen eines Lehrers unter Klassenarbeiten, auf Fragebögen, in schriftlichen Prüfungsaufgaben usw. Brief: *Wie geht es dir? Ich harre deiner.* Bemerkungen des Lehrers unter einem Aufsatz: *Mir scheint, du hast dir wirklich Mühe gegeben.* Fragebogen: *Womit beschäftigst du dich am liebsten?*
du oder **dich**	In dem Satz *Wenn ich du wäre, ...* ist nur *du* (nicht: *dich*) richtig.
du oder wir	*Du oder wir haben* (nicht: *hast*) *das getan.*
du und er	*Du und er* (= ihr) *habt euch gefreut.* Nicht: *Du und er haben sich gefreut.*
du und ich	*Du und ich* (= wir) *haben uns* (nicht: *sich*) *sehr gefreut.*
du und sie	*Du und sie* (= ihr) *habt euch gefreut.* Nicht: *Du und sie haben sich gefreut.*
du und wir	*Du und wir* (= wir) haben uns (nicht: *sich*) *sehr gefreut.*
dunkel	Wird *dunkel* als Hauptwort gebraucht, so schreibt man es groß: *Sie tappten im Dunkeln* (= in der Finsternis, ohne Licht) *bis zum Ausgang.* Dies gilt nach den neuen amtlichen Rechtschreibregeln auch in den folgenden festen Verbindungen: *im Dunkeln tappen* (= ungewiss sein, keinen Anhaltspunkt haben), *sich im Dunkeln* (= im Ungewissen) *verlieren, im Dunkeln* (= anonym) *bleiben wollen, jemanden im Dunkeln lassen* (= nicht aufklären).

durch was oder **wodurch**	Vor allem in der gesprochenen Sprache ersetzen viele Sprecher heute *wodurch* durch *durch was: Durch was ist sie berühmt geworden? Weißt du, durch was sie berühmt geworden ist?* Die Verbindung *durch was* ist jedoch umgangssprachlich. Stilistisch besser ist *wodurch: Wodurch ist sie berühmt geworden? Weißt du, wodurch sie berühmt geworden ist?*
dürfen	**1. dürfen oder gedurft:** Das Mittelwort der Vergangenheit (2. Partizip) von *dürfen* heißt *gedurft: Er hat es nicht gedurft.* Steht aber vor dem Zeitwort *dürfen* noch ein zweites Zeitwort, und zwar in der Grundform (im Infinitiv), dann steht nicht *gedurft,* sondern *dürfen: Sie hat mitkommen dürfen.* **2. doppelte Ausdrucksweise:** Man sollte vermeiden, *dürfen* zusammen mit anderen Wörtern, die eine Erlaubnis ausdrücken, zu gebrauchen. Also nicht: *Ich bitte um die Erlaubnis, das tun zu dürfen.* Sondern: *... die Erlaubnis, das zu tun.*
Dutzend	**1. Groß- oder Kleinschreibung:** Das Wort *Dutzend* kann nach den neuen amtlichen Rechtschreibregeln bei Angaben unbestimmter Mengen groß- oder kleingeschrieben werden: *Es gab Dutzende* oder *dutzende von Reklamationen.* **2. Getrennt- oder Zusammenschreibung in Verbindung mit *Mal/-mal:*** *Dutzend* ist vom folgenden Wort *Mal* getrennt zu schreiben, wenn *Mal* auf irgendeine Weise (besonders durch die Beugung seiner Beiwörter) als Hauptwort erkennbar ist: *zwei Dutzend Mal; viele Dutzend/dutzend Male.* Wird *dutzendmal* als Adverb verwendet, muss dagegen zusammengeschrieben werden: *Das habe ich dir doch schon dutzendmal* (= sehr oft) *gesagt.* **3. Beugung von *Dutzend:*** Hat *Dutzend* die Bedeutung »12 Stück«, bleibt es in der Mehrzahl ungebeugt, d. h., es verändert sich nicht: *mit zwei Dutzend frischen Eiern.* Bezeichnet es dagegen eine unbestimmte Menge, wird es

D

gebeugt, d. h. verändert: *Dutzende* (oder: *dutzende*) *von Fehlern; zu Dutzenden* (oder: *dutzenden*). Eine Ausnahme ist, wenn ein beigefügtes Wort durch seine gebeugte Form bereits die Mehrzahl und den entsprechenden Fall anzeigt; dann bleibt *Dutzend* wiederum ungebeugt: *einige Dutzend* (oder: *dutzend*) *Fehler.*

4. Beugung nach *Dutzend:* Nach *Dutzend* steht das Gezählte im gleichen Fall wie *Dutzend: ein/zwei Dutzend frische Eier, der Preis eines Dutzends/zweier Dutzend frischer Eier, mit einem/zwei Dutzend frischen Eiern, für ein/zwei Dutzend frische Eier.* Steht *Dutzend* im Wemfall *(mit einem Dutzend ...),* wird das Gezählte häufig auch in den Wesfall oder auch in den Werfall gesetzt: *mit zwei Dutzend frischer Eier* oder: *mit zwei Dutzend frische Eier.* Bei der Bedeutung »unbestimmte Menge« wird das Gezählte heute meist mit *von* angeschlossen: *Dutzende* (oder: *dutzende*) *von kleinen Fahnen.* Ohne das Verhältniswort *von* setzt man das Gezählte meist ebenfalls in den gleichen Fall wie *Dutzende: mit Dutzenden* (oder: *dutzenden*) *kleinen Fahnen.* Richtig, wenn auch seltener ist der Wesfall: *mit Dutzenden* (oder: *dutzenden*) *kleiner Fahnen.*

5. Ein Dutzend Eier kostet/kosten: Im Allgemeinen bezieht man das Zeitwort auf *Dutzend* und setzt es in die Einzahl. *Ein Dutzend Eier kostet 1,99 €, war zerbrochen, wird verschenkt, ist abzuholen.* Gelegentlich wird das Zeitwort aber nicht auf *Dutzend,* sondern auf das Gezählte bezogen und in die Mehrzahl gesetzt (d. h., man konstruiert nach dem Sinn): *Ein Dutzend Eier kosten 1,99 €, waren zerbrochen, werden verschenkt, sind abzuholen.* Beide Möglichkeiten sind richtig. Steht *Dutzend* aber in der Mehrzahl (*zwei Dutzend, drei Dutzend* usw.), muss auch das Zeitwort in der Mehrzahl stehen: *5 Dutzend Eier kosten 9,95 €.*

E *e*

ebenso	Es heißt richtig: *Das Buch ist ebenso spannend wie lehrreich.* Nicht richtig ist: *... als lehrreich.*
ebensolcher, ebensolche, ebensolches	Ein Eigenschaftswort oder Mittelwort (Partizip), das auf *ebensolcher* usw. folgt, beugt man (auch wenn es als Hauptwort gebraucht wird) im Allgemeinen in gleicher Weise wie *ebensolcher* usw. selbst, d. h., es erhält die gleichen Endungen: *mit ebensolchem verbogenem Fahrrad, nach ebensolcher exakter Zeitnahme, zu ebensolchem Schönem; ebensolche Beamte; ebensolche schöne Dinge.*
ehe	**1. Verneinung:** Das Bindewort (die Konjunktion) *ehe* leitet einen Nebensatz ein. Dieser Nebensatz kann dem Hauptsatz vorangehen, er kann ihm aber auch folgen. Ist ein vorangehender Hauptsatz verneint, darf in dem *ehe*-Nebensatz keine Verneinung stehen. Verneinungen drückt man durch Wörter wie *nicht, kein, nie* usw aus. Also heißt es richtig: *Man darf die Wagentür nie öffnen, ehe man sich umgesehen hat.* Nicht: *... ehe man sich nicht umgesehen hat.* Steht jedoch der Nebensatz vor dem Hauptsatz (und bringt er außer der zeitlichen Aussage auch eine Bedingung zum Ausdruck), setzt man die Verneinung: *Ehe ihr nicht still seid, kann ich euch das Märchen nicht vorlesen.* **2. Komma:** Einen *ehe*-Nebensatz trennt man immer durch Komma vom Hauptsatz. Schwierigkeiten können jedoch auftreten, wenn zu *ehe* eine weitere Bestimmung hinzutritt. Diese bildet mit *ehe* im Allgemeinen eine Einheit, die nicht durch Komma getrennt wird: *Er überschaute alle Möglichkeiten des Spiels, noch ehe der Gegner einen Zug tat. Mein Zug fuhr ab, eine halbe Stunde ehe der ihre kam.* Die Zeitangabe *eine halbe Stunde* gehört hier nicht zum

Hauptsatz, sondern zum Nebensatz, sie bildet mit *ehe* eine Einheit.

Eigenschaft In der Fügung *in seiner Eigenschaft als* steht nach *als* immer der Werfall: *Ich sprach mit ihm in seiner Eigenschaft als Vorsitzender* (nicht: *als Vorsitzendem*).

Eigenschaftswort **Beugung (Deklination) des Eigenschaftswortes:** Man unterscheidet die starke, schwache und gemischte Beugung des Eigenschaftswortes. Die drei Beugungsarten sind gekennzeichnet durch unterschiedliche Endungen, die in den einzelnen Fällen an das Eigenschaftswort treten. Dabei unterscheiden sich zusätzlich die Endungen in der Einzahl je nachdem, ob es sich um eine männliche, weibliche oder sächliche Form handelt.

Die starke Beugung:

		männlich	weiblich	sächlich
Singular	Werfall	weich-er Stoff	warm-e Speise	hart-es Metall
	Wesfall	(statt) weich-en Stoff[e]s	(statt) warm-er Speise	(statt) hart-en Metalls
	Wemfall	(aus) weich-em Stoff	(mit) warm-er Speise	(aus) hart-em Metall
	Wenfall	(für) weich-en Stoff	(für) warm-e Speise	(für) hart-es Metall
Plural	Werfall	weich-e Stoffe	warm-e Speisen	hart-e Metalle
	Wesfall	(statt) weich-er Stoffe	(statt) warm-er Speisen	(statt) hart-er Metalle
	Wemfall	(aus) weich-en Stoffen	(mit) warm-en Speisen	(aus) hart-en Metallen
	Wenfall	(für) weich-e Stoffe	(für) warm-e Speisen	(für) hart-e Metalle

Die schwache Beugung:

		männlich	weiblich	sächlich
Singular	Werfall	der schnell-e Wagen	die schnell-e Läuferin	das schnell-e Auto
	Wesfall	des schnell-en Wagens	der schnell-en Läuferin	des schnell-en Autos
	Wemfall	dem schnell-en Wagen	der schnell-en Läuferin	dem schnell-en Auto
	Wenfall	den schnell-en Wagen	die schnell-e Läuferin	das schnell-e Auto
Plural	Werfall Wesfall Wemfall Wenfall	die der den die schnell-en Wagen	schnell-en Läuferinnen	schnell-en Autos

Die gemischte Beugung:

		männlich	**weiblich**	**sächlich**
Singular	Werfall	kein schnell-er Wagen	keine schnell-e Läuferin	kein schnell-es Auto
	Wesfall	keines schnell-en Wagens	keiner schnell-en Läuferin	keines schnell-en Autos
	Wemfall	keinem schnell-en Wagen	keiner schnell-en Läuferin	keinem schnell-en Auto
	Wenfall	keinen schnell-en Wagen	keine schnell-e Läuferin	kein schnell-es Auto
Plural	Werfall	keine	schnell-en Läuferinnen	schnell-en Autos
	Wesfall	keiner schnell-en		
	Wemfall	keinen Wagen		
	Wenfall	keine		

Im Unterschied zum Hauptwort ist jedes beigefügte Eigenschaftswort nach Bedarf stark oder schwach oder gemischt beugbar. Wenn ein Geschlechtswort (Artikel) oder ein stark gebeugtes Fürwort (Pronomen) deutlich macht, in welchem Fall das Hauptwort steht, dann wird das Eigenschaftswort schwach gebeugt: *der junge Mann, des jungen Mannes; mit diesem kleinen Kind.* Steht aber das Eigenschaftswort allein oder hat das vorangehende Begleitwort keine starke Endung, so wird das Eigenschaftswort stark gebeugt: *lieber Freund; ein junger Mann; unser kleines Kätzchen.* Steht vor dem Eigenschaftswort *ein, kein* oder ein besitzanzeigendes Fürwort *(mein, dein, sein),* dann wird es gemischt gebeugt: *ein schnelles Auto, kein guter Schüler, seine neue Freundin.* Stehen bei einem Hauptwort zwei oder mehrere Eigenschaftswörter, dann beugt man sie im Allgemeinen in gleicher Weise: *ein breiter, tiefer Graben; mit dunklem bayrischem Bier; nach langem, schwerem Leiden.* Die frühere Regel, nach der das zweite Eigenschaftswort im Wemfall der Einzahl schwach gebeugt werden müsse *(mit dunklem bayrischen Bier),* gilt nicht mehr, wird aber aus lautlichen Gründen häufig doch noch befolgt *(mit tief angesetztem, weiten Rock).*

einander oder **gegenseitig**	Es kann entweder heißen *Sie schaden einander* oder *Sie schaden sich gegenseitig* (aber nicht: *Sie schaden einander gegenseitig*).
einbauen	Nach *einbauen in* steht überwiegend der Wenfall (Frage: wohin?): *Er baute einen Schrank in die Wand ein.* Die Verbindung mit dem Wemfall (Frage: wo?) ist auch möglich, sie kommt aber seltener vor: *Ein Schrank ist in der Wand eingebaut.*
einbegriffen	**1. der/den Attentäter einbegriffen:** Das Wort *einbegriffen* (auch *inbegriffen*) steht nach dem Wort, das die Person oder Sache, die eingeschlossen werden soll, bezeichnet. Dieses Wort steht im Werfall (z. B. *der Attentäter*), wenn es an ein Wort anschließt, das ebenfalls im Werfall steht: *Alle Menschen, der Attentäter einbegriffen, kamen ums Leben.* In allen übrigen Fällen steht *einbegriffen* mit dem Wenfall: *Er nahm sich der Verletzten an, den Attentäter einbegriffen. Er misstraute der Mannschaft, den späteren Attentäter einbegriffen. Er kannte alle, den Attentäter einbegriffen.* **2. einbegriffen in:** Nach *einbegriffen in* ist sowohl der Wemfall als auch der Wenfall richtig: *Alle Extras sind in diesem Preis* oder *in diesen Preis einbegriffen.* Häufiger ist allerdings der Wemfall: *Bedienung ist im Preis einbegriffen.*
einbrechen	Nach *einbrechen in* kann sowohl der Wenfall (Frage: wohin?) als auch der Wemfall (Frage: wo?) stehen: *Sie wollen in die Bank* oder *in der Bank einbrechen.* Zu beachten ist, dass beim Wenfall die Vergangenheitsformen mit *sein (Er ist in die Fabrik eingebrochen. Sie waren in das Zimmer eingebrochen)* zu bilden sind. Beim Wemfall jedoch kann man nur *haben* verwenden: *Diebe haben in dem Appartement eingebrochen. Ein paar Jugendliche hatten in der Firma eingebrochen.*

eindeutig oder **unzweideutig**	Bei der Verwendung der beiden Eigenschaftswörter ist folgender Bedeutungsunterschied zu beachten: Das Wort *eindeutig* bedeutet »völlig klar, unmissverständlich«. Es drückt aus, dass keine andere Deutung möglich ist: *Die Sachlage war eindeutig. Wir erhielten eine eindeutige Anordnung.* Hier steht *eindeutig* im Gegensatz zu »unklar, missverständlich«. Dagegen steht *unzweideutig* im Gegensatz zu »zweideutig«; es setzt die Möglichkeit einer anderen Deutung voraus, verneint sie aber ausdrücklich: *Gib mir bitte eine unzweideutige Antwort. Das war endlich eine unzweideutige Stellungnahme.*
einem oder **einen**	Da man das unbestimmte Fürwort (Indefinitpronomen) *man* nicht beugen kann, wird es im Wemfall durch *einem,* im Wenfall durch *einen* ersetzt: *Je älter man ist, umso rätselhafter ist einem das Leben. Das kann einen doch ärgern!* Nicht richtig ist, im Wenfall statt *einen* die Form *einem* zu verwenden. Es heißt also: *Das kann einen* (nicht: *einem*) *doch ärgern!*
einer oder **man**	Bitte lesen Sie unter »man« nach.
einer, eine, eines	**1. der Besuch eines unserer Vertreter:** Der Wesfall heißt *eines,* wenn es sich auf ein männliches (oder sächliches) Hauptwort bezieht: *der Besuch eines unserer Vertreter* (nicht: *einer unserer Vertreter*); *die Rückkehr eines meiner Mitarbeiter* (nicht: *einer meiner Mitarbeiter*); *durch den Ausfall des Abteilungsleiters sowie eines von drei Sachbearbeitern. Ein neuer Bestseller steht auf dem Programm eines der erfolgreichsten Verleger der Welt.* Es heißt aber *einer,* wenn es sich auf ein weibliches Hauptwort bezieht: *der Besuch einer unserer Vertreterinnen; die Rückkehr einer meiner Mitarbeiterinnen* usw.

E

E

	2. durch den Ausfall des Abteilungsleiters sowie eines von drei Sachbearbeitern: Fälschlicherweise verwenden einige Sprecher hier statt der Fortführung des Wesfalls (*sowie eines*) den Wemfall *(sowie einem).* Dies ist nicht richtig. **3. einer der schönsten Filme, die ...:** Wird ein Einzelner oder ein Einzelnes in dieser Weise aus einer Gesamtheit herausgehoben, dann steht im nachfolgenden Nebensatz das Fürwort (Pronomen) in der Mehrzahl, nicht in der Einzahl: *Es ist einer der schönsten Filme, die ich gesehen habe* (nicht: *..., den ich gesehen habe*). *Er ist einer der ersten Menschen, die im Weltraum waren* (nicht: *..., der im Weltraum war*). *Frankfurt ist eine der wenigen Großstädte, in denen es eine solche Einrichtung gibt* (nicht: *..., in der es eine solche Einrichtung gibt*).
einerseits – andererseits	Die Entsprechung von *einerseits* ist *andererseits* (auch richtig: *andrerseits, anderseits*), aber nicht: *im anderen Fall.* Das Wort *einerseits* kann allerdings auch fehlen. Zwischen *einerseits – andererseits* steht immer ein Komma, gleichgültig ob nur Satzglieder oder ob vollständige Sätze miteinander verbunden werden: *Er war [einerseits] sehr fleißig, andererseits auch verspielt. Sie wollte sich einerseits nicht binden, hatte aber andererseits großes Interesse an einem schnellen Abschluss der Verhandlungen.* Vollständige Sätze kann man auch durch einen Punkt trennen: *Einerseits wollte sie sich nicht binden. Andererseits aber hatte sie großes Interesse an ...*
einesteils – andernteils	Bitte lesen Sie zur Zeichensetzung unter »einerseits – andererseits« nach.
einführen	Nach *einführen in* kann sowohl der Wenfall (Frage: wohin?) als auch der Wemfall (Frage: wo?) stehen. Hat man die Vorstellung, dass etwas oder jemand irgendwohin gebracht oder mitgebracht wird, dann gebraucht man den Wenfall: *Waren, Rohstoffe in ein Land einführen; jemanden in eine*

	Gesellschaft einführen, in ein neues Amt einführen. Der Arzt führt eine Sonde in den Magen ein. Will man aber den Ort nennen, wo etwas oder jemand eingeführt wird, wo etwas Neues üblich wird, so steht nach *einführen in* der Wemfall: *In diesem Land wurde eine neue Währung eingeführt. Du hast dich im Klub sehr geschickt eingeführt.*
eingeschlossen	Nach *eingeschlossen in* ist sowohl der Wemfall als auch der Wenfall richtig: *Alle Extras sind in diesem Preis* oder *in diesen Preis eingeschlossen.* Häufiger ist der Wemfall.
einheften	Nach *einheften in* oder *zwischen* kann sowohl der Wenfall (Frage: wohin?) als auch der Wemfall (Frage: wo?) stehen: *Sie heftete die Akte in den Ordner* oder *in dem Ordner ein. Sie heftete die Unterlagen zwischen andere* oder *zwischen anderen ab.*
Einheimische, der und die	Man beugt das Wort in folgender Weise: *der Einheimische, ein Einheimischer, zwei Einheimische, die Einheimischen, einige Einheimische, alle Einheimischen, solche Einheimische* und *solche Einheimischen, beide Einheimischen* und seltener auch *beide Einheimische; genanntem Einheimischen, eine Versammlung alter Einheimischer.* Als Beisatz (Apposition): *mir (dir, ihm) als Einheimischen* und *mir (dir, ihm) als Einheimischem; ihr als Einheimischen* und *ihr als Einheimischer.*
einhundert oder **hundert**	Soweit es nicht auf besondere Genauigkeit ankommt, lässt man bei der Wiedergabe der Zahlen von 100 bis 199 das *ein-* gewöhnlich weg: *183 = hundertdreiundachtzig.* Steht aber eine größere Einheit davor, muss *ein-* mitgesprochen und mitgeschrieben werden: *3 183 = dreitausendeinhundertdreiundachtzig.* Entsprechendes gilt für *eintausend* und *tausend.*

einiger, einige, einiges	Das Eigenschaftswort, das auf *einiger* usw. folgt, erhält in der Mehrzahl gewöhnlich die gleichen Endungen wie das Wort *einiger* usw. selbst: *einige gute Menschen, einiger guter Menschen* (gelegentlich auch: *einiger guten Menschen*), *einigen guten Menschen.* Die Beugung in der Einzahl dagegen schwankt: Werfall: *einiger poetischer Geist, einiges poetische Verständnis* und seltener: *einiges poetisches Verständnis; einige poetische Begabung.* Wesfall: *einigen poetischen Geistes/Verständnisses; das Vorhandensein einiger poetischer Begabung.* Wemfall: *bei einigem poetischen Geist/Verständnis; bei einiger poetischer Begabung.* Wenfall: *für einigen poetischen Geist; für einiges poetische Verständnis* und seltener: *für einiges poetisches Verständnis; für einige poetische Begabung.* Folgt auf *einiger* usw. ein Hauptwort, das auf ein Eigenschaftswort oder Mittelwort (Partizip) zurückgeht, beugt man es wie ein beigefügtes Eigenschaftswort: *einiges Neue* (gelegentlich: *einiges Neues*), *mit einigem Neuen, einige Angestellte, die Entlassung einiger Angestellter* (gelegentlich auch: *einiger Angestellten*).
einiges, was	Einen Nebensatz, der mit dem Wort *einiges* angekündigt wird, leitet man mit *was* ein (nicht mit *das*): *Sie hat einiges, was ich unbedingt kaufen möchte.*
einkehren	Nach *einkehren in* steht überwiegend der Wemfall (Frage: wo?): *Wir kehrten im »Roten Ochsen« ein.* Die Verbindung mit dem Wenfall (Frage: wohin?) ist auch möglich: *Wir kehrten in den »Roten Ochsen« ein.*
einladen	Richtig sind die Formen *du lädst ein, er lädt ein* (nicht: *du ladest ein, er ladet ein*).
einliefern	Nach *einliefern in* steht immer der Wenfall (Frage: wohin?): *Der Verletzte wurde ins Krankenhaus eingeliefert. Man lieferte ihn ins Gefängnis ein.*

einordnen	Nach *einordnen in* oder *hinter* u. Ä. kann sowohl der Wenfall (Frage: wohin?) als auch der Wemfall (Frage: wo?) stehen: *Sie hat die Bücher in einen Schrank* oder *in einem Schrank eingeordnet. Die Kopie bitte hinter die Seite 10* oder *hinter der Seite 10 einordnen.*
einreisen	Steht *einreisen in* vor einem Ländernamen ohne Geschlechtswort (Artikel) und ohne Beifügung (Attribut), so wird dies im Allgemeinen als Angabe im Wemfall (Frage: wo?) empfunden: *Sie reisten in Frankreich ein.* Will man mehr die Richtung hervorheben (Frage: wohin?), dann muss man den Namen mit dem Geschlechtswort (und einer Beifügung) versehen *(Sie reisten in das östliche Frankreich ein)* oder den Anschluss mit *nach* wählen: *Sie reisten nach Frankreich ein.*
einschließen	Nach *einschließen in* kann sowohl der Wenfall (Frage: wohin?) als auch der Wemfall (Frage: wo?) stehen. Soll ausgedrückt werden, dass jemand oder etwas in einen Raum gebracht wird, der dann geschlossen wird, dann gebraucht man den Wenfall: *sie schlossen die Kinder in das Zimmer ein.* Wird aber der Ort hervorgehoben, wo sich die eingeschlossene Person oder Sache befindet, so steht nach *einschließen in* der Wemfall: *sie schlossen die Kinder in dem Zimmer ein.* Auch bei *sich einschließen in* sind beide Fälle möglich und richtig: *die Kinder haben sich in das Zimmer/in dem Zimmer eingeschlossen.*
einschließlich	**1. Beugung nach *einschließlich:*** Nach *einschließlich* steht der Wesfall, wenn das Hauptwort, das von *einschließlich* abhängt, ein Begleitwort aufweist: *die Aufwendungen einschließlich aller Reparaturen; einschließlich des Portos; einschließlich täglicher Spesen.* Das gilt auch, wenn Orts- oder Ländernamen folgen: *Europa einschließlich Englands.* Steht das abhängige Hauptwort jedoch ohne Begleitwort, bleibt es in der Einzahl im Allgemeinen ungebeugt,

d. h. unverändert: *einschließlich Porto; einschließlich Helga; einschließlich Auf- und Abladen. Das Buch hat 700 Seiten, einschließlich Vorwort.* In der Mehrzahl weicht man dagegen auf den Wemfall aus: *einschließlich Tischen und Stühlen; einschließlich Gläsern.* Die Verbindung von *einschließlich* mit einem persönlichen Fürwort (z. B. *einschließlich deiner*) kann man vermeiden; z. B.: *Alle meine Freunde, du eingeschlossen, waren verreist.* Oder: *Alle meine Freunde, auch du, waren verreist.*

2. einschließlich oder zuzüglich: Die zwei Wörter stehen sich insofern nahe, als beide etwas anschließen, was nicht als selbstverständliches Zubehör empfunden wird. Deshalb sind Sätze denkbar, in denen beide Wörter gegeneinander austauschbar sind, ohne dass sich der Sinn des Satzes ändert: *Er beansprucht den Ersatz seiner Aufwendungen, einschließlich* oder *zuzüglich der Fahrtkosten.* Ein Beispiel wie *eine Summe von 10 Euro zuzüglich Portokosten* zeigt aber, dass bei bestimmten, festgelegten Beträgen und Leistungen die beiden Wörter nicht austauschbar sind. Denn bei *zuzüglich* muss man noch einen Betrag hinzurechnen, während er bei *einschließlich* bereits enthalten ist.

einstecken

Richtig ist: *Ich habe kein Geld eingesteckt.* Die Form *Ich habe kein Geld einstecken* kommt gelegentlich in der gesprochenen Umgangssprache vor.

einstellen

Nach *einstellen in* kann sowohl der Wenfall (Frage: wohin?) als auch der Wemfall (Frage: wo?) stehen: *Wir müssen die Bücher in dieses* oder *in diesem Regal einstellen. Wir stellen Sie ab 1. September 2002 in unserem* (seltener: *in unseren*) *Betrieb ein.*

einstufen

Nach *einstufen in* kann sowohl der Wenfall (Frage: wohin?) als auch der Wemfall (Frage: wo?) stehen. Der Wenfall ist häufiger: *Er wurde in eine,* seltener auch: *in einer anderen Gehaltsklasse eingestuft.*

eintragen	Nach *eintragen in* steht überwiegend der Wenfall (Frage: wohin?): *Die Hypothek wurde in das Grundbuch eingetragen.* Die Verbindung mit dem Wemfall (Frage: wo?) ist seltener: *Die Hypothek wurde in dem Grundbuch eingetragen.*
einverleiben	Die Formen von Gegenwart und Vergangenheit dieses Zeitworts sind: *verleibt ein, verleibte ein.* Seltener, aber auch richtig sind die nicht getrennten Formen: *einverleibt, einverleibte: Ich verleibte mir den restlichen Kuchen ein/einverleibte mir den restlichen Kuchen.*
einwandern	Nach *einwandern in* vor einem Ländernamen mit Geschlechtswort (Artikel) steht im Allgemeinen der Wenfall (Frage: wohin?): *Sie sind in die Schweiz, in den Sudan eingewandert.* Die Verbindung mit dem Wemfall (Frage: wo?) ist selten: *Sie sind in der Schweiz, im Sudan eingewandert.* Steht ein Ländername mit Geschlechtswort und einer Beifügung, so kann man zwischen beiden Möglichkeiten wählen, je nachdem, ob man mehr den Ort (Frage: wo?) oder mehr die Richtung (Frage: wohin?) hervorheben will: *Sie sind im südlichen Kanada* oder *in das südliche Kanada eingewandert.*
einzeln	Ein Eigenschaftswort oder Mittelwort (Partizip), das auf *einzeln* folgt, erhält (auch wenn es als Hauptwort gebraucht wird) die gleichen Endungen wie *einzeln* selbst: *einzelnes gedrucktes Material, bei einzelnem geglücktem Versuch, einzelne mittlere Betriebe; die Anstrengungen einzelner mittlerer Betriebe; einzelnes Gutes, die einzelnen Abgeordneten, die Forderungen einzelner Abgeordneter.*
Einzelteil	Es heißt im Allgemeinen *das Einzelteil.* Die männliche Form *der Einzelteil* ist nicht gebräuchlich.
einziehen	Nach *einziehen in* steht gewöhnlich der Wenfall (Frage: wohin?): *Die Mannschaften zogen in das Stadion ein.* Steht *einziehen in* vor einem Orts- oder Ländernamen ohne

E

E

	Geschlechtswort (Artikel) und ohne Beifügung (Attribut), so wird dies im Allgemeinen als Angabe im Wemfall (Frage: wo?) empfunden: *Das Heer zog in Norddeutschland ein.* Will man stärker die Richtung hervorheben (Frage: wohin?), dann muss man den Namen mit dem Geschlechtswort (und einer Beifügung) versehen: *Das Heer zog in das protestantische Norddeutschland ein.* Der Anschluss mit *nach* ist bei *einziehen* nicht richtig.
einzig	Um besonders zu betonen, dass etwas wirklich nur einmal und nicht mehrfach vorhanden ist, wird häufig fälschlicherweise die Form *einzigste* (als Steigerung von *einzig*) gebraucht. Das Wort *einzig* ist aber nicht steigerbar. Falsch also: *die einzigste Möglichkeit;* oder: *das Einzigste, was du tun kannst ...* Richtig nur: *die einzige Möglichkeit;* oder: *das Einzige, was du tun kannst ...*
Elefant	Das Hauptwort *Elefant* erhält – außer im Werfall – die Endung *-en: der Elefant, des Elefanten* (nicht: *des Elefants*), *dem Elefanten* (nicht: *dem Elefant*), *den Elefanten* (nicht: *den Elefant*), Mehrzahl: *die Elefanten.*
empfähle oder **empfehle**	Beide Formen sind Möglichkeitsformen (Konjunktive). Die Form *empfehle* steht vor allem in der indirekten Rede: *Sie fragte ihn, welchen Wein er ihr empfehle.* Auch *empfähle* kann in der indirekten Rede auftreten, z. B. wenn die Form *empfehle* nicht eindeutig als Möglichkeitsform erkennbar ist: *Sie sagten, sie empfählen* (für nicht eindeutiges *empfehlen*) *mir diesen Wein nicht.* Oder auch, wenn der Sprecher das, was er berichtet, für zweifelhaft hält: *Sie sagte zwar, sie empfähle es ihm [, aber ich glaube es nicht].* Sonst steht *empfähle* vor allem in Bedingungssätzen: *Ich würde sofort fahren, wenn er mir das Klima empfähle.*
empfehlen	Bei *sich empfehlen als* steht das Hauptwort, das dem *als* folgt, gewöhnlich im Werfall: *Er empfahl sich als geeig-*

	neter Mann, ... als der geeignete Mann. Der Wenfall *(Er empfahl sich als geeigneten Mann, ... als den geeigneten Mann)* kommt seltener vor, ist aber auch richtig.
englisch/ Englisch	Bitte lesen Sie für die Groß- oder Kleinschreibung unter »deutsch/Deutsch« nach.
enteisen oder **enteisenen**	Die beiden Wörter sollte man nicht miteinander verwechseln. Das Zeitwort *enteisen* bedeutet »von Eis befreien«: *eine enteiste Windschutzscheibe.* Dagegen bedeutet *enteisenen* »vom Eisengehalt befreien«: *enteisentes Mineralwasser.*
Entgelt	Das Hauptwort *Entgelt* hat weder etwas mit *Ende* noch mit *Geld* zu tun, es hängt vielmehr mit dem Wort *entgelten* (= vergüten, entschädigen) zusammen und wird daher wie dieses zweimal mit *t* geschrieben.
enthalten, sich	Wenn man *sich enthalten* in der verneinten Verbindung *sich nicht enthalten können* gebraucht, darf man die davon abhängende Aussage nicht auch noch verneinen. Also nicht richtig: *Sie konnte sich nicht enthalten, nicht darüber zu spotten.* Sondern richtig nur: *Sie konnte sich nicht enthalten, darüber zu spotten.*
entladen, sich	**1. sich entladen über:** Nach *sich entladen über* im Sinne von »heftig zum Ausbruch kommen« steht der Wemfall (Frage: wo?): *Das Gewitter entlud sich über dem See. Das Unglück entlud sich über diesen Arglosen.* Wird *sich entladen über* in übertragenem Sinn, z. B. in Bezug auf eine Gemütsbewegung gebraucht, dann steht meist der Wenfall (Frage: wohin?): *Sein Zorn entlud sich über die Kinder.* Die Verbindung mit dem Wemfall ist hier auch möglich, aber seltener: *Sein Zorn entlud sich über den Kindern.* **2. sich entladen auf:** Nach *sich entladen auf* steht immer der Wenfall: *Sein Zorn entlud sich auf die Kinder.*

E

	3. sich entladen in: Nach *sich entladen in* steht immer der Wemfall: *Die Begeisterung der Zuschauer entlud sich in stürmischem Beifall.*
entlang	Das Verhältniswort (die Präposition) *entlang* kann vor oder nach dem abhängigen Hauptwort stehen. Wenn es vor dem Hauptwort steht, so hat es gewöhnlich den Wemfall, nur noch vereinzelt den Wesfall nach sich: *entlang dem Ufer, entlang den Hecken* (selten: *entlang des Ufers, entlang der Hecken*). Wenn *entlang* nach dem Hauptwort steht, so wird es gewöhnlich mit dem Wenfall, nur noch gelegentlich mit dem Wemfall verbunden: *das Ufer entlang, die Hecken entlang* (selten: *dem Ufer entlang, den Hecken entlang*).
entnehmen	Es kann entweder heißen: *einer Sache etwas entnehmen* oder: *aus einer Sache etwas entnehmen.* Beide Formulierungen sind richtig. Also: *Er entnahm ihren Worten, dass ...* oder: *Er entnahm aus ihren Worten, dass ... Ihrem Schreiben entnehmen wir ...* oder: *Aus Ihrem Schreiben entnehmen wir ...*
entscheiden, sich oder **entschließen, sich**	Es heißt zwar richtig: *sich entschließen zu etwas,* aber *sich entscheiden für etwas.* Fälschlicherweise verbinden manche Sprecher *sich entscheiden* bisweilen mit *zu* statt mit *für.* Also richtig nur: *Ich entscheide mich für diese* (nicht: *zu dieser*) *Möglichkeit.* *Sich entscheiden* kann auf Personen, Sachen und Handlungen bezogen werden: *Er entschied sich für diesen Kandidaten, für dieses Buch, für sofortigen Aufbruch.* Dagegen kann man *sich entschließen* nicht auf Personen und Sachen, sondern nur auf Handlungen beziehen. Richtig ist also: *Er entschloss sich zu sofortigem Aufbruch.* Oder auch: *Er entschloss sich zum Studium, zur Scheidung.* Nicht richtig hingegen: *Er entschloss sich zu diesem Kandidaten, zu diesem Buch.*

entschuldigen	Die häufig gebrauchte Entschuldigungsformel *Entschuldigen Sie vielmals* ist im Grunde unsinnig. Man kann zwar jemanden vielmals bitten, etwas zu entschuldigen, aber man kann nicht von ihm verlangen, dass er etwas vielmals (also mehr als nur einmal) entschuldigt. Also richtig: *Ich bitte vielmals um Entschuldigung.*
entsinnen, sich	**1. entsänne oder entsönne:** In der 2. Möglichkeitsform (dem Konjunktiv II) wird heute gewöhnlich *entsänne* gebraucht. Die Form *entsönne* ist veraltet. **2. sich jmds./einer Sache oder an jmdn./an etwas entsinnen:** Beide Formulierungen sind richtig. Also: *Ich kann mich meines Lehrers* oder *an meinen Lehrer, seiner* oder *an ihn, dessen* oder *daran nicht mehr entsinnen.*
entsprechend	Das Verhältniswort (die Präposition) *entsprechend* kann vor oder nach dem abhängigen Hauptwort stehen. Es wird aber immer mit dem Wemfall (nicht mit dem Wesfall) verbunden: *entsprechend unseren* (nicht: *unserer*) *Anordnungen* oder *unseren Anordnungen entsprechend.*
entstehen	In der zweiten Möglichkeitsform (dem Konjunktiv II) kann man *entstünde* oder *entstände* gebrauchen. Die Form *entstände* ist seltener.
entweder – oder	**1. Entweder er oder sie hat Schuld:** In solchen mit *entweder – oder* gebildeten Sätzen steht das Zeitwort in der Einzahl, nicht in der Mehrzahl. (Also nicht richtig: *Entweder er oder sie haben Schuld.*) In der Person richtet sich das Zeitwort dabei nach der Person des Satzgegenstandes, die ihm am nächsten steht. Also: *Entweder er oder ich gebe* (nicht: *gibt*) *klein bei. Entweder gehst du oder wir zuerst* (nicht: *gehen du oder wir zuerst*). **2. Komma:** Wenn *entweder – oder* ganze Sätze verbindet, dann kann nach den neuen amtlichen Rechtschreibregeln vor *oder* ein Komma stehen, muss aber nicht: *Entweder*

	schläft er schon[,] oder er ist ausgegangen. Sie liest entweder ein Buch[,] oder sie hört Musik[,] oder sie träumt. Kein Komma steht dagegen, wenn *entweder – oder* nur Satzteile verbindet: *Er sagt jetzt entweder ja oder nein. Sie liest entweder ein Buch oder eine Zeitschrift.*
er oder ich	*Er oder ich habe* (nicht: *hat* oder *haben*) *das getan.*
er und du	*Er und du* (= ihr) *habt euch* (nicht: *haben sich*) *gefreut.*
er und ich	*Er und ich* (= wir) *haben uns* (nicht: *haben sich*) *gefreut.*
er und ihr	*Er und ihr* (= ihr) *habt euch* (nicht: *haben sich*) *gefreut.*
er und wir	*Er und wir* (= wir) *haben uns* (nicht: *haben sich*) *gefreut.*
erachten	Nach *erachten* kann mit *als* oder mit *für* angeschlossen werden: *Ich erachte dies als,* auch: *für notwendig. Er erachtete es als,* auch: *für seine Pflicht.*
Erachten	Die beiden Fügungen *meines Erachtens* und *meinem Erachten nach* (oder *nach meinem Erachten*) vermischen manche Sprecher fälschlicherweise miteinander zu *meines Erachtens nach.* Richtig also nur: *Meines Erachtens hatte er Angst. Meinem Erachten nach hatte er Angst.* (Oder: *Nach meinem Erachten hatte er Angst.*) Aber nicht richtig: *Meines Erachtens nach hatte er Angst.*
erinnern	In der Hochsprache heißt es: *Ich erinnere mich an diesen Vorfall* (in gehobener Sprache auch: *Ich erinnere mich dieses Vorfalls*). Die Verwendung von *erinnern* mit dem Wenfall *(Ich erinnere diesen Vorfall)* gehört der Umgangssprache an und kommt besonders in Norddeutschland vor. Standardsprachlich also: *Erinnerst du dich daran?* (oder in gehobener Sprache: *Erinnerst du dich dessen?*), aber nicht: *Erinnerst du das?*

erkennen	Bei *sich zu erkennen geben als* steht das Hauptwort, das dem *als* folgt, gewöhnlich im Werfall: *Er gab sich als Deutscher zu erkennen.* Der Wenfall *(Er gab sich als Deutschen zu erkennen)* ist zwar nicht falsch, aber er wird heute kaum noch gebraucht.
erklären, sich	Bei *sich erklären als* steht das Hauptwort, das dem *als* folgt, gewöhnlich im Werfall: *Er erklärte sich als der eigentliche Schuldige.* Der Wenfall *(Er erklärte sich als den eigentlichen Schuldigen)* kommt seltener vor, ist aber auch richtig.
Ermessen	Richtig ist nur die Fügung *nach meinem Ermessen.* Nicht möglich dagegen ist die Formulierung *meines Ermessens* oder gar *meines Ermessens nach.*
ernst oder **Ernst**	Zwischen dem Eigenschaftswort *ernst* und dem Hauptwort *der Ernst* muss man in manchen Fällen genau unterscheiden. Das kleinzuschreibende Eigenschaftswort steht beispielsweise in folgenden Fällen: *Sie nimmt die Sache nicht ernst. Die Lage wird ernst. Das ist das ernsteste ihrer Bücher.* Das Hauptwort *der Ernst* steht in Fällen wie: *Er machte Ernst, nahm Scherz für Ernst. Es ist mir [vollkommener] Ernst damit. Aus dem Spiel wurde Ernst. Er sagte es allen Ernstes, im Ernst.* Groß schreibt man auch das zum Hauptwort gewordene Eigenschaftswort in Fällen wie: *Heiteres und Ernstes; etwas/nichts/viel/wenig Ernstes; alles Ernste; das Ernsteste, was ihm je begegnet ist.*
Ersatzmann	Die Mehrzahl von *Ersatzmann* lautet *die Ersatzmänner* oder *die Ersatzleute.*
Ersatzteil	Es kann *das Ersatzteil* oder *der Ersatzteil* heißen. Beides ist richtig. Die sächliche Form *das Ersatzteil* ist jedoch gebräuchlicher.

E

erscheinen oder **scheinen**	Die beiden Wörter haben unterschiedliche Bedeutung. Nur in einem ganz bestimmten Anwendungsbereich stimmen sie inhaltlich überein, und zwar dann, wenn sie im Sinne von »einen bestimmten Eindruck erwecken, sich in bestimmter Weise darstellen« gebraucht werden. Die beiden Wörter sind austauschbar in Sätzen wie: *Dies erschien/schien ihr unmöglich* oder: *Die Lage erscheint/scheint aussichtslos.* Es gibt aber auch in diesem Anwendungsbereich Sätze, in denen man nur *scheinen* verwenden kann, z. B.: *Das scheint* (nicht: *erscheint*) *mir richtig zu sein.* In Zweifelsfällen ist stets das einfache *scheinen* vorzuziehen.
erste	**1. Rechtschreibung:** Nach den neuen amtlichen Rechtschreibregeln schreibt man *erste* in allen folgenden Fällen groß: *Er war der Erste im Ziel. Sie war die Erste, die es erwähnte. Das ist das Erste, was ich höre. Die beiden Ersten kommen weiter. In Berlin war dies mein Erstes.* Dies gilt auch für Verbindungen wie *als Erstes* (= zuerst), *fürs Erste* (= vorerst) oder *zum Ersten* (= erstens). Groß schreibt man weiterhin ebenso in den folgenden Verwendungen: *Sie ist die Erste in der Klasse* (= der Leistung nach). *Er wurde Erster* (= Sieger). *Heute ist der Erste* (= Monatstag). *Die Ersten werden die Letzten sein.* **2. Beugung nach *erste:*** Ein Eigenschaftswort oder Mittelwort (Partizip), das auf *erste* folgt, erhält (auch wenn es als Hauptwort gebraucht wird) die gleichen Endungen wie *erste* selbst: *erstes gedrucktes Material, nach erstem geglücktem Versuch, erste zaghafte Versuche; erstes Geglücktes, die ersten Gefangenen, die Forderungen erster Betroffener.*
ersterer – letzterer, erstere – letztere, ersteres – letzteres	Das Wortpaar *ersterer – letzterer* usw. kann man inhaltlich nur auf zwei Personen oder Sachen beziehen (ähnlich wie bei dem Wortpaar *dieser – jener* usw.). Es kann, wie Eigenschaftswörter, bei zwei Hauptwörtern stehen, dann schreibt man klein: *Die erstere Bedeutung des Wortes ist allgemein bekannt, die letztere Bedeutung nicht.* Nach den

	neuen amtlichen Rechtschreibregeln schreibt man *ersterer* usw. bzw. *letzterer* usw. groß, wenn sie wie ein Hauptwort verwendet werden: *Er sagte, er sei zu Hause gewesen und habe keinen Alkohol getrunken. Ersteres konnte ich bezeugen, Letzteres leider nicht.* Nicht richtig ist es, *letzterer* usw. einfach im Sinne von *dieser* usw. zu verwenden: *Die lange vermissten Akten waren in einem zugestaubten Schrank eingeschlossen; Letzterer* (richtig: *dieser*) *stand in einem kleinen, dunklen Raum.*
erstklassig	Da *erstklassig* bereits einen höchsten Grad ausdrückt, ist es nicht noch einmal steigerbar. Also nicht: *erstklassigste,* sondern nur: *erstklassige Ausführung.*
erweisen, sich	**1. sich erweisen als:** Bei *sich erweisen als* steht das Hauptwort, das dem *als* folgt, heute immer im Werfall: *Er erwies sich als hilfsbereiter Kollege.* **2. Gebrauch des Mittelworts:** Das Mittelwort der Vergangenheit (2. Partizip) von *sich erweisen* (es lautet *erwiesen*) kann man nicht als Beifügung eines Hauptwortes verwenden. Also nicht: *die sich als dringend erwiesene Maßnahme,* sondern: *die Maßnahme, die sich als dringend erwiesen hat.*
Erwerb oder **Erwerbung**	Die beiden Wörter unterscheiden sich teilweise in der Bedeutung. So kann man für »Tätigkeit, durch die man seinen Lebensunterhalt verdient« nur *Erwerb* sagen: *Er geht keinem geregelten Erwerb nach.* Auch im Sinne von »Lohn, Verdienst« ist nur *Erwerb* möglich. *Er kann von seinem Erwerb kaum leben.* Dagegen ist die Verwendung von *Erwerb* in der Bedeutung »erworbenes Stück« veraltet. Es heißt heute: *Er zeigte ihm seine neuen Erwerbungen* (nicht: *Erwerbe*). Austauschbar sind die beiden Wörter im Sinne von »das Erwerben, Sichaneignen, Kaufen«: *der Erwerb* oder *die Erwerbung eines Grundstücks; der Erwerb* oder *die Erwerbung von Fertigkeiten.*

E

es	Nach Verhältniswörtern (Präpositionen wie *auf, über, durch, neben* usw.) sollte nicht *es* stehen. Besser ist, stattdessen *darauf, darüber, dadurch, daneben* usw. zu verwenden: *Das Unglück ist jetzt passiert. Ich habe schon lange darauf* (nicht: *auf es*) *gewartet.* Es können jedoch Sätze vorkommen, in denen man die Konstruktion Verhältniswort + *es* nicht auf diese Weise umgehen kann – z. B., wenn *es* eine Person vertritt oder bei *es* in Verbindung mit *ohne.* Hier sollte man versuchen, die unschöne Konstruktion auf andere Weise zu umgehen: *Ein Kind saß auf der Bank; eine Frau setzte sich neben das Kind* (statt: *neben es*). *Sie wartete immer noch auf das Mädchen; sie wollte nicht ohne die Kleine* oder *ohne das Kind* (statt: *ohne es*) *gehen.*
Es gibt nichts Besseres als ein/einen Krimi	Beide Formen sind richtig. Man setzt entweder den fraglichen Ausdruck in unmittelbare Beziehung zu *nichts Besseres.* Dann heißt es: *Es gibt nichts Besseres als einen Krimi.* Beide Glieder stehen dann im Wenfall. Oder man sieht *als ein Krimi* als die Verkürzung eines Nebensatzes an, der vollständig etwa lauten würde: *als ein Krimi ist.*
Es ist/sind zwei Jahre her	Beide Formen sind richtig. Häufiger ist heute: *Es ist zwei Jahre her, dass er geschrieben hat.*
Es werden acht Stunden dazu benötigt	Dies ist die richtige Form. Nicht richtig ist: *Es wird acht Stunden dazu benötigt.*
Esslöffel	Das Hauptwort *Esslöffel* kann man als Maßbezeichnung verwenden: *fünf Esslöffel Schlagsahne.* Auch in dieser Verwendung wird es gebeugt, d. h. verändert: *mit fünf Esslöffeln Schlagsahne.*

Etikett oder **Etikette**	Die weibliche Form *die Etikette* ist die ältere; sie ist seit dem 17./18. Jh. bezeugt. Die sächliche Form *das Etikett* erscheint erst im 19. Jh., und zwar ausschließlich in der Bedeutung »aufgeklebtes Schildchen, Zettel mit [Preis]aufschrift«. Seitdem hat man auch *die Etikette* in dieser Bedeutung gebraucht. Heute besteht jedoch die Tendenz, die weibliche Form nur noch in der Bedeutung »Gesamtheit guter gesellschaftlicher Umgangsformen« zu verwenden. Die sächliche Form *das Etikett* hat drei Mehrzahlformen: *die Etikette, die Etiketten* und *die Etiketts.*
etlicher, etliche, etliches	In der Mehrzahl erhält das Wort, das auf *etlicher* usw. folgt, in der Regel die gleichen Endungen wie *etlicher* usw. selbst: *etliche erfolgreiche Abschlüsse, mit etlichen Verletzten.* Im Wesfall gibt es zwei Formen: *die Behebung etlicher kleiner Mängel* oder selten: *... etlicher kleinen Mängel.* Auch in der Einzahl gilt meist gleiche Beugung: *etlicher politischer Zündstoff.*
etwas, was	Einen Nebensatz, der mit dem hinweisenden Wort *etwas* angekündigt ist, leitet man in der Regel mit *was* ein: *Er tat etwas, was man ihm nicht zugetraut hatte.* Gelegentlich wird auch *das* gesetzt: *Ich habe etwas von ihr gehört, das ich einfach nicht glauben kann.*
euer	**1. Rechtschreibung:** Das besitzanzeigende Fürwort *euer* wird üblicherweise kleingeschrieben: *Achtet auf eure Fahrräder! Wann beendet ihr endlich euren Streit?* Nach den neuen amtlichen Rechtschreibregeln schreibt man es auch klein, wenn es bei der Anrede gebraucht wird wie in Briefen, feierlichen Aufrufen, Erlassen, Grabinschriften, Widmungen o. Ä. Brief: *Mit herzlichen Grüßen eure Inge.* Aufruf: *Denkt an eure Zukunft!* Groß schreibt man *euer* aber in Titeln: *Euer Hochwürden, Euer (Ew.) Exzellenz.* Groß oder klein schreibt man *euer*

	(entsprechend auch *eurig*), wenn es zum Hauptwort geworden ist in Fällen wie: *Ihr müsst das Eure* (oder: *das eure*) oder *das Eurige* (oder: *das eurige*) *tun. Grüßt die Euern/Euren* (oder: *die euern/die euren*) oder *die Eurigen* (oder: *die eurigen*) (= eure Angehörigen)! Jedoch schreibt man immer klein, wenn es sich auf ein Hauptwort bezieht: *Wessen Bücher sind das? Sind es die euren?* **2. Beugung:** Nach *euer* erhält das folgende Eigenschaftswort oder Mittelwort (Partizip) in der Regel die gleichen Endungen wie *euer* selbst: *euer netter* (nicht: *nette*) *Brief; für euren von mir selbst abgeschickten Bericht.*
euretwegen oder **wegen euch**	In gutem Deutsch sagt man *euretwegen: Das habe ich nur euretwegen getan.* In der Umgangssprache findet sich statt *euretwegen* häufig *wegen euch: Das habe ich nur wegen euch getan.*
Euro	Die internationale Abkürzung für Euro in Verbindung mit Zahlen ist *EUR: 250 EUR.* Anstatt der Abkürzung kann man stets auch das Eurozeichen setzen: *250 €.* Die Währungseinheit ist im Allgemeinen nach dem Betrag zu schreiben, weil sie auch erst nach der Zahl gesprochen wird. Man schreibt also in fortlaufenden Texten, Geschäftsbriefen usw. *3,45 EUR* oder *3,45 €.* In Aufstellungen und im Zahlungsverkehr kann man Abkürzung oder Währungszeichen aus Gründen der besseren Übersichtlichkeit auch voranstellen: *EUR 3,45* oder *€ 3,45.* Ohne Zahlenangaben wird meist die ausgeschriebene Form Euro bevorzugt.

F *f*

f oder **ph**	Die eindeutschende *f-/F-*Schreibung für *ph-/Ph-* ist nach den neuen amtlichen Rechtschreibregeln besonders in allgemein gebräuchlichen Wörtern mit den Wortbestandteilen »fon«, »fot« und »graf« zulässig: *Mikrofon, Fotograf, Geografie.* Auch in einigen anderen Wörtern ist die eingedeutschte Schreibung jetzt neben der nicht eingedeutschten möglich wie z. B. bei *Delfin* (auch *Delphin*).
Fabrikant	Das Hauptwort *Fabrikant* erhält – außer im Werfall – die Endung *-en: der Fabrikant, des Fabrikanten* (nicht: *des Fabrikants*), *dem Fabrikanten* (nicht: *dem Fabrikant*), *den Fabrikanten* (nicht: *den Fabrikant*), Mehrzahl: *die Fabrikanten.*
Fachmann	Die Mehrzahl von *Fachmann* lautet *die Fachleute* oder *die Fachmänner.*
fähig	Nach *fähig sein* kann das Verhältniswort (die Präposition) *zu* stehen: *zu keinem Gedanken mehr fähig sein.* Oder, in gehobener Ausdrucksweise, mit dem Wesfall: *keines Gedankens mehr fähig sein.*
falls	Nebensätze, die mit *falls* beginnen und unvollständig sind (z. B. *falls möglich* für vollständig: *falls es möglich ist*), kann man durch Komma abtrennen. Also: *Ich werde falls nötig selbst kommen.* Oder: *Ich werde, falls nötig, selbst kommen.*
Farbbezeichnungen	**1. Beugung:** Neben den Bezeichnungen für die Grundfarben (*rot, grün* usw.) gibt es mehrere Farbbezeichnungen, die fast alle aus Substantiven hervorgegangen sind und aus anderen Sprachen

stammen: *rosa, lila, orange, beige, bleu, creme, chamois, oliv, ocker, pensee, reseda, cognac, türkis* usw. Diese Adjektive können nicht gesteigert werden und dürfen standardsprachlich nicht gebeugt werden: *ein rosa* (nicht: *rosa[n]es*) *Kleid, die lila Hüte, ein orange Chiffontuch, die beige Schuhe* usw. Wer diese Formen nicht verwenden will, kann ausweichen auf die Zusammensetzung mit *-farben* oder *-farbig: ein orange[n]farbenes/orange[n]farbiges Kleid, die cremefarbigen/cremefarbenen Hüte, ein beigefarbenes Kleid* usw.

F

2. blaurot oder blau-rot: Farbbezeichnungen dieser Art kann man nach den neuen Rechtschreibregeln mit oder ohne Bindestrich schreiben. Die Schreibung ist in diesen Fällen unabhängig von der Bedeutung der Farbbezeichnung: *ein blaugrünes Kleid* (»ein Kleid in den Farben Blau und Grün« oder »ein Kleid, das einen grünen Farbton besitzt, der ins Blaue spielt«).

3. Groß- und Kleinschreibung: Klein schreibt man die Farbbezeichnung, wenn sie als Eigenschaftswort verwendet wird: *ein blaues/grünes/rotes Kleid, den Stoff blau/rot färben/streichen, der Stoff ist rot gestreift, der Stoff ist rot/blau/grün, Augenfarbe: blau, grau in grau, schwarz auf weiß, er ist mir nicht grün* (= nicht gewogen). Groß schreibt man als Hauptwörter verwendete Substantive und solche, die Teil eines Namens sind: *ins Blaue reden, Fahrt ins Blaue, die Farbe Blau, mit Blau bemalt, Stoffe in Blau, das Blau des Himmels, die/der Blonde* (= Person), *die Farben Gelb und Rot, bei Gelb ist die Kreuzung zu räumen, dasselbe in Grün, ins Grüne fahren, bei Grün darf man die Straße überqueren, die Ampel steht auf/zeigt Grün/Gelb/Rot, das erste Grün, er spielt Rot aus, bei Rot ist das Überqueren der Straße verboten, Rot auflegen, aus Schwarz Weiß machen wollen; die Blaue Grotte von Capri, das Rote Kreuz, das Schwarze Meer.* In einigen Fällen ist sowohl Groß- als auch Kleinschreibung möglich: *Die Farben der italienischen Flagge sind Grün, Weiß, Rot/grün, weiß, rot. Seine Lieblingsfarbe ist Gelb/gelb.*

farbig oder **farblich**	Das Eigenschaftswort *farblich* lässt sich im Sinne von »die Farbe betreffend« verwenden: *Die Dekorationen müssen farblich aufeinander abgestimmt werden. Die Sachen passen farblich nicht zusammen.* Dagegen bedeutet *farbig* sowohl »bunt« als auch »Farbe aufweisend, nicht schwarz-weiß«: *farbige Abbildungen, farbige Flecke; ein farbiger Einband.* An den zuletzt genannten Wortgebrauch schließt sich die Verwendung von *-farbig* in Zusammensetzungen an: *orangefarbig, cremefarbig* usw. Für Zusammensetzungen wird heute aber im Allgemeinen *-farben* gewählt: *orangefarben, beigefarben, fliederfarben, türkisfarben* usw.
Fass	**1. Fass oder Fässer:** Als Maßbezeichnung bleibt *Fass* in der Mehrzahl häufig ungebeugt, d. h. unverändert: *3 Fass Bier* oder *3 Fässer Bier.* **2. Beugung nach *Fass:*** Nach *Fass* als Maßangabe steht in der Regel das, was gemessen wird, im selben Fall wie die Maßangabe *Fass* selbst. Dabei kann das Gemessene entweder Einzahl (z. B. *ein Fass Wein*) oder Mehrzahl (z. B. *ein Fass Heringe*) sein. Das Gemessene in der Einzahl: *ein Fass Wein* (nicht: *Wein[e]s*), *ein Fass französischer Wein; der Preis eines Fasses Wein* oder *eines Fass Wein[e]s,* aber: *der Preis eines Fasses französischen Wein[e]s; mit einem Fass französischem Wein; für ein Fass französischen Wein.* Gelegentlich in gehobener Ausdrucksweise auch mit dem Wesfall: *ein Fass französischen Wein[e]s; mit einem Fass französischen Wein[e]s.* Das Gemessene in der Mehrzahl: *ein Fass grüne Heringe,* selten: *grüner Heringe; der Preis eines Fasses grüner Heringe; mit einem Fass grüner Heringe* oder *grüne Heringe,* selten: *grünen Heringen; für ein Fass grüne Heringe,* selten: *grüner Heringe.*
fassen	Es heißt üblicherweise: *Ich fasse mir* (seltener auch: *mich*) *an den Kopf.*

F

Favorit	Das Hauptwort *Favorit* erhält – außer im Werfall – die Endung *-en: der Favorit, des Favoriten* (nicht: *des Favorits*), *dem Favoriten* (nicht: *dem Favorit*), *den Favoriten* (nicht: *den Favorit*), Mehrzahl: *die Favoriten.*
Februar	Steht *Februar* im Wesfall, dann ist sowohl die Form mit *-s (des Februars)* als auch die Form ohne *-s (des Februar)* richtig.
fechten	Es heißt richtig *du fichtst.* In der Umgangssprache wird das *t* nach dem *ch* fälschlicherweise oft weggelassen (nicht richtig: *du fichst*).
fehlschlagen	Die zusammengesetzten Vergangenheitsformen von *fehlschlagen* werden mit *sein* gebildet: *Der Versuch ist* (nicht: *hat*) *fehlgeschlagen.*
Feindschaft	Richtig heißt es *Feindschaft gegen* (nicht: *für* oder *zu*): *Ihre Feindschaft gegen ihn rührte wohl daher, dass …*
fern	Das Verhältniswort (die Präposition) *fern* hat den Wemfall nach sich, nicht den Wesfall: *fern dem Heimathaus* (nicht: *des Heimathauses*).
Finalist	Das Hauptwort *Finalist* erhält – außer im Werfall – die Endung *-en: der Finalist, des Finalisten* (nicht: *des Finalists*), *dem Finalisten* (nicht: *dem Finalist*), *den Finalisten* (nicht: *den Finalist*), Mehrzahl: *die Finalisten.*
finden	Es heißt richtig: *etwas schön, gut, richtig, nötig finden.* Nicht richtig ist es, in solchen Fällen nach *finden* mit *für* anzuschließen. Also nicht: *etwas für schön, für gut, für richtig, für nötig finden.*

F

fingerbreit oder **einen Finger breit** oder **einen Fingerbreit**	Alle drei Schreibweisen sind möglich. Zusammen und klein schreibt man, wenn es sich um ein Eigenschaftswort handelt: *Das ist ein fingerbreiter Saum. Der Saum ist fingerbreit. Die Tür steht fingerbreit offen.* Getrennt schreibt man, wenn *breit* näher bestimmt wird durch *Finger,* dem wiederum ein Zahlwort, ein Geschlechtswort (Artikel) o. Ä. vorangestellt ist: *Der Saum ist zwei Finger breit. Das ist ein einen Finger breiter Saum. Die Tür stand kaum einen Finger breit offen.* Zusammen und groß schreibt man, wenn man *Fingerbreit* als Maßangabe versteht: *Die Tür stand einen Fingerbreit offen. Es ist nur zwei Fingerbreit, keinen Fingerbreit entfernt.*
finster	Wird *finster* als Hauptwort gebraucht, dann schreibt man es groß: *Sie tappten im Finstern* (= im Dunkel, ohne Licht) *bis zum Ausgang.* Dies gilt nach den neuen amtlichen Rechtschreibregeln auch für die feste Verbindung *im Finstern tappen* (= ungewiss sein, keinen Anhaltspunkt haben): *Die Polizei tappt noch immer im Finstern.*
Flasche	Nach *Flasche* als Maßbezeichnung steht in der Regel das, was gemessen wird, im selben Fall wie die Maßangabe *Flasche* selbst: *eine Flasche Wein, eine Flasche spanischer Wein; der Preis einer Flasche spanischen Wein[e]s; mit einer Flasche spanischem Wein; für eine Flasche spanischen Wein.* Richtig, aber gehoben ist die Ausdrucksweise: *eine Flasche spanischen Wein[e]s; mit einer Flasche spanischen Wein[e]s.*
flechten	Es heißt richtig *du flichtst.* In der Umgangssprache wird das *t* nach dem *ch* fälschlicherweise oft weggelassen (nicht richtig: *du flichst*).
Florist	Das Hauptwort *Florist* erhält – außer im Werfall – die Endung *-en: der Florist, des Floristen* (nicht: *des Florists*), *dem Floristen* (nicht: *dem Florist*), *den Floristen* (nicht: *den Florist*), Mehrzahl: *die Floristen.*

F

F

folgend	**1. Rechtschreibung:** Nach den neuen amtlichen Rechtschreibregeln schreibt man *folgend* nur dann klein, wenn es als Eigenschaftswort auftritt: *die folgenden Seiten, folgendes politisches Bekenntnis.* In allen anderen Fällen schreibt man groß: *Wir möchten Ihnen Folgendes mitteilen. Alle Folgenden werden nicht mehr abgefertigt. Mit Folgendem teilen wir Ihnen mit, dass ...; alles Folgende; aus/in/mit/nach/von/zu Folgendem; in Folgendem/in Folgenden. Die Folgenden wichen zurück. Wir konnten das Folgende nicht voraussehen.* **2. Beugung nach *folgend*:** Nach *folgend* beugt man ein Eigenschaftswort oder ein Mittelwort (Partizip) – auch wenn es zum Hauptwort geworden ist wie *Angestellte, Abgeordnete* usw. – meist auf diese Weise: (in der Einzahl:) Werfall: *folgender wichtige Gedanke, folgendes wichtige Prinzip, folgende wichtige Erfahrung;* Wesfall: *die Ablehnung folgenden wichtigen Gedankens/Prinzips, folgender wichtiger Erfahrung;* Wemfall: *bei folgendem wichtigen Gedanken/Prinzip, folgender wichtiger Erfahrung;* Wenfall: *für folgenden wichtigen Gedanken, folgendes wichtige Prinzip, folgende wichtige Erfahrung.* In der Mehrzahl erhält das Eigenschaftswort nach *folgend* überwiegend die gleichen Endungen wie *folgend* selbst: *folgende wichtige Ereignisse, wegen folgender wichtiger Ereignisse, bei folgenden wichtigen Ereignissen, für folgende wichtige Ereignisse.* Es kommen jedoch auch andere Formen vor: *folgende wichtigen Ereignisse, wegen folgender Abgeordneten, wegen folgender wichtigen Ereignisse.*
Forderung an/gegen/ nach	Das, was man fordert, schließt man mit *nach* an: *die Forderung nach Selbstbestimmung* (nicht: *die Forderung der Selbstbestimmung*). Die Person oder die Institution, an die die Forderung gerichtet ist, schließt man gewöhnlich mit *an* an: *Forderungen an die Gläubiger, an die Atommächte, ans Leben.* Der juristische Sprachgebrauch verwendet statt *an* auch *gegen,* wodurch eine Rechtsbeziehung deut-

	licher ausgedrückt werden soll und das Ziel, die Richtung auf eine andere Partei stärker betont wird: *Forderungen gegen die Gläubiger.*
Formularblock	Die Mehrzahl von *Formularblock* lautet *die Formularblocks* (nicht: *die Formularblöcke*).
Forschung	An das Hauptwort *Forschung,* das zu dem Zeitwort *forschen* gebildet ist, darf man das, wonach geforscht werden soll, nicht im Wesfall anschließen. Also nicht richtig: *die Forschung der Wahrheit.* Möglich ist in diesem Fall nur ein Anschluss mit *nach: die Forschung nach der Wahrheit.*
Fortgeschrittene, der und die	Man beugt das Wort in folgender Weise: *der Fortgeschrittene, ein Fortgeschrittener, zwei Fortgeschrittene, die Fortgeschrittenen, einige Fortgeschrittene, alle Fortgeschrittenen, solche Fortgeschrittene* und *solche Fortgeschrittenen, beide Fortgeschrittene* und seltener auch *beide Fortgeschrittenen; genanntem Fortgeschrittenen, die Gruppe besagter Fortgeschrittener.* Als Beisatz (Apposition): *mir (dir, ihm) als Fortgeschrittenen* und *mir (dir, ihm) als Fortgeschrittenem; ihr als Fortgeschrittenen* und *ihr als Fortgeschrittener.*
Fotograf	Das Hauptwort *Fotograf* erhält – außer im Werfall – die Endung *-en: der Fotograf, des Fotografen* (nicht: *des Fotografs*), *dem Fotografen* (nicht: *dem Fotograf*), *den Fotografen* (nicht: *den Fotograf*), Mehrzahl: *die Fotografen.*
Fragebogen	Die Mehrzahl von *Fragebogen* lautet *die Fragebogen* oder *die Fragebögen.* Vor allem in Süddeutschland, Österreich und der Schweiz ist *die Fragebögen* gebräuchlich.
fragen	Die Formen des regelmäßigen Verbs lauten *fragen, fragte, gefragt.* Die ursprünglich niederdeutsche Form *frug,* die im 19. Jahrhundert vorübergehend auch in der Literatur häu-

	figer auftrat, ist heute nur noch selten – vor allem landschaftlich – in Gebrauch. Dasselbe gilt für die Formen *frägst* und *frägt:* Auch sie sind standardsprachlich nicht richtig.
Fragezeichen	siehe Tabelle
französisch/ Französisch	Bitte lesen Sie für die Groß- oder Kleinschreibung unter »deutsch/Deutsch« nach.
Frau	**1. Frau + Name:** In der Verbindung *Frau* + Name beugt man im Wesfall den Namen (d. h., er erhält die Endung *-s*): *Frau Meyers Tochter, Frau Müllers Schreiben* usw. Nicht gebeugt wird er, wenn ein Geschlechtswort (Artikel) vorangestellt ist: *die Tochter der Frau Meyer, das Schreiben einer gewissen Frau Müller* usw. Auch bei *seitens,* das vor allem in

Fragezeichen

1. a) Das Fragezeichen kennzeichnet einen Satz als Frage.

Was gibt es zu essen? Wann? Warum?
»Weshalb darf ich das denn nicht?«, fragte sie.
Kommt er bald nach Hause?
Sie heißen auch Meier?

b) Es kann auch nach frei stehenden Zeilen, z. B. nach einer Überschrift, stehen.

Wer hat Angst vor Virginia Woolf?

2. Aneinander gereihte Fragen oder Fragewörter können mit Komma verbunden werden. Das Fragezeichen steht dann nur am Ende der Aneinanderreihung.

Was höre ich, wie viele Mitglieder sind aus dem Verein ausgetreten? (Oder: Was höre ich? Wie viele Mitglieder sind aus dem Verein ausgetreten?)
Wie denn, wo denn, was denn? (Oder: Wie denn? Wo denn? Was denn?)
Soll man sich ärgern, soll man sich den Tag verderben lassen? (Oder: Soll man sich ärgern? Soll man sich den Tag verderben lassen?)

der Amtssprache gebräuchlich ist, bleibt der Name in der Regel ungebeugt: *Seitens Frau Meyer wurden keine Bedenken erhoben.*

2. Frau Rechtsanwalt oder Frau Rechtsanwältin usw.: Bei akademischen Graden und bei Berufsbezeichnungen sind in der Anrede heute meist noch die männlichen Bezeichnungen üblich, obwohl es oft auch die weiblichen Formen gibt: *Frau Doktor* (seltener: *Frau Doktorin*), *Frau Professor* (seltener: *Frau Professorin*). Bei Titeln, bestimmten Funktions- oder Berufsbezeichnungen besteht dagegen die Neigung, die weiblichen Formen zu benutzen, da dies von vielen Frauen selbst so gewünscht wird (z. B. *Frau Bundesministerin, Frau Staatssekretärin, Frau Rechtsanwältin*). Manchmal sind nur die weiblichen Formen üblich (z. B. *Frau Kammersängerin*). Es ist heute nicht nur ein Gebot der Höflichkeit, sondern auch der Gleichbehandlung von Mann und Frau, Frauen mit den weiblichen Formen anzusprechen.

Frau, Gattin, Gemahlin

Bitte lesen Sie zur richtigen Verwendung der Ausdrücke *Frau, Gattin, Gemahlin* oder *Frau Gemahlin* unter »Mann, Gatte, Gemahl« nach.

Fräulein

1. Gebrauch: Bei der Anrede für eine erwachsene weibliche Person ist heute *Fräulein* unabhängig vom Familienstand oder dem Alter unüblich. Man sollte daher immer die Anrede *Frau* verwenden, auch z. B. für Jugendliche in der Ausbildung.

2. Beugung: Steht *Fräulein* in Verbindung mit *Tochter, Schwester, Braut* bleibt (das veraltete) *Fräulein* ungebeugt, d. h., es wird nicht verändert: *die Adresse Ihres Fräulein Tochter.* Steht *Fräulein* in Verbindung mit einem Namen, bleibt es ebenfalls ungebeugt; allerdings wird der Name gebeugt: *Fräulein Müllers Abschlusszeugnis.* Bei vorangehendem Fürwort (Pronomen) oder Geschlechtswort (Artikel) wird weder *Fräulein* noch der Name gebeugt: *die*

	Anschuldigung jenes Fräulein Müller; das Schreiben des Fräulein Meyer. **3. Geschlecht:** Da (das veraltete) *Fräulein* ein sächliches Hauptwort ist, werden dementsprechend auch bei den Fürwörtern und Eigenschaftswörtern die sächlichen Formen verwendet: *Sehr geehrtes* (nicht: *geehrte*) *Fräulein Müller.* Nur bei größerem Abstand zwischen *Fräulein* und dazugehörigem Fürwort steht entsprechend dem natürlichen Geschlecht die weibliche Form des Fürwortes *(sie, ihr): Haben Sie Fräulein Meyer gesehen? – Ja, sie* (nicht: *es*) *und ihren Bruder.*
Freitagabend	Bitte lesen Sie unter »Dienstagabend« nach.
fremdsprachig oder **fremdsprachlich**	Das Eigenschaftswort *fremdsprachig* bedeutet »sich in einer fremden Sprache bewegend«: *fremdsprachige Bevölkerungsteile, Literatur, Wörterbücher.* Das Eigenschaftswort *fremdsprachlich* bedeutet »eine fremde Sprache betreffend«: *Der muttersprachliche Unterricht findet im Raum 106 statt, der fremdsprachliche im Sprachlabor.* Außerdem gebraucht man *fremdsprachlich* im Sinne von »zu einer fremden Sprache gehörend, daraus stammend«: *fremdsprachliche Wörter und Wendungen im Deutschen; Bewahrung der fremdsprachlichen Schreibung eines Wortes.*
froh	Standardsprachlich heißt es: *Sie ist frohen* (nicht: *frohes*) *Mutes, frohen Sinnes; froh sein über* (nicht: *um*) *etwas.*
fromm	Die Steigerungsformen von *fromm* können sowohl *frommer, frommste* als auch *frömmer, frömmste* lauten.
früh	Bei der Nennung eines Wochentages in Verbindung mit der zeitlichen Angabe *früh* schreibt man *früh* immer getrennt vom Wochentagsnamen: *Dienstag früh, am Sonntag früh.* Ebenso: *gestern früh, heute früh, morgen früh.*

fühlen	**1. sich fühlen als:** Bei *sich fühlen als* (oder *wie*) steht das Hauptwort, das dem *als* (oder *wie*) folgt, heute im Werfall: *Er fühlt sich als Held. Sie fühlte sich wie ein Fisch im Wasser.* **2. fühlen oder gefühlt:** Nach der Grundform (dem Infinitiv) eines anderen Zeitwortes können heute sowohl *fühlen* als auch *gefühlt* stehen: *Er hat sein Ende kommen fühlen* oder *kommen gefühlt.*
Fülle	Im Allgemeinen bezieht man das Zeitwort auf *Fülle* und setzt es in die Einzahl: *Eine Fülle von Modellen ist zu besichtigen, wurde angeboten, befand sich noch im Lager.* Gelegentlich wird das Zeitwort aber nicht auf *Fülle,* sondern auf das Gezählte bezogen und in die Mehrzahl gesetzt (d. h., man konstruiert nach dem Sinn): *Eine Fülle von Modellen sind zu besichtigen, wurden angeboten, befanden sich noch im Lager.* Beide Möglichkeiten sind richtig.
Füll- oder Flickwörter	Zu einem stilistisch guten Satz gehört, dass er nicht durch so genannte Füll- oder Flickwörter aufgebläht ist. Als solche Füll- oder Flickwörter können besonders Wörter auftreten, deren eigentliche Funktion darin besteht, eine Aussage abzutönen. Sie sind besonders für die gesprochene Sprache kennzeichnend, in der sie zumeist sinnvoll sind. Der Sprechende kann mit ihrer Hilfe einem Gedanken eine bestimmte Färbung geben, etwas besonders betonen oder auch eine bestimmte Gefühlsbeteiligung in der Rede zeigen. In geschriebenen Texten wirken solche Wörter häufig störender. Sie bekommen dann, besonders in gehäufter Verwendung, den Charakter von bloßen Füllseln. Solche Wörter und ganze Fügungen sind zum Beispiel: *aber, also, an sich, an und für sich, auch, bekanntlich, doch, durchaus, eben, einfach, einmal, etwa, förmlich, freilich, gewissermaßen, gleichsam, in der Tat, irgendwie, mehr oder weniger, nämlich, nun, praktisch, quasi, unzweifelhaft, voll und ganz, wohl, zweifellos.*

	In einem Beispiel liest sich das so: *Man sollte diese Wörter also jedenfalls darum auch vermeiden.* Ohne Füllwörter lautete dieser Satz: *Man sollte diese Wörter darum vermeiden.*
Fünftel	**1. Beugung:** Steht *Fünftel* im Wemfall der Mehrzahl, verwendet man heute meist die gebeugte Form *Fünfteln,* wenn das Gemessene nicht folgt oder ein Geschlechtswort vor der Maßzahl steht: *zu vier Fünfteln fertig sein; mit den drei Fünfteln musst du auskommen.* Folgt das Gemessene, ist die ungebeugte Form üblicher: *mit zwei Fünftel der Summe.* **2. Ein Fünftel der Schüler ist/sind krank:** Folgt der Angabe *ein Fünftel* ein Hauptwort in der Einzahl, steht auch das Zeitwort in der Einzahl: *Ein Fünftel der Klasse ist krank.* Folgt auf *ein Fünftel* ein Hauptwort in der Mehrzahl, steht das Zeitwort üblicherweise in der Einzahl, es kann jedoch auch in der Mehrzahl stehen: *Ein Fünftel der Schüler ist krank,* seltener: *Ein Fünftel der Schüler sind krank.* Wenn die Bruchzahl in der Mehrzahl steht *(zwei, drei, vier Fünftel),* verwendet man beim Zeitwort meistens die Mehrzahl, und zwar unabhängig davon, ob das Hauptwort, das der Bruchzahl folgt, in der Mehrzahl oder in der Einzahl steht: *Drei Fünftel der Klasse/der Schüler sind krank.* Steht das Hauptwort nach der Bruchzahl in der Einzahl, steht manchmal auch das Zeitwort in der Einzahl: *Zwei Fünftel der Klasse ist krank.*
Funktionsverbgefüge	Bitte lesen Sie unter »Hauptwortstil« sowie »gelangen« nach.
für oder **gegen**	Die Verwendung von *für* in Beispielen wie *ein Mittel für den Husten* ist heute umgangssprachlich. Standardsprachlich verwendet man *gegen: Ich brauche ein Mittel gegen den Husten.*

für was oder **wofür**	Vor allem in der gesprochenen Sprache ersetzen viele Sprecher heute *wofür* durch *für was: Für was hast du dich entschieden? Ich weiß nicht, für was er sich entschieden hat.* Die Verbindung *für was* ist jedoch umgangssprachlich. Stilistisch besser ist *wofür: Wofür hast du dich entschieden? Ich weiß nicht, wofür er sich entschieden hat.*
Für 25 Jahre treue Mitarbeit/ treuer Mitarbeit	Beide Formulierungen sind richtig. Die zweite Form *(... treuer Mitarbeit)* klingt gehobener als die erste.
fürchten	Wenn das Zeitwort *fürchten* mit einer Wortgruppe, die die Grundform eines anderen Zeitwortes enthält, verbunden ist (Infinitivgruppe), dann kann man ein Komma setzen, um die Gliederung des Satzes deutlich zu machen oder um Missverständnisse auszuschließen: *Er fürchtete sehr den Arbeitsplatz zu verlieren* oder *Er fürchtete sehr, den Arbeitsplatz zu verlieren.* Beide Möglichkeiten sind nach den neuen amtlichen Rechtschreibregeln richtig.
fußbreit oder **einen Fuß breit** oder **einen Fußbreit**	Alle drei Schreibweisen sind möglich: Zusammen und klein schreibt man, wenn es sich um ein Eigenschaftswort handelt: *eine fußbreite Rinne.* Getrennt schreibt man, wenn *breit* näher bestimmt wird durch *Fuß,* dem wiederum ein Zahlwort, ein Geschlechtswort (Artikel) o. Ä. vorangestellt ist: *Die Rinne ist zwei Fuß breit. Die Tür stand kaum einen Fuß breit offen.* Zusammen und groß schreibt man, wenn man *Fußbreit* als Maßangabe versteht: *Die Tür stand nur einen Fußbreit offen. Er ist nur zwei Fußbreit entfernt.*

F

G *g*

gäbe oder **gebe**	Beide Formen sind Möglichkeitsformen (Konjunktive) des Zeitwortes *geben.* Die Form *gebe* steht vor allem in der indirekten Rede: *Sie sagte, es gebe keine andere Möglichkeit. Sie fragte, was es zu essen gebe.* Auch *gäbe* kann in der indirekten Rede auftreten, z. B., wenn die Form *gebe* nicht eindeutig als Möglichkeitsform erkennbar ist: *Er sagte, sie gäben* (für nicht eindeutiges *geben*) *ein Fest.* Oder auch, wenn der Sprecher das, was er berichtet, für zweifelhaft hält: *Sie sagte zwar, es gäbe keine andere Möglichkeit [, aber ich glaube es nicht].* Sonst steht *gäbe* vor allem in Bedingungssätzen: *Wenn es eine andere Möglichkeit gäbe, wäre ich sofort bereit. Gäben meine Eltern mir das Geld, könnte ich verreisen.*
ganz	**1. als Ganzes:** Um etwas in seiner Gesamtheit, um die natürliche Einheit einer Sache auszudrücken, verwendet man heute das Hauptwort *das Ganze.* Es heißt also: *die Schule als Ganzes* (nicht: *die Schule als ganze,* unvollständig für: *... als ganze Schule*). Hierbei richtet sich *das Ganze* in der Beugung nach seinem Bezugswort, sodass es z. B. im Wemfall heißen muss: *von der Schule als Ganzem* (nicht: *als Ganzes*). **2. die ganzen/alle Kinder:** In der gesprochenen Sprache verwenden viele Sprecher *ganze* anstelle von *alle* (*die ganzen Kinder, Bewohner, Fußgänger* usw.). Richtig ist: *alle Kinder, Bewohner, Fußgänger* usw.
gar	Man schreibt das Wort *gar* (= überhaupt) vor *kein* und *nicht* oder *nichts* immer getrennt: *Das hat gar keinen Wert. Das hat gar nichts zu sagen. Er ist gar nicht zufrieden.*

gären	Es heißt richtig: *Der Wein ist* oder *hat bereits gegoren.*
Gastronom	Das Hauptwort *Gastronom* erhält – außer im Werfall – die Endung *-en: der Gastronom, des Gastronomen* (nicht: *des Gastronoms*), *dem Gastronomen* (nicht: *dem Gastronom*), *den Gastronomen* (nicht: *den Gastronom*), Mehrzahl: *die Gastronomen.*
geben	Bei *sich geben als* steht das Hauptwort, das dem *als* folgt, heute im Werfall: *Er gab sich als Experte für Barockmusik.*
geboren	**1. Komma:** Den Geburtsnamen (Mädchennamen), der dem Familiennamen eines Ehepartners mit der Abkürzung *geb.* hinzugefügt wird, fasst man heute gewöhnlich als Bestandteil des Namens auf und schließt ihn ohne Komma an. Er kann aber auch als nachgestellter Beisatz (Apposition) behandelt und mit Komma abgetrennt werden: *Frau Martha Schneider geb. Kühn wurde als Zeugin vernommen.* Oder: *Frau Martha Schneider, geb. Kühn, wurde als ...* Auf gleiche Weise sind die mit *verh.* (= verheiratet[e]), *verw.* (= verwitwet[e]), *gesch.* (= geschieden[e]) angeschlossenen Zusätze zu behandeln. Zwei oder mehrere nachgestellte Namen trennt man immer mit Komma ab: *Frau Martha Schneider, geb. Kühn, verw. Schulz, wurde als Zeugin vernommen.* **2. ich bin/wurde geboren:** Beide Formen sind möglich: In (ausführlichen) Lebensläufen verwendet man gewöhnlich *ich wurde geboren,* weil damit außer der Angabe des Ortes auch noch andere Angaben gemacht werden können. *Am 1. Juni 1960 wurde ich als zweites Kind der Eheleute ... in Berlin geboren.* Dagegen kann man bei *ich bin geboren* nur den Ort angeben, also: *Ich bin in Berlin geboren,* aber nicht: *Ich bin am 1. Juni 1960 in Berlin geboren* oder: *Ich bin als zweites Kind der Eheleute ... geboren.* **3. geboren oder gebürtig:** Es heißt: *geboren in München,* aber *gebürtig aus München,* wobei *gebürtig* die Bedeu-

	tung »stammend aus« hat. Wer also in München lebt und auch dort geboren ist, ist im Unterschied zu dem in München lebenden, aber dort nicht geborenen Münchner ein *geborener* Münchner. Wer in München geboren ist, aber nicht mehr dort lebt, ist ein *gebürtiger* Münchner.
gebrauchen oder **brauchen**	In richtigem Deutsch hat *gebrauchen* ausschließlich die Bedeutung »verwenden, benutzen«: *einen Hammer gebrauchen; ein gebrauchtes Auto.* Auch das Wort *brauchen* kann in dieser Bedeutung vorkommen: *seine Ellenbogen, seinen Verstand brauchen.* Das Zeitwort *brauchen* kann aber auch »nötig haben« bedeuten. Diese Bedeutung hat *gebrauchen* nicht. Es kann also nur heißen: *Ich brauche* (nicht: *gebrauche*) *noch etwas Geld zum Ankauf des Grundstückes. Ich brauche* (nicht: *gebrauche*) *einen neuen Wintermantel.* In Verbindung mit *können* lassen sich beide Wörter unterschiedslos verwenden: *Das kann ich gut gebrauchen* oder *brauchen.*
Geburtstag	Das Wort *Geburtstag* bedeutet (abgesehen von der seltenen Verwendung in der Verwaltungssprache) nicht »Tag der Geburt«, sondern »Gedenktag der Geburt«. Seinen ersten Geburtstag feiert man also, wenn man ein Jahr alt wird. Der Tag, an dem jemand 50 Jahre alt wird, ist dessen 50. Geburtstag.
Gedankenstrich	siehe Tabelle

G

Gedankenstrich

Der einfache Gedankenstrich

1. Ein Gedankenstrich kündigt etwas Folgendes, oft etwas Unerwartetes an. (Gelegentlich kann an dieser Stelle auch ein Doppelpunkt oder ein Komma stehen.)

Hier hilft nur noch eins – sofort operieren!
Plötzlich – ein gellender Aufschrei!
Auch möglich: *Plötzlich: ein gellender Aufschrei!*
Oder: *Plötzlich, ein gellender Aufschrei!*
Du kannst das Auto haben – und zwar geschenkt!
Auch möglich: *Du kannst das Auto haben, und zwar geschenkt!*

2. Zwischen Sätzen kann der Gedankenstrich den Wechsel des Themas oder des Sprechers anzeigen.

Wir sprachen in der letzten Sitzung über die Frage der Neustrukturierung unserer Abteilung. – Ist übrigens heute schon die Post gekommen?
»Mein Sohn, was birgst du so bang dein Gesicht?« – »Siehst, Vater, du den Erlkönig nicht?«

Der doppelte (paarige) Gedankenstrich

1. Mit Gedankenstrichen kann man Zusätze oder Nachträge deutlich vom übrigen Text abgrenzen. (Meist können an den entsprechenden Stellen auch Kommas oder Klammern stehen.)

Dieses Bild – es ist das letzte und bekannteste der Künstlerin – wurde vor einigen Jahren nach Amerika verkauft.
Auch möglich: *Dieses Bild, es ist das letzte und bekannteste der Künstlerin, wurde …*
Oder: *Dieses Bild (es ist das letzte und bekannteste der Künstlerin) wurde …*

2. a) Ausrufe- oder Fragezeichen, die zu einem eingeschobenen Zusatz oder Nachtrag gehören, stehen vor dem zweiten Gedankenstrich. Zum umschließenden Text gehörende Satzzeichen dürfen nicht weggelassen werden.

Sie verschweigt – leider! –, wen sie mit ihrem Vorwurf gemeint hat.

b) Es steht jedoch kein Punkt oder Komma vor dem zweiten Gedankenstrich.

Philipp verließ – im Gegensatz zu seinem Vater, der 40 weite Reisen unternommen hatte – Spanien nicht mehr.

G

gedenken	Wenn das Zeitwort *gedenken* mit einer Wortgruppe, die die Grundform eines anderen Zeitwortes enthält, verbunden ist (Infinitivgruppe), dann kann man ein Komma setzen, um die Gliederung des Satzes deutlich zu machen oder um Missverständnisse auszuschließen: *Sie gedachte ein Wollgeschäft zu eröffnen.* Oder: *Sie gedachte, ein Wollgeschäft zu eröffnen.* Beide Möglichkeiten sind nach den neuen amtlichen Rechtschreibregeln richtig.
Gefreite	Man beugt das Wort in folgender Weise: *der Gefreite, ein Gefreiter, zwei Gefreite, die Gefreiten, einige Gefreite, alle Gefreiten, solche Gefreite* und *solche Gefreiten, beide Gefreiten* und seltener auch *beide Gefreite; besagtem Gefreiten, die Beförderung erfahrener Gefreiter.* Als Beisatz (Apposition): *mir (dir, ihm) als Gefreiten* und: *mir (dir, ihm) als Gefreitem.* In Verbindung mit Namen: *Ich habe mit Gefreitem/dem Gefreiten Schmidt gesprochen. Der Sonderurlaub des Gefreiten Schmidt.*
gegeben	Gebraucht man *gegeben* als Hauptwort, dann muss man es großschreiben: *Er nahm das Gegebene gern.* Dies gilt nach den neuen amtlichen Rechtschreibregeln auch für die feste Verbindung *das Gegebene sein* (= am besten, das Nächstliegende sein).
gegenüber	Das Verhältniswort (die Präposition) *gegenüber* hat den Wemfall, nicht den Wesfall nach sich: *gegenüber dem Bahnhof* (nicht: *des Bahnhofs*). Bei Ortsnamen kann man nach *gegenüber* auch mit *von* anschließen: *Gegenüber von Mannheim liegt Ludwigshafen.* In der Umgangssprache wird auch in anderen Fällen mit *von* angeschlossen. Dies sollte man in der Hochsprache vermeiden (also nicht: *gegenüber vom Bahnhof*).
gegen was oder **wogegen**	Vor allem in der gesprochenen Sprache ersetzen viele Sprecher heute *wogegen* durch *gegen was: Gegen was wendest du dich? Ich weiß nicht, gegen was du dich wen-*

	dest. Die Verbindung *gegen was* ist jedoch umgangssprachlich. Stilistisch besser ist *wogegen: Wogegen wendest du dich? Ich weiß nicht, wogegen du dich wendest.*
gehabt	Die drei Vergangenheitsformen des Zeitwortes *haben* lauten: *ich hatte; ich habe gehabt; ich hatte gehabt,* so z. B.: *Ich hatte Kopfschmerzen; ich habe Kopfschmerzen gehabt; ich hatte Kopfschmerzen gehabt.* In der gesprochenen Sprache verwenden manche Sprecher (besonders im süddeutschen Sprachraum) aber *gehabt* auch in Verbindung mit anderen Zeitwörtern: *Ich habe gegessen gehabt. Ich hatte geschlafen gehabt.* Diese Verwendung ist standardsprachlich nicht richtig. Stattdessen muss es heißen: *Ich hatte gegessen. Als er eingetreten war, hatte ich bereits gegessen.*
Gehalt	*Gehalt* in der Bedeutung »Arbeitsentgelt, Besoldung« ist ein sächliches Hauptwort: *das Gehalt,* Mehrzahl: *die Gehälter.* In der Bedeutung »Inhalt, Wert« ist *Gehalt* ein männliches Hauptwort: *der Gehalt,* Mehrzahl: *die Gehalte.*
geherrscht	Das Mittelwort der Vergangenheit (2. Partizip) von *herrschen* (es lautet *geherrscht*) ist nicht als Beifügung eines Hauptwortes zu verwenden. Also nicht: *die geherrschte Seuche,* sondern: *die Seuche, die geherrscht hat.*
gehören oder **sein**	Es heißt entweder *Das Buch gehört mir* oder: *Das Buch ist mein.* Die in der Umgangssprache, besonders landschaftlich gebrauchten Formulierungen *Das Buch ist mir* oder: *Das Buch gehört mein* sind falsch.
gehörend oder **gehörig**	In richtigem Deutsch sind diese beiden Wörter nicht austauschbar. Das Wort *gehörend* ist das Mittelwort der Gegenwart (1. Partizip) zu *gehören: die mir gehörenden* (nicht: *gehörigen*) *Bücher; die in den Schrank gehörende* (nicht: *gehörige*) *Wäsche.* Dagegen ist *gehörig* ein Eigenschaftswort

	und bedeutet entweder »gebührend« *(jemandem den gehörigen Respekt erweisen)* oder »beträchtlich« *(eine gehörige Portion Sahne).*
Geistliche	Man beugt das Wort in folgender Weise: *der Geistliche, ein Geistlicher, zwei Geistliche, die Geistlichen, einige Geistliche, alle Geistlichen, solche Geistliche* und *solche Geistlichen, beide Geistlichen* und seltener auch *beide Geistliche; besagtem Geistlichen, die Verhaftung katholischer Geistlicher.* Als Beisatz (Apposition): *mir (dir, ihm) als Geistlichen* und *mir (dir, ihm) als Geistlichem.*
gelangen	Die Konstruktion *gelangen + zu +* Hauptwort verwendet man zur Umschreibung der Leideform (des Passivs): *Die Lebensmittel gelangten zur Verteilung* (= wurden verteilt). *Die Beschlüsse gelangten zur Ausführung* (= wurden ausgeführt). *Das Geld soll in den nächsten Tagen zur Auszahlung gelangen* (= ausgezahlt werden). Diese Fügungen kommen hauptsächlich im Amts- und Geschäftsdeutsch und in der Zeitungssprache vor. Sie sind manchmal berechtigt, wenn sie der besonderen Verstärkung einer Aussage dienen. Lediglich als Ersatz für die Leideform sind sie stilistisch unschön: *Dieser Punkt ist noch nicht zur Erörterung gelangt.* Besser: *Dieser Punkt wurde noch nicht erörtert.* Bitte lesen Sie auch unter »Hauptwortstil« nach.
gelbgrün oder **gelb-grün**	Farbbezeichnungen dieser Art kann man nach den neuen amtlichen Rechtschreibregeln mit oder ohne Bindestrich schreiben. Die Schreibung ist in diesen Fällen unabhängig von der Bedeutung der Farbbezeichnung: *ein gelbgrünes Kleid* (»ein Kleid in den Farben Gelb und Grün« oder »ein Kleid, das einen grünen Farbton besitzt, der ins Gelbe spielt«).
Geliebte, der und die	Man beugt das Wort in folgender Weise: *der Geliebte, ein Geliebter, zwei Geliebte, die Geliebten, einige Geliebte,*

	alle Geliebten, solche Geliebte und *solche Geliebten, beide Geliebten* und seltener auch *beide Geliebte; treulosem Geliebten; die Bilder treuloser Geliebter.* Als Beisatz (Apposition): *mir (dir, ihm) als Geliebten* und: *mir (dir, ihm) als Geliebtem; ihr als Geliebten* und: *ihr als Geliebter.*
gemäß	Das Verhältniswort (die Präposition) *gemäß* wird mit dem Wemfall, nicht mit dem Wesfall verbunden und steht meist nach, seltener vor dem Hauptwort, auf das es sich bezieht: *ihrem Wunsch* (nicht: *ihres Wunschs*) *gemäß,* seltener: *gemäß ihrem Wunsch.*
genannt	Ein Eigenschaftswort, das auf *genannt* folgt, erhält die gleichen Endungen wie *genannt* selbst: *die genannten neuen Bücher; genanntes neues Buch; mit genannter weiblicher Person; bei genanntem älterem* (hier auch möglich: *älteren*) *Kollegen.*
gering	Wird *gering* als Hauptwort gebraucht, dann wird es großgeschrieben: *Es entging ihm nicht das Geringste. Es ist das Geringste, was du tun kannst. Auch der Geringste hat Anspruch darauf.* Nach den neuen amtlichen Rechtschreibregeln schreibt man *gering* auch in den folgenden festen Verbindungen groß: *Das geht dich nicht das Geringste* (= gar nichts) *an. Ich denke nicht im Geringsten* (= gar nicht) *daran. Die Preise wurden um ein Geringes* (= wenig) *erhöht.*
gesalzen oder **gesalzt**	In der Bedeutung »mit Salz versehen« sind beide Formen richtig. Die Form *gesalzt* ist allerdings selten: *Die Suppe ist stark gesalzen* oder selten: *gesalzt. Gesalzenes* oder selten: *gesalztes Fleisch.* In der Bedeutung »sehr hoch; grob« ist nur *gesalzen* möglich: *eine gesalzene Ohrfeige. Die Preise waren gesalzen.*

G

Gesandte	Man beugt das Wort in folgender Weise: *der Gesandte, ein Gesandter, zwei Gesandte, die Gesandten, einige Gesandte, alle Gesandten, solche Gesandte* und *solche Gesandten, beide Gesandten* und seltener auch *beide Gesandte; besagtem Gesandten, die Entführung deutscher Gesandter.* Als Beisatz (Apposition): *mir (dir, ihm) als Gesandten* und: *mir (dir, ihm) als Gesandtem.*
Geschädigte, der und die	Man beugt das Wort in folgender Weise: *der Geschädigte, ein Geschädigter, zwei Geschädigte, die Geschädigten, einige Geschädigte, alle Geschädigten, solche Geschädigte* und *solche Geschädigten, beide Geschädigten* und seltener auch *beide Geschädigte; besagtem Geschädigten; die Forderung besagter Geschädigter.* Als Beisatz (Apposition): *mir (dir, ihm) als Geschädigten* und: *mir (dir, ihm) als Geschädigtem; ihr als Geschädigten* und: *ihr als Geschädigter.*
geschäftig oder **geschäftlich**	Das Eigenschaftswort *geschäftig* bedeutet »unentwegt tätig«: *geschäftiges Treiben; geschäftig hin und her laufen.* Dagegen gebraucht man *geschäftlich* im Sinne von »das Geschäft betreffend, dienstlich«: *geschäftlich unterwegs sein. Sie hat geschäftlich hier zu tun.*
Geschäftsmann	Die Mehrzahl von *Geschäftsmann* lautet *die Geschäftsleute,* seltener *die Geschäftsmänner.*
geschähe oder **geschehe**	Beide Formen sind Möglichkeitsformen (Konjunktive). Die Form *geschehe* steht vor allem in der indirekten Rede: *Er fragte sie, wann es geschehe.* Auch *geschähe* kann in der indirekten Rede auftreten, z. B., wenn die Form *geschehe* nicht eindeutig als Möglichkeitsform erkennbar ist: *Er sagte, solche Verbrechen geschähen* (für nicht eindeutiges *geschehen*) *häufiger.* Oder auch, wenn der Sprecher das, was er berichtet, für zweifelhaft hält: *Er sagte zwar, eine*

	solche Tat geschähe nicht wieder [, aber ich glaube es nicht]. Sonst steht *geschähe* vor allem in Bedingungssätzen: *Er würde sofort abreisen, wenn es doch geschähe.*
Geschworene, der und die	Man beugt das Wort in folgender Weise: *der Geschworene, zwei Geschworene, die Geschworenen, einige Geschworene, alle Geschworenen, solche Geschworene* und *solche Geschworenen, beide Geschworenen* und seltener auch *beide Geschworene; genanntem Geschworenen, eine Anzahl bestochener Geschworener.* Als Beisatz (Apposition): *mir (dir/ihm) als Geschworenem* und *mir (dir/ihm) als Geschworenen; ihr als Geschworenen* und *ihr als Geschworener.*
gesetzt	In der festen Verbindung *gesetzt den Fall* darf nur der Wenfall, nicht der Werfall stehen: *Gesetzt den Fall* (nicht: *der Fall*) *[,] es machte mir jemand ein Angebot ...*
gesinnt oder **gesonnen**	Die beiden Wörter sollte man nicht verwechseln. Das Eigenschaftswort *gesinnt* bedeutet »von einer bestimmten Gesinnung«: *Er ist mir treu gesinnt* (nicht: *treu gesonnen*). *Er ist gut gesinnt. Ein gleich gesinnter, anders gesinnter, übel gesinnter Mensch.* Demgegenüber bedeutet *gesonnen* »willens, gewillt« und steht nur in Verbindung mit *sein: Ich bin nicht gesonnen, das zu tun.*
gespalten oder **gespaltet**	Bei *spalten* im wörtlichen Sinn »in zwei oder mehrere Teile zerteilen« kann das Mittelwort der Vergangenheit (2. Partizip) *gespalten* oder *gespaltet* lauten. Beide Formen sind richtig, die Form *gespaltet* ist allerdings seltener: *Der Blitz hat den Baum gespalten,* auch: *gespaltet. Ein gespaltener,* selten auch: *gespalteter Fels.* Bei *spalten* in der übertragenen Bedeutung »bewirken, dass etwas seine Einheit verliert« ist das Mittelwort der Vergangenheit nur in der Form *gespalten* üblich: *eine gespaltene Partei einen. Der Bürgerkrieg hat das Land in zwei feindliche Lager gespalten.*

gestern	Die Zeitbestimmung *gestern* wird bei der Darstellung eines Vorgangs in der Vergangenheit gelegentlich so gebraucht, dass ein falscher Zeitbezug entsteht. Richtig ist: *Sie kamen zu dem Lager, das die Expedition am Vortage* oder *am Tage vorher* (nicht: *gestern*) *verlassen hatte.*
getagt	Das Mittelwort der Vergangenheit (2. Partizip) von *tagen* (es lautet *getagt*) ist nicht als Beifügung eines Hauptwortes zu verwenden. Also nicht: *die im April getagte Versammlung,* sondern: *die Versammlung, die im April getagt hat.*
getrauen, sich	Das Hauptwort oder das Pronomen, das von *sich getrauen* abhängt, kann sowohl im Wenfall *(ich getraue mich)* als auch im Wemfall *(ich getraue mir)* stehen: *Ich getraue mich* oder *mir, das große Auto zu fahren.* Häufiger ist heute der Wenfall.
gewahr werden	An *gewahr werden* kann man sowohl mit dem Wesfall als auch mit dem Wenfall anschließen: *Er ging an ihr vorüber, ohne ihrer* oder *sie gewahr zu werden.*
Gewähr leisten oder **gewährleisten**	Beide Formen sind heute im Allgemeinen ohne Bedeutungsunterschied gebräuchlich. Ein Unterschied besteht allerdings in der Konstruktion. Bei *Gewähr leisten* wird mit *für* angeschlossen: *Ich leiste Gewähr für Ihre Sicherheit. Man leistet Gewähr dafür, dass …* Demgegenüber steht *gewährleisten* ohne *für: Ich gewährleiste Ihre Sicherheit. Man gewährleistet, dass …*
gewesen	Die drei Vergangenheitsformen des Zeitwortes *sein* lauten: *ich war; ich bin gewesen; ich war gewesen,* so z. B.: *Ich war krank; ich bin krank gewesen; ich war krank gewesen.* In der gesprochenen Sprache verwenden manche Sprecher (besonders im süddeutschen Sprachraum) aber *gewesen* auch in Verbindung mit Zeitwörtern: *Ich bin eingeschlafen*

	gewesen. Ich war eingeschlafen gewesen. Diese Verwendung ist standardsprachlich nicht richtig. Stattdessen muss es heißen: *Ich war eingeschlafen. Als es geklingelt hatte, war ich schon längst eingeschlafen.*
gewiss	Ein Eigenschaftswort oder Mittelwort (Partizip), das auf *gewiss* folgt, erhält (auch wenn es zum Hauptwort geworden ist) die gleichen Endungen wie *gewiss* selbst: *gewisse notwendige Einrichtungen, die Wünsche gewisser Kranker, bei gewissen national gesinnten Kreisen.*
gewohnt oder **gewöhnt**	Man muss unterscheiden zwischen den Fügungen: *etwas gewohnt sein* und *an etwas gewöhnt sein.* Die Fügung *etwas gewohnt sein* bedeutet »eine bestimmte Gewohnheit haben«: *Ich bin gewohnt, früh aufzustehen.* Die Fügung *an etwas gewöhnt sein* hat die Bedeutung »mit etwas Bestimmtem durch Gewöhnung vertraut sein«: *Ich bin an das frühe Aufstehen gewöhnt. Ich bin daran gewöhnt, dass er immer zu spät kommt.*
Glas	**1. Glas oder Gläser:** Als Maßbezeichnung bleibt *Glas* in der Mehrzahl meist ungebeugt, d. h. unverändert: *Zwei Glas Sekt bitte!* Aber auch noch: *Zwei Gläser Sekt bitte!* **2. Beugung nach *Glas*:** Nach *Glas* als Maßangabe steht in der Regel das, was gemessen wird, im selben Fall wie die Maßangabe *Glas* selbst: *ein Glas Bier, ein Glas bayrisches Bier; der Preis eines Glases Bier* oder *eines Glas Bier[e]s,* aber: *der Preis eines Glases bayrischen Bier[e]s; mit einem Glas bayrischem Bier; für ein Glas bayrisches Bier.* Gelegentlich in gehobener Ausdrucksweise auch mit dem Wesfall: *ein Glas bayrischen Bier[e]s; mit einem Glas bayrischen Bier[e]s.*
glatt	Die Steigerungsformen von *glatt* können sowohl *glatter, glatteste* als auch *glätter, glätteste* lauten. Bevorzugt werden heute aber die Formen *glatter, glatteste.*

glauben	Wenn das Zeitwort *glauben* mit einer Wortgruppe, die die Grundform eines anderen Zeitwortes enthält, verbunden ist (Infinitivgruppe), dann kann man ein Komma setzen, um die Gliederung des Satzes deutlich zu machen oder um Missverständnisse auszuschließen: *Ich glaube fast den Mann zu kennen.* Oder: *Ich glaube fast, den Mann zu kennen.* Beide Möglichkeiten sind nach den neuen amtlichen Rechtschreibregeln richtig.
Gläubige, der und die	Man beugt das Wort in folgender Weise: *der Gläubige, ein Gläubiger, zwei Gläubige, die Gläubigen, einige Gläubige, alle Gläubigen, solche Gläubige* und *solche Gläubigen, beide Gläubigen* und seltener auch *beide Gläubige; genanntem Gläubigen, die Segnung anwesender Gläubiger.* Als Beisatz (Apposition): *mir (dir/ihm) als Gläubigen* und *mir (dir/ihm) als Gläubigem; ihr als Gläubigen* und *ihr als Gläubiger.*
gleich	Wird das Eigenschaftswort *gleich* als Hauptwort gebraucht, dann schreibt man es groß: *Gleiches mit Gleichem vergelten. Ich wünsche Ihnen ein Gleiches, das Gleiche. Er lebt als Gleicher unter Gleichen.* Dies gilt nach den neuen amtlichen Rechtschreibregeln entsprechend auch in den folgenden Fällen: *Er ist der Gleiche geblieben. Es kommt auf das/aufs Gleiche hinaus.* Auch in den folgenden festen Verbindungen gilt neu die Großschreibung: *etwas ins Gleiche bringen; Gleich und Gleich gesellt sich gern.*
gleichzeitig oder **zugleich**	Das Eigenschaftswort *gleichzeitig* bedeutet eigentlich nur »zur gleichen Zeit« *(Sie redeten gleichzeitig)*, während *zugleich* darüber hinaus – ohne zeitliche Komponente – »in gleicher Weise, ebenso, auch noch« bedeutet: *Diesen Teller können Sie zugleich als Untersatz verwenden.* Im heutigen Sprachgebrauch findet sich aber auch *gleichzeitig* öfter in dieser nichtzeitlichen Bedeutung: *Das Rauchertisch-*

	chen ist gleichzeitig ein Schachspiel. Stilistisch besser ist jedoch: *Das Rauchertischchen ist zugleich ein Schachspiel.*
GmbH	**1. Beugung:** Grundsätzlich ist es nicht notwendig, die Abkürzung *GmbH* mit Beugungsendungen zu versehen. Es empfiehlt sich aber, ein *-s* in der Mehrzahl anzufügen, wenn eine Verwechslung mit der Einzahl möglich ist: *das Stammkapital der GmbH* (Einzahl) und *das Stammkapital der GmbHs* (Mehrzahl). **2. *GmbH* in Firmennamen:** Tritt *GmbH* in Firmennamen auf, dann ist die Abkürzung Bestandteil des Namens und wird nicht durch ein Komma abgetrennt. Steht bei einem solchen Firmennamen ein Geschlechtswort (Artikel), dann richtet sich dieses meistens nicht nach dem Namensbestandteil *GmbH.* Es heißt also z. B.: *das deutsche Reiseunternehmen GmbH; mit den Vereinigten Stahlwerken GmbH.* Dagegen heißt es *Bilanz der Vereinigten Stahlwerke GmbH,* weil hier *GmbH* das Grundwort des Firmennamens ist. Allerdings sollte man dann die Abkürzung besser ausschreiben: *Bilanz der Vereinigten Stahlwerke-Gesellschaft mbH.*
Graf	Das Hauptwort *Graf* erhält – außer im Werfall – die Endung *-en: der Graf, des Grafen* (nicht: *des Grafs*), *dem Grafen* (nicht: *dem Graf*), *den Grafen* (nicht: *den Graf*), Mehrzahl: *die Grafen.* In der Anschrift wird jedoch nur die ungebeugte Form *Graf* gebraucht: *Herrn Graf Manfred von Senden* bzw. *Herrn Manfred Graf von Senden.*
Gramm	**1. Mehrzahl:** In Verbindung mit Zahlwörtern bleibt *Gramm* in der Mehrzahl ungebeugt, d. h. unverändert: *Zwei Gramm dieses Pulvers genügen. Der Brief wiegt 20 Gramm.* **2. Beugung nach *Gramm:*** Nach *Gramm* steht in der Regel das, was gewogen wird, im selben Fall wie *Gramm* selbst. Dabei kann das Gewogene entweder Einzahl (z. B. *zehn Gramm Heroin*) oder aber Mehrzahl (z. B. *zehn Gramm Kristalle*) sein.

G

Das Gewogene in der Einzahl: *ein Gramm reines Heroin; der Preis eines Gramms Heroin* oder *eines Gramm Heroins,* aber: *der Preis eines Gramms reinen Heroins; mit einem Gramm reinem Heroin; für ein Gramm reines Heroin/ mild gewürzten Tabak.* Gelegentlich in gehobener Ausdrucksweise auch mit dem Wesfall: *ein Gramm reinen Heroins.* Das Gewogene in der Mehrzahl: *zehn Gramm pulverisierte Kristalle,* selten: *pulverisierter Kristalle; der Verlust eines Gramms pulverisierter Kristalle; mit zehn Gramm pulverisierter Kristalle* oder *pulverisierte Kristalle,* selten: *pulverisierten Kristallen; für zehn Gramm pulverisierte Kristalle,* selten: *pulverisierter Kristalle.*

3. 100 Gramm Speck kostet/kosten ...: Üblicherweise steht das Zeitwort hier in der Mehrzahl (die Einzahl wäre jedoch nicht falsch): *100 Gramm Speck kosten 0,99 Euro, werden in Würfel geschnitten, sind zu wenig.* Steht *Gramm* in der Mehrzahl ohne Angabe des Gewogenen, ist das Zeitwort nur in der Mehrzahl richtig, Einzahl ist hier nicht möglich: *100 Gramm sind* (nicht: *ist*) *zu wenig.*

Gratulant

Das Hauptwort *Gratulant* erhält – außer im Werfall – die Endung *-en: der Gratulant, des Gratulanten* (nicht: *des Gratulants*), *dem Gratulanten* (nicht: *dem Gratulant*), *den Gratulanten* (nicht: *den Gratulant*), Mehrzahl: *die Gratulanten.*

grob

Die Steigerungsformen von *grob* lauten *gröber, gröbste* (nicht: *grober, grobste*).

Groll

Die Person, gegen die sich der Groll richtet, schließt man mit *gegen* oder mit *auf* an; dies hängt vom jeweiligen Zeitwort ab: *Groll auf jemanden haben; Groll gegen jemanden hegen.* Üblich ist auch *über: der Groll über die Schüler.*
Die Sache, gegen die sich der Groll richtet, schließt man mit *über* an: *sein Groll über ihre Vergesslichkeit.*

groß	Wird das Eigenschaftswort *groß* als Hauptwort gebraucht, dann schreibt man es groß: *die Großen und die Kleinen, Große und Kleine; im Großen wie im Kleinen treu sein; etwas, nichts, viel, wenig Großes.* Dies gilt nach den neuen amtlichen Rechtschreibregeln auch für die folgenden festen Verbindungen: *im Großen [und] Ganzen, im Großen und im Kleinen betreiben; im Großen* (= en gros) *einkaufen, Groß und Klein* (= jedermann); *um ein Großes* (= viel, sehr) *verteuert; der Größte von allen.*
groß schreiben oder **großschreiben**	Man schreibt zusammen, wenn die eigentliche Bedeutung des Zeitworts *schreiben* gemeint ist: *Dieses Wort muss man großschreiben.* Man schreibt in zwei Wörtern, wenn *groß schreiben* die Bedeutung »für wichtig halten« hat: *Rücksichtnahme auf Schwächere wird in diesem Haus groß geschrieben.*
Großteil	Richtig ist *der Großteil:* Es heißt also: *Die Einnahmen deckten einen* (nicht: *ein*) *Großteil der Kosten.*
größtmöglich	Da das Eigenschaftswort *größtmöglich* bereits eine höchste Steigerungsstufe *(größt...)* enthält, ist es nicht noch einmal steigerbar: *in größtmöglicher* (nicht: *größtmöglichster*) *Eile.*
grünblau oder **grün-blau**	Farbbezeichnungen dieser Art kann man nach den neuen amtlichen Rechtschreibregeln mit oder ohne Bindestrich schreiben. Die Schreibung ist in diesen Fällen unabhängig von der Bedeutung der Farbbezeichnung: *ein grünblaues* oder *grün-blaues Hemd* (»ein Hemd in den Farben Grün und Blau« oder »ein Hemd, das einen blauen Farbton besitzt, der ins Grüne spielt«).
grundsätzlich	Das Eigenschaftswort *grundsätzlich* hat zwei Bedeutungen: 1. Bedeutung: »einem Grundsatz entsprechend, ihn betreffend; ohne Ausnahme«: *Es ist grundsätzlich* (= ohne Aus-

G

nahme) *verboten, auf dem Schulhof zu rauchen.* 2. Bedeutung: »im Großen und Ganzen, meist, eigentlich, im Allgemeinen« (oft in Verbindung mit einschränkendem *aber*): *Ich habe grundsätzlich [zwar] nichts dagegen, möchte aber darauf hinweisen, dass ... Ich bin grundsätzlich auch dafür, will aber nicht verschweigen, dass Schwierigkeiten zu überwinden sind. Dagegen ist grundsätzlich nichts zu sagen, wenn die anderen einverstanden sind.* Eine Rolle spielt im Übrigen auch die Betonung des Wortes: *Ich habe grundsätzlich nichts dagegen* kann heißen »Ich habe im Großen und Ganzen nichts dagegen, gewisse Vorbehalte sind jedoch nicht ausgeschlossen« (Betonung: *grụndsätzlich*). Es kann aber auch bedeuten »Ich habe prinzipiell, aus Grundsatz nichts dagegen, z. B. um mir keinen Ärger zu machen« (Betonung: *grundsạ̈tzlich*).

Gruppe

1. Eine Gruppe Kinder stand/standen dort: Im Allgemeinen bezieht man das Zeitwort auf *Gruppe* und setzt es in die Einzahl: *Eine Gruppe Kinder stand dort, wurde empfangen, ist abgereist, hat sich abgesetzt.* Gelegentlich wird das Zeitwort aber nicht auf *Gruppe,* sondern auf das Gezählte bezogen und in die Mehrzahl gesetzt (d. h., man konstruiert nach dem Sinn). *Eine Gruppe Kinder standen dort, wurden empfangen, sind abgereist, haben sich abgesetzt.* Beide Möglichkeiten sind richtig.
2. eine Gruppe netter/nette Leute: Üblicherweise steht nach *Gruppe* die folgende Angabe im Wesfall: *eine Gruppe netter Leute; für eine Gruppe Abgeordneter; mit einer Gruppe Studenten, kleiner Kinder.* Es ist jedoch auch möglich, die Angabe, die dem Mengenbegriff *Gruppe* folgt, in den gleichen Fall zu setzen wie *Gruppe.* Dies kommt jedoch selten vor: *eine Gruppe nette Leute; für eine Gruppe Abgeordnete; bei einer Gruppe jungen Studenten, kleinen Kindern.* Beide Möglichkeiten sind richtig.

Gummi	Bei *Gummi* in der Bedeutung »vulkanisierter Kautschuk, Klebstoff« heißt es *das Gummi,* seltener auch: *der Gummi,* Wesfall: *des Gummis,* Mehrzahl: *die Gummis* oder *die Gummi.* Bei den Bedeutungen »Radiergummi; Präservativ« heißt es nur *der Gummi,* Wesfall: *des Gummis,* Mehrzahl: *die Gummis,* dagegen bei der Kurzform für »Gummiband« nur *das Gummi,* Wesfall: *des Gummis,* Mehrzahl: *die Gummis.*
gut	**1. gut für/gegen:** Die Verwendung von *für (Das Mittel ist gut für den Husten)* gehört heute der Umgangssprache an. Standardsprachlich verwendet man *gegen: Das Mittel ist gut gegen den Husten.* **2. Seien Sie so gut:** Diese Höflichkeitsformel ist richtig. Falsch ist: *Sind Sie so gut und ...*
gutschreiben	Nach *gutschreiben auf* kann sowohl der Wenfall (Frage wohin?) als auch der Wemfall (Frage: wo?) stehen. Der Wemfall ist seltener: *Wir werden den Betrag auf Ihr,* seltener: *auf Ihrem Konto gutschreiben.*

H *h*

habe oder **hätte**	Beide Formen sind Möglichkeitsformen (Konjunktive) des Zeitwortes *haben.* Die Form *habe* steht vor allem in der indirekten Rede: *Sie sagte, sie habe wenig Zeit. Sie fragte, ob er schon gegessen habe.* Auch *hätte* kann in der indirekten Rede stehen. Dies ist zum einen dann der Fall, wenn *habe* nicht eindeutig als Möglichkeitsform erkennbar ist, d. h., wenn es in dem jeweiligen Satz mit der Wirklichkeitsform (dem Indikativ) übereinstimmt: *Ich sagte, ich hätte* (für nicht eindeutiges *habe*) *ihn nicht gesehen.* Zum anderen steht *hätte* statt *habe,* wenn der Sprecher ausdrücken will, dass ihm das, was er berichtet, nicht glaubhaft erscheint: *Sie sagte, sie hätte wenig Zeit.* Sonst steht *hätte* vor allem in Bedingungssätzen: *Wenn ich das gewusst hätte, wäre ich früher gekommen. Hätte er das gesehen, wäre er sicher wütend geworden.*
halb	Nach *alle* (= jede) kann man *halb* in der Mehrzahl auf zweierlei Weise beugen: *alle halbe Stunden* oder *alle halben Stunden* (in der Einzahl: *alle halbe Stunde*), *alle halbe Meter* oder *alle halben Meter.* In bestimmten formelhaften Verbindungen braucht *halb* nicht gebeugt zu werden: *ein halb Dutzend* oder *ein halbes Dutzend.*
halber	Das Verhältniswort (die Präposition) *halber* wird mit dem Wesfall verbunden und steht immer nach dem Hauptwort, auf das es sich bezieht: *des guten Beispiels halber, der politischen Umstände halber.*
halbjährig oder **halbjährlich**	Das Eigenschaftswort *halbjährig* bedeutet entweder »ein halbes Jahr alt« oder »ein halbes Jahr dauernd«. Eine *halbjährige Kündigung* ist also eine Kündigungsfrist, die auf ein

	halbes Jahr festgesetzt ist. *Halbjährlich* bedeutet dagegen »alle halbe Jahre wiederkehrend, stattfindend«. Demnach besagt *halbjährliche Kündigung,* dass sich die Möglichkeit der Kündigung jedes halbe Jahr ergibt.
Hälfte	**1. Bedeutung:** Obwohl *Hälfte,* rein logisch betrachtet, nur die zwei gleich großen Teile eines Ganzen bezeichnen kann, verwenden es viele Sprecher in der Umgangssprache als Bezeichnung für den nicht genau halben Teil eines Ganzen, also im Sinne von »Teil, Stück« (wenn es sich um zwei Teile, zwei Stücke handelt): *die größere, kleinere Hälfte; zwei ungefähr gleiche Hälften* usw. **2. Die Hälfte der Bücher lag/lagen auf dem Boden:** Im Allgemeinen bezieht man das Zeitwort auf *Hälfte* und setzt es in die Einzahl: *Die Hälfte der Bücher lag auf dem Boden, wurde verkauft, ist zerfleddert.* Gelegentlich wird das Zeitwort aber nicht auf *Hälfte,* sondern auf das Gezählte bezogen und in die Mehrzahl gesetzt (d. h., man konstruiert nach dem Sinn): *Die Hälfte der Bücher lagen auf dem Boden, wurden verkauft, sind zerfleddert.* Beide Möglichkeiten sind richtig.
Hand	**1. zu Händen von:** Heute wird in Briefanschriften meist auf die Wendung *zu Händen von/z. Hd.* verzichtet, weil sie als überflüssig empfunden wird. Man schreibt also lediglich: Stadtverwaltung ... (nächste Zeile:) Frau Petra Kämpfer. **2. an die oder an der Hand nehmen:** Üblich ist nur der Wenfall *(jemanden an die Hand nehmen).* Es kann auch heißen *jemanden bei der Hand nehmen,* unüblich ist aber der Wemfall nach *an* (nicht: *jemanden an der Hand nehmen*).
Hand voll	Nach den neuen amtlichen Rechtschreibregeln ist, auch wenn man *Hand voll* als Mengenangabe versteht, nur noch die Getrenntschreibung richtig: *eine Hand voll Salz, ein paar Hand voll Reis. Er hatte eine Hand voll Muscheln.*

H

handbreit/ eine Hand breit/eine Handbreit	Alle drei Schreibweisen sind möglich. Zusammen und klein schreibt man, wenn es sich um ein Eigenschaftswort handelt: *ein handbreiter Spalt. Die Tür steht handbreit offen.* Getrennt schreibt man, wenn *breit* näher bestimmt wird durch *Hand,* dem wiederum ein Zahlwort, ein Geschlechtswort (Artikel) o. Ä. vorangestellt ist: *ein eine Hand breiter Spalt. Der Saum ist zwei Hand breit. Die Tür stand kaum eine Hand breit offen.* Zusammen und groß schreibt man, wenn man *Handbreit* als Maßangabe versteht: *Die Tür stand nur eine Handbreit offen. Es ist keine Handbreit, nur zwei Handbreit entfernt.*
Handel, handeln	Nach dem Hauptwort *Handel* schließt man ebenso wie nach dem Zeitwort *handeln* gewöhnlich mit dem Verhältniswort (der Präposition) *mit* an: *der Handel mit Textilien; handeln mit Textilien.* In der Kaufmannssprache steht manchmal auch das Verhältniswort *in: der Handel in Textilien; handeln in Textilien.*
hängen	Die Vergangenheitsformen des regelmäßigen Zeitwortes *hängen* (= *hängte, gehängt*) und des unregelmäßigen Zeitwortes (= *hing, gehangen*) sollte man nicht miteinander verwechseln. Hat *hängen* eine Ergänzung im Wenfall bei sich, gelten die regelmäßigen Formen: *Er hängte seinen Anzug auf einen Bügel. Du hattest deinen Mantel in den Schrank gehängt.* Steht *hängen* jedoch ohne eine Ergänzung im Wenfall, dann sind die unregelmäßigen Formen anzuwenden: *Ein Bild hat über der Couch gehangen. Schmutz hing an seinen Schuhen. Im Zimmer hing noch der Zigarettenrauch vom Vortage.*
hauen	Nennt man in Verbindung mit dem Zeitwort *hauen* Person und Körperteil, auf die sich *hauen* bezieht, dann steht die Person in der Regel im Wemfall: *Er haute seinem Kumpel auf die Schulter.* Der Wenfall ist auch richtig, aber selten: *Er haute seinen Kumpel auf die Schulter.*

Haufen	**1. Ein Haufen Kartoffeln lag/lagen dort:** Im Allgemeinen bezieht man das Zeitwort auf *Haufen* und setzt es in die Einzahl: *Ein Haufen Kartoffeln lag dort, wurde weggeworfen, ist verfault* usw. Gelegentlich wird das Zeitwort aber nicht auf *Haufen,* sondern auf das Gezählte bezogen und in die Mehrzahl gesetzt (d. h., man konstruiert nach dem Sinn): *Ein Haufen Kartoffeln lagen dort, wurden weggeworfen, sind verfault.* Beide Möglichkeiten sind richtig. **2. ein Haufen neugieriger/neugierige Nachbarn:** Üblicherweise steht nach *Haufen* die folgende Angabe im Wesfall: *ein Haufen neugieriger Nachbarn; gegen einen Haufen Jugendlicher; mit einem Haufen Kinder, randalierender Halbstarker.* Es ist jedoch auch möglich, die Angabe, die dem Mengenbegriff *Haufen* folgt, in den gleichen Fall zu setzen wie *Haufen: ein Haufen neugierige Nachbarn; gegen einen Haufen johlende Jugendliche; mit einem Haufen randalierenden Halbstarken.* Beide Möglichkeiten sind richtig.
Hauptteil	Richtig ist nur *der Hauptteil.* Es heißt also: *Er beansprucht einen* (nicht: *ein*) *Hauptteil für sich.*
Hauptwortstil (Nominalstil)	Unter Hauptwortstil versteht man eine Ausdrucksweise, die übermäßig viele Hauptwörter verwendet. Diese übermäßige Häufung macht den Stil eintönig und den Inhalt des Satzes schwer verständlich. So lautet z. B. der Satz *Zur Wiederholung der Aufführung dieses Stückes ist von unserer Seite keine Veranlassung gegeben* einfacher und lebendiger etwa so: *Wir sehen uns nicht veranlasst, das Stück noch einmal aufzuführen.* Hier sind auch die vielen Hauptwörter auf *-ung* aufgelöst, die man leicht auf das zugrunde liegende Zeitwort zurückführen kann. Stilistisch unschön ist ebenso, wenn man übermäßig viele schwerfällige Bildungen wie z. B. *Inanspruchnahme, Nichtbefolgung, Hintansetzung* gebraucht. Der Satz *Wegen Außerachtlassung aller Sicherheitsmaßnahmen und Nichtbefolgung*

H

der Betriebsvorschriften wurden bei der Tieferlegung der Rohre drei Arbeiter verletzt kann besser etwa so lauten: *Drei Arbeiter wurden verletzt, als sie die Rohre tiefer legten. Sie hatten die Sicherheitsmaßnahmen außer Acht gelassen und die Betriebsvorschriften nicht befolgt.* Auch die so genannten Streckformen (Funktionsverbgefüge) sind für den Hauptwortstil typisch. Sie werden besonders mithilfe der Zeitwörter *bringen, erfolgen, gelangen, kommen* u. a. gebildet. Beispiele hierfür sind:

in Anrechnung bringen	statt	*anrechnen*
in Vorschlag bringen	statt	*vorschlagen*
zur Ausführung gelangen	statt	*ausgeführt werden*
zur Verteilung gelangen	statt	*verteilt werden*
in Wegfall kommen	statt	*wegfallen*
zum Versand kommen	statt	*versendet werden*

Formen dieser Art sollte man vermeiden, denn sie sind umständlich und steif. Stilistisch besser sind in den meisten Fällen die einfachen Zeitwörter.

Häuserblock Die Mehrzahl von *Häuserblock* lautet *die Häuserblocks.* Nicht richtig ist also *die Häuserblöcke.*

Heer **1. Ein Heer von Polizisten stand/standen bereit:** Im Allgemeinen bezieht man das Zeitwort auf *Heer* und setzt es in die Einzahl: *Ein Heer von Polizisten stand bereit, war aufgeboten, hat den Transport überwacht.* Gelegentlich wird das Zeitwort aber nicht auf *Heer,* sondern auf das Gezählte bezogen und in die Mehrzahl gesetzt (d. h., man konstruiert nach dem Sinn): *Ein Heer von Polizisten standen bereit, waren aufgeboten, haben den Transport überwacht.* Beide Möglichkeiten sind richtig.

2. ein Heer grünlicher/grünliche Fliegen: Üblicherweise steht nach *Heer* die folgende Angabe im Wesfall: *ein Heer grünlicher Fliegen; für ein Heer Bediensteter; mit einem Heer sonnenhungriger Touristen.* Es ist jedoch auch möglich, die Angabe, die dem Mengenbegriff *Heer* folgt, in den

	gleichen Fall zu setzen wie *Heer: ein Heer grünliche Fliegen; für ein Heer Bedienstete; mit einem Heer sonnenhungrigen Touristen.* Beide Möglichkeiten sind richtig.
heißen	**1. geheißen oder gehießen:** Die Form *gehießen* gehört der landschaftlichen Umgangssprache an. Standardsprachlich verwendet man *geheißen: Man hat ihn das geheißen. Früher hatte sie Meyer geheißen.* **2. geheißen oder heißen:** Nach der Grundform (dem Infinitiv) eines anderen Zeitwortes verwendet man im gehobenen Stil heute überwiegend *heißen: Sie hat mich kommen heißen.* Richtig, wenn auch seltener ist *geheißen: Sie hat mich kommen geheißen.* **3. Er hieß ihn einen anständigen Menschen/ein anständiger Mensch werden:** Beide Formen sind richtig und gehören dem gehobenen Stil an. Üblicher ist *... ein anständiger Mensch werden.* Die Form *... einen anständigen Menschen werden* veraltet allmählich.
Held	Das Hauptwort *Held* erhält – außer im Werfall – die Endung *-en: der Held, des Helden* (nicht: *des Helds*), dem Helden (nicht: *dem Held*), *den Helden,* (nicht: *den Held*), Mehrzahl: *die Helden.*
helfen	**1. helfen oder geholfen:** Steht vor dem Zeitwort *helfen* ein anderes Zeitwort, und zwar in der Grundform (im Infinitiv), dann kann man sowohl *helfen* als auch *geholfen* verwenden: *Ich habe ihm das Auto waschen helfen* oder *waschen geholfen.* **2. Gebrauch des Mittelworts:** Das Mittelwort der Vergangenheit (2. Partizip) von *helfen* (es lautet *geholfen*) ist nicht als Beifügung eines Hauptwortes zu verwenden. Also nicht: *ein geholfenes Waisenkind,* sondern: *ein Waisenkind, dem geholfen wurde.* **3. etwas tun oder zu tun helfen:** Ein Zeitwort, das ohne irgendeinen Zusatz auf *helfen* folgt, schließt man ohne *zu*

H

	an: *Sie hilft ihm aufräumen.* Tritt zu diesem Zeitwort eine Ergänzung, dann kann *zu* stehen, es muss aber nicht stehen: *Sie hilft ihm die Spielsachen aufräumen.* Oder: *Sie hilft ihm die Spielsachen aufzuräumen.* Treten mehrere Glieder zu dem Zeitwort, dann steht im Allgemeinen *zu: Sie hilft ihm, die in der ganzen Wohnung verstreuten Spielsachen und Kleidungsstücke aufzuräumen.* **4. Komma:** Wenn das Zeitwort *helfen* mit einer Wortgruppe, die die Grundform eines anderen Zeitwortes enthält, verbunden ist (Infinitivgruppe), dann kann man ein Komma setzen, um die Gliederung des Satzes deutlich zu machen oder um Missverständnisse auszuschließen: *Sie hilft mir die Spielsachen aufzuräumen.* Oder: *Sie hilft mir, die Spielsachen aufzuräumen.* Beide Möglichkeiten sind nach den neuen amtlichen Rechtschreibregeln richtig.
herausstellen	Bei *sich herausstellen als* steht das Hauptwort, das dem *als* folgt, heute nur noch im Werfall: *Seine Rede stellte sich als übler Angriff auf die Opposition heraus.*
Herr	siehe Tabelle
herrschen	Das Mittelwort der Vergangenheit (2. Partizip) von *herrschen* (es lautet *geherrscht*) ist nicht als Beifügung eines Hauptwortes zu verwenden. Also nicht: *die geherrschte Seuche,* sondern: *die Seuche, die geherrscht hat.*

Schwierigkeiten der Beugung bei *Herr*

1. Beugung von *Herr*:
In der **Einzahl** lauten die Formen
(Werfall:) *der Herr*
(Wesfall:) *des Herrn*
(Wemfall:) *dem Herrn*
(Wenfall:) *den Herrn*
(**nicht:** *Herren*)
Mehrzahl:
(Werfall:) *die Herren*
(Wesfall:) *der Herren*
(Wemfall:) *den Herren*
(Wenfall:) *die Herren*
(**nicht:** *Herrn*).

2. Beugung nach *Herr*:
Herr wird vor Namen und Titeln immer gebeugt:
Ich werde Herrn Müller anrufen.
An Herrn Erwin Meyer.

a) *Herr* + Name:
Der Name erhält im Wesfall die Endung *-s:*
Herrn Müllers Besuch
Herrn Meyers Geburtstag
Steht jedoch vor *Herr* noch *des, eines* oder ein Fürwort (Pronomen), dann bleibt der Name unverändert:
der Besuch des Herrn Müller, eines gewissen Herrn Müller
der Geburtstag jenes Herrn Meyer

Steht statt des Namens eine Verwandtschaftsbezeichnung, wird diese jedoch gebeugt:
zum Tode Ihres Herrn Vaters
(**nicht:** *Vater*).

b) *Herr* + Titel + Name:
Der Name, jedoch nicht der Titel erhält im Wesfall die Endung *-s:*
Herrn Professor Müllers Besuch
Herrn Regierungsrat Meyers Geburtstag
Steht jedoch vor Herr noch *des, eines* oder ein Fürwort, erhält meist der Titel eine Beugungsendung, der Name jedoch nicht:
die Rede des Herrn Ministers Müller
die Ausführungen eines gewissen Herrn Rechtsanwaltes Dr. Meyer (*Doktor* bleibt ungebeugt!).
Als Beisatz (Apposition) jedoch:
die Rede des Herrn Präsidenten, Professor Müller oder Müllers.

c) *Herr* + Titel:
Folgt kein Name, erhält der Titel die Beugungsendung:
im Namen des Herrn Oberbürgermeisters
die Anschrift des Herrn Intendanten
die Arbeit mit dem Herrn Diplomaten

herum oder **umher**	Eine genaue Unterscheidung zwischen *herum* und *umher* ist nicht immer möglich; *herum* bedeutet »rundherum, im Kreise, ringsum«: *Um das Lager herum stellten sie Posten auf. Ich lief um den Baum herum.* Dagegen bedeutet *umher* »kreuz und quer, dahin und dorthin, nach dieser und jener Richtung«: *Sie irrten im Walde umher. Er lief ein bisschen in dem Städtchen umher.* Viele Sprecher halten an dieser Unterscheidung nicht fest und gebrauchen *herum* statt *umher: Sie tollte auf der Wiese herum. Er fuchtelte vor meinem Gesicht herum.* Wenn es sich um eine erfolglose oder unnütze, aber anhaltende Beschäftigung handelt, gebraucht man heute nur noch *herum: Sie kramte in ihrer Tasche herum.*
heute	Die Zeitbestimmung *heute* wird bei der Darstellung eines Vorgangs in der Vergangenheit gelegentlich so gebraucht, dass ein falscher Zeitbezug entsteht. Richtig ist: *Die Bergsteiger brachen in aller Frühe auf, um an diesem Tag* (nicht: *heute*) *den Gipfel zu bezwingen.*
hindern	Weil das Zeitwort *hindern* schon verneinenden Sinn hat (= nicht tun lassen), darf man einen von ihm abhängenden Satz nicht verneinen. Nicht richtig ist darum: *Ich hindere ihn daran, nicht noch mehr zu trinken.* Richtig ist: *Ich hindere ihn daran, noch mehr zu trinken.*
hinnehmen	Nach *hinnehmen* kann das folgende Eigenschaftswort oder Hauptwort mit *als* oder auch mit *wie* angeschlossen werden (wobei sich die Aussage etwas ändert). Der Anschluss mit *für* ist veraltet: *etwas als selbstverständlich,* auch: *wie selbstverständlich* (veraltet: *für selbstverständlich*) *hinnehmen.*
hinsichtlich	Das Verhältniswort (die Präposition) *hinsichtlich* steht üblicherweise mit dem Wesfall: *hinsichtlich seines Briefes, hinsichtlich des Angebotes, der Preise.* Nur in der Mehrzahl

	weicht man bei allein stehenden Hauptwörtern auf den Wemfall aus: *hinsichtlich Angeboten und Preisen.* Aber: *hinsichtlich der Angebote, hinsichtlich Ihrer Preise.*
hinstellen	**1. sich hinstellen als:** Bei *sich hinstellen als* steht das Hauptwort, das dem *als* folgt, gewöhnlich im Werfall: *Wer stellt sich schon gern als kleiner Beamter hin?* Der Wenfall *(Wer stellt sich schon gern als kleinen Beamten hin?)* kommt seltener vor, ist aber auch richtig. **2. hinstellen vor:** Bei *hinstellen vor* und *sich hinstellen vor* steht in der Regel der Wenfall (Frage: vor wen oder was?): *Ich stellte die Schüssel vor den Mann hin. Der Polizist stellt sich vor mich hin.*
Hinterbliebene, der und die	Man beugt das Wort in folgender Weise: *der Hinterbliebene, ein Hinterbliebener, zwei Hinterbliebene, die Hinterbliebenen, einige Hinterbliebene, alle Hinterbliebenen, solche Hinterbliebene* und *solche Hinterbliebenen, beide Hinterbliebenen* und seltener auch *beide Hinterbliebene; genanntem Hinterbliebenen, eine Anzahl älterer Hinterbliebener.* Als Beisatz (Apposition): *mir (dir, ihm) als Hinterbliebenen* und *mir (dir, ihm) als Hinterbliebenem; ihr als Hinterbliebenen* und *ihr als Hinterbliebener.*
Hitzefrei oder **hitzefrei**	Klein schreibt man das Eigenschaftswort *hitzefrei: ein hitzefreier Tag; nicht hitzefrei haben, bekommen.* Groß schreibt man dagegen das Hauptwort *das Hitzefrei: Hitzefrei erteilen; kein Hitzefrei haben, bekommen.* In den Fällen, in denen nicht eindeutig zu erkennen ist, ob das Eigenschaftswort oder das Hauptwort gemeint ist, sind beide Schreibungen richtig: *hitzefrei/Hitzefrei haben. Heute bekommen wir bestimmt hitzefrei/Hitzefrei.*
höchstens	Man kann sagen: *Das trifft in höchstens drei Fällen zu* oder: *Das trifft höchstens in drei Fällen zu.* Im ersten Satz liegt

	die Betonung stärker auf der Anzahl *(höchstens drei)* als im zweiten Satz. Beide Sätze sind richtig.
höchstens nur	Die Verwendung von *höchstens nur* ist nicht richtig. Da die Wörter *höchstens* und *nur* – trotz inhaltlicher Berührungen – Unterschiedliches ausdrücken, ist jeweils nur eines von beiden richtig in einem Satz: Je nachdem, was man zum Ausdruck bringen will, kann es also heißen: *Es waren höchstens* (= keinesfalls mehr als) *10 Leute gekommen.* Oder: *Es waren nur* (= bedauerlicherweise nicht mehr als) *10 Leute gekommen.* Aber nicht: *Es waren höchstens nur 10 Leute gekommen.* Auch in einem Zusammenhang, in dem die beiden Wörter sich inhaltlich stärker gleichen oder dieselbe Bedeutung haben, darf nur eines von beiden stehen: *Er geht nicht aus, nur gelegentlich ins Kino.* Oder: *... höchstens gelegentlich ins Kino.* Aber nicht: *... höchstens nur ins Kino.*
höchstmöglich	Da das Eigenschaftswort *höchstmöglich* bereits eine höchste Steigerungsstufe *(höchst...)* enthält, ist es nicht noch einmal steigerbar: *die höchstmögliche* (nicht: *höchstmöglichste*) *Punktzahl.*
hoffen	Wenn das Zeitwort *hoffen* mit einer Wortgruppe, die die Grundform eines anderen Zeitwortes enthält, verbunden ist (Infinitivgruppe), dann kann man ein Komma setzen, um die Gliederung des Satzes deutlich zu machen oder um Missverständnisse auszuschließen: *Wir hoffen sehr die Kinder am Montag zu sehen.* Oder: *Wir hoffen sehr, die Kinder am Montag zu sehen.* Beide Möglichkeiten sind nach den neuen amtlichen Rechtschreibregeln richtig.
Horde	**1. Eine Horde Kinder lief/liefen durch die Straßen:** Im Allgemeinen bezieht man das Zeitwort auf *Horde* und setzt es in die Einzahl: *Eine Horde Kinder lief durch die Straßen. Eine Horde Halbstarker demolierte das Gebäude.* Gelegentlich wird das Zeitwort aber nicht auf *Horde,* sondern auf das

Gezählte bezogen und in die Mehrzahl gesetzt (d. h., man konstruiert nach dem Sinn): *Eine Horde Kinder liefen durch die Straßen. Eine Horde Halbstarker demolierten das Gebäude.* Beide Möglichkeiten sind richtig.

2. eine Horde Halbstarker/Halbstarke: Üblicherweise steht nach *Horde* die folgende Angabe im Wesfall: *eine Horde Halbstarker; eine Horde lärmender Kinder.* Es ist jedoch auch möglich, die Angabe nach *Horde* in den gleichen Fall zu setzen, den *Horde* selbst aufweist, also: *eine Horde Halbstarke; eine Horde lärmende Kinder; mit einer Horde lärmenden Kindern.* Beide Möglichkeiten sind richtig.

H

hören

Steht vor *hören* die Grundform (der Infinitiv) eines anderen Zeitwortes, dann kann man sowohl die Form *hören* als auch die Form *gehört* verwenden: *Ich habe sie nicht kommen hören* oder *kommen gehört.*

hundert

Klein schreibt man das Zahlwort *hundert* (das immer ungebeugt auftritt): *hundert Zigaretten; einige, mehrere hundert Zigaretten; an die hundert Zigaretten; der dritte Teil von hundert; eins zu hundert. Sie fuhr hundert [Kilometer pro Stunde]. Sie kauft nur vier von hundert. Er zählt bis hundert. Er wird hundert [Jahre alt].* Klein- oder Großschreibung ist nach den neuen amtlichen Rechtschreibregeln dann richtig, wenn *hundert* unbestimmte (nicht in Ziffern schreibbare) Mengen bezeichnet: *Die Summe geht in die hunderte* oder *Hunderte. Viele hunderte* oder *Hunderte begehrten Einlass. Sie lagerten zu hunderten* oder *Hunderten auf der Wiese. Es geschah trotz des Einsatzes hunderter* oder *Hunderter Freiwilliger/hunderten* oder *Hunderten von Freiwilligen. Er kaufte einige hundert* oder *Hundert Nägel* (= Packungen von je hundert Stück). Groß schreibt man, wenn das Zahlwort als Hauptwort gebraucht wird (das dann auch in gebeugter Form auftreten kann): *die Hundert* (= Alter) *erreichen; mit der Hundert* (= Straßenbahnlinie 100) *fahren.* Als Maßangabe für hundert

	Einheiten: *ein halbes Hundert, vier vom Hundert, das zweite Hundert, des dritten Hunderts.*
hundert[und]einte oder **hundert[und]erste**	Standardsprachlich heißt es: *hunderterste* oder *hundertunderste.* Die Formen *hunderteinte* und *hundertundeinte* sind landschaftlich.
hüten, sich	Weil das Zeitwort *sich (vor etwas) hüten* in der Bedeutung »etwas vermeiden, etwas mit Bedacht nicht tun« schon verneinenden Sinn hat, darf man einen von ihm abhängenden Satz nicht zusätzlich verneinen. Nicht richtig ist darum: *Sie hütete sich (davor), nicht zu schnell zu fahren.* Oder: *Sie hütete sich (davor), dass sie nicht zu schnell fuhr.* Richtig ist: *Sie hütete sich (davor), zu schnell zu fahren.* Oder: *Sie hütete sich (davor), dass sie zu schnell fuhr.* Hat *sich hüten* jedoch die Bedeutung »auf etwas achten, sich vorsehen, aufpassen«, dann wird ein von ihm abhängender Satz verneint: *Hüte dich, dass du keinen Fehler machst. Hüte dich, dass man dich nicht übervorteilt.*

I *i*

I (im Wortinnern)

Die abgekürzte Schreibweise für *Mitarbeiter und Mitarbeiterinnen* mit einem großen *I* im Wortinnern *(MitarbeiterInnen)* widerspricht der geltenden amtlichen Rechtschreibung, die Großbuchstaben im Wortinnern nicht zulässt (Schreibungen wie *InterCity* sind bewusste Abweichungen und haben grafisch-gestalterische Gründe). Unschön ist bei dieser Schreibweise auch, dass geschriebene und gesprochene Sprache nicht im Einklang sind. Bei Pluralformen funktioniert das große *I* nicht immer: *Sekretäre* und *Sekretärinnen* können wegen der unterschiedlichen Mehrzahlendung nicht zu *SekretärInnen* kombiniert werden. Weitere Probleme treten in der Einzahl auf: Heißt es *der* oder *die Mitarbeiterin?* Heißt es *der* oder *die MitarbeiterIn, der* oder *die zur Versetzung vorgeschlagen wird?* Und wie soll das zugehörige Eigenschaftswort gebeugt werden: *langjährige* oder *langjähriger MitarbeiterIn?*

Eine Patentlösung dieses Problems gibt es leider nicht. Will man der Gleichstellung der Frauen gerecht werden, kann man nur auf Doppelnennungen oder zulässige Verkürzungen zurückgreifen. Es kann also heißen: *Die Mitarbeiterin und der Mitarbeiter, die/der zur Versetzung vorgeschlagen wurde* oder *Der/Die Mitarbeiter/-in, der/die zur Versetzung vorgeschlagen wurde* oder *Der/Die Mitarbeiter(in), der/die zur Versetzung vorgeschlagen wurde.* In der Mehrzahl bieten sich neben Verkürzungen manchmal auch neutrale Bezeichnungen an: *Die Student(inn)en besuchten die Vorlesung* oder *Die Studierenden besuchten die Vorlesung.*

I (im Wortinnern)			
maskuline Form	**feminine Form**	**Kurzform mit Schrägstrich**	**Kurzform mit Klammern**
Arbeitnehmer	Arbeitneh-merinnen	Arbeitneh-mer/-innen	Arbeitneh-mer(innen)
Ärzte	Ärztinnen	–	von Ärzt(inn)en
Autoren	Autorinnen	–	Autor(inn)en
Bauherren	Bauherrinnen	–	Bauherr(inn)en
Beamte	Beamtinnen	–	die Beamt(inn)en; von Beamt(inn)en
Bischöfe	Bischöfinnen	–	von Bischöf(inn)en
Dozenten	Dozentinnen	–	Dozent(inn)en
Kollegen	Kolleginnen	–	Kolleg(inn)en
Lehrer	Lehrerinnen	Lehrer/-innen	Lehrer(innen)
Mandanten	Mandantinnen	–	Mandant(inn)en
Mieter	Mieterinnen	Mieter/-innen	Mieter(innen)
Mitarbeiter	Mitarbeiterinnen	Mitarbeiter/-innen	Mitarbeiter(innen)
Patienten	Patientinnen	–	Patient(inn)en
Professoren	Professorinnen	–	Professor(inn)en
Rechtsanwälte	Rechtsanwältin-nen	–	von Rechts-anwält(inn)en
Schüler	Schülerinnen	Schüler/-innen	Schüler(innen)
Sprecher	Sprecherinnen	Sprecher/-innen	Sprecher(innen)
Studenten	Studentinnen	–	Student(inn)en

i. A. oder **I. A.**	Die Abkürzung für *im Auftrag* schreibt man mit kleinem *i*, wenn sie der Bezeichnung einer Behörde, Firma u. dgl. folgt: *Der Oberbürgermeister* *i. A. Meyer* Sie wird mit großem *I* geschrieben, wenn sie nach einem abgeschlossenen Text (allein vor einer Unterschrift) steht: *Ihre Unterlagen erhalten Sie mit* *gleicher Post zurück.* *I. A. Meyer*
ich, der ich mich oder **ich, der sich ...**	Beide Formen sind möglich und grammatisch richtig: *Ich, der ich mich immer um ein gutes Verhältnis bemüht habe ...* Oder: *Ich, der sich immer um ein gutes Verhältnis bemüht hat ... Ich, die ich mich immer um ein gutes Verhältnis bemüht habe ...* Oder: *Ich, die sich immer um ein gutes Verhältnis bemüht hat ...*
ich würde sagen, ich möchte sagen	Diese Floskeln, die besonders in Diskussionen o. Ä. (also in der gesprochenen Sprache) auftreten, sind vielfach inhaltlich entbehrlich und stilistisch blass. Da sie eine Äußerung entgegenkommender und weniger selbstsicher erscheinen lassen, sind sie jedoch nicht immer überflüssig.
ich oder du	*Ich oder du musst das machen.* Nicht: *Ich oder du muss das machen.* Ebenso nicht: *Ich oder du müssen das machen.*
ich oder er	*Ich oder er wird daran teilnehmen.* Nicht: *Ich oder er werde daran teilnehmen.* Ebenso nicht: *Ich oder er werden daran teilnehmen.*
ich und du	*Ich und du* (= wir) *haben uns sehr gefreut.* Oder: *Ich und du, wir haben uns sehr gefreut.* Nicht: *Ich und du haben sich sehr gefreut.*

I

ich und er	*Ich und er* (= wir) *haben uns sehr gefreut.* Oder: *Ich und er, wir haben uns sehr gefreut.* Nicht: *Ich und er haben sich sehr gefreut.*
ich und ihr	*Ich und ihr* (= wir) *haben uns sehr gefreut.* Oder: *Ich und ihr, wir haben uns sehr gefreut.* Nicht: *Ich und ihr haben sich sehr gefreut.* Ebenso nicht: *Ich und ihr habt euch sehr gefreut.*
ich und sie	*Ich und sie* (= wir) *haben uns sehr gefreut.* Oder: *Ich und sie, wir haben uns sehr gefreut.* Nicht: *Ich und sie haben sich sehr gefreut.*
ideal oder **ideell**	Die beiden Wörter sollte man nicht verwechseln. Das Eigenschaftswort *ideal* bedeutet »vollkommen, musterhaft«: *ein idealer Partner, ideale Voraussetzungen, die ideale Waschmaschine. Diese Waschmaschine ist ideal.* Das Eigenschaftswort *ideell* bedeutet dagegen »auf einer Idee beruhend, geistig«: *ideelle Ziele, Bedürfnisse, die ideelle Grundlegung eines Systems. Es geht hier um ideelle, nicht um materielle Werte.*
Idiot	Das Hauptwort *Idiot* erhält – außer im Werfall – die Endung *-en: der Idiot, des Idioten* (nicht: *des Idiots*), *dem Idioten* (nicht: *dem Idiot*), *den Idioten* (nicht: *den Idiot*), Mehrzahl: *die Idioten.*
ihr oder Ihr	siehe Tabelle
ihr oder sie	*Ihr oder sie haben das getan.* Nicht: *Ihr oder sie habt das getan.*
ihr und er	*Ihr und er* (= ihr) *habt das getan.* Oder: *Ihr und er, ihr habt das getan.* Nicht: *Ihr und er haben das getan.*

ihr und ich	*Ihr und ich* (= wir) *haben uns sehr gefreut.* Oder: *Ihr und ich, wir haben uns sehr gefreut.* Nicht: *Ihr und ich haben sich sehr gefreut.*
ihr und sie	*Ihr und sie* (= ihr) *habt euch gefreut.* Oder: *Ihr und sie, ihr habt euch gefreut.* Nicht: *Ihr und sie haben sich gefreut.*
ihre	Das besitzanzeigende Fürwort (Possessivpronomen) *ihre* schreibt man üblicherweise klein: *ihre Augen, ihre Autos.* Man schreibt auch klein, wenn es sich auf ein vorangehendes Hauptwort bezieht: *Das ist nicht mein Problem, sondern das ihre* (= ihr Problem). Bezieht sich *ihr* auf die Höflichkeitsanrede *Sie,* wird es dagegen großgeschrieben: *Ich habe Ihre Nachricht erhalten.* Nach den neuen amtlichen Rechtschreibregeln kann man *ihre* (entsprechend auch *ihrige*),

Klein- und Großschreibung von *ihr/Ihr*

1. Kleinschreibung:
Das Anredefürwort *ihr* (= 2. Person Mehrzahl), mit dem eine Gruppe von Personen angeredet wird, schreibt man nach den neuen amtlichen Rechtschreibregeln immer klein – auch wenn es in Briefen, Widmungen, in der Wiedergabe von Reden oder in der wörtlichen Rede steht:

(Brief:) *Liebe Familie Brunner! Wann besucht ihr uns einmal?*
(Fragebogen:) *Wohin möchtet ihr am liebsten reisen?*
(wörtliche Rede, z. B. in Lehrbüchern:) *Mit diesem Bleistift könnt ihr gut zeichnen!).*

Außerdem wird das besitzanzeigende Fürwort (Possessivpronomen) *ihr* üblicherweise kleingeschrieben:

Hast du ihr neues Auto schon gesehen?

2. Großschreibung:
Das besitzanzeigende Fürwort (Possessivpronomen) *ihr* wird immer (nicht nur in Briefen!) großgeschrieben, wenn es sich auf die Höflichkeitsanrede *Sie* bezieht:

Würden Sie mir bitte Ihren Namen sagen?
Ich habe Sie mit Ihrem Hund spazieren gehen sehen.
Wie lautet Ihre Adresse?

	wenn es zum Hauptwort geworden ist, groß- oder kleinschreiben: *Grüßen Sie die Ihr[ig]en* oder *die ihr[ig]en. Sie hatte das Ihr[ig]e* oder *das ihr[ig]e getan.*
ihrerseits, ihresgleichen, ihrethalben, ihretwegen, ihretwillen	Beziehen sich diese Wörter auf eine mit *Sie* anzuredende Person, dann werden sie großgeschrieben: *Sie Ihrerseits dürften das nicht tun. Wir teilen Ihnen mit, dass wir die Bücher Ihrethalben nicht verkauft haben. Für Ihresgleichen müsste das eine Kleinigkeit sein.*
Ihretwegen oder **wegen Ihnen**	In der Umgangssprache ersetzen viele Sprecher *Ihretwegen* durch *wegen Ihnen. Ich habe das nur wegen Ihnen getan.* Standardsprachlich heißt es jedoch: *Ich habe das nur Ihretwegen getan.*
ihrige	Bitte lesen Sie unter »ihre« nach.
Illustrierte	Man beugt das Wort in folgender Weise: *die Illustrierte, eine Illustrierte, zwei Illustrierte* oder *zwei Illustrierten; die Aufmachung verschiedener Illustrierten* oder auch *verschiedener Illustrierter; mit aufgeschlagener Illustrierten* oder auch *Illustrierter; einige Illustrierte, alle Illustrierten, solche Illustrierte* oder auch *solche Illustrierten, beide Illustrierten* und seltener auch *beide Illustrierte.* Als Beisatz (Apposition): *Sie hat diesem Blatt als einziger Illustrierten* (seltener auch: *als einziger Illustrierter*) *den Vorabdruck gestattet.*
im Falle, dass/ im Falle dass	Bei diesen Wortverbindungen kann die Kommasetzung unterschiedlich sein: *Ich komme nur, im Falle dass ich eingeladen werde.* Oder: *Ich komme nur im Falle, dass ich eingeladen werde.*
im Voraus	Nach den neuen amtlichen Rechtschreibregeln schreibt man *voraus* in dieser Verbindung groß.

in	**1. in Blau usw.:** Eine Farbbezeichnung in Verbindung mit *in* schreibt man groß: *in Blau, in Grün,* ebenso: *in Hell, in Matt.* **2. in 2002:** Diese Form *in* + Jahreszahl stammt aus dem Englischen. Im Deutschen steht die Jahreszahl ohne vorangehendes *in* oder aber in der Fügung *im Jahre* + Jahreszahl. *Wir wollen 2002* (oder: *im Jahre 2002*) *dieses Ziel erreichen.*
in oder **im**	Man kann sowohl sagen: *Die Firma ist seit 1830 in Familienbesitz* als auch: *... im Familienbesitz.* Ebenso: *Sie ist in Urlaub* oder: *Sie ist im Urlaub.* In diesen Beispielen empfindet man zwischen *in* und *im* kaum noch einen Unterschied, sodass man beide Formen unterschiedslos gebrauchen kann.
in oder **nach**	Wenn man diese Verhältniswörter (Präpositionen) in Verbindung mit Ortsangaben und Ländernamen verwendet, um die Richtung (auf die Frage: wohin?) anzugeben, sind Unterschiede zu beachten. Das Verhältniswort *in* steht bei Hauptwörtern und Ländernamen, die ein Geschlechtswort (den Artikel *der, die* oder *das*) bei sich haben: *in den Wald, ins Stadion gehen, in die Stadt fahren, in die Schweiz reisen, in die USA fliegen.* Vor Orts- und Ländernamen, die kein Geschlechtswort bei sich haben, steht *nach: nach Berlin, nach Frankreich fahren, nach Österreich reisen.*
in Bälde	Statt dieser Fügung, die besonders in der Amtssprache auftritt, sollte man das einfache *bald* verwenden: *Er wird bald* (nicht: *in Bälde*) *hier sein.*
in Beantwortung, in Erwartung	Fügungen dieser Art gehören der Amts- und Kaufmannssprache an: *In Beantwortung Ihres Schreibens vom 15. 03. 04 teilen wir Ihnen mit, ... In Erwartung Ihrer Zusage verbleiben wir ...* Sie sind stilistisch unschön und sollten – zumal außerhalb der Geschäfts- und Amtssprache – ersetzt werden. Stilistisch besser z. B.: *Wir erwarten Ihre Zusage und ...* oder: *Wir hoffen, dass sie zusagen, und ...* Auf kei-

	nen Fall sollten wesentliche Mitteilungen auf diese Weise zur Nebensache gemacht werden, also nicht: *In Ablehnung Ihres Gesuches teilen wir Ihnen mit ...*, sondern etwa: *Wir mussten Ihr Gesuch leider ablehnen. Sie können aber ...*
in der Annahme (Erwartung, Hoffnung o. Ä.), dass ...	In Fügungen dieser Art steht vor *dass* immer ein Komma: *In der Annahme, dass du am Wochenende kommst, habe ich ein Zimmer bestellt. Ich habe in der Erwartung, dass du am Wochenende kommst, ein Zimmer bestellt.*
in einem Fall wie diesem/ wie dieser	Beide Formulierungen sind richtig. Entweder man bezieht das Wort *dieser* unmittelbar auf das Wort *Fall,* und beide stehen im Wemfall: *in einem Fall wie diesem.* Oder man sieht *wie dieser* als Verkürzung eines Nebensatzes an, der vollständig etwa lauten würde: *wie dieser es ist.*
in etwa	Die Fügung *in etwa* im Sinne von »ungefähr« kann nicht (wie *ungefähr* selbst) bei Zahlenangaben stehen. Also nicht: *Das Gespräch dauerte in etwa drei Stunden. Sie waren in etwa 40 km vom nächsten Ort entfernt.* In diesen Fällen ist nur *ungefähr* oder ein einfaches *etwa* möglich. Dagegen ist die Fügung *in etwa* in Verbindung mit entsprechenden Zeitwörtern richtig. Sie hat die Bedeutung »ungefähr, mehr oder weniger, in gewisser Hinsicht« und drückt stärker als *ungefähr* oder *etwa* eine Einschränkung, einen Vorbehalt aus: *Die Angaben der Zeugen stimmten in etwa überein. Das ist in etwa das, was ich auch sagen wollte.*
in Gänze, zur Gänze	Die beiden Fügungen sind besonders in gehobener Sprache üblich. Sie lassen sich in den meisten Fällen durch einfaches *ganz* oder *gänzlich* ersetzen.
in Kraft treten, in Kraft sein	In Fügungen dieser Art schreibt man *in Kraft* immer getrennt (und *Kraft* groß): *Die Verfügung tritt sofort in Kraft. Seit heute ist das Gesetz in Kraft.*

I

in Kürze	Dies ist die richtige Schreibung. Jedoch lässt sich diese stilistisch unschöne Fügung in den meisten Fällen durch einfaches *bald* oder *demnächst* ersetzen.
in was oder **worin/ worein**	Vor allem in der gesprochenen Sprache ersetzen viele Sprecher heute *worin* und *worein* durch *in was: In was besteht der Unterschied? Ich frage mich, in was du den Wein aufbewahren, in was du den Wein füllen willst.* Die Verbindung *in was* ist jedoch umgangssprachlich. Stilistisch besser sind *worin* und *worein: Worin besteht der Unterschied? Ich frage mich, worin du den Wein aufbewahren, worein du den Wein füllen willst.*
indem	**1. Komma:** *Indem* leitet einen Nebensatz ein, der immer durch Komma abgetrennt wird: *Indem er sprach, öffnete sich die Tür. Er trat zurück, indem er erblasste. Er ordnete, indem er das sagte, die Blumen.* **2. indem/dadurch[,] dass/weil:** Man kann *indem* im Sinne von »dadurch[,] dass« gebrauchen (man darf dabei nur nicht den Fehler machen, wie es in der Umgangssprache öfter geschieht, *indem[,] dass* zu sagen). Richtig ist also: *Man ehrte die Autorin, indem man sie in die Akademie aufnahm.* Dagegen kann man *indem* nicht für *weil* einsetzen: *Weil* (nicht: *indem*) *er eine Magenverstimmung hatte, konnte er nicht teilnehmen.*
infolge	Nach *infolge* steht üblicherweise der Wesfall: *infolge schlechten Wetters; infolge Versagens der Bremsen.* Wo dieser Wesfall nicht deutlich erkennbar wird, wie z. B. in der Mehrzahl (*die Fehler,* Wesfall: *der Fehler*), wählt man besser die Konstruktion mit *von: infolge von Materialfehlern.*
infrage oder **in Frage kommen**	In Fügungen dieser Art kann man nach den neuen amtlichen Rechtschreibregeln zusammen oder getrennt (und *Frage* groß-) schreiben: *Dieser Vorschlag kommt nicht infrage* oder *in Frage. Wer das infrage* oder *in Frage stellt, ...*

inklusive	Anstelle von *einschließlich* findet sich im geschäftlichen Bereich häufig *inklusive,* und wie nach *einschließlich* steht auch nach *inklusive* normalerweise der Wesfall: *inklusive aller Versandkosten, inklusive des Portos, inklusive der erwähnten Gläser.* Steht aber das abhängige Hauptwort allein, also ohne ein Begleitwort, dann bleibt es in der Einzahl im Allgemeinen ungebeugt: *inklusive Porto, inklusive Behälter.* In der Mehrzahl aber weicht man bei allein stehenden Hauptwörtern auf den Wemfall aus: *inklusive Gläsern, inklusive Behältern.*
innerhalb	Nach *innerhalb* steht üblicherweise der Wesfall: *innerhalb des Hauses, innerhalb dreier Monate, innerhalb Berlins.* Bei Orts- und Ländernamen kann man auch *innerhalb von* verwenden: *innerhalb von Berlin, innerhalb von Bayern.* In der Mehrzahl jedoch weicht man dann auf den Wemfall aus, wenn der Wesfall nicht eindeutig erkennbar ist, sondern mit dem Werfall und dem Wenfall übereinstimmt: *innerhalb fünf Monaten* (nicht: *Monate;* aber: *innerhalb mehrerer Monate*). Der Wemfall wird auch dann gesetzt, wenn man dadurch das Nebeneinanderstehen zweier Hauptwörter im Wesfall vermeiden kann: *innerhalb meines Bruder neuen Hauses, innerhalb des neuen Hauses meines Bruders.* Dafür: *innerhalb meines Bruders neuem Haus.*
insofern	**1. insofern – als:** Richtig ist nur *insofern – als* und nicht, wie es besonders in der gesprochenen Sprache häufig heißt, *insofern – dass* oder *insofern – weil: Er hatte insofern einen richtigen Instinkt bewiesen, als* (nicht: *dass*) *er schon zwei Tage vorher darauf hinwies. Er hat insofern unklug gehandelt, als* (nicht: *weil*) *er zu voreilig war.* **2. Komma:** Nach den neuen amtlichen Rechtschreibregeln kann zwischen *insofern* und *als* ein Komma stehen, wenn *insofern – als* nicht als Einheit angesehen wird: *Er hatte einen richtigen Instinkt bewiesen, insofern, als er schon zwei Tage vorher darauf hinwies.* Das Komma muss aber

	nicht stehen, wenn *insofern* und *als* als Einheit empfunden werden: *Er hat unklug gehandelt, insofern als er zu voreilig war.* Wenn *als* ganz wegfällt, was auch möglich ist, leitet *insofern* den Nebensatz ein, der durch Komma abgetrennt wird: *Er hat unklug gehandelt, insofern er zu voreilig war.*
insoweit	Bitte lesen Sie unter »insofern« nach.
instand oder **in Stand**	In Verbindung mit einem Zeitwort schreibt man *instand/in Stand* immer getrennt: *Er hat die Maschine instand/in Stand gesetzt. Er hat den Auftrag, den Garten instand/in Stand zu halten.* Nach den neuen amtlichen Rechtschreibregeln wird die Verbindung mit einem Mittelwort (Partizip) als Beifügung zu einem Hauptwort ebenfalls immer getrennt geschrieben: *das instand/in Stand gebrachte Gerät, der instand/in Stand zu setzende Motor.*
Interesse	Es heißt richtig: *Interesse an* oder *Interesse für* (nicht: *Interesse nach* oder *Interesse auf*). Also: *Bei Interesse an diesen Artikeln fordern Sie bitte Prospekte an.* Oder: *Bei Interesse für diese Artikel ...* (aber nicht: *Bei Interesse nach diesen Artikeln ...* oder: *Bei Interesse auf diese Artikel ...*).
investieren	Nach *investieren in* kann sowohl der Wenfall als auch der Wemfall stehen. Wenfall: *Er hat sein Geld in das Unternehmen investiert.* Hier bedeutet *investieren* »sein Geld in das Unternehmen hineinstecken«. Mit Wemfall: *Er hat sein Geld in dem Unternehmen investiert.* In diesem Fall hat *investieren* die Bedeutung »sein Geld in dem Unternehmen anlegen«. In der übertragenen Bedeutung »etwas auf jemanden oder auf etwas verwenden« wird *investieren in* nur mit dem Wenfall verbunden: *Er hat sein ganzes Gefühl in diese* (nicht: *dieser*) *Beziehung investiert. In die* (nicht: *der*) *Karriere investierte er seine ganze Kraft.*

I

irgendwelcher, irgendwelche, irgendwelches	Ein Eigenschaftswort oder Mittelwort (Partizip), das auf *irgendwelcher* usw. folgt, kann man (auch wenn es als Hauptwort gebraucht wird) auf zweierlei Weise beugen: *irgendwelcher alter* oder *alte Plunder, irgendwelches dummes* oder *dumme Zeug, mit irgendwelchem altem* oder *alten Plunder, von irgendwelcher tierischer* oder *tierischen Herkunft, irgendwelche kluge* oder *klugen Leute, die Meinung irgendwelcher kluger* oder *klugen Leute; irgendwelches Gutes* oder *Gute, irgendwelche Abgeordnete* oder *Abgeordneten, die Meinung irgendwelcher Angestellter* oder *Angestellten.*
Israeli, Israelit	Die beiden Bezeichnungen sollte man nicht miteinander verwechseln. Das Wort *der Israeli* (Wesfall: *des Israeli* oder *des Israelis,* Mehrzahl: *die Israelis*) bezeichnet den männlichen Einwohner des heutigen Staates Israel. Die entsprechende weibliche Form lautet: *die Israeli* (Wesfall: *der Israeli,* Mehrzahl: *die Israeli* oder *die Israelis*) und das dazugehörende Eigenschaftswort *israelisch.* Demgegenüber bezeichnet der *Israelit* den Angehörigen des Volkes Israel im Alten Testament (weibliche Form: *die Israelitin*), und das Eigenschaftswort *israelitisch* hat die Bedeutung »die Israeliten, ihre Religion und Geschichte betreffend, jüdisch«.
i. V. oder **I. V.**	Diese Abkürzung für »in Vertretung« oder »in Vollmacht« schreibt man mit kleinem *i,* wenn sie der Bezeichnung einer Behörde, Firma u. dgl. folgt: *Mit freundlichen Grüßen* *Karl Meyer GmbH* *i. V. Schneider* *Der Oberbürgermeister* *i. V. Schneider* Sie wird mit großem *I* geschrieben, wenn sie nach einem abgeschlossenen Text (allein vor einer Unterschrift) steht: *Herr Müller wird Sie nach seiner Rückkehr sofort anrufen.* *I. V. Schneider*

J *j*

Januar	Steht *Januar* im Wesfall, dann ist sowohl die Form mit *-s (des Januars)* als auch die Form ohne *-s (des Januar)* richtig.
je	**1. Beugung nach *je:*** Nach dem Verhältniswort (der Präposition) *je* mit der Bedeutung »für, pro« steht der Wenfall: *Die Kosten betragen 15 EUR je beschäftigten Arbeiter.* Gelegentlich wird *je* auch wie ein Umstandswort (Adverb) gebraucht und hat dann keinen Einfluss auf die Beugung anderer Wörter: *Die Kosten betragen 15 EUR je beschäftigter Arbeiter.* **2. je ein:** Bei Sätzen mit der Verbindung *je ein* darf das Zeitwort nur in der Einzahl stehen: *Je ein Exemplar wurde* (nicht: *wurden*) *an die Buchhandlungen geschickt.* **3. Komma bei *je – desto, je – umso* und *je – je:*** Zwischen den mit *je* und *desto,* mit *je* und *umso* oder mit *je* und *je* verbundenen Sätzen oder Satzteilen steht immer ein Komma: *Je länger er sie kennt, desto mehr schätzt er sie. Er wird umso bescheidener, je älter er wird.* Bei Sätzen dieser Art steht *je – je* nur noch selten. Geläufig ist es nur noch in kurzen Verbindungen: *je länger, je lieber. Wir sind je länger, je mehr von seiner Ehrlichkeit überzeugt.*
je nachdem	Nach den neuen amtlichen Rechtschreibregeln kann zwischen *je nachdem* und *ob* bzw. *wie* ein Komma stehen, wenn diese Fügungen nicht als Einheit gesehen werden, es muss aber keins stehen: *Wir entscheiden uns, je nachdem[,] ob er kommt. Das geschieht, je nachdem[,] wie du willst.* Steht vor *je nachdem* kein Komma, dann muss vor *ob* bzw. *wie* ein Komma stehen: *Er ruft an je nachdem, ob er Zeit hat oder nicht. Das Ausflugsprogramm läuft je nachdem, wie ihr wollt.*

J

jeder, jede, jedes

1. jedes Monats/jeden Monats: Beide Formen des Wesfalls (in der Einzahl bei männlichen und sächlichen Hauptwörtern) sind richtig: *am 10. jedes* oder *jeden Monats, bar jedes* oder *jeden Einflusses, jedes* oder *jeden Tieres.* Steht aber vor *jeder* das unbestimmte Geschlechtswort (der unbestimmte Artikel) *ein,* dann heißt es nur *jeden: am 10. eines jeden Monats.* Folgt hingegen auf *jeder* noch ein Eigenschaftswort, dann darf es nur *jedes* heißen: *am 10. jedes neuen Monats.*

2. Beugung nach *jeder, jede, jedes:* Ein Eigenschaftswort oder Mittelwort (Partizip), das auf *jeder* usw. folgt, hat (auch wenn es als Hauptwort gebraucht wird) in allen Fällen, außer im Werfall, die Endung *-n* oder *-en: jeder weitere Versuch, die Rinde jedes alten Baumes, bei jedem schönen Buch; jeder Angestellte, ein jedes Seiende, die Meinung jedes Betroffenen, bei jedem Abgeordneten.*

3. jeder, der: Einen Nebensatz, der auf *jeder* bezogen ist, leitet man nicht mit *wer,* sondern mit *der* ein: *Jeder, der* (nicht: *wer*) *hierher kommt ...* Entsprechend auch: *Jedes Messer, das* (nicht: *was*) *sie in die Hand nimmt ...*

4. Jedes Haus und jeder Baum war/waren ihm vertraut: Bei Sätzen dieser Art steht das Zeitwort meist in der Einzahl: *Jeder Junge und jedes Mädchen bekommt einen Luftballon.* Die Mehrzahl ist jedoch auch möglich, aber seltener: *Jeder Junge und jedes Mädchen bekommen einen Luftballon.*

jeher

Es heißt richtig *von jeher* oder *seit je.* Eine Vermischung der beiden Fügungen ist nicht zulässig. Also nicht: *seit jeher.* Richtig ist nur: *Das haben wir von jeher so gemacht.* Oder: *Das haben wir seit je so gemacht.*

jemand

1. Beugung: Der Wesfall von *jemand* lautet *jemandes* oder *jemands.* Der Wemfall und der Wenfall können ungebeugt sein: *jemand* oder gebeugt, Wemfall: *jemandem,* Wenfall: *jemanden: Es war nichts, was jemand* oder *jemandem* *etwas bedeuten könnte.* Im Wenfall wird die ungebeugte Form oft vorgezogen: *Haben Sie jemand* (seltener: *jemanden*) *getroffen?*

2. jemand anders, jemand Fremdes: In Fügungen wie diesen (also *jemand* in Verbindung mit *anders* oder mit einem Eigenschaftswort, das als Hauptwort gebraucht wird) bleibt *jemand* meist ungebeugt: *Sie sprach von jemand* (selten: *jemandem*) *anders. Sie sprach mit jemand* (selten: *jemandem*) *Fremdes.* Die Fügungen können als Ganzes in allen Fällen unverändert stehen: *von jemand anders, an jemand anders, von jemand Fremdes, an jemand Fremdes.* Das Eigenschaftswort, das als Hauptwort gebraucht wird, ist in solchen Fällen jedoch häufiger gebeugt: *mit jemand Fremdem, an jemand Fremden.* Bitte lesen Sie hierzu auch bei »andere« (3. jemand anders/jemand anderer) nach.

3. jemand, der: Schließt sich an *jemand* ein Nebensatz an, der mit einem bezüglichen Fürwort (mit einem Relativpronomen) beginnt, dann wählt man standardsprachlich immer *der,* und zwar unabhängig davon, ob männliche oder weibliche Personen gemeint sind: *Ich kenne jemanden, der Friseuse ist. Sie ist jemand, der gut rechnen kann.*

jener, jene, jenes

1. Beugung von *jener, jene, jenes:* Das Fürwort (Pronomen) *jener, jene, jenes* beugt man immer stark, d. h., es hat dieselben Endungen wie die Beugungsformen von *der, die, das: an jenem Tag* (wie: *an dem Tag*), *die Mutter jenes Kindes* (wie: *des Kindes*), *wegen jener Frau* (wie: *wegen der Frau*). Es heißt demnach: *Ich erinnere mich jenes Tages* (nicht: *jenen Tages*). *Die Form jenes Tisches* (nicht: *jenen Tisches*).

2. Beugung nach *jener, jene, jenes:* Das Eigenschaftswort, das auf *jener* usw. folgt, beugt man immer schwach, d. h., es hat in der Regel die Endung *-en: jenes alten Hutes, jenem alten* (nicht: *altem*) *Hut, von jenem schönen Buch, jenes hübsche Kleid, wegen jenes hübschen Kleides, jene hübschen Kleider.*

J

Journalist	Das Hauptwort *Journalist* erhält – außer im Werfall – die Endung *-en: der Journalist, des Journalisten* (nicht: *des Journalists*), *dem Journalisten* (nicht: *dem Journalist*), *den Journalisten* (nicht: *den Journalist*), Mehrzahl: *die Journalisten.*
Jubiläum	Im Grunde ist es falsch, von einem z. B. *vierzigjährigen Jubiläum* zu sprechen, weil damit eigentlich ausgedrückt wird, das Jubiläum sei vierzig Jahre alt. Diese Fügung hat sich jedoch so sehr eingebürgert, dass viele Sprecher sie nicht mehr als falsch empfinden. Besser ist es aber, stattdessen zu sagen: *das Jubiläum der vierzigjährigen Zugehörigkeit, des fünfundzwanzigjährigen Bestehens* u. Ä.
Jugendliche bis zu 18 Jahren/ bis 18 Jahre	Nach der Verbindung *bis zu* und einer Zahlenangabe steht das folgende Hauptwort gewöhnlich im Wemfall, der von *zu* abhängig ist: *Jugendlichen bis zu 18 Jahren ist der Zutritt verboten.* Lässt man das *zu* weg – was besonders in der gesprochenen Sprache häufig vorkommt –, steht nach *bis* der Wenfall: *Jugendlichen bis 18 Jahre ist der Zutritt verboten.*
Juli	Die Form *Julei* kann man verdeutlichend beim Sprechen gebrauchen, um einer Hörverwechslung zwischen *Juli* und *Juni* vorzubeugen. In geschriebenem Text ist sie sinnlos.
Juni	Die Form *Juno* kann man verdeutlichend beim Sprechen gebrauchen, um einer Hörverwechslung zwischen *Juni* und *Juli* vorzubeugen. In geschriebenem Text ist sie sinnlos.
Jurist	Das Hauptwort *Jurist* erhält – außer im Werfall – die Endung *-en: der Jurist, des Juristen* (nicht: *des Jurists*), *dem Juristen* (nicht: *dem Jurist*), *den Juristen* (nicht: *den Jurist*), Mehrzahl: *die Juristen.*

K *k*

Kaiser	Folgt auf *Kaiser* noch ein Name, dann bereitet besonders die Beugung im Wesfall Schwierigkeiten. Richtig ist: *der Sieg Kaiser Karls des Großen.* Der Titel *Kaiser* ist hier ungebeugt, der Name in seiner Gesamtheit dagegen gebeugt. Steht *Kaiser* jedoch mit Geschlechtswort (Artikel) oder Fürwort, heißt es: *der Sieg des Kaisers Karl des Großen.* Der Titel *Kaiser* ist hier gebeugt, *Karl* bleibt unverändert, die Beifügung *der Große* ist wiederum gebeugt *(des Großen).*
Kalenderwoche	Als *Kalenderwoche* gilt die im Kalender festgelegte, mit Montag beginnende Woche. Als erste *Kalenderwoche* zählt diejenige Woche, in die mindestens vier der ersten sieben Januartage fallen.
Kamerad	Das Hauptwort *Kamerad* erhält – außer im Werfall – die Endung *-en: der Kamerad, des Kameraden* (nicht: *des Kamerads*), *dem Kameraden* (nicht: *dem Kamerad*), *den Kameraden* (nicht: *den Kamerad*), Mehrzahl: *die Kameraden.*
Kandidat	Das Hauptwort *Kandidat* erhält – außer im Werfall – die Endung *-en: der Kandidat, des Kandidaten* (nicht: *des Kandidats*), *dem Kandidaten* (nicht: *dem Kandidat*), *den Kandidaten* (nicht: *den Kandidat*), Mehrzahl: *die Kandidaten.*
Kanne	Nach *Kanne* als Maßbezeichnung steht in der Regel das, was gemessen wird, im selben Fall wie die Maßangabe *Kanne* selbst: *eine Kanne Kaffee, eine Kanne duftender Kaffee; der letzte Rest einer Kanne duftenden Kaffees; mit einer Kanne duftendem Kaffee, für eine Kanne duftenden Kaffee.* Gelegentlich in gehobener Ausdrucksweise auch mit dem Wesfall: *eine Kanne duftenden Kaffees, mit einer Kanne duftenden Kaffees.*

karg	Die Steigerungsformen lauten: *karger, kargste* oder *kärger, kärgste.* Gebräuchlicher sind die erstgenannten Formen.
Kartoffel	Die Mehrzahl des Wortes lautet: *die Kartoffeln* (nicht: *die Kartoffel*): *Zu Schweinebraten isst er am liebsten Kartoffeln.*
Karton	**1. Karton oder Kartons:** Als Maßbezeichnung bleibt *Karton* in der Mehrzahl häufig ungebeugt, d. h. unverändert: *3 Karton Seife* oder *3 Kartons Seife.* **2. Beugung nach *Karton:*** Nach *Karton* als Maßangabe steht in der Regel das, was gemessen wird, im selben Fall wie die Maßangabe *Karton* selbst: *ein Karton Wein, ein Karton badischer Wein; der Preis eines Kartons Wein* oder *eines Karton Wein[e]s,* aber: *der Preis eines Kartons badischen Wein[e]s; mit einem Karton badischem Wein; für einen Karton badischen Wein.* Gelegentlich in gehobener Ausdrucksweise auch mit dem Wesfall: *ein Karton badischen Wein[e]s; mit einem Karton badischen Wein[e]s.*
kassieren	Im Sinne von »Geld einziehen, einnehmen« steht *kassieren* mit dem Wenfall. Dabei kann es sich jedoch nur um Dinge, Sachen, nicht um Personen handeln: *Beträge, Miete o. Ä. kassieren.* Die Verbindung *jemanden kassieren* für *jemanden abkassieren* ist umgangssprachlich und sollte deshalb in der Standardsprache vermieden werden.
Kasten	Nach *Kasten* als Maßbezeichnung steht in der Regel das, was gemessen wird, im selben Fall wie die Maßangabe *Kasten* selbst: *ein Kasten Bier, ein Kasten bayrisches Bier; der Preis eines Kastens Bier* oder *eines Kasten Bier[e]s,* aber: *der Preis eines Kastens bayrischen Bier[e]s; mit einem Kasten bayrischem Bier; für einen Kasten bayrisches Bier.* In gehobener Ausdrucksweise steht *Kasten* gelegentlich auch mit dem Wesfall: *ein Kasten bayrischen Bier[e]s; mit einem Kasten bayrischen Bier[e]s.*

Katholik	Das Hauptwort *Katholik* erhält – außer im Werfall – die Endung *-en: der Katholik, des Katholiken* (nicht: *des Katholiks*), *dem Katholiken* (nicht: *dem Katholik*), *den Katholiken* (nicht: *den Katholik*), Mehrzahl: *die Katholiken.*
kaufen	Die Formen *du käufst, er käuft* sind nicht standardsprachlich. Richtig ist: *du kaufst, er kauft.*
Kauffrau/ Kaufmann	Die weibliche Entsprechung zu *Kaufmann* lautet offiziell *Kauffrau.* In der Mehrzahl heißen mehrere Kauffrauen und Kaufmänner *Kaufleute.*
kaum dass/ kaum, dass	Die Fügung *kaum dass* leitet einen untergeordneten Nebensatz ein, der durch Komma abzutrennen ist. Nach den neuen amtlichen Rechtschreibregeln kann zwischen *kaum* und *dass* ein Komma stehen, wenn die Fügung nicht als Einheit verstanden wird, es muss aber keins stehen: *Ich habe alle Namen vergessen, kaum[,] dass ich mich noch an die Landschaft erinnere.* Von Sätzen mit der Fügung *kaum dass* zu unterscheiden sind Beispiele, in denen *dass* einen Nebensatz einleitet und *kaum* zum Hauptsatz gehört: *Ich glaube kaum, dass sie noch kommt* (zur Probe: *Ich kann es kaum glauben, dass sie noch kommt*).
kein, keine/ keiner, keine, keines	**1. Beugung:** Nach einer gebeugten Form von *kein, keine* (z. B. *keines* usw.) erhält das folgende Eigenschaftswort (auch wenn es zum Hauptwort geworden ist) in der Regel die Endung *-en* bzw. *-n: keines bösen Gedankens fähig, mit keiner guten Absicht, keine schönen Bilder, bei keinem Bekannten, Fremden, Verliebten.* **2. keiner, der:** Richtig heißt es: *Da war keiner, der* (nicht: *welcher*) *ihm half. Es gab keine, die* (nicht: *welche*) *in Betracht kam.* **3. kein + als:** Als Vergleichswort nach *kein* steht *als,* nicht *wie: Es kommt kein [anderes] Haus in Betracht als dieses.*

K

	4. in keiner Weise: Dies ist die standardsprachlich richtige Form. Das in der Umgangssprache gelegentlich scherzhaft gebrauchte *in keinster Weise* ist nicht richtig, da *kein* nicht steigerbar ist.
Keks	Sowohl *der Keks* als auch *das Keks* sind richtig. Der Wesfall lautet *des Keks* oder *des Kekses,* die Mehrzahl *die Keks* oder *die Kekse.*
kennen	**1. Vergangenheitsformen:** Das Zeitwort *kennen* hat die Vergangenheitsformen: *kannte, gekannt.* **2. Zweite Möglichkeitsform:** Die 2. Möglichkeitsform (der Konjunktiv II) lautet: *kennte* (nicht: *kännte*): *Wenn du sie kenntest, würdest du anders urteilen. Er tat so, als ob er mich nicht kennte.*
Kenntnis	Es muss heißen *Kenntnisse in* (nicht: *über* oder *für*): *Sie hat gute Kenntnisse in diesem Fach. Kenntnisse in Statistik werden vorausgesetzt.*
Ketchup/ Ketschup	Sowohl *der Ketchup/Ketschup* als auch *das Ketchup/Ketschup* sind gebräuchlich. Der Wesfall: *des Ketchup/Ketschup* oder *des Ketchups/Ketschups.* Nach den neuen amtlichen Rechtschreibregeln ist auch die Schreibung *Ketschup* richtig.
Kilogramm	**1. Beugung nach *Kilogramm:*** Nach *Kilogramm* steht in der Regel das, was gewogen wird, im selben Fall wie *Kilogramm* selbst: *5 kg neue Kartoffeln* (selten und gehoben: *neuer Kartoffeln*); *der Preis eines Kilogramms neuer Kartoffeln;* aber im Wemfall: *bei 5 kg neuer Kartoffeln* oder *neue Kartoffeln,* selten: *neuen Kartoffeln; für 5 kg neue Kartoffeln* (selten und gehoben: *neuer Kartoffeln*). **2. 1 kg Äpfel kostet/kosten ...:** Folgt der Angabe *1 kg* (die Mengenangabe ist hier Einzahl) ein Hauptwort ebenfalls in der Einzahl, steht auch das Zeitwort in der Einzahl: *1 kg Fleisch kos-*

K

tet 4,98€. Folgt auf *1 kg* ein Hauptwort in der Mehrzahl, steht das Zeitwort üblicherweise in der Einzahl, es kann jedoch auch in der Mehrzahl stehen: *1 kg Äpfel kostet 1,50€,* seltener: *1 kg Äpfel kosten 1,50€.* Wenn allerdings die Mengenangabe selbst in der Mehrzahl steht (*2 kg, 3 kg* usw.), verwendet man auch beim Zeitwort die Mehrzahl, wenn das, was als Menge angegeben wird, ebenfalls in der Mehrzahl steht: *2 kg Äpfel kosten 3€.* Steht dagegen das, was als Menge angegeben wird, in der Einzahl *(3 kg Fleisch),* richtet sich das Zeitwort im Allgemeinen nach der Mengenangabe *(3 kg)* und steht deswegen meist in der Mehrzahl: *3 kg Fleisch kosten,* (selten:) *kostet 13,94€.*

Kilometer

1. Geschlecht: Im Unterschied zu *der* und *das Meter* heißt es bei *Kilometer* nur *der Kilometer.*

2. Beugung: Ist *Kilometer* Mehrzahl *(2, 3, 4* usw. *Kilometer),* heißt es im Wemfall: *ein Stau von 10 Kilometern.* Folgt aber auf die Längenangabe noch die Angabe des Gemessenen, wird die ungebeugte, häufiger auch die gebeugte Form verwendet: *Ein Stau von 10 Kilometer Länge/ein Stau von 10 Kilometern Länge.* Unabhängig davon, ob das Gemessene angegeben ist oder nicht, steht bei vorangestelltem Geschlechtswort (Artikel) die gebeugte Form *Kilometern* (im Wemfall): *Nach den 10 Kilometern [Stau] ging es wieder zügig weiter.*

Kiste

Nach *Kiste* als Maßbezeichnung steht in der Regel das, was gemessen wird, im selben Fall wie die Maßangabe *Kiste* selbst. Dabei kann das Gemessene entweder Einzahl (z. B. *eine Kiste Wein*) oder Mehrzahl (z. B. *eine Kiste Zigarren*) sein. Das Gemessene in der Einzahl: *eine Kiste Wein, eine Kiste italienischer Wein; der Preis einer Kiste italienischen Wein[e]s; mit einer Kiste italienischem Wein; für eine Kiste italienischen Wein.* Gelegentlich in gehobener Ausdrucksweise auch mit dem Wesfall: *eine Kiste italienischen Wein[e]s; mit einer Kiste italienischen Wein[e]s.* Das Gemessene in der Mehrzahl: *eine Kiste gute Zigarren,* selten:

	guter Zigarren; der Preis einer Kiste guter Zigarren; mit einer Kiste guter Zigarren oder *gute Zigarren,* selten: *guten Zigarren; für eine Kiste gute Zigarren,* selten: *guter Zigarren.*
klar	Man schreibt das Eigenschaftswort groß, wenn es als Hauptwort gebraucht wird: *einen Klaren* (= klaren Schnaps) *trinken; etwas, nichts, viel Klares.* Dies gilt nach den neuen amtlichen Rechtschreibregeln auch für die folgenden festen Verbindungen: *ins Klare kommen* (= sich über etwas klar werden); *sich über etwas im Klaren* (= klar) *sein.*
klasse oder **Klasse**	Das umgangssprachlich häufig verwendete Wort *klasse/Klasse* kann sowohl als Eigenschaftswort als auch als Hauptwort gebraucht werden. Um das kleinzuschreibende Eigenschaftswort handelt es sich, wenn es als nähere Bestimmung zu einem Substantiv tritt: *Das ist ein klasse Auto!* Ebenfalls kleinzuschreiben ist es, wenn es als Umstandswort verwendet wird: *Sie hat klasse gespielt. Der Film ist klasse gemacht.* Wird *Klasse* jedoch durch eine Beifügung (z. B. *groß, einsam, absolut*) näher bestimmt, muss man es großschreiben: *Der Film war einsame Klasse.* Auch in Verbindung mit Zeitwörtern wie *sein, werden* und *bleiben* ist nach den neuen amtlichen Rechtschreibregeln nur die Großschreibung richtig: *Das ist/wird Klasse!*
kleiden	**1. kleiden in:** In der Verbindung *jemanden in etwas kleiden* steht nach *in* der Wenfall, nicht der Wemfall: *Sie waren in herrliche neue Gewänder gekleidet* (nicht: *in herrlichen neuen Gewändern*). **2. etwas kleidet jemanden:** Auch in der Bedeutung »etwas steht jemandem, passt zu jemandem« steht *kleiden* mit dem Wenfall: *Das Kostüm kleidet sie* (nicht: *ihr*) *gut. Der Hut kleidet den Mann* (nicht: *dem Mann*) *gar nicht.*

klein	Man schreibt das Eigenschaftswort groß, wenn es als Hauptwort gebraucht wird: *Kleine und Große; die Kleinen und die Großen; es wäre ein Kleines* (= eine kleine Mühe) *für ihn; etwas, nichts, viel, wenig Kleines.* Nach den neuen amtlichen Rechtschreibregeln gilt dies auch für die folgenden festen Verbindungen: *etwas im Kleinen* (= en détail) *verkaufen; über ein Kleines* (= bald); *um ein Kleines* (= beinahe); *bis ins Kleinste* (= bis in alle Einzelheiten). Klein schreibt man dagegen: *die kleinste meiner Töchter.*
kleinschreiben oder **klein schreiben**	Man schreibt in einem Wort, wenn die eigentliche Bedeutung des Zeitworts *schreiben* gemeint ist: *Dieses Wort muss man kleinschreiben.* Man schreibt in zwei Wörtern, wenn *klein schreiben* die Bedeutung »für nicht wichtig erachten« hat: *Rücksichtnahme haben diese Leute immer klein geschrieben.*
Klima	Das Wort hat zwei Mehrzahlformen: *die Klimas* oder *die Klimate.* Die Form *Klimate* wird besonders in der Fachsprache verwendet.
klimmen	Die Vergangenheitsformen dieses Zeitworts lauten: *klomm, geklommen* oder *klimmte, geklimmt.* Beides ist richtig.
klopfen	**1. Er klopfte mir/mich auf die Schulter:** Nennt man in Verbindung mit dem Zeitwort *klopfen* Person und Körperteil, auf die sich *klopfen* bezieht, dann kann die Person im Wemfall oder auch im Wenfall stehen: *Er klopfte dem Freund auf die Schulter.* Oder: *Er klopfte den Freund auf die Schulter.* Üblicher ist der Wemfall *(dem Freund).* **2. klopfen an:** Nach *klopfen an* steht gewöhnlich der Wenfall (Frage: wohin?): *an die Wand, an das Fenster klopfen.* Die Verbindung mit dem Wemfall (Frage: wo?) ist auch möglich: *an der Wand, an dem Fenster klopfen.* Nicht möglich ist der Wemfall, wenn mit dem Geschehen eine Absicht verbunden ist, z. B. bei *an die Tür klopfen* (im Sinne

	von »Einlass begehren«) oder *an sein Glas klopfen* (um eine Rede zu halten). Hier ist nur der Wenfall richtig. Aber bei *es* heißt es wiederum nur: *Es klopft an der Tür* (nicht: *an die Tür*).
klug	Man schreibt das Eigenschaftswort groß, wenn es als Hauptwort gebraucht wird: *alle Klugen, die Klugen; er ist der Klügste; der Klügere gibt nach.* Dies gilt nach den neuen amtlichen Rechtschreibregeln auch für die folgende Verwendung: *Es wäre das Klügste* (= klug) *zu schweigen.*
Knäuel	Es kann sowohl *der Knäuel* als auch *das Knäuel* heißen.
kneifen	Nennt man in Verbindung mit dem Zeitwort *kneifen* Person und Körperteil, auf die sich *kneifen* bezieht, dann kann die Person im Wemfall oder auch im Wenfall stehen: *Er kniff seinem Bruder in den Arm.* Oder: *Er kniff seinen Bruder in den Arm.* Üblicher ist der Wemfall *(seinem Bruder).*
Knie	Die Mehrzahl des Wortes wird mit einem *e* geschrieben: *die Knie.* Nicht richtig ist: *die Kniee.*
Komet	Das Hauptwort *Komet* erhält – außer im Werfall – immer die Endung *-en: der Komet, des Kometen* (nicht: *des Komets*), *dem Kometen* (nicht: *dem Komet*), *den Kometen* (nicht: *den Komet*), Mehrzahl: *die Kometen.*
Komma	siehe Tabelle
Kommandant	Das Hauptwort *Kommandant* erhält – außer im Werfall – die Endung *-en: der Kommandant, des Kommandanten* (nicht: *des Kommandants*), *dem Kommandanten* (nicht: *dem Kommandant*), *den Kommandanten* (nicht: *den Kommandant*), Mehrzahl: *die Kommandanten.* In der Anschrift ist jedoch auch die ungebeugte Form *Kommandant* zulässig: *[An] Herrn Kommandant Bülow* neben: *[An] Herrn Kommandanten Bülow.*

Komma

1. Komma bei Aufzählungen:
Die einzelnen Glieder einer Aufzählung trennt man durch Komma, wenn sie unverbunden nebeneinander stehen:

Feuer, Wasser, Luft, Erde.
Wir fanden eine herrlich gelegene, gar nicht teure Wohnung mit großem, sonnigem Balkon.

Ebenso trennt man sie durch Komma, wenn sie durch Bindewörter wie *aber, sondern, und zwar, jedoch, bald – bald, teils – teils, nicht nur – sondern auch* u. Ä. verbunden sind:

Er ist intelligent, aber faul.
Nicht mein, sondern sein Vorschlag wurde angenommen.

Auch Ort und Datum trennt man durch Komma. Nach den neuen amtlichen Rechtschreibregeln kann nach dem letzten Bestandteil (bei weitergeführtem Satz) ein Komma stehen:

Mannheim, den 8. Mai 2002;
München, im Juli 2002;
am Mittwoch, den 23. November 2002, 20 Uhr[,] findet die Sitzung statt.

Ebenso trennt man Orts- und Wohnungsangaben (mit Ausnahme von eng zusammengehörenden Bezeichnungen) durch Komma. Nach den neuen amtlichen Rechtschreibregeln kann auch hier nach dem letzten Bestandteil (bei weitergeführtem Satz) ein Komma stehen:

Weidendamm 4, Hof rechts, 1 Treppe links bei Müller;
Herr Franz Meier wohnt in 68167 Mannheim, Feldbergstraße 21, VI. Stock, Wohnung 28[,] in einer 3-Zimmer-Wohnung.

2. Aufzählungen ohne Komma:
Kein Komma steht, wenn die einzelnen Glieder einer Aufzählung durch die Bindewörter *und, oder, als, wie, sowie, sowohl – als auch, entweder – oder, weder – noch* verbunden sind:

Heute oder morgen wird er dich besuchen. Die Kinder essen sowohl Fleisch als auch Obst gerne. Weder mir noch ihm ist das Experiment gelungen.

Folgen jedoch weitere Aufzählungsglieder, dann trennt man diese durch Komma ab:

Ich weiß weder seinen Namen noch seinen Vornamen, noch sein Alter, noch seine Anschrift.

Kein Komma steht, wenn von zwei oder mehr aufgezählten Eigenschaftswörtern das letzte mit dem zugehörigen Hauptwort einen Gesamtbegriff bildet:

Komma (Fortsetzung)

ein Glas dunkles bayrisches Bier (= das bayrische Bier ist dunkel, nicht: das Bier ist dunkel und bayrisch); *wichtige wissenschaftliche Versuche; ich wünsche dir ein glückliches, gesegnetes* (= glückliches und gesegnetes) *Weihnachtsfest,* aber: *ich wünsche dir ein glückliches neues Jahr.*

3. Komma bei Einschüben und Zusätzen:

K

Den nachgetragenen Beisatz trennt man durch Komma ab:

Gutenberg, der Erfinder der Buchdruckerkunst, wurde in Mainz geboren.

Beide Kommas können entfallen, wenn der Name dem Beisatz folgt:

Der Vorsitzende[,] Herr Direktor Meyer[,] hielt einen Vortrag.

Nachgetragene genauere Bestimmungen und Einschübe trennt man ebenfalls durch Komma ab, besonders solche, die durch *und zwar, und das, nämlich, namentlich, besonders, insbesondere* u. a. eingeleitet sind:

Das Flugzeug fliegt wöchentlich einmal, und zwar samstags.
Er liebte die Musik, namentlich die Lieder Schuberts.

Sie können mich immer, außer in der Mittagszeit, im Büro erreichen.

Vor Fügungen wie *d. h.* oder *z. B.* steht immer ein Komma; nach ihnen kann es nur dann stehen, wenn ein Satz folgt:

Ich sehe sie oft auf der Straße, z. B. beim Einkaufen.
Aber: *Ich sehe sie oft auf der Straße, z. B., wenn sie einkaufen geht.*

4. Komma bei Anreden und Empfindungswörtern (Interjektionen):

Anrede und Empfindungswort trennt man durch Komma ab:

Du, hör mal zu! Was halten Sie davon, Frau Schmidt? Ach, das ist schade! Ja, daran ist nicht zu zweifeln.

Das Gleiche gilt auch für einen herausgehobenen Satzteil, der durch ein Fürwort oder Umstandswort erneut aufgenommen wird:

Deinen Vater, den habe ich gut gekannt. Ihr sollt ihn nicht ärgern, den armen Kerl!
Am Anfang, da glaubte ich noch …

Komma (Fortsetzung)

5. Komma bei Zeitwörtern mit *zu*:
Die Grundform (den Infinitiv) mit *zu* kann man nach den neuen amtlichen Rechtschreibregeln durch Komma abtrennen, um die Gliederung des Satzes deutlich zu machen oder um Missverständnisse auszuschließen:

Sie folgte[,] ohne zu murren.
Etwas Schlimmeres[,] als seine Kinder zu verlieren[,] konnte ihm nicht passieren.
Die Frau versprach[,] zu helfen.
Ich riet[,] ihm zu folgen.
Oder: *Ich riet ihm[,] zu folgen.*

Ein Komma ist aber in den folgenden Fällen nicht sinnvoll:

Wenn die Grundform mit *zu* mit dem Hauptsatz verschränkt ist *(Diesen Vorgang wollen wir zu erklären versuchen.* Hauptsatz: *Wir wollen versuchen ...).* Wenn ein Glied der Grundform mit *zu* an den Anfang des Satzes tritt und der Hauptsatz dadurch von der Grundform mit *zu* eingeschlossen wird *(Diesen Betrag bitten wir auf unser Konto zu überweisen.* Hauptsatz: *Wir bitten ...).* Wenn die Grundform mit *zu* auf die Zeitwörter *sein, haben, brauchen, pflegen, scheinen* folgt *(Die Spur war deutlich zu sehen. Sie haben nichts zu verlieren. Er braucht nicht zu kommen. Sie pflegt Pfeife zu rauchen. Er scheint geschwächt zu sein).*

Kommas müssen nach den neuen amtlichen Rechtschreibregeln nur in folgendem Fall stehen:
Wenn ein hinweisendes Wort (oder eine hinweisende Wortgruppe) auf die Grundform mit *zu* zielt *(Zu tanzen, das ist ihre größte Freude. Seine Absicht ist es, zu kündigen. Und dieser Gedanke, bald zu gehen, ließ ihn nicht in Ruhe.).*

6. Komma zwischen Sätzen:
Hauptsätze trennt man nach der neuen amtlichen Rechtschreibung in der Regel nicht durch ein Komma, wenn sie durch die Bindewörter *und, oder, beziehungsweise, weder – noch, entweder – oder* verbunden sind. Man kann in diesen Fällen aber auch ein Komma setzen, wenn man die Gliederung der Satzverbindung verdeutlichen will:

Sie machten es sich bequem, die Kerzen wurden angezündet[,] und der Gastgeber versorgte sie mit Getränken.
Schreibe den Brief sofort[,] und bringe ihn zur Post!

Komma (Fortsetzung)

Fährst du heute[,] oder bleibst du noch einen Tag?
Sie bestiegen den Wagen[,] und sie fuhren nach Hause.

Diese Regel gilt jetzt auch für Fälle, in denen mit *und* oder *oder* ein Satzgefüge anschließt, das mit einem Nebensatz oder einer Grundform (einem Infinitiv) mit *zu* beginnt:

Ich habe ihn oft besucht[,] und wenn er gute Laune hatte, saßen wir lange zusammen.
Es waren schlechte Zeiten[,] und um zu überleben, nahm man es oft nicht so genau.

7. Komma zwischen Haupt- und Nebensätzen:

Haupt- und Nebensätze trennt man immer durch Komma:

Wenn es möglich ist, erledigen wir den Auftrag. Hunde, die bellen, beißen nicht. Ich weiß, dass er unschuldig ist.

Ein Nebensatz, der mit *und* an eine Aufzählung angeschlossen ist, wird nach den neuen amtlichen Rechtschreibregeln nur am Ende des Nebensatzes durch ein Komma getrennt, wenn der Hauptsatz danach weitergeht:

Sie hatte ihrer Nichte ein Buch, einen Füller und was sie sonst für die Schule brauchte, gekauft.

Nebensätze, die nicht durch *und* oder *oder* verbunden sind, trennt man durch Komma voneinander:

Er war zu klug, als dass er in die Falle gegangen wäre, die man ihm gestellt hatte.

Nach den neuen amtlichen Rechtschreibregeln trennt man Nebensätze, die durch *und, oder, beziehungsweise, weder – noch, entweder – oder* verbunden sind, im Allgemeinen nicht durch ein Komma. Man kann aber in diesen Fällen auch ein Komma setzen, wenn man die Gliederung der Satzverbindung deutlich machen will:

Du kannst mir glauben, dass ich deinen Vorschlag ernst nehme[,] und dass ich ihn sicher verwirkliche.
Er sagte, er wisse es[,] und der Vorgang sei ihm völlig klar.
Er wusste nicht, wer angerufen hatte[,] und was der Kunde wollte.

8. Komma bei einfachen Mittelwörtern (Partizipien):

Einfache Mittelwörter trennt man im Allgemeinen nicht durch Komma ab:

Lachend stand er in der Tür.

Nach den neuen amtlichen Rechtschreibregeln kann man eine Wortgruppe um ein Mittelwort (Partizip)

Komma (Fortsetzung)	
durch Komma abtrennen, um die Gliederung des Satzes deutlich zu machen oder um Missverständnisse auszuschließen: *Er kam[,] aus vollem Halse lachend[,] auf mich zu.*	*Seinem Vorschlag entsprechend[,] ist das Haus verkauft worden. Seit mehreren Jahren kränklich (seiend)[,] hat er sich ganz zurückgezogen.*

Konfirmand	Das Hauptwort *Konfirmand* erhält – außer im Werfall – die Endung *-en: der Konfirmand, des Konfirmanden* (nicht: *des Konfirmands*), *dem Konfirmanden* (nicht: *dem Konfirmand*), *den Konfirmanden* (nicht: *den Konfirmand*), Mehrzahl: *die Konfirmanden.*
konfrontieren	Das Zeitwort *konfrontieren* wird gewöhnlich mit dem Verhältniswort (der Präposition) *mit* verbunden: *Man hat den Angeklagten mit seinem Opfer konfrontiert.* Das Verhältniswort kann aber auch entfallen. Es heißt dann: *Man hat den Angeklagten seinem Opfer konfrontiert.* Beide Verwendungsweisen sind richtig.
König	**1. Aussprache:** In den Formen der Einzahl *(der König, des Königs, dem König, den König)* spricht man standardsprachlich das *g* wie das *ch* in *ich* aus. **2. in Verbindung mit einem Namen:** Folgt auf den Titel *König* ein Name, dann ist besonders die Beugung im Wesfall schwierig. Richtig ist: *der Sieg König Ludwigs des Heiligen.* Der Titel *König* ist hier ungebeugt, der Name in seiner Gesamtheit dagegen gebeugt *(Ludwigs des Heiligen).* Steht *König* jedoch mit Geschlechtswort (Artikel) oder Fürwort (Pronomen), dann heißt es: *der Sieg des Königs Ludwig des Heiligen.* Der Titel *König* ist hier gebeugt, der Name *(Ludwig)* bleibt ohne Beugungsendung, die Beifügung *(der Heilige)* ist wiederum gebeugt.

Konkurrent	Das Hauptwort *Konkurrent* erhält – außer im Werfall – die Endung *-en: der Konkurrent, des Konkurrenten* (nicht: *des Konkurrents*), *dem Konkurrenten* (nicht: *dem Konkurrent*), *den Konkurrenten* (nicht: *den Konkurrent*), Mehrzahl: *die Konkurrenten.*
können	**1. nichts dafür können:** Es heißt: *nichts dafür können,* nicht: *nichts dazu können: Sie kann nichts dafür, dass die Vase umgefallen ist.* **2. können oder gekonnt:** Das Mittelwort der Vergangenheit (2. Partizip) von *können* heißt *gekonnt: Sie haben die Aufgabe nicht gekonnt.* Steht aber vor dem Zeitwort *können* noch ein weiteres Zeitwort, und zwar in der Grundform (im Infinitiv), so steht nicht *gekonnt,* sondern *können.* Es stehen dann beide Zeitwörter in der Grundform, also nicht: *Er hat die Aufgabe nicht lösen gekonnt,* sondern nur: *Er hat die Aufgabe nicht lösen können.*
Konservative, der und die	Man beugt das Wort in folgender Weise: *der Konservative, ein Konservativer, zwei Konservative, die Konservativen, einige Konservative, alle Konservativen, solche Konservative* und *solche Konservativen, beide Konservativen* und seltener auch *beide Konservative; genanntem Konservativen, die Meinung führender Konservativer.* Als Beisatz (Apposition): *mir (dir, ihm) als Konservativen* und *mir (dir, ihm) als Konservativem; ihr als Konservativen* und *ihr als Konservativer.*
Konstante	Das Wort *Konstante* kann man in der Einzahl auf zweierlei Weise beugen. Es kann in allen Fällen ohne Endung bleiben: *die Konstante, der Konstante.* Oder es kann im Wesfall und im Wemfall die Endung *-n* erhalten: *der Konstanten.* In der Fachsprache der Mathematik werden die Formen mit *-n* bevorzugt. In der Mehrzahl erhält das Wort im Allgemeinen die Endung *-n,* die aber auch weggelassen werden kann, wenn *Konstante* ohne Geschlechtswort (Artikel) [in Ver-

K

	bindung mit einer Zahl] steht: *zwei Konstanten* oder *zwei Konstante.*
Konsument	Das Hauptwort *Konsument* erhält – außer im Werfall – immer die Endung *-en: der Konsument, des Konsumenten* (nicht: *des Konsuments*), dem Konsumenten (nicht: *dem Konsument*), *den Konsumenten* (nicht: *den Konsument*), Mehrzahl: *die Konsumenten.*
Korb	**1. Korb oder Körbe:** Als Maßbezeichnung bleibt *Korb* in der Mehrzahl häufig ungebeugt, d. h. unverändert: *zwei Korb* oder *zwei Körbe Äpfel.* **2. Beugung nach *Korb:*** Nach *Korb* als Maßbezeichnung steht in der Regel das, was gemessen wird, im gleichen Fall wie die Maßbezeichnung *Korb* selbst: *ein Korb Holz, ein Korb trockenes Holz; mit drei Körben trockenem Holz.* Gelegentlich in gehobener Ausdrucksweise mit dem Wesfall: *ein Korb trockenen Holzes; mit drei Körben trockenen Holzes.* Steht das, was gemessen wird, in der Mehrzahl, dann wird im Wemfall in folgender Weise gebeugt: *mit einem Korb reifer Äpfel* oder *mit einem Korb reife Äpfel,* seltener auch: *mit einem Korb reifen Äpfeln.*
Korrespondent	Das Hauptwort *Korrespondent* erhält – außer im Werfall – die Endung *-en: der Korrespondent, des Korrespondenten* (nicht: *des Korrespondents*), *dem Korrespondenten* (nicht: *dem Korrespondent*), *den Korrespondenten* (nicht: *den Korrespondent*), Mehrzahl: *die Korrespondenten.*
kosten	Hat *kosten* die Bedeutung »einen bestimmten Preis haben«, dann steht eine genannte Person im Wenfall: *Die Renovierung der Wohnung kostete den Vermieter 6 000 €, kostet dich nicht viel, hat meinen Nachbarn einiges gekostet.* Hat *kosten* die Bedeutung »von jemandem etwas Bestimmtes verlangen«, dann steht die genannte Person ebenfalls im

	Wenfall: *Das kostet den Minister nur einen Anruf. Es kostet dich keine fünf Minuten. Es kostet meinen Sohn große Überwindung.* Hat *kosten* hingegen die Bedeutung »jemanden um etwas Bestimmtes bringen«, dann kann die genannte Person im Wenfall, aber auch im Wemfall stehen: *Der Sturz kostete die alte Frau* oder *der alten Frau das Leben. Das kann ihn* oder *ihm die Freiheit kosten.* Auch in der Wendung *sich eine Sache etwas kosten lassen* sind beide Fälle richtig: *Ich lasse mich,* auch: *mir die Sache etwas kosten.*
kraft	Das Verhältniswort (die Präposition) *kraft* steht mit dem Wesfall: *Kraft [seines] Amtes konnte er helfen.*
Kranke, der und die	Man beugt das Wort in folgender Weise: *der Kranke, ein Kranker, zwei Kranke, die Kranken, einige Kranke, alle Kranken, solche Kranke* und *solche Kranken, beide Kranken* und seltener *beide Kranke; genanntem Kranken; die Versorgung bettlägeriger Kranker.* Als Beisatz (Apposition): *mir (dir, ihm) als Kranken* und: *mir (dir, ihm) als Krankem; ihr als Kranken* und *ihr als Kranker.*
Kriminelle, der und die	Man beugt das Wort in folgender Weise: *ein Krimineller, zwei Kriminelle, die Kriminellen, einige Kriminelle, alle Kriminellen, solche Kriminelle* und *solche Kriminellen, beide Kriminellen* und seltener auch *beide Kriminelle; genanntem Kriminellen, die Betreuung entlassener Krimineller.* Als Beisatz (Apposition): *ihm als Kriminellen* und *ihm als Kriminellem; ihr als Kriminellen* und *ihr als Krimineller.*
kündigen	In der Standardsprache steht *kündigen* mit dem Wemfall: *Der Betrieb, der Vermieter hat ihm gekündigt. Ihm ist gekündigt worden.* In der Umgangssprache kommt häufiger der Wenfall vor: *Der Betrieb hat ihn, hat sie gekündigt.* Umgangssprachlich ist auch der Gebrauch des Mittelworts der

	Vergangenheit (des 2. Partizips) *gekündigt* in Bezug auf Personen: *die gekündigten Mitarbeiter.*
kurz	Groß schreibt man das Eigenschaftswort, wenn es als Hauptwort gebraucht wird: *ein Kurzer* (= ein hochprozentiges alkoholisches Getränk; Kurzschluss in einer elektrischen Leitung); *etwas, nichts Kurzes, alles Kurze.* Dies gilt nach den neuen amtlichen Rechtschreibregeln auch für die feste Verbindung *den Kürzeren ziehen.* Man schreibt dagegen klein in den folgenden festen Verbindungen: *über kurz oder lang; binnen, in, seit, vor kurzem.*
kürzlich	Das Umstandswort (Adverb) *kürzlich* darf nicht wie ein Eigenschaftswort bei einem Hauptwort stehen. Nicht richtig ist also: *die kürzliche Vereinbarung, der kürzliche Besuch.* Richtig ist nur: *die Vereinbarung, die kürzlich getroffen wurde; der Besuch, der kürzlich stattfand.*

L

laden	Das Zeitwort *laden* im Sinne von »beladen« und »aufladen« hat die Formen: *du lädst, er lädt* (nicht: *du ladest, er ladet*), die Vergangenheitsform heißt: *er lud* (nicht: *er ladete*). Das Mittelwort der Vergangenheit lautet: *geladen* (nicht: *geladet*): *Er lud das Gepäck auf den Wagen, hat das Gepäck auf den Wagen geladen.*
Laden	Das Hauptwort *Laden* in der Bedeutung »Fensterladen, Rollladen, Klappladen« hat zwei Mehrzahlformen: *die Läden,* selten: *die Laden.* Beide sind richtig.
Lager	Die Mehrzahl von *Lager* heißt *die Lager,* in der Kaufmannssprache ist auch die Form *die Läger* üblich.
lang, lange	Das Eigenschaftswort heißt *lang: Der lange Rock ist schön. Ihr Haar ist lang. Sein Vortrag war zu lang.* Das Umstandswort (Adverb) heißt *lange: Er hat lange gewartet. Er war lange krank.* In der Umgangssprache, besonders in Süd- und Südwestdeutschland, verwenden manche Sprecher die Form *lang* auch als Umstandswort. *Er hat lang gewartet. Er war lang krank.*
längs	Das Verhältniswort (die Präposition) *längs* hat den Wesfall nach sich, seltener auch den Wemfall: *längs des Ufers, längs dem Waldrand.* Beides ist richtig. Der Wemfall ist vorzuziehen, wenn dem abhängigen Hauptwort noch ein Hauptwort im Wesfall folgt oder vorausgeht. Statt *längs des Ufers des Sees* besser: *längs dem Ufer des Sees.*
läse oder **lese**	Beide Formen sind Möglichkeitsformen (Konjunktive). Die Form *lese* steht vor allem in der indirekten Rede: *Sie*

sagte, sie lese gern Romane. Sie fragte, was er gern lese. Auch *läse* kann in der indirekten Rede auftreten, z. B., wenn die Form *lese* nicht eindeutig als Möglichkeitsform erkennbar ist: *Sie sagten, sie läsen* (für nicht eindeutiges *lesen*) *gern Kriminalromane.* Oder auch, wenn der Sprecher das, was er berichtet, für zweifelhaft hält: *Sie sagten, sie läsen keine Kriminalromane [, aber ich glaube das nicht].* Sonst steht *läse* vor allem in Bedingungssätzen: *Wenn er Zeitung läse, wäre er besser informiert.*

lassen

1. lassen oder gelassen: Steht vor *lassen* die Grundform (der Infinitiv) eines anderen Zeitwortes, dann heißt es richtig: *Er hat sich nicht erwischen lassen* (nicht: *gelassen*). *Du hast dich ausfragen lassen* (nicht: *gelassen*). *Warum hast du dich wegschicken lassen* (nicht: *gelassen*)? Bei den folgenden Verbindungen aus zwei Zeitwörtern sind beide Formen *(lassen* oder *gelassen)* richtig; z. B. bei *liegen lassen, fallen lassen, stecken lassen, stehen lassen: Er hat alles auf dem Boden liegen lassen* oder *liegen gelassen. Er hat seinen Plan fallen lassen* oder *fallen gelassen. Warum hast du sie an der Tür stehen lassen* oder *stehen gelassen?* In Formulierungen wie der folgenden steht *lassen* immer am Ende: *... weil sie sich haben bestechen lassen* (nicht: *... weil sie sich bestechen lassen haben*).

2. jemanden etwas sehen, fühlen, merken, wissen usw. lassen: Diese Verbindungen bildet man immer mit dem Wenfall: *Ich werde dich mein neues Kleid sehen lassen. Er hat sie seinen Ärger fühlen lassen. Er hat sie nicht merken lassen, wie enttäuscht er war. Kannst du mich wissen lassen, wann du gehst?*

laufen

Bezieht sich das Zeitwort *laufen* auf eine sportliche Betätigung und wird im Sinne von »einen Lauf absolvieren, eine entsprechende Sportart betreiben« gebraucht, dann können die Vergangenheitsformen mit *sein* und mit *haben* gebildet werden: *Er ist einen Rekord gelaufen. Er hatte einen*

Rekord gelaufen. Sie ist früher Ski gelaufen. Sie hat früher Ski gelaufen.

laufend

In den festen Verbindungen *auf dem Laufenden sein/bleiben, jmdn. auf dem Laufenden halten* schreibt man das Mittelwort *laufend* nach den neuen amtlichen Rechtschreibregeln groß.

laut

1. Bedeutung: Das Verhältniswort (die Präposition) *laut* hat die Bedeutung »dem Wortlaut von etwas oder jemandem entsprechend«. Durch die Angabe *laut* macht man deutlich, dass im Satz Gesprochenes oder Geschriebenes vermittelt wird. *Laut* steht deshalb oft mit Wörtern wie *Mitteilung, Bericht, Gesetz,* aber auch mit Personennamen: *laut amtlicher Mitteilung, laut Schröder.* Nicht möglich ist: *laut Abbildung, laut Muster* usw.

2. laut unseres Schreibens, laut unserem Schreiben: Das Verhältniswort *laut* kann den Wesfall und auch den Wemfall nach sich haben: *laut unseres Schreibens* und *laut unserem Schreiben, laut ärztlichen Gutachtens* und *laut ärztlichem Gutachten.* Steht das abhängige Hauptwort allein, also ohne Begleitwort, dann ist es in der Einzahl ungebeugt: *laut Vertrag, laut Clinton.* In der Mehrzahl weicht man auf den Wemfall aus: *laut Verträgen, laut Befehlen.* Der Wemfall steht auch dann, wenn noch ein Hauptwort im Wesfall folgt oder vorausgeht: *laut dem Bericht des Ministers, laut des Ministers neuestem Bericht.*

lauten

Das Zeitwort *[auf etwas] lauten* hat den Wenfall nach sich: *Der Vertrag lautet auf den Namen seiner Frau. Das Urteil lautet auf fünf Jahre.*

lediglich
nur

Die beiden Wörter *lediglich* und *nur* bedeuten das Gleiche. Man soll darum nicht beide nebeneinander stellen. Eine solche Häufung von sinngleichen Wörtern ist stilistisch unschön. Es genügt zu sagen: *Er verlangt lediglich sein*

	Recht. Oder: *Er verlangt nur sein Recht.* Nicht: *Er verlangt lediglich nur sein Recht.*
legitimieren, sich	Bei *sich legitimieren als* steht das Hauptwort, das dem *als* folgt, im Werfall: *Er legitimierte sich als der rechtmäßige Besitzer des Autos.*
lehren	**1. lehren oder gelehrt:** Steht vor dem Zeitwort *lehren* die Grundform (der Infinitiv) eines anderen Zeitworts, dann hat *lehren* heute gewöhnlich die Form des Mittelworts der Vergangenheit (des 2. Partizips) *gelehrt: Er hat die Kinder schreiben gelehrt* (nicht: *Er hat die Kinder schreiben lehren.*). **2. Er lehrte die Kinder/den Kindern die französische Sprache:** Nach *lehren* stehen heute gewöhnlich die genannte Person und die genannte Sache im Wenfall: *Er lehrte die Kinder die französische Sprache.* Der seltenere Wemfall ist ebenfalls richtig: *Er lehrte den Kindern die französische Sprache.* **3. Er lehrte die Kinder schreiben/zu schreiben:** Es heißt: *Er lehrte die Kinder schreiben.* Treten zu der Grundform *schreiben* jedoch noch weitere Angaben, dann geht ihr häufiger ein *zu* voraus. *Er lehrte die Kinder leserlich schreiben.* Oder: *Er lehrte die Kinder, leserlich zu schreiben.* Je umfangreicher die Erweiterung der Grundform ist, umso fester wird der Gebrauch von *zu* vor der Grundform: *Er lehrte die Kinder, immer deutlich und leserlich zu schreiben* (nicht: *schreiben*). **4. lehren oder lernen:** Das Zeitwort *lehren* »jemanden in einem bestimmten Fach unterrichten« darf man nicht mit dem Zeitwort *lernen* »sich bestimmte Kenntnisse aneignen« verwechseln. Es darf deshalb nur heißen: *Er hat die Kinder schreiben gelehrt* (nicht: *gelernt*).
Lehrstelle	Lesen Sie bitte zu Formulierungen mit dem Wort *Lehrstelle* (z. B. in einem Bewerbungsschreiben) unter *Ausbildungsplatz* nach.

leicht	Man schreibt das Eigenschaftswort groß, wenn es als Hauptwort gebraucht wird: *Leichtes und Schweres; das Leichte zuerst erledigen; es ist nichts Leichtes, das zu tun; er isst gern etwas Leichtes* (= etwas leicht Verdauliches). Dies gilt nach den neuen amtlichen Rechtschreibregeln auch für die folgenden festen Verbindungen: *Es ist [mir] ein Leichtes* (= sehr leicht), *es so zu machen. Es wäre das Leichteste* (= sehr leicht, am leichtesten), *ganz darauf zu verzichten.*
leicht tun, sich	Bitte lesen Sie unter »schwer tun, sich« nach.
Leideform (Passiv)	Man kann im Deutschen ein Geschehen oftmals aus zwei Blickrichtungen beschreiben: *Das Erdbeben überraschte uns im Schlaf* (Tatform = Aktiv) und: *Wir wurden von dem Erdbeben im Schlaf überrascht* (Leideform = Passiv). Die Leideform kann durchaus ein Mittel sein, einen Text abwechslungsreicher zu gestalten. Sie bietet zudem die Möglichkeit, den Handelnden nicht zu nennen: *Es wird angeordnet* (Wer hat angeordnet?). *Sie wurde ausgelacht* (Wer hat sie ausgelacht?). Es kann jedoch vorkommen, dass ein Text bei übermäßiger Verwendung der Leideform unlebendig und schwerfällig wird. Er ähnelt dann der unpersönlichen Verwaltungssprache oder der sachlichen Wissenschaftssprache, wo diese Konstruktionen sehr häufig sind. Will man dies vermeiden, sollte man nicht nur die Leideform, sondern auch die Tatform verwenden. Statt: *Der Plan wird durchgeführt* besser: *Wir führen den Plan durch.* Statt: *Es wird darauf hingewiesen* besser: *Wir weisen darauf hin.* Statt: *Von Herrn Meyer wurde ausgeführt* besser: *Herr Meyer führte aus.*
leise	Man schreibt das Eigenschaftswort groß, wenn es als Hauptwort gebraucht wird: *Er ist einer der Leisen, gehört zu den Leisen in seiner Partei. Zwischendurch spielten sie etwas Leises* (= ein leises Stück). Dies gilt nach den neuen

L

	amtlichen Rechtschreibregeln auch für die feste Verbindung *nicht im Leisesten* (= durchaus nicht).
Leopard	Das Hauptwort *Leopard* erhält – außer im Werfall – immer die Endung *-en: der Leopard, des Leoparden* (nicht: *des Leopards*), *dem Leoparden* (nicht: *dem Leopard*), *den Leoparden* (nicht: *den Leopard*), Mehrzahl: *die Leoparden.*
lernen	Wenn bei *lernen* ein anderes Zeitwort in der Grundform (im Infinitiv) steht, die nicht durch irgendeinen Zusatz erweitert ist, dann steht dieses andere Zeitwort ohne *zu: Das Kind lernt laufen. Er lernt jetzt lesen.* (Dazu gehören auch Fälle wie: *Sie lernt Klavier spielen. Sie lernt Schlittschuh laufen.*) Ist die Grundform dieses Zeitwortes aber erweitert, so kann sie mit oder ohne *zu* stehen: *Ich lernte die Maschinen bedienen.* Oder: *Ich lernte, die Maschinen zu bedienen.* Je umfangreicher die Erweiterung ist, desto fester ist der Gebrauch mit *zu: Ich lernte, die neuen Maschinen richtig zu bedienen und zu warten.*
letzte	Klein schreibt man das Eigenschaftswort *letzte* z. B. in den folgenden Verwendungen: *das letzte Mal; die beiden, die drei letzten der Häuser.* Groß schreibt man, wenn das Eigenschaftswort als Hauptwort gebraucht wird: *der Letzte des Monats* (= der letzte Monatstag); *es geht ums Letzte* (= um die äußerste Sache); *noch ein Letztes* (= etwas Abschließendes) *sagen; sie ist die Letzte* (= die letzte noch lebende Vertreterin) *ihres Jahrgangs; er wurde Letzter* (= der Schlechteste) *im Wettkampf; sie hat ihr Letztes* (= alles was sie noch besaß) *hergegeben.* Nach den neuen amtlichen Rechtschreibregeln gilt dies auch in den folgenden Fällen und festen Verbindungen: *sie war die Letzte, die noch lebte; das ist das Letzte, was ich tun würde; den Letzten beißen die Hunde; er stieg als Letzter aus; als Letztes drehte sie das Licht aus; bis ins Letzte* (= sehr, äußerst); *am Letzten* (= zuletzt); *bis zum Letzten* (= ganz und gar); *im Letzten* (= zutiefst); *fürs Letzte* (= zuletzt).

letzterer, letztere, letzteres	Ein Eigenschaftswort oder Mittelwort (Partizip), das auf *letzterer* usw. folgt, beugt man (auch wenn es als Hauptwort gebraucht wird) in gleicher Weise wie *letzterer* selbst: *letzteres modernes Hörspiel, bei letzterer persönlicher Beschuldigung, letztere schlimme Fehler, die letzteren gemeinsamen Freunde; letzterer Abgeordneter, die Meinung letzterer Betroffener.* Bitte lesen Sie dazu auch unter »ersterer – letzterer« usw. nach.
leugnen	Weil das Zeitwort *leugnen* bereits verneinenden Sinn hat (= nicht gelten lassen, für nicht zutreffend erklären), darf man den davon abhängenden Satz nicht auch noch verneinen. Also nicht richtig: *Er leugnete, dies nicht getan zu haben.* Sondern richtig nur: *Er leugnete, dies getan zu haben.*
Lexikon	Die Mehrzahl von Lexikon heißt *die Lexika,* vereinzelt auch noch *die Lexiken.* Nicht richtig sind die Formen *die Lexikons* oder *die Lexikas.*
Liberale, der und die	Man beugt das Wort in folgender Weise: *der Liberale, ein Liberaler, zwei Liberale, die Liberalen, einige Liberale, alle Liberalen, solche Liberale* und *solche Liberalen, beide Liberalen* und seltener auch *beide Liberale; besagtem Liberalen, die Meinung führender Liberaler.* Als Beisatz (Apposition): *mir (dir, ihm) als Liberalen* und *mir (dir, ihm) als Liberalem; ihr als Liberalen* und *ihr als Liberaler.*
lieb	Man schreibt das Eigenschaftswort groß, wenn es als Hauptwort gebraucht wird, z. B.: *alles Liebe und Gute; jmdm. etwas, viel Liebes erweisen; sie hat das Liebste, ihr Liebstes verloren.* Dies gilt nach den neuen amtlichen Rechtschreibregeln auch für den folgenden Fall: *das wäre mir das Liebste* (= sehr lieb, am liebsten).

Liebe	Nach dem Hauptwort *Liebe* schließt man mit dem Verhältniswort (der Präposition) *zu,* nicht *für* an: *Seine Liebe zu dieser* (nicht: *für diese*) *Frau wuchs. Es war nur ihre Liebe zur* (nicht: *für die*) *Heimat.*
Lieferant	Das Hauptwort *Lieferant* erhält – außer im Werfall – die Endung *-en: der Lieferant, des Lieferanten* (nicht: *des Lieferants*), *dem Lieferanten* (nicht: *dem Lieferant*), *den Lieferanten* (nicht: *den Lieferant*), Mehrzahl: *die Lieferanten.*
liegen	Die zusammengesetzten Vergangenheitsformen von *liegen* bildet man heute im Allgemeinen mit *haben: Die Akten haben auf dem Boden gelegen. Um 10 Uhr hatte ich bereits im Bett gelegen.* Im süddeutschen Sprachgebiet (auch in Österreich und in der Schweiz) ist die Bildung dieser Vergangenheitsformen mit *sein* üblich: *Die Akten sind auf dem Boden gelegen. Um 10 Uhr war ich bereits im Bett gelegen.*
liegen bleiben	Dieses Zeitwort schreibt man nach den neuen amtlichen Rechtschreibregeln immer getrennt: *Du musst noch länger im Bett liegen bleiben. Der Spieler war verletzt auf dem Spielfeld liegen geblieben. Die Brille ist liegen geblieben* (= vergessen worden).
lila	Diese Farbbezeichnung beugt man standardsprachlich nicht, also: *ein lila Vorhang, in einem lila Kleid.* Wer diese Form nicht verwenden will, kann ausweichen auf die Zusammensetzung mit *-farben: ein lilafarbener Vorhang, in einem lilafarbenen Kleid.*
Linke, der und die	Man beugt das Wort in folgender Weise: *der Linke, ein Linker, zwei Linke, die Linken, einige Linke, alle Linken, solche Linke* und *solche Linken, beide Linken* und seltener auch *beide Linke; genanntem Linken; die Bespitzelung verdächtiger Linker.*

L

	Als Beisatz (Apposition): *mir (dir, ihm) als Linken* und *mir (dir, ihm) als Linkem; ihr als Linken* und *ihr als Linker.*
Linksunterzeichnete oder **links Unterzeichnete,** der und die	Man kann in der Amtssprache sowohl *der* oder *die Linksunterzeichnete* als auch *der* oder *die links Unterzeichnete* schreiben. Beide Schreibungen sind richtig. Nicht zulässig aber ist die Form *der links Unterzeichner.* Bitte lesen Sie dazu auch unter »Unterzeichneter« nach.
Liter	**1. Beugung nach *Liter:*** Nach der Maßbezeichnung *Liter* steht das, was gemessen wird, meist im selben Fall wie die Maßbezeichnung *Liter* selbst: *drei Liter [spanischer] Rotwein, mit drei Litern spanischem Rotwein, für drei Liter spanischen Rotwein.* Gelegentlich in gehobener Ausdrucksweise auch mit dem Wesfall: *drei Liter spanischen Rotweins, mit drei Litern spanischen Rotweins, für drei Liter spanischen Rotweins.* Steht die Maßbezeichnung *Liter* selbst im Wesfall, so heißt es: *der Preis eines Liters Rotwein* oder *der Preis eines Liter Rotweins,* aber (mit einem beigefügten Eigenschaftswort) nur: *der Preis eines Liters spanischen Rotweins.* **2. Drei Liter Wein kostet/kosten nicht viel:** Von diesen beiden Formen, die beide richtig sind, bevorzugt man im Allgemeinen die Mehrzahl: *Drei Liter Wein kosten nicht viel, reichen gut aus, sind zu wenig.* Steht *Liter* in der Mehrzahl ohne Angabe des Gemessenen, dann muss auch das Zeitwort in der Mehrzahl stehen. Die Einzahl ist hier falsch: *Drei Liter kosten* (nicht: *kostet*) *nicht viel.* **3. mit drei Liter/Litern:** Wenn *Liter* in der Mehrzahl steht *(2, 3, 4* usw. *Liter),* dann heißt es im Wemfall: *Mit drei Litern kommen wir aus.* Ist dabei das Gemessene (z. B. *Wein*) angegeben, steht *Liter* oft auch in der ungebeugten Form: *Mit drei Liter Wein kommen wir aus.* Geht jedoch der Maßbezeichnung *Liter* das Geschlechtswort (der Artikel) voraus, dann wird immer die gebeugte Form *(Litern)* verwendet, unabhängig davon, ob das Gemessene *(Wein)* angegeben ist oder nicht: *Mit den drei Litern [Wein] kommen wir aus.*

M *m*

Maat	Die Mehrzahl von *Maat* (= Schiffsunteroffizier) lautet *die Maate* oder *die Maaten.*
machen	Steht vor dem Zeitwort *machen* ein anderes Zeitwort, und zwar in der Grundform (im Infinitiv), dann verwendet man überwiegend die Form *gemacht*: *Sie hat viel von sich reden gemacht.* Die ebenfalls richtige Form *machen* tritt hier nur noch selten auf: *Sie hat viel von sich reden machen.*
Mädchen	Da *Mädchen* ein sächliches Hauptwort ist, muss man bei den Fürwörtern (Pronomen) und Eigenschaftswörtern, die sich auf *Mädchen* beziehen, entsprechend auch die sächlichen Formen verwenden: *Ein bei uns beschäftigtes Mädchen hat seinen* (nicht: *ihren*) *Arbeitsplatz aufgegeben. Das Mädchen, das* (nicht: *die*) *ihm die Blumen überreichte, war ganz unbefangen.* Nur bei größerem Abstand zwischen *Mädchen* und dazugehörendem Fürwort kann man entsprechend dem natürlichen Geschlecht die weibliche Form des Fürwortes *(sie, ihr)* wählen: *Das bei allen beliebte Mädchen wird jetzt einige Wochen bei uns mitarbeiten. Danach wird* sie *erst einmal* ihren *Urlaub nehmen.*
Magen	Die Mehrzahl von *Magen* lautet *die Mägen,* seltener auch: *die Magen.*
Magnet	Das Hauptwort *Magnet* kann man auf zweierlei Weise beugen: *der Magnet, des Magnets,* Mehrzahl: *die Magnete.* Oder: *der Magnet, des Magneten,* Mehrzahl: *die Magneten.*
mahlen und **malen**	Das Zeitwort *mahlen* hat die Beugungsformen: *mahlen, mahlte, gemahlen;* das Zeitwort *malen* hat die Formen: *malen, malte, gemalt.*

mal/Mal	siehe Tabelle
man oder **einer**	Das unbestimmte Fürwort (Indefinitpronomen) *man* ist nicht beugbar. Es wird daher im Wemfall durch *einem,* im Wenfall durch *einen* ersetzt: *Man kann nicht immer so handeln, wie einem zumute ist. Wenn man mit diesem Buch anfängt, lässt es einen nicht mehr los.* Die Ersetzung von *man* durch *einer* im Werfall, wie sie gelegentlich in der Umgangssprache vorkommt, ist dagegen nicht richtig: *Das soll einer* (richtig: *man*) *nun wissen.*
manch/ mancher, manche, manches	Das Wort *manch* kann ungebeugt (also stets in der Form *manch*) auftreten, oder es kann in seinen gebeugten Formen *mancher, manche, manches* auftreten. Entsprechend unterschiedlich ist dann die Beugung der Wörter, die von ihm abhängen. Ein Eigenschaftswort oder Mittelwort (Partizip), das auf das ungebeugte *manch* folgt, hat (auch wenn es als Hauptwort gebraucht wird) folgende Beugung: *manch wunderbares Geschenk, der Duft manch schöner Blume, in manch schwierigem Fall, manch bittere Erfahrungen, die Ansicht manch gelehrter Männer, für manch ältere Leute; manch Kranker, mit manch Abgeordnetem, manch bedeutende Gelehrte, der Zustand manch älterer Kranker.* Nach den gebeugten Formen *mancher, manche, manches* dagegen beugt man die Wörter, die von ihnen abhängen, wie folgt. In der Einzahl: *manches wunderbare Geschenk, der Duft mancher schönen Blume, in manchem schwierigen Fall, manchen schwierigen Fall lösen; mancher Kranke, mit manchem Abgeordneten.* In der Mehrzahl: *manche bittere* oder *bitteren Erfahrungen, die Ansicht mancher gelehrter* oder *gelehrten Männer, für manche ältere* oder *älteren Leute, manche bedeutende Gelehrte* oder *bedeutenden Gelehrten, der Zustand mancher älterer Kranker* oder *älteren Kranken.*

Schwierigkeiten der Rechtschreibung bei *mal/Mal*

1. Groß- oder Kleinschreibung:

Groß schreibt man, wenn es sich um das Hauptwort *das Mal* handelt:

dieses Mal
das erste, das zweite Mal
das andere, das nächste, das letzte Mal
das vorige Mal, das eine Mal
ein einziges Mal
beim ersten Mal
von Mal zu Mal
ein Mal über das and[e]re
ein um das and[e]re Mal
manches liebe Mal
einige, mehrere, viele Male
ein paar Dutzend Male
drei Millionen Male
zu verschiedenen, wiederholten Malen
zum soundsovielten, zum x-ten Mal usw.

Klein schreibt man, wenn es sich um die Angabe beim Multiplizieren handelt:

Zwei mal drei ist sechs.

Klein schreibt man auch, wenn es sich um die umgangssprachlich verkürzte Form von *einmal* handelt:

Wenn das mal gut geht.
Das ist nun mal so.
Komm mal her!
Sag das noch mal!

2. Getrennt- oder Zusammenschreibung:

Getrennt schreibt man, wenn *Mal* auf irgendeine Weise (besonders durch die Beugung der beistehenden Wörter) als Substantiv erkennbar ist:

das eine Mal
diese zwei Mal
ein erstes Mal, ein jedes Mal
kein einziges Mal
dieses Mal, manches Mal, nächstes Mal, voriges Mal, ein anderes Mal, ein letztes Mal
ein oder das andere Mal
ein ums andere Mal
von Mal zu Mal
beim ersten, zweiten, x-ten, soundsovielten, letzten Male
mit einem Male
zum ersten, dritten, letzten Male
einige, etliche, mehrere, unzählige, viele Male
ein paar Male
ein für alle Male
wie viele Male
viele tausend Male
drei Millionen Male
einige Dutzend Male
zu wiederholten Malen.

Die **Zusammenschreibung** tritt dann ein, wenn *Mal* mit einem seiner beistehenden Wörter zu einem

Schwierigkeiten der Rechtschreibung bei *mal/Mal* (Fortsetzung)	
neuen Begriff, einem Adverb verschmolzen ist. Die ursprüngliche Wortart, die Wortform oder die Bedeutung der einzelnen Bestandteile ist dann nicht mehr erkennbar und das neue Wort wird kleingeschrieben: *ein andermal (aber: ein and[e]res Mal)* *diesmal* *dreimal* *einmal* *auf einmal* *hundertmal* *keinmal* *manchmal* *vielmal* *vieltausendmal.* Sind jedoch beide Wörter betont, so **kann** auch hier **getrennt geschrieben werden:** *Kein Mal* *Sie hat ihn zwei Mal versetzt.*	*Wir haben nur ein Mal gewonnen.* Nach den neuen amtlichen Rechtschreibregeln wird dagegen in den folgenden Fällen **immer getrennt geschrieben:** *beide Mal* *drei Millionen Mal* *ein Dutzend Mal* *(aber: dutzendmal)* *einige, mehrere Mal* *hunderte Mal* *jedes Mal* *unzählige, verschiedene Mal* *ein für alle Mal* *mit einem Mal* *ein paar Mal* *ein paar Dutzend Mal* *ein halbes hundert Mal* Hierbei spielt es keine Rolle mehr, ob es im Singular *Mal* oder *Male* heißt: *beide Mal* oder *beide Male* *einige Mal* oder *Male* *ein Dutzend Mal* oder *Male* usw.

mangels

1. Beugung nach *mangels:* Nach *mangels* steht üblicherweise der Wesfall. Es heißt also: *mangels eines Beweises* (nicht: *mangels einem Beweis*), *mangels der notwendigen Geldmittel* (nicht: *mangels den notwendigen Geldmitteln*). Steht aber das Hauptwort, das von *mangels* abhängt, allein, also ohne ein Begleitwort, dann bleibt es in der Einzahl häufig ungebeugt, d. h. unverändert: *mangels Geld.* In

	der Mehrzahl aber weicht man bei allein stehenden Hauptwörtern auf den Wemfall aus: *mangels Beweisen, mangels Geldmitteln.* Da *mangels* in der Amtssprache zwar üblich, aber stilistisch unschön ist, nimmt man im allgemeinen Sprachgebrauch besser andere Formulierungen, etwa: *da wir keinen Beweis haben, weil die notwendigen Geldmittel fehlen* o. Ä. **2. mangels oder aus Mangel an:** Anstelle von *mangels* kann man auch die Formulierung *aus Mangel an* gebrauchen: *aus Mangel an notwendigen Geldmitteln.* Nicht richtig aber ist eine Vermischung von beiden zu der Formulierung *mangels an.* (Falsch also: *mangels an notwendigen Geldmitteln.*)
Mann, Gatte, Gemahl	Spricht man von dem eigenen Ehemann, dann heißt es *mein Mann,* nicht *mein Gatte* oder *mein Gemahl.* Das Wort *Gatte* gehört der gehobenen Stilschicht an und ist nur auf den Ehemann einer anderen Frau, nicht auf den eigenen anwendbar, aber auch nur dann, wenn man sich besonders höflich ausdrücken will: *Sie erschien ohne ihren Gatten. Grüßen Sie Ihren Gatten.* Das Wort *Gemahl* klingt gehoben und wird besonders in der geschriebenen Sprache verwendet. Im Unterschied zu *Gatte* wird *Gemahl* oder *Herr Gemahl* im Allgemeinen nur auf den Ehemann einer Gesprächspartnerin, nicht auf den Ehemann einer abwesenden Dritten angewandt: *Ist Ihr Gemahl wieder wohlauf? Grüßen Sie bitte Ihren Herrn Gemahl.*
März	Der Wesfall lautet *des März* oder seltener: *des Märzes.* Die Form *des Märzen* dagegen ist veraltet.
Maß	Nach dem Hauptwort *Maß* im Sinne von »rechte Menge, Ausmaß« können die Verhältniswörter (Präpositionen) *an* und *von* stehen: *jemandem ein hohes Maß an* oder *von Vertrauen entgegenbringen.*

M

mäßig-Bildungen	Wortbildungen mit *-mäßig* sind heute äußerst beliebt. Man verwendet *-mäßig* im Sinne von »in der Art von, wie; entsprechend, gemäß; in Bezug auf, hinsichtlich«. Der heute häufige Gebrauch von *-mäßig* für »in Bezug auf; hinsichtlich« ist in stilistischer Hinsicht oft fragwürdig. Meist lässt er sich leicht vermeiden: Nicht: *Die technische Einrichtung ist sicherheitsmäßig zu beanstanden,* sondern: *Die technischen Einrichtungen sind hinsichtlich der Sicherheit zu beanstanden.* Nicht: *Das Verfahren A ist das organisationsmäßig bessere,* sondern: *Das Verfahren A ist das organisatorisch bessere.* Nicht: *Die farbenmäßige Zusammenstellung gefällt mir nicht,* sondern: *Die Farbzusammenstellung gefällt mir nicht.* Nicht: *Der Urlaub hat erholungsmäßig nichts gebracht,* sondern: *Erholt haben wir uns im Urlaub nicht.* Nicht: *Der Fall XY hat pressemäßig viel Staub aufgewirbelt,* sondern: *Der Fall XY hat in der Presse viel Staub aufgewirbelt.*
Match	Es heißt gewöhnlich *das Match,* selten auch *der Match.* In der Schweiz ist allerdings nur *der Match* gebräuchlich. Die Mehrzahl lautet *die Matchs* oder *die Matche.*
mehr als	Wenn die Angabe nach *mehr als* in der Mehrzahl steht, dann kann das zugehörige Zeitwort in der Einzahl oder in der Mehrzahl stehen, die Mehrzahl wird im Allgemeinen bevorzugt: *Mehr als alte Lumpen fand sich nicht,* häufiger: *fanden sich nicht.*
mehrere	Ein Eigenschaftswort oder Mittelwort (Partizip), das auf *mehrere* folgt, beugt man (auch wenn es als Hauptwort gebraucht wird) fast immer in gleicher Weise wie *mehrere* selbst: *mehrere dunkle Kleider, mehrere Anwesende, an mehreren blühenden Apfelbäumen, von mehreren Beamten.* Nur im Wesfall gibt es zwei Möglichkeiten: *in Begleitung mehrerer bewaffneter Helfer* oder auch: *in Begleitung mehrerer bewaffneten Helfer; das Talent mehrerer Mitwirkender* oder: *das Talent mehrerer Mitwirkenden.*

Mehrheit	**Die Mehrheit der Abgeordneten stimmte/stimmten zu:** Von diesen beiden Formen, die beide richtig sind, wählt man im Allgemeinen die Einzahl: *Die Mehrheit der Abgeordneten stimmte zu, war nicht anwesend, blieb sitzen.* Gelegentlich verwendet man auch die Mehrzahl (man konstruiert dann nach dem Sinn): *Die Mehrheit der Abgeordneten stimmten zu, waren nicht anwesend, blieben sitzen.* Beide Möglichkeiten sind richtig.
Mehrzahl	Für Sätze wie *Die Mehrzahl der Abgeordneten stimmte/stimmten zu* lesen Sie bitte unter »Mehrheit« nach.
meines Vaters Auto/ meinem Vater sein Auto	Für Formulierungen wie *meines Vaters Auto* oder *das Auto meines Vaters* heißt es umgangssprachlich oft *meinem Vater sein Auto.* Diese Ausdrucksweise ist nicht richtig.
meinetwegen/ wegen mir	In der Umgangssprache wird statt *meinetwegen* häufig *wegen mir* gebraucht: *Bist du wegen mir abgereist?* Hochsprachlich richtig ist: *Bist du meinetwegen abgereist?*
meiste	Das Wort wird immer kleingeschrieben, obgleich ein Geschlechtswort (Artikel) vorangeht: *das meiste war bekannt; die meisten kamen zu spät; die meisten der Bewohner; die meisten von uns.*
Menge	**1. Eine Menge haben sich ...:** Wenn *Menge* »Anzahl von Menschen, Menschenmenge« bedeutet, steht das Zeitwort in der Einzahl: *Die Menge stürmte das Rathaus.* Wenn *Menge* jedoch »viele; viele Leute« bedeutet – in dieser Bedeutung ist das Wort allerdings umgangssprachlich –, steht dagegen die Mehrzahl: *Eine Menge haben sich gemeldet.* **2. Eine Menge Äpfel war/waren faul:** Im Allgemeinen bezieht man das Zeitwort auf *Menge* und setzt es in die Einzahl: *Eine Menge Äpfel war faul, wurde gepflückt, ist zu verkaufen* usw. Gelegentlich wird das Zeitwort aber nicht

auf *Menge,* sondern auf die genannten Dinge bezogen und in die Mehrzahl gesetzt (d. h., man konstruiert nach dem Sinn): *Eine Menge Äpfel waren faul, wurden gepflückt, sind zu verkaufen.* Beide Möglichkeiten sind richtig.

3. eine Menge hübsche/hübscher Sachen: Üblicherweise steht nach *Menge* die folgende Angabe im Wesfall: *eine Menge hübscher Sachen; für eine Menge Abgeordneter; bei einer Menge Bäume, mit einer Menge netter Leute.* Es ist jedoch auch möglich, die Angabe, die auf *Menge* folgt, in den gleichen Fall zu setzen wie *Menge* selbst: *eine Menge hübsche Sachen; für eine Menge Abgeordnete; bei einer Menge Bäumen; mit einer Menge netten Leuten.* Beide Möglichkeiten sind richtig.

Mensch

Das männliche Hauptwort *Mensch* erhält – außer im Werfall – die Endung *-en: der Mensch, des Menschen, dem Menschen* (nicht: *dem Mensch*), *den Menschen* (nicht: *den Mensch*), Mehrzahl: *die Menschen.* Wenn dem Hauptwort *Mensch* weder ein Eigenschaftswort noch ein Geschlechtswort (Artikel) vorangeht, kann die Endung auch entfallen: *der Unterschied zwischen Mensch und Affe* (nicht: *zwischen Menschen und Affe*).

M

Meter

1. Geschlecht: Es heißt *der* oder *das Meter: Sie ist ein Meter siebzig* oder *einen Meter siebzig groß.*

2. Beugung von *Meter*: Ist *Meter* Mehrzahl *(2, 3, 4* usw. *Meter),* heißt es im Wemfall: *eine Länge von drei Metern.* Folgt aber auf die Längenangabe die Angabe des Gemessenen, ist überwiegend die ungebeugte Form *Meter* üblich: *Mit zwei Meter Stoff kommen wir aus.* Unabhängig davon, ob das Gemessene angegeben ist oder nicht, steht bei vorangestelltem Geschlechtswort (Artikel) die gebeugte Form *Metern* (im Wemfall): *Mit den zwei Metern [Stoff] kommen wir nicht aus.*

3. Beugung nach *Meter*: Nach der Maßbezeichnung *Meter* steht in der Regel das, was gemessen wird, im selben Fall wie die Maßbezeichnung *Meter* selbst: *ein Meter englisches Tuch; der Preis eines Meters Tuch* oder *eines Meter Tuchs,* aber: *der Preis eines Meters englischen Tuchs; aus einem Meter englischem Tuch; für ein[en] Meter englisches Tuch.* Gelegentlich in gehobener Ausdrucksweise auch mit dem Wesfall: *ein Meter englischen Tuchs; aus einem Meter englischen Tuchs.*

4. Ein Meter Stoff reicht aus: Nach der Angabe *ein Meter* (die Mengenangabe ist hier Einzahl) steht das Zeitwort in der Einzahl: *Ein Meter Stoff reicht aus.* Wenn jedoch die Maßangabe in der Mehrzahl steht *(2, 3, 4* usw. *Meter),* verwendet man auch beim Zeitwort gewöhnlich die Mehrzahl: *Drei Meter Stoff reichen aus, werden benötigt, sind zu wenig, haben nicht gereicht* usw.

Million

1. Rechtschreibung: Das Wort *Million* (Abkürzung: *Mill.* oder *Mio.*) ist ein Hauptwort und muss großgeschrieben werden: *eindreiviertel Millionen, eine Million dreihunderttausend, drei Millionen Mal.*

2. Beugung nach *Million*: Nach *Million* kann die folgende Angabe, das Gezählte, entweder im Wesfall stehen oder im selben Fall wie *Million* selbst: *eine Million neu erbauter Häuser* oder *neu erbaute Häuser; bei Millionen hungernder Kinder* oder *hungernden Kindern.* Man kann jedoch statt der Mehrzahl *Millionen* + Wesfall, auch die Konstruktion mit *von* und dem Wemfall verwenden: *Millionen von hungernden Kindern.*

3. Eine Million Londoner war/waren auf den Beinen: Im Allgemeinen bezieht man das Zeitwort auf *eine Million* und setzt es in die Einzahl, da *Million* der Form nach Einzahl ist: *Eine Million Londoner war auf den Beinen, hat sich vergnügt, ist davon betroffen* usw. Gelegentlich steht aber das Zeitwort in der Mehrzahl (d. h., man konstruiert nach dem Sinn): *Eine Million Londoner waren auf den Beinen, haben sich vergnügt, sind davon betroffen.* Beide Möglichkeiten sind richtig.

mindeste	Das Wort kann nach den neuen amtlichen Rechtschreibregeln groß- oder kleingeschrieben werden, wenn ein Geschlechtswort (Artikel) vorangeht: *nicht das Mindeste/mindeste* (= gar nichts); *nicht im Mindesten/mindesten* (= überhaupt nicht); *zum Mindesten/mindesten* (= wenigstens); *als Mindestes/mindestes könnte man erwarten ...; das Mindeste/mindeste* (= wenigste), *was man erwarten könnte ...*
minus	**1. Beugung:** In der Kaufmannssprache hat *minus* die Bedeutung »abzüglich«. Nach *minus* steht der Wesfall, wenn das Hauptwort, das von *minus* abhängt, ein Begleitwort aufweist: *der Betrag minus der üblichen Abzüge.* Steht das abhängige Hauptwort jedoch ohne Begleitwort, bleibt es in der Einzahl im Allgemeinen ungebeugt, d. h. unverändert: *der Betrag minus Rabatt.* In der Mehrzahl weicht man dagegen auf den Wemfall aus, wenn der Wesfall nicht eindeutig erkennbar ist, sondern mit dem Werfall und dem Wenfall übereinstimmt: *der Betrag minus Abzügen* (nicht: *Abzüge*). **2. Fünf minus drei ist zwei:** Bei dieser Art von Rechenaufgaben steht das Zeitwort in der Einzahl: *Fünf minus drei ist/macht/gibt zwei* (nicht: *sind/geben/machen*).
mir	Statt der in der Umgangssprache häufig gebrauchten Verbindung *etwas ist mir* heißt es in richtigem Deutsch *etwas gehört mir: Das Buch gehört mir.*
missen oder **vermissen**	Bei der Verwendung von *missen* und *vermissen* ist Folgendes zu beachten: Das Zeitwort *missen* bedeutet »entbehren« und wird fast nur in Verbindung mit *können, mögen, sollen, dürfen, wollen, müssen* verwendet: *Meinen Geschirrspüler möchte ich nicht mehr missen. Willst du etwa diese Annehmlichkeiten missen?* Dagegen bedeutet *vermissen* »die Abwesenheit einer Person, das Fehlen einer Sache bemerken« und kann zusätzlich noch ausdrücken, dass man die fehlende Person oder Sache herbeiwünscht: *Ich vermisse dich sehr. Sie vermisst die vertraute Umgebung. Die Einrichtung lässt jeden Geschmack vermissen.*

Misstrauen Nach *Misstrauen* schließt man mit dem Verhältniswort (der Präposition) *gegen* (nicht mit *für*) an: *Ich hegte Misstrauen gegen die neue Kollegin. Unser Misstrauen gegen ihn schwand.*

mit **1. Beugung:** Das Verhältniswort (die Präposition) *mit* steht mit dem Wemfall: *mit Deckeln, mit Brettern, mit Kindern.*

2. mit und ohne sie: Da nach *mit* der Wemfall, nach *ohne* aber der Wenfall steht, müsste es streng genommen heißen: *mit Kindern und ohne Kinder; mit ihr und ohne sie.* Dies wirkt jedoch schwerfällig. Deshalb hat es sich weitgehend durchgesetzt, das erste abhängige Wort zu ersparen. Richtig ist: *mit und ohne Kinder; mit und ohne sie.*

3. *bis* statt *mit*: Landschaftlich gebräuchlich ist die Ausdrucksweise *15. Mai mit 15. Juni.* Dies ist hochsprachlich nicht richtig. Richtig muss es heißen: *15. Mai bis 15. Juni.*

4. Zusammen- oder Getrenntschreibung: Wenn durch die Verbindung *mit* + Zeitwort ein neuer Begriff entsteht, wird zusammengeschrieben: *mit + teilen = mitteilen* (= sagen). Zusammengeschrieben wird auch, wenn mit eine dauernde Vereinigung oder Teilnahme ausdrückt. Dies ist daran erkennbar, dass nur *mit* betont ist: *mịtarbeiten, mịtbestimmen, mịtfahren, mịtnehmen, mịtreden, mịtspielen, mịtwirken* usw. Wenn jedoch beide Wörter betont sind, schreibt man getrennt: *Alle anderen Arbeiten werden wir mịt überne̱hmen. Das ist mịt zu berü̱cksichtigen. Das kann ich nicht mịt a̱nsehen.*

mit was oder **womit** Vor allem in der gesprochenen Sprache ersetzen viele Sprecher heute *womit* durch *mit was: Mit was beschäftigst du dich gerade? Ich weiß nicht, mit was er sich beschäftigt.* Die Verbindung *mit was* ist jedoch umgangssprachlich. Stilistisch besser ist *womit: Womit beschäftigst du dich gerade? Ich weiß nicht, womit er sich beschäftigt.*

M

Mitarbeit	Sowohl die Formulierung *für 25 Jahre treue Mitarbeit* als auch *für 25 Jahre treuer Mitarbeit* ist richtig. Die zweite Form *(... treuer Mitarbeit)* klingt gehobener als die erste.
Mittag	Groß schreibt man das Hauptwort: *bis Mittag, gegen Mittag, über Mittag, um Mittag, unter Mittag, vor Mittag, zu Mittag.* Dies gilt nach den neuen amtlichen Rechtschreibregeln entsprechend auch in den folgenden Fällen: *gestern, heute, morgen Mittag; von morgen Mittag an.*
mittags	Klein schreibt man: *von morgens bis mittags; mittags um 12 Uhr; dienstags mittags.* Groß schreibt man das Hauptwort: *des Mittags, eines Mittags [um 12 Uhr].*
Mittel	Standardsprachlich steht nach *Mittel* im Sinne von »Heilmittel, Medikament« das Verhältniswort (die Präposition) *gegen* (in der Bedeutung »zur Bekämpfung von«): *Ich brauche ein Mittel gegen den Husten.* Die Verwendung von *für* statt *gegen* ist umgangssprachlich.
mittels, mittelst	Beide Formen sind richtig, sie stehen mit dem Wesfall: *mittels* oder *mittelst elektrischer Energie, mittels* oder *mittelst eines Drahtes.* Allerdings sind beide veraltend. Stilistisch besser sind *mit, mithilfe von, durch: mit* oder *mithilfe von* oder *durch elektrische[r] Energie.*
Mittwochabend	Bitte lesen Sie hierzu unter »Dienstagabend« nach.
mögen	**1. mögen oder gemocht:** Das Mittelwort der Vergangenheit (2. Partizip) von *mögen* heißt *gemocht: Er hat die Suppe nicht gemocht.* Steht vor dem Zeitwort *mögen* jedoch noch ein anderes Zeitwort, und zwar in der Grundform (im Infinitiv), dann steht nicht *gemocht,* sondern *mögen: Er hat die Suppe nicht essen mögen.*

2. ich möge/ich möchte: Es gibt zwei Möglichkeitsformen (Konjunktivformen): *Ich möge, du mögest, er möge* usw. und *ich möchte, du möchtest, er möchte* usw. Die erste Möglichkeitsform ist besonders in Wunschsätzen üblich: *Möge sie glücklich werden!* Die zweite Möglichkeitsform dient u. a. zur Kennzeichnung eines Wunsches, der nicht erfüllbar ist: *Möchte er es doch endlich einsehen!* Die Formen *ich möchte, du möchtest* usw. treten auch als höfliche Ausdrucksweise anstelle von *wollen* auf: *Ich möchte noch ein Bier. Sie möchte, dass er ihr hilft.*

möglich

1. Steigerung: Das Wort *möglich* ist üblicherweise nicht steigerbar. Als Ausdruck der Steigerung kann man aber bestimmte Wörter voranstellen: *Morgen wäre es eher/besser/leichter möglich* (nicht: *Morgen wäre es möglicher*). *Morgen wäre es am ehesten/am besten/am leichtesten möglich.* Auch die Zusammensetzungen *größtmöglich, bestmöglich, schnellstmöglich* darf man nicht steigern (nicht: *größtmöglichst* usw.). Hier ist der höchste Steigerungsgrad bereits durch *größt-, best-, schnellst-* ausgedrückt.

2. möglichst: Das Wort *möglichst* steht als Mittel der Steigerung vor steigerungsfähigen Eigenschaftswörtern: *möglichst groß, möglichst tief, möglichst schnell* usw. (= so groß, tief, schnell usw. wie möglich). Daneben hat *möglichst* die Bedeutung »nach Möglichkeit, wenn es möglich ist«: *Ich wollte mich möglichst zurückhalten. Die Sendung soll möglichst noch heute zur Post.* In Sätzen wie *Wir suchen für diese Arbeit möglichst junge Leute* ist unklar, ob *möglichst junge Leute* so viel wie »Leute, die so jung wie möglich sind« bedeutet oder ob gemeint ist »Leute, die nach Möglichkeit jung sein sollen«. In diesem Fall ist es besser, *nach Möglichkeit* oder *wenn möglich* statt *möglichst* zu verwenden.

3. Es ist möglich: Richtig ist entweder *Es ist möglich* oder *Es kann sein.* Die Vermischung aus diesen beiden Ausdrücken *(Es kann möglich sein)* sollte man vermeiden.

Möglichkeitsform (Konjunktiv)

Man unterscheidet eine erste Möglichkeitsform (Konjunktiv I) und eine zweite Möglichkeitsform (Konjunktiv II). Die erste Möglichkeitsform erscheint vor allem in der indirekten Rede (die für das Protokoll wichtig ist). Die zweite Möglichkeitsform dient besonders der Kennzeichnung des nur Vorgestellten, Gedachten, der Irrealität, wie es häufig in Bedingungssätzen vorkommt.

1. indirekte Rede: In der indirekten Rede verwendet man die erste Möglichkeitsform: *Sie sagte, sie habe Hunger. Darauf erwiderte er, dass das Essen noch nicht fertig sei. Sie fragte deshalb, ob sie ihm helfen solle. Das könne sie wohl, meinte er.* Hängt von einem Nebensatz, der in der indirekten Rede steht, ein weiterer Nebensatz ab, steht auch dieser in der ersten Möglichkeitsform: *Sie sagte, sie habe Hunger, weil sie seit heute Morgen nichts gegessen habe.* Von der Grundregel, dass man für die indirekte Rede die erste Möglichkeitsform verwendet, gibt es folgende Ausnahme: Statt der ersten Möglichkeitsform wird des Öfteren die zweite Möglichkeitsform gebraucht: *Sie sagte, sie hätte Hunger. Darauf erwiderte er, dass das Essen noch nicht fertig wäre. Sie fragte deshalb, ob sie ihm helfen sollte. Das könnte sie wohl, meinte er.* Diese zweite Möglichkeitsform ist dann berechtigt, wenn der Sprecher die gemachten Aussagen selbst für zweifelhaft hält, sie skeptisch beurteilt und dies dem Leser klarmachen will. Sie ist auch dann richtig, wenn die Formen der ersten Möglichkeitsform nicht eindeutig als Möglichkeitsform erkennbar sind, sondern mit der Wirklichkeitsform übereinstimmen. Also z. B. bei *Die Kinder sagten, sie haben Hunger.* Die Form *sie haben* kann die erste Möglichkeitsform oder aber die Wirklichkeitsform sein. Deshalb besser: *Die Kinder sagten, sie hätten Hunger.*

2. Bedingungssatz: Die zweite Möglichkeitsform verwendet man vorwiegend im Bedingungssatz: *Wenn sie käme, wäre ich sehr froh. Hätte ich mehr Geld, könnte ich mir vielleicht eine Eigentumswohnung leisten.* Die zweite

	Möglichkeitsform ist unter bestimmten Bedingungen auch durch *würde* + Grundform (Infinitiv) des entsprechenden Zeitwortes ersetzbar. Zum Beispiel wenn die Formen der zweiten Möglichkeitsform mit der Wirklichkeitsform übereinstimmen und deshalb nicht deutlich genug sind, sollte man sie durch die Umschreibung mit *würde* ersetzen: *Sonst wohnten wir dort nicht/*(deutlicher:) *würden wir dort nicht wohnen. Wenn sie mich riefen, käme ich sofort/*(deutlicher:) *Wenn Sie mich rufen würden, käme ich sofort.* Auch anstelle altertümlich wirkender Möglichkeitsformen kann die *würde*-Umschreibung gebraucht werden: *Ich würde helfen* (für: *hülfe*), *wenn ... Wenn dies doch jetzt noch gelten würde* (für: *gälte/gölte*)! *Wenn sie das Buch kennen würden* (für: *kennten*), *könnten sie es beurteilen.*
Montagabend	Bitte lesen Sie hierzu unter »Dienstagabend« nach.
montieren	Nach *montieren auf* oder *an* kann sowohl der Wemfall (Frage: wo?) als auch der Wenfall (Frage: wohin?) stehen: *Er montierte die Antenne auf dem Dach* oder *auf das Dach. Das Schild wurde an der Vorderseite* oder *an die Vorderseite montiert.*
morgen	Die Zeitbestimmung *morgen* wird bei der Darstellung eines in der Vergangenheit liegenden Vorgangs gelegentlich so gebraucht, dass ein falscher Zeitbezug entsteht. Richtig ist: *Ich teilte die Leute ein, die am folgenden Tag* (nicht: *morgen*) *Schnee räumen sollten.*
Morgen	Die Mehrzahl von *der Morgen* heißt *die Morgen* (nicht: *die Morgende*).
morgen oder **Morgen**	Klein schreibt man: *morgen früh; morgen Mittag; morgen Nachmittag; morgen Abend; morgen in einer Woche; jmdn. auf morgen vertrösten; bis morgen; etwas für mor-*

M

	gen vorbereiten; die Welt von morgen; zu morgen. Groß schreibt man das Hauptwort: *am Morgen; gegen Morgen; vom Morgen bis zum Abend.* Nach den neuen amtlichen Rechtschreibregeln gilt die Großschreibung entsprechend für: *heute Morgen.*
morgendlich	Die richtige Schreibung ist *morgendlich,* nicht: *morgentlich* oder *morgenlich.*
morgens	Bitte lesen Sie hierzu unter »mittags« nach.
Motor	Das Wort hat zwei Mehrzahlformen. *Der Motor* (mit der Betonung auf der ersten Silbe) hat die Mehrzahlform *die Motoren; der Motor* (mit der Betonung auf der zweiten Silbe) hat die Mehrzahlform *die Motore.*
müde	In der Bedeutung »überdrüssig« wird *müde* gewöhnlich mit dem Wesfall verbunden. *Er war des ewigen Streitens müde.* Die Verbindung mit dem Wenfall: *Er war den ewigen Streit müde* ist selten.
münden	Nach *münden in* mit der Bedeutung »fließen in« steht der Wenfall: *Der Fluss mündet in den See, in die Donau.* Nach *münden in* oder *auf* im Sinne von »enden, auslaufen« kann sowohl der Wenfall (Frage: wohin?) als auch der Wemfall (Frage: wo?) stehen: *Der Gang mündet in eine* oder *in einer großen Halle. Die Straßen münden alle auf diesen* oder *auf diesem Platz.*
müssen	Das Mittelwort der Vergangenheit (2. Partizip) von *müssen* heißt *gemusst: Er hat das nicht mehr gemusst.* Steht aber vor dem Zeitwort *müssen* ein anderes Zeitwort, und zwar in der Grundform (im Infinitiv), dann verwendet man die Form *müssen* und nicht *gemusst: Er hat kommen müssen.*

N *n*

nach langem, schwerem Leiden	Bitte lesen Sie hierzu unter »Eigenschaftswort« nach.
nach was oder **wonach**	Vor allem in der gesprochenen Sprache ersetzen viele Sprecher heute *wonach* durch *nach was: Nach was hat er gefragt? Ich weiß nicht, nach was ich mich richten soll.* Die Verbindung *nach was* ist jedoch umgangssprachlich. Stilistisch besser ist *wonach: Wonach hat er gefragt? Ich weiß nicht, wonach ich mich richten soll.*
Nachbar	Das Wort kann man in der Einzahl auf zweierlei Weise beugen: *der Nachbar, des Nachbars, dem Nachbar, den Nachbar* oder: *der Nachbar, des Nachbarn, dem Nachbarn, den Nachbarn.* Die an zweiter Stelle genannten Beugungsformen sind die heute gebräuchlicheren.
nachdem	Einen Nebensatz, der mit *nachdem* eingeleitet ist, trennt man immer durch ein Komma vom Hauptsatz ab. *Er kam, nachdem er sich telefonisch angemeldet hatte.* Man kann *nachdem* mit einer weiteren Zeitangabe verbinden: *sofort nachdem, drei Wochen nachdem, einige Zeit nachdem* usw. In diesen Fällen steht das Komma vor der hinzugetretenen Zeitangabe: *Wir begannen mit der Arbeit, sofort nachdem wir uns geeinigt hatten. Wir begannen mit der Arbeit, drei Wochen nachdem wir uns geeinigt hatten. Wir begannen mit der Arbeit, einige Zeit nachdem wir uns geeinigt hatten.*
Nachmittag	Groß schreibt man das Hauptwort: *bis Nachmittag; er kommt nicht vor Nachmittag; der gestrige, heutige, morgige*

	Nachmittag. Dies gilt nach den neuen amtlichen Rechtschreibregeln entsprechend in den folgenden Fällen: *gestern, heute, morgen Nachmittag; von morgen Nachmittag an.*
nachmittags	Bitte lesen Sie hierzu unter »mittags« nach.
nachsenden	Bitte lesen Sie hierzu unter »senden« nach.
nächst	Das Verhältniswort (die Präposition) *nächst* hat den Wemfall nach sich, nicht den Wesfall: *nächst dem Haus* (nicht: nächst *des Hauses*).
nächster, nächste, nächstes	Steht *nächster, nächste, nächstes* in Verbindung mit einer Zeitangabe, die einen periodisch wiederkehrenden Zeitpunkt oder Zeitraum nennt (z. B. *Tag, Jahr, Monat, Winter* usw.), dann entsteht leicht Unklarheit darüber, welcher Zeitpunkt oder Zeitraum gemeint ist. Meint z. B. die Angabe *nächsten Donnerstag* den unmittelbar bevorstehenden Donnerstag oder erst den Donnerstag der folgenden Woche? Eindeutig sind Angaben dieser Art, wenn man anstelle von *nächster* usw. das hinweisende Fürwort *dieser* usw. oder das Eigenschaftswort *kommend* verwendet: *Ich fahre diesen Donnerstag* oder *Ich fahre kommenden Donnerstag.* Eindeutig sind ebenfalls die Formulierungen: *Ich fahre am Donnerstag dieser* bzw. *am Donnerstag nächster Woche.*
nächstliegend	Da das Eigenschaftswort *nächstliegend* bereits eine höchste Steigerungsstufe *(nächst...)* enthält, ist es nicht noch einmal steigerbar: *der nächstliegende* (nicht: *nächstliegendste*) *Gedanke.*
Nacht	Groß schreibt man das Hauptwort: *die Nacht über; bei Nacht; über Nacht; zu Nacht essen.* Dies gilt nach den neuen amtlichen Rechtschreibregeln entsprechend in den folgenden Fällen: *gestern, heute, morgen Nacht; von heute Nacht an.*

nachtragen	Nach *nachtragen in* kann sowohl der Wemfall (Frage: wo?) als auch der Wenfall (Frage wohin?) stehen: *Wir bitten Sie, den Namen in der Liste* oder *in die Liste auf Seite 5 nachzutragen.*
nachts	Man schreibt klein: *nachts um 1 Uhr; um 1 Uhr nachts; dienstags nachts.* Groß schreibt man das Hauptwort, z. B.: *des Nachts, eines Nachts.*
nahe	Das Verhältniswort (die Präposition) *nahe* hat den Wemfall nach sich, nicht den Wesfall: *nahe dem Haus* (nicht: *nahe des Hauses*).
näher	Man schreibt groß, wenn das Eigenschaftswort als Hauptwort gebraucht wird: *Näheres, etwas Näheres, nichts Näheres, alles Nähere.* Dies gilt nach den neuen amtlichen Rechtschreibregeln auch für die feste Verbindung *des Näheren* (= näher): *etwas des Näheren erklären.*
nähme oder **nehme**	Beide Formen sind Möglichkeitsformen (Konjunktive). Die Form *nehme* steht vor allem in der indirekten Rede: *Sie sagte, sie nehme nichts davon. Sie fragte, ob er etwas davon nehme.* Auch *nähme* kann in der indirekten Rede auftreten, z. B., wenn die Form *nehme* nicht eindeutig als Möglichkeitsform erkennbar ist: *Sie sagten, sie nähmen* (für nicht eindeutiges *nehmen*) *nichts davon.* Oder auch, wenn der Sprecher das, was er berichtet, für zweifelhaft hält: *Sie sagten, sie nähmen nichts [, aber ich glaube es nicht].* Sonst steht *nähme* vor allem in Bedingungssätzen: *Wenn sie etwas davon nähmen, wäre der Vorrat bald erschöpft.*
namentlich	Vor *namentlich* steht ein Komma, wenn es einen Zusatz einleitet: *Sie ist sehr gut in der Schule, namentlich im Rechnen. Wein, namentlich Rotwein, wird hierzu gern getrunken.* Hat *namentlich* noch ein Bindewort (eine Konjunktion) wie *wenn, weil, als* bei sich *(namentlich wenn,*

	namentlich weil, namentlich als), dann steht zwischen diesen Wörtern im Allgemeinen kein Komma, weil beide als Einheit empfunden werden: *Er kommt, namentlich wenn auch Gabi kommt.* Nach den neuen amtlichen Rechtschreibregeln kann jedoch auch hier ein Komma stehen, wenn man die Teile der Fügung nicht als Einheit ansieht: *Er kommt, namentlich, wenn auch Gabi kommt.*
nämlich	Vor *nämlich* steht ein Komma, wenn es einen Zusatz einleitet: *Dass er nur einen anderen schützen wollte, nämlich die Frau des Angeklagten, ist offenkundig. Ich fahre später, nämlich erst nach Abschluss der Verhandlungen.* Hat *nämlich* noch ein Bindewort (eine Konjunktion) wie *dass* oder *wenn* bei sich *(nämlich dass, nämlich wenn),* dann steht im Allgemeinen kein Komma zwischen diesen Wörtern, weil beide als eine Einheit empfunden werden: *Die Unfälle häufen sich in diesem Waldstück, nämlich wenn Nebel auftritt.* Nach den neuen amtlichen Rechtschreibregeln kann jedoch auch hier ein Komma stehen, wenn man die Teile der Fügung nicht als Einheit ansieht: *Die Unfälle häufen sich in diesem Waldstück, nämlich, wenn Nebel auftritt.*
nämliche	Nach den neuen amtlichen Rechtschreibregeln schreibt man das Eigenschaftswort groß, wenn es als Hauptwort verwendet wird: *Er ist noch der Nämliche; er sagt immer das Nämliche.*
neben was oder **woneben**	Vor allem in der gesprochenen Sprache ersetzen viele Sprecher heute *woneben* durch *neben was: Neben was hast du das Buch gestellt? Ich weiß nicht mehr, neben was ich es gestellt habe.* Die Verbindung *neben was* ist jedoch umgangssprachlich. Stilistisch besser ist *woneben: Woneben hast du das Buch gestellt? Ich weiß nicht mehr, woneben ich es gestellt habe.*

N

Neigung	Nach dem Hauptwort *Neigung* steht das Verhältniswort (die Präposition) *zu*, nicht *für: Er fasste Neigung zu diesem* (nicht: *für dieses*) *Mädchen. Sie hat Neigung zur* (nicht: *für die*) *Mathematik.*
nennen	Nach *nennen* in der Bedeutung »als jemanden oder etwas bezeichnen« stehen die genannte Person oder Sache und das über sie Ausgesagte im Wenfall, nicht im Werfall. Es heißt also richtig: *Sie nannte ihn ihren besten Freund* (nicht: *ihr bester Freund*).
neu	Man schreibt das Eigenschaftswort groß, wenn es als Hauptwort gebraucht wird: *Altes und Neues; das Alte und das Neue; etwas, nichts, vielerlei, wenig Neues; manches Neue; das ist das Neueste vom Tage; das Neueste vom Neuen; was gibt es Neues?* Dies gilt nach den neuen amtlichen Rechtschreibregeln entsprechend für die folgenden festen Verbindungen: *aufs Neue* (= erneut); *auf ein Neues* (= noch einmal); *das Neue* (= neu) *daran ist, ...; aus Alt Neu machen.* Klein schreibt man dagegen: *neue Sprachen; die neue Armut; ein gutes/glückliches neues Jahr; von neuem* (= nochmals); *seit neuem; die neueste seiner Errungenschaften, von seinen Errungenschaften; etwas auf neu trimmen.*
neu renoviert	In dem Fremdwort *renovieren* (= erneuern) steckt schon der Sinn von *neu.* Es ist also überflüssig, das Eigenschaftswort *neu* noch dazuzusetzen. Also nicht: *Die Fassade ist neu renoviert.* Sondern: *Die Fassade ist renoviert.*
nicht berufstätig oder **nichtberufstätig**	Wird ein vor einem Hauptwort stehendes Eigenschaftswort durch Davorsetzen von *nicht* verneint, dann kann man nach den neuen amtlichen Rechtschreibregeln getrennt oder zusammenschreiben: *die nicht berufstätigen/nichtberufstätigen Frauen.* Diese Regel gilt unabhängig von Bedeutung bzw. Betonung der jeweiligen Wörter.

nicht nur – sondern auch	**1. Komma:** Bei *nicht nur – sondern auch* steht vor *sondern* immer ein Komma: *Alexander spielt nicht nur gut Fußball, sondern ist auch ein hervorragender Tennisspieler. Er spielt nicht nur morgen, sondern auch übermorgen.* **2. Einzahl oder Mehrzahl:** Es heißt: *Nicht nur er, sondern auch seine Frau war eingeladen.* Nach *nicht nur – sondern auch* steht das Zeitwort im Allgemeinen in der Einzahl, wenn die Hauptwörter oder Fürwörter (Pronomen), die nach *nicht nur* und *sondern auch* folgen, in der Einzahl stehen. Steht das Hauptwort oder Fürwort, das nach *sondern auch* folgt, in der Mehrzahl, dann muss auch das Zeitwort in der Mehrzahl stehen: *Nicht nur er, sondern auch seine Kinder waren eingeladen.*
nichts	**1. als oder wie:** Es heißt richtig: *Mit ihm hat man nichts als Ärger.* Nicht richtig ist: *... nichts wie Ärger.* **2. Einzahl oder Mehrzahl nach *nichts als:*** Steht nach *nichts als* ein Hauptwort oder Fürwort (Pronomen) in der Mehrzahl, dann kann das zugehörige Zeitwort in der Einzahl oder auch in der Mehrzahl stehen, die Mehrzahl wird im Allgemeinen bevorzugt: *In dem Raum waren nichts als alte Akten.* Seltener: *In dem Raum war nichts als alte Akten.*
niederlassen, sich	Nach *sich niederlassen* kann sowohl der Wemfall (Frage: wo?) als auch der Wenfall (Frage: wohin?) stehen: *Sie hatten sich auf der Bank niedergelassen.* Oder: *Sie hatten sich auf die Bank niedergelassen.*
niemand	**1. als oder wie:** Es heißt richtig: *Niemand weiß das besser als du.* Nicht richtig ist: *... wie du.* **2. Beugung:** Der Wesfall von *niemand* lautet *niemandes* oder *niemands.* Wemfall oder Wenfall können ungebeugt sein, also: *niemand* oder gebeugt: Wemfall: *niemandem* (nicht: *niemanden*) und Wenfall: *niemanden. Wir haben mit niemand* (oder: *mit niemandem*) *gesprochen.* Im Wenfall wird die ungebeugte Form oft vorgezogen: *Ich habe niemand* (oder: *niemanden*) *gesehen.*

	3. niemand anders, niemand Bekanntes: In Verbindung mit *anders* oder mit einem Eigenschaftswort, das als Hauptwort gebraucht wird (z. B. *der Fremde*), bleibt *niemand* meist ungebeugt: *Sie sah niemand anders, niemand Fremdes* oder *niemand Fremden. Sie hatte mit niemand anders* (selten: *mit niemandem anders*) *gesprochen. Sie hatte mit niemand Bekanntem* (selten: *mit niemandem Bekanntes*) *gesprochen.* Bitte lesen Sie hierzu auch unter »anderer« usw. (3. jemand anders/jemand anderer) nach. **4. niemand, der:** Schließt sich an *niemand* ein Nebensatz an, der mit einem bezüglichen Fürwort (mit einem Relativpronomen) beginnt, dann wählt man standardsprachlich immer *der,* und zwar unabhängig davon, ob männliche oder weibliche Personen gemeint sind: *Ich kenne niemanden, der Bankkauffrau ist. Sie ist niemand, dem ich vertrauen würde.*
niesen	Das Mittelwort der Vergangenheit (2. Partizip) von *niesen* heißt *geniest,* nicht *genossen: Er hat mehrmals geniest.*
Nominalstil	Bitte lesen Sie hierzu unter »Hauptwortstil« nach.
Not	Man schreibt das Hauptwort groß: *Sie sind in Not. Ich habe meine liebe Not mit der Steuererklärung.* Dies gilt nach den neuen amtlichen Rechtschreibregeln entsprechend für die festen Verbindungen *etwas ist/etwas tut Not.*
notieren	Nach *notieren in* und *notieren auf* kann sowohl der Wemfall (Frage: wo?) als auch der Wenfall (Frage: wohin?) stehen: *Er notierte die Adresse in seinem Notizbuch* oder *in sein Notizbuch.* *Er notierte die Zahlen auf einem Zettel* oder *auf einen Zettel.*
nötig oder **notwendig**	Von diesen beiden sinnverwandten Eigenschaftswörtern verbindet sich *nötig* mit *haben* zu der Fügung *etwas nötig*

haben (»brauchen, bedürfen, benötigen«): *Sie hat einen Erholungsurlaub dringend nötig* (nicht: *notwendig*). *Er hat es nötig* (nicht: *notwendig*), *mit seinem Können zu prahlen.* In Verbindung mit *sein* sind *nötig* und *notwendig* häufig austauschbar, allerdings ist *notwendig* nachdrücklicher: *Ist es nötig* (= muss es denn sein), *dass wir so früh aufbrechen? Ist es notwendig* (= ist es gar nicht anders möglich, unbedingt erforderlich), *dass wir so früh aufbrechen?* Oder: *Es ist nicht nötig, dass Sie mich begleiten* (= Sie brauchen mich nicht zu begleiten). *Es ist nicht notwendig* (= ist nicht unbedingt erforderlich, nicht unumgänglich), *dass Sie mich begleiten.* Aber nur: *Es wäre nicht nötig gewesen, dass ... Alles, was zum Leben nötig ist, haben wir.* Auch in Verbindung mit anderen Zeitwörtern ist ein Austausch häufig möglich: *Man hielt es nicht für nötig* oder *notwendig, Vorkehrungen zu treffen. Änderungen haben sich nicht als notwendig* oder *nötig erwiesen.* Im Sinne von »zwangsläufig« lässt sich *nötig* nicht anstelle von *notwendig* gebrauchen: *Das ist die notwendige* (nicht: *nötige*) *Folge. Der Versuch musste notwendig* (nicht: *nötig*) *misslingen.*

Notizblock Die Mehrzahl von *Notizblock* lautet *die Notizblocks* und *die Notizblöcke.*

November Steht *November* im Wesfall, dann ist sowohl die Form mit *-s (des Novembers)* als auch die Form ohne *-s (des November)* richtig. Die Form mit *-s* ist häufiger.

null Gibt man einen Zahlenwert unter eins an, z. B. *null Komma eins* (in Ziffern: *0,1*), dann steht das zugehörige Hauptwort in der Mehrzahl, nicht in der Einzahl: *Es waren nur 0,1 Sekunden* (nicht: *Sekunde*). *Er lag 0,1 Punkte* (nicht: *Punkt*) *über dem Durchschnitt. Der Abstand betrug knapp null Sekunden* (nicht: *Sekunde*).

numerisch oder **nummerisch**	Beide Schreibungen sind richtig. *Numerisch* leitet sich her von dem lateinischen Wort »numericus«, *nummerisch* ist abgeleitet von dem deutschen Wort »Nummer«.
Nummer	Vor Zahlen steht das Hauptwort *Nummer* in der Mehrzahl, wenn ihm ein Geschlechtswort (Artikel) vorangeht *(die Nummern)*, es steht in der Einzahl, wenn kein Geschlechtswort vorangeht *(Nummer)*. Es heißt also: *Nummer 1–5, Nummer 1, 3 und 5,* aber: *die Nummern 1–5, die Nummern 1, 3 und 5.*
nutzen, nützen	**1. Gebrauch:** Die beiden Zeitwörter sind gleichbedeutend. Während *nutzen* in Norddeutschland gebräuchlicher ist, ist *nützen* im süddeutschen Raum gebräuchlicher. **2. mir oder mich:** Es heißt richtig: *Das nutzt* oder *nützt mir nichts.* Der Wenfall *(Das nutzt* oder *nützt mich nichts)* kommt in der landschaftlichen Umgangssprache vor.

O *o*

ob	Das Bindewort (die Konjunktion) *ob* leitet einen untergeordneten Nebensatz ein, den man durch Komma abtrennt: *Ob er kommt, ist nicht bekannt. Es ist nicht bekannt, ob er kommt. Auf die Frage, ob er komme, wusste niemand eine Antwort.* Zu *ob* kann ein weiteres Bindewort wie *denn, aber, und* hinzutreten *(denn ob, aber ob, und ob): Denn ob er kommt, ist nicht bekannt. Aber ob er kommt, ist nicht bekannt. Und ob er kommt, ist nicht bekannt.* Vor *ob* steht in diesen Fällen kein Komma.
ob – ob	Das mehrgliedrige Bindewort (die Konjunktion) *ob – ob* verbindet aufgezählte Sätze oder Satzteile, die man immer durch Komma abtrennt: *Alle kamen, ob Jung, ob Alt. Ob Jung, ob Alt, alle kamen. Alle, ob sie jung waren, ob sie alt waren, kamen.*
oben erwähnt	Nach den neuen amtlichen Rechtschreibregeln ist nur die Getrenntschreibung richtig: *der oben erwähnte Fall; der weiter oben erwähnte Fall; er wurde oben erwähnt.* Beim hauptwörtlichen Gebrauch ist dagegen Getrennt- oder Zusammenschreibung möglich: *der, die das Obenerwähnte* oder *der, die, das oben Erwähnte.*
oben genannt	Bitte lesen Sie unter »oben erwähnt« nach.
obig	Ein Eigenschaftswort, das auf *obig* folgt, beugt man (auch wenn es als Hauptwort gebraucht wird) in gleicher Weise wie *obig* selbst: *obiger interessanter Bericht, obige spezielle Angaben, wegen obiger genauer Aufzählung, in obigem ausführlichem Text, in dem obigen ausführlichen Text.* Das Wort *obig* ist besonders amtssprachlich üblich und stilistisch unschön.

Obmann	Die Mehrzahl von *Obmann* lautet *die Obmänner* oder *die Obleute.*
Obmännin/ Obfrau	Die weibliche Entsprechung zu *Obmann* lautet entweder *Obmännin* oder *Obfrau: Sie ist zur Obmännin, zur Obfrau des Ausschusses XY gewählt worden.*
obwohl	Das Bindewort (die Konjunktion) *obwohl* leitet wie *obgleich* und *obschon* einen Nebensatz ein, der eine Einräumung, einen Gegengrund zu dem Geschehen oder Sachverhalt im Hauptsatz angibt. Er wird durch Komma abgetrennt: *Sie kam sofort, obwohl sie nicht viel Zeit hatte. Der Schüler, obwohl er gesund war, erschien nicht zum Unterricht.* Zu *obwohl* kann ein weiteres Bindewort wie *denn, aber, und* hinzutreten *(denn obwohl, aber obwohl, und obwohl).* Vor *ob* steht in diesen Fällen kein Komma: *Aber obwohl sie nicht viel Zeit hatte, kam sie sofort. Und obwohl das Stück komisch war, konnte sie nicht lachen.*
oder	**1.** siehe Tabelle **2. Der Vater oder die Mutter weiß es:** Verbindet das Wort *oder* zwei Glieder in der Einzahl, steht das Zeitwort im Allgemeinen ebenfalls in der Einzahl: *Der Vater oder die Mutter weiß es, ist immer zu sprechen.* Es gibt jedoch auch Fälle, wo das Zeitwort in der Mehrzahl steht, und zwar meist dann, wenn der Ausdruck mit *oder* vor dem Zeitwort steht: *Der Bäcker oder der Konditor haben doch bestimmt die nötige Fachkenntnis.* Ist eines der Glieder Mehrzahl, richtet sich das Zeitwort nach dem Glied, das ihm am nächsten steht: *Der Vater oder seine Töchter kommen,* aber: *Die Töchter oder ihr Vater kommt.* Man kann das Problem, wie das Zeitwort zu beugen ist, umgehen, wenn man ein gemeinsames Zeitwort für beide durch *oder* verbundenen Ausdrücke vermeidet und stattdessen ein unbestimmtes Fürwort einfügt: *Der Bäcker oder der Konditor, einer hat doch bestimmt die*

Kommasetzung bei *oder*	
Vor *oder* steht in der Regel kein Komma, doch man kann es setzen, um die Gliederung der Satzverbindung deutlich zu machen: a) Wenn *oder* selbstständige gleichrangige Sätze verbindet: *Ich gehe ins Theater[,] oder ich besuche ein Konzert.* *Hast du dir weh getan[,] oder ist es nicht weiter schlimm?* b) Wenn *oder* gleichrangige Nebensätze verbindet: *Sie fragte, ob ich mitkommen wolle[,] oder ob ich lieber dabliebe.* *Ich vermute, dass er unehrlich war[,] oder dass er zumindest flunkerte.*	Ein Komma kann nach den neuen amtlichen Rechtschreibregeln gesetzt werden, wenn *oder* einen Nebensatz einleitet, der von dem nachfolgenden Hauptsatz abhängt: *Wir spielten Tennis[,] oder wenn es regnete, gingen wir ins Hallenbad.* Vor *oder* muss ein Komma stehen, wenn davor ein Einschub steht: *Karl, ein patenter Bursche, oder sie selbst soll mir helfen.* *Wir liefern die Ware nach Europa, insbesondere nach England und Frankreich, oder nach Amerika.*

nötige Fachkenntnis. Auf alle Fälle muss einer nachgeben, entweder wir oder er.

3. Er oder ich komme: In diesem Satz verbindet *oder* zwei Glieder, die in der Person nicht übereinstimmen (*er* = 3. Person Einzahl; *ich* = 1. Person Einzahl). In solchen Fällen richtet sich das Zeitwort nach dem Glied, das ihm am nächsten steht: *Er oder ich komme,* aber: *Ich oder er kommt. Deine Freunde oder du selbst solltest dich entschuldigen,* aber: *Du selbst oder deine Freunde sollten sich entschuldigen.* Auch in diesen Fällen kann man durch das Einfügen eines Fürwortes das Problem umgehen, wie das Zeitwort zu beugen ist: *Er oder ich, einer kommt. Deine Freunde oder du selbst, einer sollte sich entschuldigen.*

offenbaren, sich	Bei *sich offenbaren als* steht das Hauptwort, das dem *als* folgt, gewöhnlich im Werfall: *Er offenbarte sich als Sympathisant.* Der Wenfall *(Er offenbarte sich als Sympathisanten)* kommt seltener vor, ist aber auch richtig.
öfter oder **öfters**	Von den beiden Formen wird in der Hochsprache *öfter* bevorzugt: *Er war öfter krank.* Die Form *öfters* gehört der Umgangssprache an.
ohne	Nach *ohne* steht der Wenfall. Ein Satz wie *mit und ohne Kinder* müsste streng genommen *mit Kindern und ohne Kinder* lauten; denn *mit* steht mit dem Wemfall. Dies wirkt jedoch schwerfällig. Deshalb hat es sich weitgehend durchgesetzt, das erste abhängige Wort zu ersparen. Also: *mit und ohne Kinder, mit und ohne ihn.*
ohne dass	Einen Nebensatz, der mit *ohne dass* eingeleitet ist, trennt man durch Komma ab. Nach den neuen amtlichen Rechtschreibregeln kann zwischen *ohne* und *dass* ein Komma stehen, wenn die Teile der Fügung nicht als Einheit angesehen werden; es muss aber kein Komma stehen: *Sie hat mir geholfen, ohne[,] dass sie es wusste.*
Oktober	Steht *Oktober* im Wesfall, dann ist sowohl die Form mit *-s (des Oktobers)* als auch die Form ohne *-s (des Oktober)* richtig. Die Form mit *-s* ist häufiger.
Ombudsfrau	Die weibliche Entsprechung zu *Ombudsmann* lautet *Ombudsfrau: Sie hat sich als Ombudsfrau dafür eingesetzt.*
Opponent	Das Hauptwort *Opponent* erhält – außer im Werfall – die Endung *-en: der Opponent, des Opponenten* (nicht: *des Opponents*), *dem Opponenten* (nicht: *dem Opponent*), *den Opponenten* (nicht: *den Opponent*), Mehrzahl: *die Opponenten.*

opponieren	Nach *opponieren* schließt man heute gewöhnlich mit dem Verhältniswort (der Präposition) *gegen* an: *gegen den Regierungschef, gegen einen Beschluss opponieren.*
Optimist	Das Hauptwort *Optimist* erhält – außer im Werfall – die Endung *-en: der Optimist, des Optimisten* (nicht: *des Optimists*), *dem Optimisten* (nicht: *dem Optimist*), *den Optimisten* (nicht: *den Optimist*), Mehrzahl: *die Optimisten.*
orange	Diese Farbbezeichnung beugt man standardsprachlich nicht, d. h., sie bleibt unverändert: *ein orange Kleid, aus einem orange Stoff.* Wer diese Form umgehen will, kann ausweichen auf die Zusammensetzung mit *-farben: ein orangefarbenes Kleid, aus einem orangefarbenen Stoff.*
original	In Verbindung mit einem Hauptwort schreibt man *original* in der Regel mit dem Hauptwort zusammen: *Originalaufnahme, Originalausgabe, Originaldruck, Originalfassung, Originalgemälde, Originaltitel, Originalton.* In Verbindung mit einem Eigenschaftswort steht *original* heute als Beifügung, und zwar endungslos: *original französischer Sekt, original Schweizer Uhren.*
Ostern	**1. Geschlecht:** Heute fasst man *Ostern* im Allgemeinen als ein sächliches Hauptwort in der Einzahl auf: *Hast du ein schönes Ostern gehabt?* Es wird jedoch vorwiegend ohne Geschlechtswort (Artikel) gebraucht: *Ostern ist längst vorbei.* Neben der sächlichen Form in der Einzahl treten zwar noch andere Formen auf; diese sind aber landschaftlich begrenzt. In bestimmten formelhaften Wendungen ist die Mehrzahl allgemein verbreitet: *Fröhliche Ostern! Weiße Ostern sind zu erwarten.* **2. an/zu Ostern:** Der Gebrauch von *an* oder *zu* ist landschaftlich verschieden. Während man besonders in Süddeutschland *an Ostern* sagt, ist in Norddeutschland *zu Ostern* gebräuchlich. Beide Ausdrucksweisen sind richtig.

P *p*

Paar

1. Ein Paar Turnschuhe kostet/kosten mindestens 20 €: Im Allgemeinen bezieht man das Zeitwort auf *Paar* und setzt es in die Einzahl: *Ein Paar Turnschuhe kostet mindestens 20 €, ist verloren gegangen, wurde gefunden* usw. Gelegentlich wird das Zeitwort aber nicht auf *Paar,* sondern auf das Gezählte bezogen und in die Mehrzahl gesetzt (d. h., man konstruiert nach dem Sinn): *Ein Paar Turnschuhe kosten mindestens 20 €, sind verloren gegangen, wurden gefunden.* Beide Möglichkeiten sind richtig.

2. ein Paar neue Schuhe/neuer Schuhe: Üblicherweise steht nach *Paar* die folgende Angabe im gleichen Fall wie *Paar* selbst: *ein Paar neue Schuhe; mit einem Paar neuen Schuhen.* Es ist jedoch auch möglich, die Angabe, die auf *Paar* folgt, in den Wesfall zu setzen: *ein Paar neuer Schuhe; mit einem Paar neuer Schuhe.* Der Wesfall klingt jedoch gehoben und wird seltener gebraucht.

paar oder **Paar**

Das kleingeschriebene *ein paar* bedeutet »einige wenige«: *ein paar Blumen; mit ein paar Pfennigen in der Tasche.* Das großgeschriebene *Paar* bezeichnet dagegen eine Zweiheit, zwei gleiche oder entsprechende Wesen oder Dinge: *ein Paar Strümpfe, zwei Paar Schuhe; ein unzertrennliches Paar.*

Paragraph

1. Beugung: Das Hauptwort *Paragraph* erhält – außer im Werfall – die Endung *-en: der Paragraph, des Paragraphen* (nicht: *des Paragraphs*), *dem Paragraphen* (nicht: *dem Paragraph*), *den Paragraphen* (nicht: *den Paragraph*), Mehrzahl: *die Paragraphen.* Die Endung *-en* kann man aber weglassen, wenn eine Zahl folgt: *der Wortlaut des Paragraph 21. Sie hat gegen Paragraph 4 verstoßen.*

	2. Einzahl oder Mehrzahl: Das Hauptwort *Paragraph* vor Zahlen steht in der Mehrzahl, wenn ihm ein Geschlechtswort (Artikel) vorangeht *(die Paragraphen),* es steht in der Einzahl, wenn kein Geschlechtswort vorangeht *(Paragraph).* Es heißt also: *Paragraph 1–5; Paragraph 1, 3 und 5,* aber: *die Paragraphen 1–5; die Paragraphen 1, 3 und 5.*
parallel	Nach *parallel* schließt man heute gewöhnlich mit dem Verhältniswort (der Präposition) *zu* an: *Die Straße verläuft parallel zum Fluss.* Das Anschließen mit dem Verhältniswort *mit* ist auch möglich: *Die Straße verläuft parallel mit dem Fluss.* Im übertragenen Gebrauch kommt daneben auch noch der Anschluss mit dem Wemfall (ohne ein Verhältniswort) vor: *Ihre Wünsche liefen unseren Interessen parallel.*
Parallele	In der Regel bleibt das Hauptwort *Parallele* in allen Fällen der Einzahl ohne Endung: *die Parallele, der Parallele* (nicht: *der Parallelen*). In der Mehrzahl erhält es die Endung *-n: die Parallelen.* Diese Endung kann aber auch weggelassen werden, wenn *Parallele* ohne Geschlechtswort (Artikel) [in Verbindung mit einer Zahl] steht: *zwei Parallelen* oder *zwei Parallele.*
Parfum oder **Parfüm**	Zu der Form *Parfum* lautet die Mehrzahl *die Parfums.* Bei der eingedeutschten Schreibung *Parfüm* lautet die Mehrzahl *die Parfüme,* seltener auch *die Parfüms.*
Party	Die richtige Mehrzahlform des Wortes ist: *die Partys.*
Passant	Das Hauptwort *Passant* erhält – außer im Werfall – immer die Endung *-en: der Passant, des Passanten* (nicht: *des Passants*), *dem Passanten* (nicht: *dem Passant*), *den Passanten* (nicht: *den Passant*), Mehrzahl: *die Passanten.*
Pastor	Die Beugungsformen des Wortes lauten: *der Pastor, des Pastors, dem Pastor, den Pastor,* Mehrzahl: *die Pastoren,* auch *die Pastore.*

Patient	Das Hauptwort *Patient* erhält immer – außer im Werfall – die Endung *-en: der Patient, des Patienten* (nicht: *des Patients*), *dem Patienten* (nicht: *dem Patient*), *den Patienten* (nicht: *den Patient*), Mehrzahl: *die Patienten.*
per	Nach dem Verhältniswort (der Präposition) *per* steht der Wenfall: *per ersten Januar, per Boten.* Da diese Formulierung besonders in der Behörden- und Kaufmannssprache auftritt, sollte man *per* in der Allgemeinsprache durch andere Verhältniswörter ersetzen: *per ersten Januar,* besser: *für ersten* oder *zum ersten Januar; per Eilboten,* besser: *durch Eilboten; per Schiff,* besser: *mit dem Schiff.*
Pessimist	Das Hauptwort *Pessimist* erhält – außer im Werfall – die Endung *-en: der Pessimist, des Pessimisten* (nicht: *des Pessimists*), *dem Pessimisten* (nicht: *dem Pessimist*), *den Pessimisten* (nicht: *den Pessimist*), Mehrzahl: *die Pessimisten.*
Pfingsten	**1. Geschlecht:** Heute fasst man *Pfingsten* im Allgemeinen als ein sächliches Hauptwort in der Einzahl auf: *Hast du ein schönes Pfingsten gehabt?* Es wird jedoch vorwiegend ohne Geschlechtswort (Artikel) gebraucht: *Pfingsten ist längst vorbei.* Neben der sächlichen Form in der Einzahl treten zwar noch andere Formen auf; diese sind aber landschaftlich begrenzt. In bestimmten formelhaften Wendungen ist allerdings die Mehrzahl allgemein verbreitet: *Schöne Pfingsten!* **2. an/zu Pfingsten:** Der Gebrauch von *an* oder *zu* ist landschaftlich verschieden. Während man besonders in Süddeutschland *an Pfingsten* sagt, ist in Norddeutschland *zu Pfingsten* gebräuchlich. Beide Ausdrucksweisen sind richtig.
pflegen	Bitte lesen Sie zur Kommasetzung nach dem Zeitwort *pflegen* unter »Komma 5.« nach.

Pfund

1. Mehrzahl: In Verbindung mit Zahlwörtern bleibt *Pfund* in der Mehrzahl ungebeugt, d. h. unverändert: *Zwei Pfund Äpfel genügen. Er hat dreißig Pfund Übergewicht.* Aber: *Sie hat einige überflüssige Pfunde verloren.*

2. Beugung nach *Pfund*: Nach *Pfund* steht in der Regel das, was gewogen wird, im selben Fall wie die Mengenbezeichnung *Pfund* selbst. Dabei kann das Gewogene entweder Einzahl (z. B. *ein Pfund Schinken*) oder aber Mehrzahl (z. B. *ein Pfund Krabben*) sein. Das Gewogene in der Einzahl: *ein Pfund gekochter Schinken; der Preis eines Pfundes [gekochter] Schinken* oder *eines Pfund [gekochten] Schinkens; mit einem Pfund gekochtem Schinken; für ein Pfund gekochten Schinken.* Gelegentlich in gehobener Ausdrucksweise auch mit dem Wesfall: *ein Pfund gekochten Schinkens; mit einem Pfund gekochten Schinkens.* Das Gewogene in der Mehrzahl: *ein Pfund frische Krabben,* selten: *frischer Krabben; der Preis eines Pfundes frischer Krabben; aus einem Pfund frische Krabben* oder *frischer Krabben,* selten: *frischen Krabben; für ein Pfund frische Krabben,* selten: *frischer Krabben.*

3. Ein Pfund Erdbeeren kostet/kosten ...: Folgt der Angabe *ein Pfund* (die Mengenangabe ist hier Einzahl) ein Hauptwort ebenfalls in der Einzahl, steht auch das Zeitwort in der Einzahl: *Ein Pfund Schinken kostet 3,50 €.* Folgt auf *ein Pfund* ein Hauptwort in der Mehrzahl, steht das Zeitwort üblicherweise in der Einzahl, es kann jedoch auch in der Mehrzahl stehen: *Ein Pfund Erdbeeren kostet 2 €,* seltener: *Ein Pfund Erdbeeren kosten 2 €.* Wenn allerdings die Mengenangabe selbst in der Mehrzahl steht *(2, 3, 4* usw. *Pfund),* verwendet man auch beim Zeitwort die Mehrzahl, wenn das, was als Menge angegeben wird, ebenfalls in der Mehrzahl steht: *Drei Pfund Erdbeeren kosten 6 €.* Steht dagegen das, was als Menge angegeben wird, in der Einzahl *(drei Pfund Schinken),* richtet sich das Zeitwort im Allgemeinen nach der Mengenangabe *(drei Pfund)* und steht deswegen meist in der Mehrzahl: *Drei Pfund Schinken kosten/*(selten:) *kostet 10,50 €.*

P

Pilot	Das Hauptwort *Pilot* erhält – außer im Werfall – die Endung *-en: der Pilot, des Piloten* (nicht: *des Pilots*), *dem Piloten* (nicht: *dem Pilot*), *den Piloten* (nicht: *den Pilot*), Mehrzahl: *die Piloten.*
Pizza	Die Mehrzahl des Hauptwortes *Pizza* heißt *die Pizzas* oder *die Pizzen.*
Planet	Das Hauptwort *Planet* erhält – außer im Werfall – die Endung *-en: der Planet, des Planeten* (nicht: *des Planets*), *dem Planeten* (nicht: *dem Planet*), *den Planeten* (nicht: *den Planet*), Mehrzahl: *die Planeten.*
plus	**1. Verhältniswort oder Bindewort:** Man kann *plus* als Verhältniswort (Präposition) oder als Bindewort (Konjunktion) auffassen. Das Verhältniswort gehört vor allem der Kaufmannssprache an und bedeutet »zuzüglich«. Nach diesem Verhältniswort steht der Wesfall, wenn das Hauptwort, das von *plus* abhängt, ein Begleitwort aufweist: *der Betrag plus der üblichen Sondervergütungen.* Steht das abhängige Hauptwort jedoch ohne Begleitwort, bleibt es in der Einzahl im Allgemeinen ungebeugt, d. h. unverändert: *der Betrag plus Porto.* In der Mehrzahl weicht man dagegen auf den Wemfall aus, wenn der Wesfall nicht eindeutig erkennbar ist, sondern mit dem Werfall und dem Wenfall übereinstimmt: *der Betrag plus Einkünften* (nicht: *Einkünfte*) *aus Grundbesitz.* Sieht man *plus* als Bindewort an, dann steht danach immer derjenige Fall, den das Bezugswort hat. Es kann also heißen: *Seine Nahrung besteht aus Pflanzen plus Tieren. Auf der Party trat ein Zauberer plus seine Assistentin auf.* **2. Drei plus zwei ist fünf:** Bei dieser Art von Rechenaufgaben steht das Zeitwort in der Einzahl: *Drei plus zwei ist/macht/gibt fünf* (nicht: *sind/geben/machen*).
Pogrom	Es kann sowohl *der Pogrom* als auch *das Pogrom* heißen.

P

Polizist	Das Hauptwort *Polizist* erhält – außer im Werfall – die Endung *-en: der Polizist, des Polizisten* (nicht: *des Polizists*), *dem Polizisten* (nicht: *dem Polizist*), *den Polizisten* (nicht: *den Polizist*), Mehrzahl: *die Polizisten.*
Poster	Es heißt sowohl *das Poster* als auch *der Poster.* Die Mehrzahl lautet meist *die Poster,* seltener *die Posters.*
Praktikant	Das Hauptwort *Praktikant* erhält – außer im Werfall – die Endung *-en: der Praktikant, des Praktikanten* (nicht: *des Praktikants*), *dem Praktikanten* (nicht: *dem Praktikant*), *den Praktikanten* (nicht: *den Praktikant*), Mehrzahl: *die Praktikanten.*
prämiensparen	Das Zeitwort *prämiensparen* kommt meist nur in der Grundform (im Infinitiv) vor: *Wollen Sie prämiensparen?* Oder es wird als Hauptwort *(das Prämiensparen)* gebraucht. Andere Formen sind selten, z. B. in der Sprache der Werbung: *Wer prämienspart, spart spielend!*
prämieren oder **prämiieren**	Beide Formen des Zeitworts sind richtig.
Präsident	Das Hauptwort *Präsident* erhält – außer im Werfall – die Endung *-en: der Präsident, des Präsidenten* (nicht: *des Präsidents*), *dem Präsidenten* (nicht: *dem Präsident*), *den Präsidenten* (nicht: *den Präsident*), Mehrzahl: *die Präsidenten.* In der Anschrift ist jedoch auch die ungebeugte Form *Präsident* zulässig: *[An] Herrn Präsident Meyer* neben *[An] Herrn Präsidenten Meyer.*
preisen, sich	Bei *sich preisen als* steht das Hauptwort, das dem *als* folgt, gewöhnlich im Werfall: *Er pries sich als guter Architekt.* Der Wenfall *(Er pries sich als guten Architekten)* kommt seltener vor, ist aber auch richtig.

privat	Groß schreibt man das Eigenschaftswort, wenn es als Hauptwort gebraucht wird: *alles Private, das Private respektieren; etwas, nichts, allerlei, wenig Privates.* Dagegen schreibt man nach den neuen amtlichen Rechtschreibregeln in den folgenden Fügungen klein: *etwas an privat verkaufen, von privat kaufen.*
pro	**1. Beugung:** Das Verhältniswort (die Präposition) *pro* verbindet man in Analogie zu *für* im Allgemeinen mit dem Wenfall. Dies wird deutlich, wenn ein Begleitwort (z. B. ein Eigenschaftswort) vor dem Hauptwort steht: *pro berufstätige Frau, pro männlichen Angestellten, pro antiquarischen Band.* Hauptwörter, die ohne Begleitwort nach *pro* stehen, lassen oftmals keinen Fall erkennen: *pro Stück, pro Band.* Eine Ausnahme sind Hauptwörter, die aus einem Eigenschaftswort (z. B. *die Kranke*) oder einem Mittelwort (Partizip, z. B. *der Angestellte*) gebildet sind. Wenn sie ohne Begleitwort nach *pro* stehen, erhalten sie standardsprachlich immer eine Beugungsendung: *pro Kranker, pro Angestellten.* **2. *pro* und eine Zeitangabe:** In Verbindung mit Zeitangaben wird *pro* – hauptsächlich in der Kaufmannssprache und Umgangssprache – im Sinne von »je, jeweils« verwendet: *Ich muss mich pro Tag* (stilistisch besser: *Ich muss mich jeden Tag*) *einmal rasieren. Die Besprechung der Abteilungsleiter findet zweimal pro Woche* (stilistisch besser: *zweimal in der Woche, jeweils zweimal die Woche, jede Woche zweimal*) *statt.*
Proband	Das Hauptwort *Proband* erhält – außer im Werfall – die Endung *-en: der Proband, des Probanden* (nicht: *des Probands*), *dem Probanden* (nicht: *dem Proband*), *den Probanden* (nicht: *den Proband*), Mehrzahl: *die Probanden.*
Probe fahren	Von der Fügung *Probe fahren* werden im Allgemeinen nur die Grundform (der Infinitiv) und das Mittelwort der Vergan-

genheit (das 2. Partizip) gebraucht: *Er möchte [das Auto] erst einmal Probe fahren. Bist du einmal Probe gefahren?* Vereinzelt kommen auch andere Formen vor: *Ich fahre heute Probe.* Nach den neuen amtlichen Rechtschreibregeln schreibt man in allen Formen getrennt mit einem großgeschriebenen *Probe.*

probeweise Das Umstandswort (Adverb) *probeweise* steht manchmal als Beifügung eines Hauptwortes (z. B. *die probeweise Einführung*). Richtig ist dieser Gebrauch jedoch nur dann, wenn das betreffende Hauptwort ein Geschehen ausdrückt: *die probeweise Einführung* (zu: *probeweise einführen*); *eine probeweise Einstellung* (zu: *probeweise einstellen*). Nicht richtig sind daher Formulierungen wie *eine probeweise Gleitzeit.*

Produzent Das Hauptwort *Produzent* erhält – außer im Wenfall – die Endung *-en: der Produzent, des Produzenten* (nicht: *des Produzents*), *dem Produzenten* (nicht: *dem Produzent*), *den Produzenten* (nicht: *den Produzent*), Mehrzahl: *die Produzenten.*

Prokurist Das Hauptwort *Prokurist* erhält – außer im Werfall – die Endung *-en: der Prokurist, des Prokuristen* (nicht: *des Prokurists*), *dem Prokuristen* (nicht: *dem Prokurist*), *den Prokuristen* (nicht: *den Prokurist*), Mehrzahl: *die Prokuristen.* In der Anschrift ist jedoch auch die ungebeugte Form *Prokurist* zulässig: *[An] Herrn Prokurist Meyer* neben *[An] Herrn Prokuristen Meyer.*

Prospekt Das Wort ist (außer im österreichischen Deutsch) männlich: *der Prospekt* (nicht: *das Prospekt*). Entsprechend heißt es auch: *einen* (nicht: *ein*) *Prospekt anfordern.*

Protestant Das Hauptwort *Protestant* erhält – außer im Werfall – die Endung *-en: der Protestant, des Protestanten* (nicht: *des*

	Protestants), *dem Protestanten* (nicht: *dem Protestant*), *den Protestanten* (nicht: *den Protestant*), Mehrzahl: *die Protestanten.*
Prozent	**1. Mehrzahl:** In Verbindung mit Zahlwörtern bleibt *Prozent* in der Mehrzahl ungebeugt, d. h. unverändert: *Die Bank zahlt 4 1/2 Prozent Zinsen. Der Cognac enthält 43 Prozent Alkohol.* **2. Dreißig Prozent der Mitglieder stimmten nicht ab:** Im Allgemeinen richtet sich das Zeitwort nach der Prozentangabe. Das bedeutet: Steht *Prozent* in der Einzahl *(ein Prozent),* dann steht auch das Zeitwort in der Einzahl: *Ein Prozent der Versuche war misslungen.* Steht aber *Prozent* in der Mehrzahl *(zwei, drei* usw. *Prozent),* steht auch das Zeitwort in der Mehrzahl: *Zehn Prozent der Versuche waren misslungen.* Das Hauptwort, das von *Prozent* abhängt und das in der Einzahl oder in der Mehrzahl stehen kann, hat dabei keinen Einfluss auf die Beugung des Zeitwortes: *Ein Prozent der Bevölkerung/der Einwohner lebt in Armut. Zehn Prozent der Bevölkerung/der Einwohner leben in Armut.* Eine Ausnahme ist jedoch gegeben, wenn auf *Prozent* ein Hauptwort, das in der Einzahl steht, im Werfall folgt (z. B. *zehn Prozent Energie*). Hiernach kann das Zeitwort auch in der Einzahl stehen: *Zehn Prozent Energie gehen verloren* oder *geht verloren.*
Publizist	Das Hauptwort *Publizist* erhält – außer im Werfall – die Endung *-en: der Publizist, des Publizisten* (nicht: *des Publizists*), *dem Publizisten* (nicht: *dem Publizist*), *den Publizisten* (nicht: *den Publizist*), Mehrzahl: *die Publizisten.*
Punkt	siehe Tabelle

P

Punkt

1. Der Punkt ist das neutrale Satzschlusszeichen. Er steht nach einem abgeschlossenen [auch mehrteiligen] Ganzsatz (sofern dieser nicht durch ein Fragezeichen als Frage oder durch ein Ausrufezeichen als besonders nachdrücklich gekennzeichnet ist).

Es wird Frühling.
Wir freuen uns auf euren Besuch.
Wenn du willst, kannst du mitkommen.
Das geht nicht.
(Als Frage: *Das geht nicht?*
Mit Nachdruck: *Das geht nicht!*)

2. Der Punkt steht nicht nach frei stehenden (vom übrigen Text deutlich abgehobenen) Zeilen. Das gilt z. B. für Überschriften, Buch- und Zeitungstitel,
Anschriften in Briefen und auf Umschlägen,
Datumszeilen, Grußzeilen, Unterschriften.

Der Frieden ist gesichert
Nach schwierigen Verhandlungen zwischen den Vertragspartnern …

Jedermann
Das Spiel vom Sterben des reichen Mannes

Die Aktion
Wochenschrift für Politik, Literatur, Kunst

Herrn
K. Meier
Rüdesheimer Straße 29
65197 Wiesbaden

Mannheim, den 1. 4. 2004

Mit herzlichem Gruß
dein Peter

3. Der Punkt steht nach Zahlen, um sie als Ordnungszahlen zu kennzeichnen. Steht eine Ordnungszahl mit Punkt am Satzende, so wird kein zusätzlicher Schlusspunkt gesetzt.

Sonntag, den 15. April
Friedrich II., König von Preußen
Katharina von Aragonien war die erste Frau Heinrichs VIII.

Q *q*

Quarzuhr oder **Quartzuhr**	Im Unterschied zum Englischen schreibt man im Deutschen das Mineral *Quarz* nur mit einfachem *z,* nicht mit *tz.* Richtig ist daher nur die Schreibung *Quarzuhr.*
Querulant	Das Hauptwort *Querulant* erhält – außer im Werfall – die Endung *-en: der Querulant, des Querulanten* (nicht: *des Querulants*), *dem Querulanten* (nicht: *dem Querulant*), *den Querulanten* (nicht: *den Querulant*), Mehrzahl: *die Querulanten.*
Quiz	Das Hauptwort *das Quiz* bleibt in allen Formen von Einzahl und Mehrzahl unverändert: *das Quiz, des Quiz,* Mehrzahl: *die Quiz.*
Quotient	Das Hauptwort *Quotient* erhält – außer im Werfall – die Endung *-en: der Quotient, des Quotienten* (nicht: *des Quotients*), *dem Quotienten* (nicht: *dem Quotient*), *den Quotienten* (nicht: *den Quotient*), Mehrzahl: *die Quotienten.*

R *r*

Radar	Richtig ist *der Radar* oder *das Radar.*
Radiergummi	Es heißt *der Radiergummi* (nicht: *das Radiergummi*).
Rallye	Die Mehrzahl von *Rallye* lautet *die Rallyes* (nicht: *die Rallies*).
rasch	Die Steigerungsformen von *rasch* lauten *rascher, rasch[e]ste.* Das *-e-* in *rascheste* wird gewöhnlich nicht ausgelassen, also: *am raschesten.*
rational oder **rationell**	Die beiden Wörter haben eine unterschiedliche Bedeutung, die man nicht verwechseln sollte. Das Eigenschaftswort *rational* bedeutet »von der Vernunft bestimmt, vernunftgemäß«: *etwas rational betrachten; sich etwas rational erklären können.* Dagegen hat *rationell* die Bedeutung »auf Wirtschaftlichkeit bedacht, zweckmäßig«: *ein rationeller Umgang mit der Energie, mit den Vorräten; rationell mit etwas verfahren.*
Razzia	Die Mehrzahl von *Razzia* lautet *die Razzien* oder *die Razzias.* Üblicher ist *die Razzien.*
real oder **reell**	Die beiden Wörter bedeuten Verschiedenes. Man sollte sie deshalb auch in bestimmten Bereichen nicht verwechseln. Das Wort *real* bedeutet »in der Wirklichkeit vorhanden, wirklich existierend; den tatsächlichen Verhältnissen entsprechend«: *reale Werte, die reale Welt, ein real denkender Politiker.* Demgegenüber hat *reell* die Bedeutung »ehrlich und anständig, ordentlich und solide; von Anständigkeit, Gediegenheit, Solidität zeugend«: *ein reelles Geschäft; die Firma, der Kaufmann ist reell.* In Verwendungen wie *eine*

	reelle Chance hat *reell* die Bedeutung »solide und wirklichen Erfolg versprechend«.
Realist	Das Hauptwort *Realist* erhält – außer im Werfall – die Endung *-en: der Realist, des Realisten* (nicht: *des Realists*), *dem Realisten* (nicht: *dem Realist*), *den Realisten* (nicht: *den Realist*), Mehrzahl: *die Realisten.*
recht oder **Recht**	Als Eigenschaftswort wird *recht* kleingeschrieben: *jemandes rechte Hand sein; jemandem gerade recht kommen; das ist mir recht; es ist recht und billig.* Man schreibt dieses Wort jedoch dann groß, wenn es als Hauptwort gebraucht wird, z. B.: *nach dem Rechten sehen; etwas Rechtes, nichts Rechtes wissen. Du bist mir der Rechte!* Das Hauptwort *das Recht* (= Gesamtheit der Gesetze) wird großgeschrieben: *nach Recht und Gewissen; von Rechts wegen; Recht sprechen; im Recht sein; etwas besteht zu Recht.* Nach den neuen amtlichen Rechtschreibregeln gilt dies auch für die folgenden festen Verbindungen: *Recht haben* usw.; *jemandem Recht geben.*
Rechte, der und die	Man beugt das Wort in folgender Weise: *der Rechte, ein Rechter, zwei Rechte, die Rechten, einige Rechte, alle Rechten, solche Rechte* und *solche Rechten, beide Rechten* und seltener auch *beide Rechte; prominentem Rechten, eine Organisation junger Rechter.* Als Beisatz (Apposition): *mir (dir, ihm) als Rechten* und *mir (dir, ihm) als Rechtem; ihr als Rechten* und *ihr als Rechter.*
rechtens	Nach den neuen amtlichen Rechtschreibregeln schreibt man *rechtens* in allen Verbindungen mit Zeitwörtern klein: *Er ist rechtens verurteilt worden.* Also auch bei: *Es ist rechtens, dass ... Die Mieterhöhung war rechtens.*
Recht-schreibung	Eine kurze Darstellung der amtlichen Neuregelung der Rechtschreibung finden Sie auf den Seiten 7–9.

Rechtsunterzeichnete oder **rechts Unterzeichnete,** der und die	Man kann in der Amtssprache sowohl *der* oder *die Rechtsunterzeichnete* als auch *der* oder *die rechts Unterzeichnete* schreiben. Beide Schreibungen sind richtig. Nicht zulässig ist die Form: *der rechts Unterzeichner.* Bitte vergleichen Sie dazu auch die Angaben bei »Unterzeichneter«.
Referent	Das Hauptwort *Referent* erhält – außer im Werfall – die Endung *-en: der Referent, des Referenten* (nicht: *des Referents*), *dem Referenten* (nicht: *dem Referent*), *den Referenten* (nicht: *den Referent*), Mehrzahl: *die Referenten.* In der Anschrift ist jedoch auch die ungebeugte Form *Referent* zulässig. *[An] Herrn Referent Meyer* neben *[An] Herrn Referenten Meyer.*
Regent	Das Hauptwort *Regent* erhält – außer im Werfall – die Endung *-en: der Regent, des Regenten* (nicht: *des Regents*), *dem Regenten* (nicht: *dem Regent*), *den Regenten* (nicht: *den Regent*), Mehrzahl: *die Regenten.*
Reihe	**1. Eine Reihe Abgeordneter verließ/verließen den Saal:** Im Allgemeinen bezieht man das Zeitwort auf *Reihe* und setzt es in die Einzahl: *Eine Reihe Abgeordneter verließ den Saal. Bei dem Einbruch wurde eine Reihe kostbarer Gemälde gestohlen. Eine Reihe Studenten demonstrierte vor dem Gebäude.* Gelegentlich wird das Zeitwort aber nicht auf *Reihe,* sondern auf das Gezählte bezogen und in die Mehrzahl gesetzt (d. h., man konstruiert nach dem Sinn): *Eine Reihe Abgeordneter verließen den Saal. Bei dem Einbruch wurden eine Reihe kostbarer Gemälde gestohlen. Eine Reihe Studenten demonstrierten vor dem Gebäude.* Beide Möglichkeiten sind richtig. **2. eine Reihe Abgeordneter/Abgeordnete:** Üblicherweise steht nach *Reihe* die folgende Angabe im Wesfall: *eine Reihe Abgeordneter; eine Reihe anstehender Fragen.* Es ist jedoch auch möglich, die Angabe, die nach *Reihe* steht, in

R

	den gleichen Fall zu setzen, den *Reihe* selbst aufweist, also: *eine Reihe Abgeordnete, eine Reihe anstehende Fragen; von einer Reihe anstehenden Fragen.* Beide Möglichkeiten sind richtig.
Reisende, der und die	Man beugt das Wort in folgender Weise: *der Reisende, ein Reisender, zwei Reisende, die Reisenden, einige Reisende, alle Reisenden, solche Reisende* und *solche Reisenden, beide Reisenden* und seltener auch *beide Reisende; genanntem Reisenden, die Entschädigung zu Schaden gekommener Reisender.* Als Beisatz (Apposition): *mir (dir, ihm) als Reisenden* und *mir (dir, ihm) als Reisendem; ihr als Reisenden* und *ihr als Reisender.*
Rekrut	Das Hauptwort *Rekrut* erhält – außer im Werfall – die Endung *-en: der Rekrut, des Rekruten* (nicht: *des Rekruts*), *dem Rekruten* (nicht: *dem Rekrut*), *den Rekruten* (nicht: *den Rekrut*), Mehrzahl: *die Rekruten.*
Repräsentant	Das Hauptwort *Repräsentant* erhält – außer im Werfall – die Endung *-en: der Repräsentant, des Repräsentanten* (nicht: *des Repräsentants*), *dem Repräsentanten* (nicht: *dem Repräsentant*), *den Repräsentanten* (nicht: *den Repräsentant*), Mehrzahl: *die Repräsentanten.*
Rest	Die Mehrzahl von *Rest* heißt allgemeinsprachlich *die Reste;* in der Kaufmannssprache ist die Form *die Rester* üblich.
retten	Nach *retten* steht heute gewöhnlich das Verhältniswort (die Präposition) *vor: Er konnte sie gerade noch vor dem Absturz retten.* Der Anschluss mit *von* ist veraltet.
Rezeptblock	Die Mehrzahl von *Rezeptblock* lautet *die Rezeptblocks* (nicht: *die Rezeptblöcke*).

richtig	Man schreibt das Eigenschaftswort groß, wenn es als Hauptwort gebraucht wird, z. B.: *das Richtige tun, etwas/nichts Richtiges; du bist mir die Richtige!* Dies gilt nach den neuen amtlichen Rechtschreibregeln entsprechend für die folgenden Fälle: *das Richtige* (= richtig) *ist, jetzt zu gehen. Diese Uhr ist genau das Richtige für mich! Wir halten es für das Richtigste ...*
Risiko	Die Mehrzahl von *Risiko* lautet *die Risikos* oder *die Risiken.* Die Form *die Risiken* ist etwas üblicher.
Rolle	Verwendet man *Rolle* als Mengenbezeichnung, dann beugt man das als Menge Genannte in folgender Weise: *eine Rolle Draht* (nicht: *eine Rolle Drahtes*), *eine Rolle verzinkter Draht,* (in gehobener Ausdrucksweise:) *eine Rolle verzinkten Drahtes, mit einer Rolle verzinktem Draht,* (in gehobener Ausdrucksweise:) *mit einer Rolle verzinkten Drahtes, sie brauchten eine Rolle verzinkten Draht,* (in gehobener Ausdrucksweise:) *eine Rolle verzinkten Drahtes.*
Rollladen	Die Mehrzahl von *Rollladen* lautet *die Rollläden* oder *die Rollladen.* Die Form *die Rollläden* ist üblicher.
rosa	Diese Farbbezeichnung beugt man standardsprachlich nicht, also: *ein rosa Kleid, in einem rosa Overall.* Wer diese Formen nicht verwenden will, kann ausweichen auf die Zusammensetzung mit *-farben: ein rosafarbenes Kleid, in einem rosafarbenen Overall.*
rot	Sowohl die Steigerungsformen *roter, roteste* als auch *röter, röteste* sind richtig. In der Bedeutung »sozialistisch, kommunistisch« werden beide Formen etwa gleich häufig verwendet. Als Farbbezeichnung ist *röter, röteste* üblicher.
rotbraun oder **rot-braun**	Farbbezeichnungen dieser Art kann man nach den neuen amtlichen Rechtschreibregeln mit oder ohne Bindestrich

	schreiben. Die Schreibung ist in diesen Fällen unabhängig von der Bedeutung der Farbbezeichnung: *ein rotbraunes* oder *ein rot-braunes Muster* (»ein Muster in den Farben Rot und Braun« oder »ein Muster, das einen braunen Farbton besitzt, der ins Rote spielt«).
rückenschwimmen	Das Zeitwort *rückenschwimmen* kommt meist nur in der Grundform (im Infinitiv) vor *(Sie kann gut rückenschwimmen)* oder als Hauptwort *(der Favorit im Rückenschwimmen).* Andere Formen sind selten *(Wenn er rückenschwimmt ...).*
Rückenteil	Es kann *das Rückenteil* oder *der Rückenteil* heißen. Beides ist richtig. Die sächliche Form *das Rückenteil* ist jedoch gebräuchlicher, besonders in der Schneiderei.
rücksichtslos, rücksichtsvoll	Die beiden Eigenschaftswörter stehen mit den Verhältniswörtern (den Präpositionen) *gegen* und *gegenüber,* nicht mit *zu: Er konnte sehr rücksichtslos gegen sie* oder *ihr gegenüber* (nicht: *zu ihr*) *sein. Sie war immer sehr rücksichtsvoll gegen ihn* oder *ihm gegenüber* (nicht: *zu ihm*).
Ruderin/ Rudrerin	Beide Formen sind möglich und richtig, jedoch ist die Form *Ruderin* üblicher. (Nicht richtig dagegen: *Rudererin.*)
Ruf	Nach Ausdrucksweisen wie *der Ruf des Unternehmens; der Ruf von Bürgermeister Meyer* steht gelegentlich eine Ergänzung, die mit *als* angeschlossen wird: *der Ruf des Unternehmens als Lieferant; der Ruf von Bürgermeister Meyer als Vermittler* usw. Dabei ist Folgendes zu beachten: *Der Ruf des Unternehmens als ...:* Folgt nach *als* eine Ergänzung mit *der, die, das, ein, eine* usw., dann setzt man diese Ergänzung üblicherweise in den gleichen Fall wie das Wort, auf das sie sich bezieht, also in den Wesfall: *der Ruf des Unternehmens als eines Lieferanten der Bundeswehr.* Folgt die Ergänzung nach *als* ohne vorangehendes *der,*

	die, das usw., dann steht sie heute üblicherweise im Werfall: *der Ruf des Unternehmens als Lieferant der Bundeswehr; sein Ruf als Lieferant der Bundeswehr.* *Der Ruf von Bürgermeister Meyer als ...:* Ist das Hauptwort, das auf *Ruf* folgt, mit *von* angeschlossen, dann setzt man die mit *als* angeschlossene Ergänzung üblicherweise in den Wemfall: *der Ruf von Bürgermeister Meyer als bedeutendem Kommunalpolitiker/als einem bedeutenden Kommunalpolitiker.* Es ist jedoch auch möglich, diese Ergänzung in den Werfall zu setzen: *der Ruf von Bürgermeister Meyer als bedeutender Kommunalpolitiker.*
rufen	Das Zeitwort *rufen* in der Bedeutung »rufend nach jemandem verlangen« verbinden manche Sprecher des Süddeutschen und Schweizerischen in der Umgangssprache mit dem Wemfall: *Wer hat mir gerufen? Sie rief ihrem Hund.* Dieser Gebrauch des Wemfalls anstelle des Wenfalls *(Wer hat mich gerufen? Sie rief ihren Hund.)* ist hochsprachlich nicht richtig.
rühmen, sich	Bei *sich rühmen als* steht das Hauptwort, das dem *als* folgt, gewöhnlich im Werfall: *Er rühmte sich als großer Schachspieler.* Der Wenfall *(Er rühmte sich als großen Schachspieler)* ist nicht mehr sehr gebräuchlich.
Rundbogen	Die Mehrzahl von *Rundbogen* lautet *die Rundbogen* oder *die Rundbögen.* Vor allem in Süddeutschland, Österreich und der Schweiz ist *die Rundbögen* gebräuchlich.

S s

Sachverständige, der und die

Man beugt das Wort in folgender Weise: *der Sachverständige, ein Sachverständiger, zwei Sachverständige, die Sachverständigen, einige Sachverständige, alle Sachverständigen, solche Sachverständige* und *solche Sachverständigen, beide Sachverständigen* und seltener auch *beide Sachverständige; genanntem Sachverständigen, die Anhörung kompetenter Sachverständiger.* Als Beisatz (Apposition): *mir (dir, ihm) als Sachverständigen* und *mir (dir, ihm) als Sachverständigem; ihr als Sachverständigen* und *ihr als Sachverständiger.*

Sack

1. Sack oder Säcke: Als Maßbezeichnung bleibt *Sack* in der Mehrzahl häufig ungebeugt, d. h. unverändert: *zwei Sack* neben *zwei Säcke Kartoffeln.*

2. Beugung nach *Sack*: Nach *Sack* als Maßbezeichnung steht in der Regel das, was gemessen wird, im gleichen Fall wie die Maßbezeichnung *Sack* selbst: *ein Sack Holz* (nicht: *ein Sack Holzes*), *ein Sack trockenes Holz, mit einem Sack trockenem Holz.* Gelegentlich in gehobener Ausdrucksweise auch mit dem Wesfall: *ein Sack trockenen Holzes, mit einem Sack trockenen Holzes.* Steht das, was gemessen wird, in der Mehrzahl, dann beugt man im Wemfall in folgender Weise: *mit einem Sack reifer Äpfel* oder *mit einem Sack reife Äpfel,* seltener auch: *mit einem Sack reifen Äpfeln.*

sähe oder **sehe**

Beide Formen sind Möglichkeitsformen (Konjunktive). Die Form *sehe* steht vor allem in der indirekten Rede: *Er fragte sie, was sie sehe.* Auch *sähe* kann in der indirekten Rede auftreten, z. B., wenn die Form *sehe* nicht eindeutig als Möglichkeitsform erkennbar ist: *Sie behaupten einfach,*

	sie sähen (für nicht eindeutiges *sehen*) *es nicht.* Oder auch, wenn der Sprecher das, was er berichtet, für zweifelhaft hält: *Er sagte zwar, er sähe es nicht [, aber ich glaube es nicht].* Sonst steht *sähe* vor allem in Bedingungssätzen: *Er käme sofort, wenn er eine Möglichkeit sähe, dir zu helfen.*
Saldo	Die Mehrzahl von *der Saldo* (nicht: *das Saldo*) lautet *die Salden, die Saldos* oder *die Saldi.*
salzen	Bitte lesen Sie zum Gebrauch der beiden Formen des Mittelwortes der Vergangenheit (des 2. Partizips) unter »gesalzen oder gesalzt« nach.
Samstag oder **Sonnabend**	*Samstag* und *Sonnabend* halten sich in ihrer räumlichen Verbreitung etwa die Waage: *Samstag* gehört in den Süden, *Sonnabend* in den Norden des deutschen Sprachgebiets. Allerdings setzt sich *Samstag* auch im Westen und Norden mehr und mehr durch, unterstützt vor allem durch den amtlichen Sprachgebrauch von Bahn und Post, wo *Samstag* statt *Sonnabend* zur besseren Unterscheidung von *Sonntag* eingeführt wurde.
Samstagabend	Bitte lesen Sie hierzu unter »Dienstagabend« nach.
sämtlicher, sämtliche, sämtliches	siehe Tabelle
sandstrahlen	Von dem Zeitwort *sandstrahlen* gebraucht man im Allgemeinen nur die Grundform (den Infinitiv: *sandstrahlen*) und das Mittelwort der Vergangenheit (das 2. Partizip: *sandgestrahlt*): *Wir lassen das Werkstück sandstrahlen. Die Front des Gebäudes ist gesandstrahlt worden.* Neben der Form *gesandstrahlt* kommt in der technischen Fachsprache auch *sandgestrahlt* vor.

Schwierigkeiten der Beugung bei *sämtliche*

Ein Eigenschaftswort oder Mittelwort der Vergangenheit (2. Partizip), das auf *sämtlicher* usw. folgt, beugt man – auch wenn es als Hauptwort gebraucht wird – in der **Einzahl** in folgender Weise:

Werfall:
sämtlicher aufgehäufte Sand
sämtliche frische Butter
sämtliches neue Geschirr

Im **Wesfall** und im **Wemfall** ist die Beugungsendung *-n* oder *-en:*
der Verbleib sämtlicher frischen Butter
sämtlichen neuen Geschirrs
mit sämtlicher frischen Butter
mit sämtlichem Gebrauchten

Wenfall:
sämtliche frische Butter verbrauchen
sämtlichen aufgehäuften Sand durchsieben

In der **Mehrzahl** kann die Beugung unterschiedlich sein:

Werfall:
sämtliche neuen Bücher,
auch: *sämtliche neue Bücher*

Wesfall:
sämtlicher neuen Bücher,
auch: *sämtlicher neuer Bücher*

Wemfall:
mit sämtlichen neuen Büchern

Wenfall:
sämtliche neuen Bücher,
auch: *sämtliche neue Bücher*

Sandwich Es kann sowohl *der Sandwich* als auch *das Sandwich* heißen. In beiden Fällen kann der Wesfall mit oder ohne *-[e]s* gebildet werden: *des Sandwich[e]s* oder *des Sandwich* und die Mehrzahl mit *-[e]s* oder mit *-e: die Sandwich[e]s* oder *die Sandwiche.*

S

Sankt In Heiligennamen und in Ortsnamen steht *Sankt* (abgekürzt: *St.*) ohne Bindestrich vor dem Namen: *Sankt Martin, Sankt Anna, Sankt Gallen.* Die Bezeichnung der Einwohner (bei Ortsnamen mit dem Bestandteil *Sankt*) kann man nach den neuen amtlichen Rechtschreibregeln mit oder ohne Bindestrich schreiben: *Sankt Galler* oder *Sankt-Galler.* Auch die von Ortsnamen gebildeten Formen auf *-er* schreibt man neu mit oder ohne Bindestrich, z. B.: *Sankt Galler*

	Spitzen oder *Sankt-Galler Spitzen.* Bindestriche müssen aber stehen, wenn ein Heiligenname oder ein Ortsname mit *Sankt* Bestandteil einer Aneinanderreihung ist, z. B.: *Sankt-Marien-Kirche, St.-Marien-Kirche, Sankt-Gotthard-Tunnel.*
Satellit	Das Hauptwort *Satellit* erhält immer – außer im Werfall – die Endung *-en: der Satellit, des Satelliten* (nicht: *des Satellits*), *dem Satelliten* (nicht: *dem Satellit*), *den Satelliten* (nicht: *den Satellit*), Mehrzahl: *die Satelliten.*
Satz	**1. Satz oder Sätze:** Als Mengenbezeichnung bleibt *Satz* in der Mehrzahl häufig ungebeugt, d. h. unverändert: *drei Satz Schüsseln* neben *drei Sätze Schüsseln.* **2. Beugung nach *Satz:*** Gebraucht man *Satz* als Mengenbezeichnung, dann wird das, was gezählt wird, in folgender Weise gebeugt: *ein Satz flache Schüsseln.* Gelegentlich in gehobener Ausdrucksweise auch mit dem Wesfall: *ein Satz flacher Schüsseln; der Preis eines Satzes flacher Schüsseln.* Im Wemfall kann es heißen: *mit einem Satz flacher Schüsseln* oder *mit einem Satz flache Schüsseln,* seltener auch: *flachen Schüsseln.*
saugen	Die Vergangenheitsformen von *saugen* kann man unregelmäßig *(sog, gesogen)* oder auch regelmäßig *(saugte, gesaugt)* bilden: *Er sog,* auch: *saugte die Milch durch einen Strohhalm. Er hat die Milch durch einen Strohhalm gesogen,* auch: *gesaugt.* In der Sprache der Technik werden nur die regelmäßigen Vergangenheitsformen von *saugen* gebraucht: *Das Gerät saugte das Getreide aus den Lastkähnen. Ich habe dort den Staub schon gesaugt.*
Sauna	Die Mehrzahl von *Sauna* lautet *die Saunas* oder *die Saunen.*

Schachtelsätze, Treppensätze, überlange Sätze

Sehr lange Sätze oder umfangreiche Satzgefüge erschweren oft das Verständnis. Der Leser kann nicht alles aufnehmen; er weiß am Ende eines Satzgefüges nicht mehr, worum es eigentlich am Anfang ging und was die Hauptaussage des Satzes ist. Überlange Sätze und Satzgefüge sollte man deshalb vermeiden. Dazu ist es nötig, Hauptaussagen von anderen Aussagen zu trennen. Die Hauptaussagen sollten im Mittelpunkt eines Satzes oder Satzgefüges stehen. Aus den anderen Aussagen können Nebensätze, aber auch Hauptsätze geformt werden. Diese sollten nicht zu lang und geschickt mit den anderen Hauptsätzen verbunden sein. Ein Beispiel: *Die Gemeinderatssitzung am 1. März 2002, nachmittags ab 14 Uhr, zum Thema Parkhaus am Luisenring dauerte aufgrund der vielen Wortmeldungen der Gemeinderatsmitglieder und langer Diskussionen wegen der verschiedenen noch ungeklärten Fragen z. B. in Bezug auf Lärmbelästigung der Anwohner, Dauer der Bauarbeiten, Kosten usw. bis in die Nacht hinein.* Dieser Satz ist mit Informationen überladen. Der Leser muss ihn, um sämtliche Informationen aufnehmen zu können, ein zweites oder sogar drittes Mal lesen. Dies ist vermeidbar, indem man in mehrere kurze Sätze umformt: *Am 1. März 2002 fand ab 14 Uhr eine Gemeinderatssitzung statt, Thema: Parkhaus am Luisenring. Da es viele Wortmeldungen der Gemeinderatsmitglieder gab und lange Diskussionen geführt wurden, dauerte die Sitzung bis in die Nacht hinein. Verschiedene Fragen waren nämlich noch ungeklärt, z. B. die Frage der Kosten, der Lärmbelästigung für die Anwohner, der Dauer der Bauarbeiten usw.*

Andere lange Sätze sind unverständlich, weil sie zu viele Nebensätze enthalten. Dabei können diese Sätze ineinander geschachtelt sein (Schachtelsätze) oder aber so gestaltet sein, dass der eine Nebensatz vom vorangehenden abhängt (Treppensätze). Ein Beispiel für einen Schachtelsatz: *Derjenige, der den Wellensittich, der auf den Baum, welcher vor dem Haus steht, geflogen ist, einfängt, kriegt eine*

	Belohnung. Als Treppensatz: *Derjenige kriegt eine Belohnung, der den Wellensittich einfängt, der auf den Baum geflogen ist, welcher vor dem Haus steht.* Solche Satzgefüge kann man entzerren, indem man mehrere Hauptsätze bildet: *Unser Wellensittich ist entflogen. Er sitzt auf dem Baum vor dem Haus. Wer ihn einfängt, erhält eine Belohnung.*
schaffen	Das Zeitwort *schaffen* hat verschiedene Bedeutungen und davon abhängend regelmäßige Vergangenheitsformen *(schaffte, geschafft)* oder unregelmäßige *(schuf, geschaffen).* Bei den Bedeutungen »vollbringen, erzielen; arbeiten; an einen Ort bringen« gelten die regelmäßigen Formen: *Sie schafften schließlich den Ausgleich. Sie schafften einen Vertragsabschluss. Sie haben den ganzen Tag eifrig geschafft. Er hat die Kisten in den Keller geschafft.* Hat *schaffen* jedoch die Bedeutungen »schöpferisch, gestaltend hervorbringen; entstehen lassen«, dann sind die unregelmäßigen Formen anzuwenden: *Sie schuf schon früh abstrakte Plastiken. Der Staat hat neue Arbeitsplätze geschaffen.* In einigen Verbindungen, in denen *schaffen* die Bedeutung »zustande, zuwege bringen; erzeugen« hat, sind sowohl die regelmäßigen als auch die unregelmäßigen Vergangenheitsformen möglich: *Sie schufen/schafften gute Voraussetzungen, neue Stellen, mehr Raum. Die Ereignisse schafften/schufen neue Unruhe. Er hat Klarheit, Ordnung, Ausgleich, Erleichterung, Ersatz, Abhilfe, Ruhe, Frieden geschafft/geschaffen. Das hat nur Verwirrung geschafft/geschaffen.*
schallen	Die Vergangenheitsformen von *schallen* bildet man meist regelmäßig *(schallte, geschallt).* Neben der regelmäßigen Form *schallte* wird seltener auch die unregelmäßige Form *scholl* gebraucht: *Gelächter schallte,* seltener: *scholl aus dem Nebenraum. Die Glocken schallten,* selten: *schollen vom Turm, haben vom Turm geschallt.*

schämen, sich	Nach *sich schämen* steht das Verhältniswort (Präposition) *wegen* oder *für: Er schämte sich wegen seines Versagens* oder auch *für sein Versagen, wegen seiner Freundin* oder auch *für seine Freundin.* Das Anschließen ohne Verhältniswort, nur mit dem Wesfall, ist auch üblich, klingt aber gehoben: *Er schämte sich seines Versagens, seiner Freundin.* Zu beachten ist, dass sich beim Anschließen mit *für* zwei unterschiedliche Aussagen ergeben können, wenn dabei eine Person genannt wird: *Er schämte sich für seine Freundin* kann bedeuten, dass sich der Betreffende wegen der Freundin, aber auch, dass er sich an ihrer Stelle, also stellvertretend für sie schämt.
Schar	**1. Eine Schar Kinder stand/standen um ihn herum:** Im Allgemeinen bezieht man das Zeitwort auf *Schar* und setzt es in die Einzahl: *Eine Schar Kinder stand um ihn herum, hatte im Hof gespielt, ist versammelt, wird von ihr beaufsichtigt* usw. Gelegentlich wird das Zeitwort aber nicht auf *Schar,* sondern auf das Gezählte bezogen und in die Mehrzahl gesetzt (d. h., man konstruiert nach dem Sinn): *Eine Schar Kinder standen um ihn herum, hatten im Hof gespielt, sind versammelt, werden von ihr beaufsichtigt.* Beide Möglichkeiten sind richtig. **2. eine Schar fröhlicher/fröhliche Kinder:** Üblicherweise steht nach *Schar* die folgende Angabe im Wesfall: *eine Schar fröhlicher Kinder; für eine Schar Jugendlicher; mit einer Schar Leute, johlender Zuschauer.* Es ist jedoch auch möglich, die Angabe, die dem Mengenbegriff *Schar* folgt, in den gleichen Fall zu setzen wie *Schar: eine Schar fröhliche Kinder; für eine Schar Jugendliche; mit einer Schar Leuten, johlenden Zuschauern.* Beide Möglichkeiten sind richtig.
Schaschlik	Es kann *das Schaschlik* oder *der Schaschlik* heißen. Beides ist richtig.

schaudern	Es heißt richtig: *Bei diesem Gedanken schaudert [es] mir* oder *schaudert [es] mich.* Sowohl der Anschluss mit dem Wemfall *(mir)* als auch mit dem Wenfall *(mich)* ist richtig.
schauen oder **sehen**	Das Wort *schauen* verwenden besonders süddeutsche und österreichische Sprecher anstelle von *sehen: Er schaute* (statt: *sah*) *auf die Uhr. Schau* (statt: *sieh*) *einmal! Du musst schauen* (statt: *sehen*), *dass du bald fertig wirst.* Im Sinn von »wahrnehmen« sagen auch die Süddeutschen und Österreicher *sehen: Ich habe deine Schwester gesehen* (nicht: *geschaut*).
schauern	Es heißt richtig: *Wenn ich daran denke, schauert [es] mir* oder *schauert [es] mich.* Sowohl der Anschluss mit dem Wemfall *(mir)* als auch mit dem Wenfall *(mich)* ist richtig.
Schaulustige, der und die	Man beugt das Wort in folgender Weise: *der Schaulustige, ein Schaulustiger, zwei Schaulustige, die Schaulustigen, einige Schaulustige, alle Schaulustigen, solche Schaulustige* und *solche Schaulustigen, beide Schaulustige* und seltener auch *beide Schaulustigen; genanntem Schaulustigen, die Menge besagter Schaulustiger.* Als Beisatz (Apposition): *mir (dir, ihm) als Schaulustigen* und *mir (dir, ihm) als Schaulustigem; ihr als Schaulustigen* und *ihr als Schaulustiger.*
S **scheinen**	**1. Formen:** Das Wort *scheinen* ist ein Zeitwort, dessen Formen unregelmäßig sind: *scheinen, schien, geschienen.* Es muss also heißen: *Die Sonne hat geschienen* (nicht: *gescheint*). **2. Komma nach *scheinen*:** Bitte lesen Sie zur Kommasetzung nach dem Zeitwort *scheinen* unter »Komma 5.« nach.
Schema	Die Mehrzahl von *das Schema* lautet *die Schemas* oder *die Schemata* (nicht: *die Schematas*).

Schenke oder **Schänke**	Nach den neuen amtlichen Rechtschreibregeln ist die Schreibung mit *-e-* oder die mit *-ä-* richtig.
scheren	Das Zeitwort *scheren* hat verschiedene Bedeutungen und davon abhängend regelmäßige Vergangenheitsformen *(scherte, geschert)* oder unregelmäßige *(schor, geschoren).* Bei der Bedeutung »abschneiden, stutzen« gelten im Allgemeinen die unregelmäßigen Formen, die regelmäßigen kommen hier nur selten vor: *Sie schor,* selten: *scherte ihm den Bart. Sie haben die Schafe geschoren,* selten: *geschert.* Bei allen anderen Bedeutungen von *scheren* wie »weggehen, sich entfernen« oder »sich um jemanden, etwas kümmern; jemanden betreffen, angehen, stören« sind nur die regelmäßigen Formen anzuwenden: *Er scherte sich zum Teufel, hat sich zum Teufel geschert. Er scherte sich nicht um ihre Einwände. Das hat sie nicht im Geringsten geschert.*
schießen	Nennt man in Verbindung mit dem Zeitwort *schießen* Person und Körperteil, auf die sich *schießen* bezieht, dann kann die Person im Wemfall oder auch im Wenfall stehen: *Der Polizist schoss dem Fliehenden ins Bein.* Oder: *Der Polizist schoss den Fliehenden ins Bein.* Der Wemfall *(dem Fliehenden)* ist üblicher. Verwendet man *schießen* dagegen in der Bedeutung »sich schnell irgendwohin bewegen«, dann kann die Person nur im Wemfall stehen: *Die Tränen schossen dem Jungen aus den Augen. Ein Gedanke schoss ihr durch den Kopf.*
Schikoree	Bitte lesen Sie hierzu unter »Chicorée« nach.
schimpfen	**1. jemanden schimpfen:** In der Bedeutung »heißen, nennen« steht nach *schimpfen* der Wenfall: *Man schimpfte mich einen Streber.* **2. mit/auf/über jemanden schimpfen:** In der Bedeutung »zurechtweisen« steht *schimpfen* standardsprachlich mit

	den Verhältniswörtern (Präpositionen) *mit, auf* oder *über.* Man verwendet *mit (schimpfen mit jemandem),* wenn sich der Schimpfende direkt an die betreffende Person wendet: *Schimpf doch nicht mit mir!* Dagegen verwendet man *auf* oder *über,* wenn sich der Schimpfende nicht direkt an die betreffende Person wendet: *Er kam schlecht gelaunt nach Hause und fing an, auf seinen Vorgesetzten* oder *über seinen Vorgesetzten zu schimpfen.* Bezieht sich *schimpfen* jedoch nicht auf eine Person, sondern auf eine Sache, verwendet man meist *über* oder seltener *auf: Sie schimpfte über ihr schlechtes Ergebnis. Er schimpfte lauthals auf das Fernsehprogramm.*
schlagen	Nennt man in Verbindung mit dem Zeitwort *schlagen* Person und Körperteil, auf die sich *schlagen* bezieht, dann kann die Person im Wemfall oder auch im Wenfall stehen: *Er schlug dem Freund* oder auch *den Freund auf die Schulter. Ich schlug mir,* seltener auch: *mich an die Stirn.* Der Wemfall ist üblicher. Wenn als Verursacher nicht eine Person, sondern eine Sache genannt wird, dann ist nur der Wemfall üblich: *Die Zweige schlugen mir* (nicht: *mich*) *ins Gesicht.*
schleifen	Das Zeitwort *schleifen* hat verschiedene Bedeutungen und davon abhängend unregelmäßige Vergangenheitsformen *(schliff, geschliffen)* oder regelmäßige *(schleifte, geschleift).* Bei den Bedeutungen »schärfen, glätten« und »hart ausbilden, drillen« gelten die unregelmäßigen Formen: *Er schliff sein Messer, hat sein Messer geschliffen. Die Rekruten wurden geschliffen.* Bei der Bedeutung »über den Boden ziehen, sich am Boden, über eine Fläche hin bewegen« sind die regelmäßigen Formen anzuwenden. *Sie schleiften ihn in den Hof. Er hat die Kiste über den Flur geschleift. Das Kleid schleifte am Boden. Der Reifen hat am Schutzblech geschleift.*

schlimm	Wird das Eigenschaftswort *schlimm* als Hauptwort gebraucht, dann wird es großgeschrieben: *Das war das Schlimmste, was passieren konnte. Das ist noch lange nicht das Schlimmste. Er war auf das Schlimmste gefasst. Es ist nichts Schlimmes. Es kam zum Schlimmsten.* Dies gilt nach den neuen amtlichen Rechtschreibregeln entsprechend bei der folgenden Fügung: *Es war das Schlimmste, dass er krank wurde.* Im folgenden Fall ist Groß- oder Kleinschreibung möglich: *Er hat mich aufs Schlimmste/schlimmste enttäuscht.* Klein schreibt man dagegen immer: *Es war das schlimmste der Verbrechen.*
Schluck	Die Mehrzahl von *Schluck* lautet *die Schlucke,* selten *die Schlücke,* als Mengenangabe auch *Schluck: einige Schluck Wasser.*
schmal	Die Steigerungsformen von *schmal* können sowohl *schmaler, schmalste* als auch *schmäler, schmälste* lauten. Die Form *schmalste* wird allerdings gegenüber der Form *schmälste* bevorzugt.
schmerzen	Ist ein Körperteil auslösender Faktor *(die Schulter schmerzt; die Füße schmerzen),* dann steht, falls eine Person genannt ist, diese im Wemfall oder im Wenfall: *Die Schulter schmerzte den* oder *dem Bergsteiger sehr. Die Füße schmerzten die* oder *der Verkäuferin vom langen Stehen.* Bezieht sich *schmerzen* jedoch auf den seelischen Bereich, dann steht die betroffene Person nur im Wenfall: *Der Gedanke an die alte Heimat schmerzte den* (nicht: *dem*) *Auswanderer nicht mehr.*
schneiden	Nennt man in Verbindung mit dem Zeitwort *schneiden* Person und Körperteil, auf die sich *schneiden* bezieht, dann kann die Person im Wemfall oder auch im Wenfall stehen: *Der Friseur hat dem Kunden versehentlich ins Ohr geschnitten.* Oder: *Der Friseur hat den Kunden versehentlich ins Ohr geschnitten.* Der Wemfall *(dem Kunden)* ist üblicher.

schnellst-möglich	Da das Eigenschaftswort *schnellstmöglich* bereits eine höchste Steigerungsstufe enthält, ist es nicht noch einmal steigerbar: *Ich bitte um schnellstmögliche* (nicht: *schnellstmöglichste*) *Nachricht.*
schön	Wird das Eigenschaftswort *schön* als Hauptwort gebraucht, dann wird es großgeschrieben: *Das ist das Schönste, was ich je gesehen habe. Es war wirklich etwas Schönes, nichts Schönes, das Schönste des ganzen Abends. Das war das Schönste an der Sache.* Dies gilt nach den neuen amtlichen Rechtschreibregeln entsprechend bei der folgenden Fügung: *Es wäre das Schönste, wenn wir uns noch einmal sehen könnten.* Klein schreibt man dagegen immer: *Sie ist die schönste, schönere seiner Töchter.* Beide Möglichkeiten der Schreibung gibt es in folgenden Fällen: *Sie ist die schönste* oder *die Schönste der Schönen. Er hat sie alle aufs Schönste/schönste hereingelegt.*
Schrägstrich	siehe Tabelle
Schreibblock	Die Mehrzahl von *Schreibblock* lautet *die Schreibblocks* (nicht: *die Schreibblöcke*).
schreiben	Nach *schreiben auf* kann sowohl der Wemfall (Frage: wo?) als auch der Wenfall (Frage: wohin?) stehen. *Sie schrieb auf blauem Papier* oder *auf blaues Papier.* Wenn aber in dem Satz zusätzlich die Angabe enthalten ist, was geschrieben wird, dann kann nur der Wenfall stehen: *Sie schrieb ihre Adresse auf blaues* (nicht: *blauem*) *Papier.*
Schritt	Als Maßbezeichnung bleibt *Schritt* in Verbindung mit Zahlwörtern in der Mehrzahl häufig ungebeugt, d. h. unverändert: *drei Schritt breit.* Bei der Angabe größerer Entfernungen ist die Mehrzahl üblicher: *Der Baum war 50 Schritte entfernt.*

Schrägstrich

1. Der Schrägstrich kann zur Angabe von Größen- oder Zahlenverhältnissen im Sinne von »je« oder »pro« gebraucht werden.

Wir fuhren durchschnittlich 120 km/h.
100 Ew./km² (= 100 Einwohner je Quadratkilometer)

2. Der Schrägstrich fasst Wörter oder Zahlen zusammen. Das gilt vor allem für

a) die Angabe mehrerer Möglichkeiten,

für Männer und/oder Frauen
die Kolleginnen/Kollegen vom Betriebsrat
unsere Mitarbeiter/-innen
Bestellungen über 50/100/200 Stück

b) die Verbindung von Personen, Institutionen, Orten u. a.,

Die Pressekonferenz der CDU/CSU wurde mit Spannung erwartet.
In dieser Bootsklasse siegte die Renngemeinschaft Ratzeburg/Kiel.

c) Jahreszahlen oder andere kalendarische Angaben.

der Katalog für Herbst/Winter 2002
der Herbst/Winter-Katalog, auch: *Herbst-Winter-Katalog*
der Beitrag für März/April/Mai

3. Der Schrägstrich gliedert Akten- oder Diktatzeichen o. Ä.

M/III/47
Dr. Dr/Ko
Rechn.-Nr. 1427/98

schuld oder **Schuld**

Das Wort *Schuld* ist ein Hauptwort, das dementsprechend großgeschrieben wird: *Es ist meine Schuld. Sie hat keine Schuld. Ihn trifft keine Schuld. Er trägt allein die Schuld.* Dies gilt nach den neuen amtlichen Rechtschreibregeln entsprechend für die folgenden festen Verbindungen *Schuld [an etwas] haben* und *jemandem Schuld [an etwas] geben: Sie hat allein Schuld [daran]. Du kannst ihm nicht Schuld [daran] geben.* Klein schreibt man dagegen in der festen Verbindung *schuld [an etwas] sein: Ich bin nicht schuld [daran].*

Schuss	**1. Mehrzahl:** Als Maß- bzw. Mengenbezeichnung bleibt *Schuss* in Verbindung mit Zahlwörtern in der Mehrzahl gewöhnlich ungebeugt, d. h. unverändert: *mit drei Schuss Whisky, 50 Schuss Pistolenmunition.* **2. Beugung nach *Schuss:*** Nach *Schuss* als Maßbezeichnung steht in der Regel das, was bezeichnet wird, im selben Fall wie die Maßbezeichnung *Schuss* selbst: *ein Schuss Whisky* (nicht: *Whiskys*), *ein Schuss schottischer Whisky; unter Beigabe eines Schusses Whisky* oder *eines Schuss Whiskys,* aber: *unter Beigabe eines Schusses schottischen Whiskys; mit einem Schuss schottischem Whisky; für einen Schuss schottischen Whisky.* Richtig, aber gehoben ist die Ausdrucksweise: *ein Schuss schottischen Whiskys; mit einem Schuss schottischen Whiskys.*
schützen	Nach *schützen* im Sinne von »Schutz gewähren, vor etwas bewahren« können die Verhältniswörter (Präpositionen) *vor* und *gegen* stehen: *etwas vor* oder *gegen Nässe schützen; das Eigentum vor Übergriffen* oder *gegen Übergriffe schützen.*
Schwarm	**1. Ein Schwarm Kinder folgte/folgten ihm:** Im Allgemeinen bezieht man das Zeitwort auf *Schwarm* und setzt es in die Einzahl: *Ein Schwarm Kinder folgte ihm, ist durch das Dorf gezogen, wird gerade fotografiert* usw. Gelegentlich wird das Zeitwort aber nicht auf *Schwarm,* sondern auf das Gezählte bezogen und in die Mehrzahl gesetzt (d. h., man konstruiert nach dem Sinn): *Ein Schwarm Kinder folgten ihm, sind durch das Dorf gezogen, werden gerade fotografiert.* Beide Möglichkeiten sind richtig. **2. ein Schwarm junger/junge Mädchen:** Üblicherweise steht nach *Schwarm* die folgende Angabe im Wesfall: *ein Schwarm junger Mädchen; für einen Schwarm Halbwüchsiger; mit einem Schwarm Heringe, wilder Tauben.* Es ist jedoch auch möglich, die Angabe, die dem Mengenbegriff *Schwarm* folgt, in den gleichen Fall zu setzen wie

	Schwarm: ein Schwarm junge Mädchen; für einen Schwarm Halbwüchsige; mit einem Schwarm Heringen, wilden Tauben. Beide Möglichkeiten sind richtig.
schwarz-braun oder **schwarz-braun**	Farbbezeichnungen dieser Art kann man nach den neuen amtlichen Rechtschreibregeln mit oder ohne Bindestrich schreiben. Die Schreibung ist in diesen Fällen unabhängig von der Bedeutung der Farbbezeichnung: *eine schwarzbraune* oder *eine schwarz-braune Jacke* (»eine Jacke, in den Farben Schwarz und Braun« oder »eine Jacke, die einen braunen Farbton besitzt, der ins Schwarze spielt«).
Schweizer, schweizerisch	Das Wort *Schweizer* ist zum einen Hauptwort und bedeutet »Einwohner der Schweiz«. Zum anderen ist es ein Eigenschaftswort und bedeutet »aus der Schweiz stammend; die Schweiz betreffend«. Es wird immer großgeschrieben: *die Schweizer Uhrenindustrie; Schweizer Banken.* Das Eigenschaftswort *schweizerisch* schreibt man dagegen klein: *die schweizerische Uhrenindustrie; schweizerische Banken.* Nur in Namen wird *schweizerisch* großgeschrieben: *die Schweizerische Eidgenossenschaft.*
schwellen	Die Vergangenheitsformen des unregelmäßigen Zeitwortes *schwellen (= schwoll, geschwollen)* und des regelmäßigen Zeitwortes *(= schwellte, geschwellt)* sollte man nicht miteinander verwechseln. Steht *schwellen* ohne eine Ergänzung im Wenfall und hat die Bedeutung »an Umfang, Stärke, Ausmaß zunehmen«, so sind die unregelmäßigen Formen anzuwenden: *Der Fluss schwoll immer mehr. Seine Mandeln sind geschwollen.* Hat *schwellen* jedoch eine Ergänzung im Wenfall bei sich und bedeutet »bauschen, blähen«, so gelten die regelmäßigen Formen: *Der Wind schwellte die Segel. Er stand da mit geschwellter Brust.*
schwer tun, sich	Bei dem Zeitwort *sich schwer tun* kann *sich* als ein Wort im Wenfall oder auch im Wemfall aufgefasst werden: *Ich habe mich,* seltener: *mir dabei nicht schwer getan.*

Schwer-beschädigte, der und die	Man beugt das Wort in folgender Weise: *der Schwerbeschädigte, ein Schwerbeschädigter, zwei Schwerbeschädigte, die Schwerbeschädigten, einige Schwerbeschädigte, alle Schwerbeschädigten, solche Schwerbeschädigte* und *solche Schwerbeschädigten, beide Schwerbeschädigten* und seltener auch *beide Schwerbeschädigte; stellungslosem Schwerbeschädigten, die Einstellung junger Schwerbeschädigter.* Als Beisatz (Apposition): *mir (dir, ihm) als Schwerbeschädigten* und: *mir (dir, ihm) als Schwerbeschädigtem; ihr als Schwerbeschädigten* und *ihr als Schwerbeschädigter.*
seelsorgerisch oder **seelsorgerlich** oder **seelsorglich**	Die drei Wörter bedeuten etwa das Gleiche, sie sind aber in der Sehweise unterschieden. Das Eigenschaftswort *seelsorgerisch* ist von *Seelsorger* abgeleitet und hat die Bedeutung »wie ein Seelsorger, entsprechend der Aufgabe eines Seelsorgers«. Es bezieht sich also auf das Verhalten des Geistlichen oder einer in ähnlicher Funktion tätigen Person. Das Eigenschaftswort *seelsorglich* ist dagegen von *Seelsorge* abgeleitet und hat die Bedeutung »von der Seelsorge ausgehend, hinsichtlich der Seelsorge«, bezieht sich also mehr auf den Vorgang selbst. Statt *seelsorgerisch* wird in der theologischen Fachsprache oft auch *seelsorgerlich* gebraucht.
Seemann	Die Mehrzahl von *Seemann* lautet *die Seeleute.*
sehen	**1. sich sehen als:** Bei *sich sehen als* steht das Hauptwort, das dem *als* folgt, gewöhnlich im Werfall: *Er sieht sich schon als künftiger Präsident.* **2. sehen oder gesehen:** Steht vor dem Zeitwort *sehen* ein anderes Zeitwort in der Grundform (im Infinitiv), dann verwendet man meist die Form *sehen,* selten auch *gesehen: Ich habe das Unglück kommen sehen,* selten: *kommen gesehen.*

sei oder **wäre**	Beide Formen sind Möglichkeitsformen (Konjunktive). Die Form *sei* steht vor allem in der indirekten Rede: *Sie sagte, sie sei verreist gewesen. Sie fragte, ob er schon in Urlaub sei.* Auch *wäre* kann in der indirekten Rede stehen, und zwar dann, wenn der Sprecher ausdrücken will, dass ihm das, was er berichtet, nicht glaubhaft erscheint: *Sie sagte, sie wäre verreist gewesen.* Sonst steht *wäre* vor allem in Bedingungssätzen: *Wenn ich früher hier gewesen wäre, wäre ein Treffen noch möglich gewesen.*
seid oder **seit**	Die Form *seid* kommt von *sein: Ihr seid wohl neu hier? Seid pünktlich!* Das Wort *seit* dagegen leitet entweder einen Nebensatz ein *(Seit er die Abteilung leitet, sind alle zufrieden. Seit ich hier bin, geht alles schief.)* oder es gibt einen Zeitpunkt an, an dem etwas begonnen hat: *Ich bin seit gestern krank. Sie ist seit kurzem wieder hier.*
Seien Sie so gut und ...	Diese Höflichkeitsformel ist richtig. Falsch ist: *Sind Sie so gut und ...*
seine	Das besitzanzeigende Fürwort (Possessivpronomen) *seine* schreibt man üblicherweise klein: *seine Freundin, seine Autos.* Man schreibt auch klein, wenn es sich auf ein vorangehendes Hauptwort bezieht: *Das ist nicht mein Problem, sondern das seine* (= sein Problem). Nach den neuen amtlichen Rechtschreibregeln kann man *seine* (entsprechend auch *seinige*), wenn es zum Hauptwort geworden ist, groß- oder kleinschreiben: *Er soll bitte die Sein[ig]en* oder *die sein[ig]en grüßen. Er hatte das Sein[ig]e* oder *das sein[ig]e getan.*
seinetwegen oder **wegen ihm**	In der Umgangssprache wird statt *seinetwegen* häufig *wegen ihm* gebraucht: *Sie hat wegen ihm ihren Beruf aufgegeben.* Hochsprachlich richtig ist: *Sie hat seinetwegen ihren Beruf aufgegeben.*

seinige	Bitte lesen Sie zur Schreibweise von *seinige* unter »seine« nach.
seit	Wenn *seit* einen Nebensatz einleitet, trennt man diesen immer durch Komma vom Hauptsatz ab: *Ich fühle mich viel besser, seit ich die Kur gemacht habe.*
Seite	**1. Einzahl oder Mehrzahl:** Das Hauptwort *Seite* vor Zahlen steht in der Mehrzahl, wenn ihm ein Geschlechtswort (Artikel) vorangeht *(die Seiten),* es steht in der Einzahl, wenn kein Geschlechtswort vorangeht *(Seite).* Es heißt also: *Seite 1–5; Seite 1, 3 und 5,* aber: *die Seiten 1–5; die Seiten 1, 3 und 5.* **2. Beugung nach *Seite:*** Nach dem Wort *Seite* steht das Hauptwort, das von ihm abhängt, im selben Fall wie *Seite* selbst: *30 Seiten bunt bebilderte Angebote; mit 30 Seiten bunt bebilderten Angeboten.* Richtig, aber kaum gebräuchlich ist eine Angabe im Wesfall *(30 Seiten bunt bebilderter Angebote).*
seitens	Das (amtssprachliche) Wort *seitens* steht mit dem Wesfall: *seitens des Betriebes, seitens seiner Familie.* In Verbindung mit *Herr/Frau* + Name bleibt der Name in der Regel ungebeugt, d. h. unverändert; *Herr* bleibt jedoch nicht unverändert: *seitens Frau Meyer,* aber: *seitens Herrn Meyer.* In den meisten Fällen kann man aber das stilistisch unschöne *seitens* durch *von* ersetzen: *Von dem Betrieb, von seiner Familie wurden ihm Schwierigkeiten gemacht. Von Frau Meyer wurden keine Einwände erhoben.* Oftmals ist es noch besser, die Sätze umzuwandeln: *Der Betrieb, seine Familie machte ihm Schwierigkeiten. Frau Meyer erhob keine Einwände.*
Seitenteil	Es kann *das Seitenteil* oder *der Seitenteil* heißen. Beides ist richtig. Die sächliche Form *das Seitenteil* ist jedoch gebräuchlicher.

selber oder **selbst**	Beide Formen kann man verwenden: *Du hast es doch selbst so gewollt* oder *Du hast es doch selber so gewollt.* Standardsprachlich wird *selbst* bevorzugt.
selbst wenn	Einen Nebensatz, der mit *selbst wenn* eingeleitet ist, trennt man immer durch Komma ab. *Ich tue dies, selbst wenn ich dafür bestraft werde. Selbst wenn das zuträfe, würde ich bei meiner Meinung bleiben.* Nach den neuen amtlichen Rechtschreibregeln kann in der Fügung *selbst wenn* vor dem *wenn* ein zusätzliches Komma stehen, wenn die Teile der Fügung nicht als Einheit angesehen werden: *Ich tue dies, selbst[,] wenn ich dafür bestraft würde.*
Selbstständige, der und die	**1. Beugung:** Man beugt das Wort in folgender Weise: *der Selbstständige, ein Selbstständiger, zwei Selbstständige, die Selbstständigen, einige Selbstständige, alle Selbstständigen, solche Selbstständige* und *solche Selbstständigen, beide Selbstständigen* und seltener auch *beide Selbstständige; genanntem Selbstständigen, eine Anzahl junger Selbstständiger.* Als Beisatz (Apposition): *Mir (dir, ihm) als Selbstständigen* und *mir (dir, ihm) als Selbstständigem; ihr als Selbstständigen* und *ihr als Selbstständiger.* **2. Rechtschreibung:** Nach den neuen amtlichen Rechtschreibregeln ist auch noch die Schreibung *der* oder *die Selbständige* möglich.
selten	Der Satz *Das Wetter war selten schön* ist doppeldeutig, denn *selten* kann hier sowohl »nicht oft« als auch »besonders« bedeuten: Das Wetter war meist schlecht. Und: Das Wetter war besonders schön. Diese Doppeldeutigkeit kann man durch eine andere Wortwahl oder eine andere Wortstellung vermeiden: *Selten* (= nicht oft) *war das Wetter schön.* Dagegen: *Es herrschte ein selten* (= besonders) *schönes Wetter.*
Semikolon	siehe Tabelle

Semikolon	
Das Semikolon kann zwischen gleichrangigen Sätzen oder Wortgruppen stehen, wo der Punkt zu stark, das Komma zu schwach trennen würde. Es kann auch verwendet werden, um zusammengehörige Gruppen in Aufzählungen zu markieren. *Man kann nicht jede Frage nur mit Ja oder Nein beantworten;*	*oft muss man etwas weiter ausholen.* (Hier könnte statt des Semikolons auch ein Punkt oder ein Komma stehen.) *Unser Proviant bestand aus gedörrtem Fleisch, Speck und Rauchschinken; Ei- und Milchpulver; Reis, Nudeln und Grieß.* (Hier könnten statt der Semikolons auch Kommas stehen.)

senden Das Zeitwort *senden* hat die Vergangenheitsformen *sendete, hat gesendet* und *sandte, hat gesandt.* In der Bedeutung »schicken« sind beide Formen gebräuchlich, aber die Formen *sandte, hat gesandt* treten häufiger auf: *Ich sandte,* auch: *sendete ihr einen Brief. Ich habe ihr einen Brief gesandt,* auch: *gesendet.* Gleiches gilt für die zusammengesetzten Zeitwörter *absenden, entsenden, übersenden, versenden, zurücksenden* u. a. In der Bedeutung »ausstrahlen« sind (außer in der Schweiz) nur die Formen *sendete, hat gesendet* gebräuchlich: *Die Funker sendeten Peilzeichen. Das Hörspiel wurde gestern gesendet.*

S

Senkrechte Außer im Werfall und im Wenfall erhält das Hauptwort *Senkrechte* in der Regel die Endung *-n: die Senkrechte, der Senkrechten* (nicht: *der Senkrechte*), Mehrzahl: *die Senkrechten.* Die Endung *-n* kann man aber weglassen, wenn *Senkrechte* in der Mehrzahl ohne Geschlechtswort (Artikel) [in Verbindung mit einer Zahl] steht: *zwei Senkrechten* oder *zwei Senkrechte.*

September Steht *September* im Wesfall, dann ist sowohl die Form mit *-s (des Septembers)* als auch die Form ohne *-s (des September)* richtig. Die Form mit *-s* ist häufiger.

Serum	Die Mehrzahl von *Serum* lautet *die Seren* oder *die Sera.*
Set	Bei diesem Hauptwort mit den Bedeutungen »zusammengehörende Gegenstände, Satz; Platzdeckchen« kann es *das Set* oder auch *der Set* heißen.
sich	**1. Rechtschreibung:** Auch in Verbindung mit der (großgeschriebenen) Höflichkeitsanrede *Sie* im Brief schreibt man *sich* immer klein: *Wir hoffen, Sie haben sich gut erholt.* **2. sich oder einander:** Im heutigen Sprachgebrauch drückt man die wechselseitige Beziehung meist durch *sich* aus. *Einander* wirkt fast immer gehoben. Also z. B.: *Sie lieben sich* (seltener: *einander*) *sehr.* **3. falsches *sich* statt *uns:*** Es heißt: *Meine Frau und ich würden uns* (nicht: *sich*) *freuen. Du und ich haben uns* (nicht: *sich*) *gut unterhalten.* Erkennbar wird dies, wenn man *wir* hinzufügt: *Meine Frau und ich, wir haben uns gefreut. Du und ich, wir haben uns gut unterhalten.* **4. Er sah die Frau auf sich zustürzen:** In Sätzen dieser Art verwendet man in der Regel *sich,* wenn sich das Zeitwort auf die handelnde oder sprechende Person bezieht und ein Verhältniswort (*auf, an, über, nach, mit* usw.) dem fraglichen Fürwort vorangeht: *Er sah die Frau auf sich* (nicht: *auf ihn*) *zustürzen.* Geht dagegen kein Verhältniswort (keine Präposition) voran, steht im Wemfall *ihm/ihr/ihnen: Der Polizist sah die Frau ihm* (nicht: *sich*) *zulächeln.* Diese Beispiele zeigen, dass es im heutigen Deutsch oftmals nicht möglich ist, unmissverständliche Bezüge herzustellen. In dem Satz *Der Polizist sah die Frau ihm zulächeln* könnte sich *ihm* nicht nur auf das Wort *Polizist,* sondern auch auf eine dritte (männliche) Person beziehen. Das Gleiche gilt für *sich* in einem Satz wie *Er ließ den Bauern für sich arbeiten.* Hier kann der Sinn erst aus dem Textzusammenhang deutlich werden.
Sie	Das Anredefürwort *Sie* (und auch *Ihrer, Ihnen*) schreibt man als Höflichkeitsanrede immer groß: *Bleiben Sie alle gesund! Wie geht es Ihnen? Ich harre Ihrer, mein Herr.*

sie (Einzahl) **oder du**	*Sie oder du wirst* (nicht: *wird* oder *werden*) *daran teilnehmen.*
sie (Mehrzahl) **und du**	*Sie und du* (= ihr) *habt euch gefreut.* Nicht: *Sie und du haben sich gefreut.*
sie (Mehrzahl) **und ich**	*Sie und ich* (= wir) *haben uns* (nicht: *sich*) *gefreut.*
sie (Mehrzahl) **und ihr**	*Sie und ihr* (= ihr) *habt euch gefreut.* Nicht: *Sie und ihr haben sich gefreut.*
sie (Mehrzahl) **und wir**	*Sie und wir* (= wir) *haben uns* (nicht: *sich*) *gefreut.*
sieden	Das Zeitwort *sieden* hat regelmäßige Vergangenheitsformen *(siedete, gesiedet)* und unregelmäßige *(sott, gesotten)* nebeneinander. Sie können allgemeinsprachlich bei allen Bedeutungen des Zeitwortes vorkommen. Im Bereich der Fachsprache werden allerdings nur die regelmäßigen Formen gebraucht.
siehe	Nach dem Wort *siehe,* das bei Hinweisen auf Textstellen u. Ä. verwendet wird, kann nur der Wenfall stehen: *Siehe beiliegenden* (nicht: *beiliegender*) *Prospekt.*
Silbentrennung	Bitte lesen Sie hierzu unter dem Stichwort »Worttrennung« nach.
Simulant	Das Hauptwort *Simulant* erhält – außer im Werfall – die Endung *-en: der Simulant, des Simulanten* (nicht: *des Simulants*), *dem Simulanten* (nicht: *dem Simulant*), *den Simulanten* (nicht: *den Simulant*), Mehrzahl: *die Simulanten.*
sitzen	Die zusammengesetzten Vergangenheitsformen von *sitzen* bildet man heute im Allgemeinen mit *haben: Wir haben*

	auf der Bank gesessen. Die Kleine hatte auf ihrem Schoß gesessen. Im Unterschied dazu ist im süddeutschen Sprachgebiet (auch in Österreich und in der Schweiz) die Bildung dieser Vergangenheitsformen mit *sein* üblich: *Wir sind auf der Bank gesessen. Die Kleine war auf ihrem Schoß gesessen.*
Skizzenblock	Die Mehrzahl von *Skizzenblock* lautet *die Skizzenblocks* (nicht: *die Skizzenblöcke*).
sobald	Einen Nebensatz, der mit *sobald* eingeleitet wird, trennt man immer durch Komma vom Hauptsatz ab: *Sobald sie nach Hause kommt, wollen wir essen. Wir gehen, sobald der Redner fertig ist.*
so bald wie oder **so bald als**	Nach *so bald* kann *wie* oder *als* stehen. Beides ist richtig. Der Anschluss mit *wie* ist aber häufiger: *Schreibe so bald wie möglich,* seltener: *... als möglich.*
sodass, so dass	**1. Rechtschreibung:** *Sodass* leitet Nebensätze ein und kann nach den neuen amtlichen Rechtschreibregeln zusammengeschrieben oder getrennt geschrieben werden: *Sie war erkrankt, sodass* oder *so dass sie den Vortrag absagen musste.* **2. Komma:** Einen Nebensatz, der mit *sodass (so dass)* eingeleitet ist, trennt man immer durch Komma ab; auch *so dass* gilt dabei als Einheit: *Es regnete stark, sodass (so dass) wir die Wanderung absagten.* Bei *so dass* steht aber ein Komma zwischen *so* und *dass,* wenn diese beiden Wörter keine Einheit bilden; *so* bezieht sich dann auf das Zeitwort des Hauptsatzes und das Komma verdeutlicht, dass nur *dass* als Einleitung des Nebensatzes zu verstehen ist: *Es regnete so, dass wir die Wanderung absagen mussten.*
so genannt	Ein Eigenschaftswort oder Mittelwort (Partizip), das auf *so genannt* folgt, erhält gewöhnlich die gleichen Endungen

S

	wie *so genannt* selbst: *ein so genannter freischaffender Künstler; die so genannten freiwilligen Helfer.* Im Wemfall sind in der Einzahl zwei Formen möglich, wovon die eine Form jedoch selten vorkommt: *mit so genanntem freischaffendem,* selten: *freischaffenden Künstler.*
solang, solange	Beide Formen sind richtig. Einen Nebensatz, der mit diesem Bindewort (dieser Konjunktion) eingeleitet wird, trennt man immer durch Komma vom Hauptsatz ab: *Du kannst bleiben, solang du magst. Solange ich noch nicht vollkommen gesund bin, gehe ich nicht zur Arbeit.*
solcher, solche solches	siehe Tabelle
sollen	**1. sollen oder gesollt:** Steht vor dem Zeitwort *sollen* ein anderes Zeitwort in der Grundform (im Infinitiv), dann verwendet man die Form *sollen* und nicht *gesollt: Er hat kommen sollen* (nicht: *gesollt*). **2. doppelte Ausdrucksweise:** Man sollte vermeiden, *sollen* zusammen mit anderen Wörtern, die eine Aufforderung ausdrücken, zu gebrauchen. Man sagt also nicht: *die Aufforderung, sich in Marsch setzen zu sollen,* sondern: *die Aufforderung, sich in Marsch zu setzen.* Auch das Bindewort (die Konjunktion) *damit* zeigt in bestimmten Sätzen bereits an, dass die Aussage eine Aufforderung enthält. Es ist dann überflüssig, noch zusätzlich *sollen* zu verwenden. Also nicht: *Sie gab ihm das Geld, damit er seine Schulden bezahlen sollte,* sondern: *..., damit er seine Schulden bezahlt.*
sondern	Vor *sondern* steht immer ein Komma. Es spielt dabei keine Rolle, ob *sondern* zwischen Sätzen oder zwischen Satzteilen steht: *Sie kommt nicht heute, sondern morgen. Er zahlte nicht in bar, sondern [er] überwies den Betrag.* Was für *sondern* gilt, gilt auch für *nicht nur ..., sondern auch: Sie wollen nicht nur heute, sondern auch morgen ausgehen.*

Schwierigkeiten der Beugung bei *solche*

1. Beugung von *solche* nach einem bestimmten oder unbestimmten Zahlwort:
Nach einem bestimmten oder unbestimmten Zahlwort (*zwei, drei* usw.; *viele, wenige* o. Ä.) behandelt man *solcher* usw. wie ein Eigenschaftswort:

zwei solche Fehler
(wie z. B.: *zwei kleine Fehler*)
mit zwei solchen Fehlern
(wie z. B.: *mit zwei kleinen Fehlern*)

Richtig, aber selten ist, *solcher* usw. in den Wesfall zu setzen:

noch zwei solcher Fehler

Nach ein und *kein* in der Einzahl behandelt man *solcher* usw. ebenfalls wie ein Eigenschaftswort:

ein oder *kein solcher Fehler*
wegen eines oder *keines solchen Fehlers*
mit einem oder *keinem solchen Fehler*
für einen oder *keinen solchen Fehler*

Bei *kein* sind in der Mehrzahl z. T. für die einzelnen Fälle zwei Formen möglich:

(Werfall:) *keine solchen* oder *solche Pläne*
(Wesfall:) *wegen keiner solcher Pläne*
(Wemfall:) *mit keinen solchen Plänen*
(Wenfall:) *für keine solchen* oder *solche Pläne*

2. Beugung nach *solche:*
a) Die Beugung des auf *solche* folgenden Wortes bereitet oftmals Schwierigkeiten, besonders wenn es sich bei diesem Wort um ein Hauptwort handelt, das auf ein Mittelwort (Partizip) oder Eigenschaftswort zurückzuführen ist wie z. B. *der* oder *die Angestellte* (auf *angestellt*), *das Schöne* (auf *schön*) usw.
In den einzelnen Fällen lauten die Formen in der **Einzahl** folgendermaßen:

Werfall:
solcher Angestellter
solche Angestellte
solches Schöne

Wesfall:
die Entlassung solches Angestellten
die Beschäftigung solcher Angestellten
die Beseitigung solches Schönen

Wemfall:
mit solchem Angestellten
mit solcher Angestellten
mit solchem Schönen

S

Schwierigkeiten der Beugung bei *solche* (Fortsetzung)

Wenfall:
für solchen Angestellten
für solche Angestellte
für solches Schöne
In der **Mehrzahl** kommen dagegen für die einzelnen Fälle z. T. zwei Formen vor:
(Werfall:) *solche Angestellte* oder *Angestellten*
(Wesfall:) *die Entlassung solcher Angestellten*
(Wemfall:) *mit solchen Angestellten*
(Wenfall:) *für solche Angestellte* oder *Angestellten*

b) Probleme bereiten auch die Formen des Eigenschaftswortes oder Mittelwortes, das nach *solcher* usw. folgt und sich auf ein folgendes Hauptwort bezieht.
Auch hier treten in manchen Fällen zwei Formen auf.
In der **Einzahl:**
Werfall:
solcher nette Mann
solche nette Frau
solches nette Kind
Wesfall:
die Freundschaft solchen netten Mannes
solcher netten oder *netter Frau*
solchen netten Kindes
Wemfall:
mit solchem netten oder *nettem Mann*
mit solcher netten oder *netter Frau*
mit solchem netten oder *nettem Kind*
Wenfall:
für solchen netten Mann
für solche nette Frau
für solches nette Kind
In der **Mehrzahl:**
(Werfall:) *solche netten* (auch: *nette*) *Männer, Frauen, Kinder*
(Wesfall:) *die Meinung solcher netten* (auch: *netter*) *Männer, Frauen, Kinder*
(Wemfall:) *mit solchen netten Männern, Frauen, Kindern*
(Wenfall:) *für solche netten* (auch: *nette*) *Männer, Frauen, Kinder*

Sonnabendabend	Bitte lesen Sie hierzu unter »Dienstagabend« nach.
Sonntagabend	Bitte lesen Sie hierzu unter »Dienstagabend« nach.

sonstig	Ein Eigenschaftswort oder Mittelwort (Partizip), das auf *sonstig* folgt, erhält gewöhnlich die gleichen Endungen wie das Wort *sonstig* selbst: *sonstiges überflüssiges Gepäck, sonstiger angenehmer Zeitvertreib.* Es gibt jedoch Ausnahmen. Im Wemfall der Einzahl: *mit sonstigem neuem,* auch: *neuen Material.* Im Wesfall der Mehrzahl: *die Ausnutzung sonstiger freier,* auch: *freien Tage.*
sooft	Einen Nebensatz, der mit *sooft* eingeleitet wird, trennt man immer durch Komma vom Hauptsatz ab: *Ich freute mich, sooft ich sie sah. Er übernachtete, sooft er hier war, immer bei uns. Sooft ich auch anrief, es war immer besetzt.*
sosehr	Einen Nebensatz, der mit *sosehr* eingeleitet wird, trennt man immer durch Komma vom Hauptsatz ab: *Ich schaffte es nicht, sosehr ich mich bemühte. Er wollte die CD, sosehr sie ihm auch gefiel, wieder umtauschen. Sosehr er auch gekränkt war, er ließ sich nichts anmerken.*
soviel	Einen Nebensatz, der mit *soviel* eingeleitet wird, trennt man immer durch Komma ab: *Soviel ich weiß, kommt er morgen. Sie wollen, soviel mir bekannt ist, bauen. Es ging ihr gut, soviel er sah.*
soweit	Einen Nebensatz, der mit *soweit* eingeleitet wird, trennt man immer durch Komma ab: *Soweit ich es beurteilen kann, geht sie bald. Er wird einen Beitrag leisten, soweit ihm dies finanziell möglich ist.*
sowie	**1. Komma:** Im Sinne von »sobald« leitet *sowie* einen Nebensatz ein, der immer durch Komma abgetrennt werden muss: *Sowie er wieder gesund ist, kommt er zu uns zurück. Er kommt, sowie er wieder gesund ist, zu uns zurück.* In der Bedeutung »und, und auch, und außerdem« verbindet *sowie* Glieder einer Aufzählung. Vor *sowie* steht in diesem Fall (ähnlich wie bei *und*) kein Komma: *Zeichnungen und*

	Fotos sowie Fotoalben. Seine Eltern und Geschwister waren gekommen sowie die Eltern seiner Frau. **2. Der Direktor sowie sein Stellvertreter war/waren anwesend:** Bei Sätzen dieser Art steht das Zeitwort üblicherweise in der Mehrzahl. Die Einzahl ist jedoch auch möglich und richtig: *Der Direktor sowie sein Stellvertreter waren anwesend,* seltener auch: *war anwesend.* (Das Zeitwort steht aber immer in der Mehrzahl, wenn eines der Hauptwörter in der Mehrzahl steht: *Der Direktor sowie seine Stellvertreter waren anwesend.*)
sowohl – als auch	**1. Komma:** Wenn *sowohl – als auch* Satzteile verbindet, dann steht vor *als* kein Komma: *Sowohl die Eltern als auch die Kinder waren krank. Die Rede überzeugte sowohl seine Freunde als auch seine Feinde als auch alle anderen Anwesenden.* Ein Komma vor *als auch* setzt man dann, wenn ein Nebensatz vorausgeht: *Er behauptet sowohl, dass er ein guter Stürmer sei, als auch, dass er das Tor hüten könne. Diese Bestimmung gilt sowohl, wenn Gärten neu angelegt, als auch, wenn vorhandene Gärten erweitert werden.* **2. Sowohl seine Frau als auch sein Freund hatte/hatten ihn verlassen:** Bei Sätzen dieser Art steht das Zeitwort üblicherweise in der Mehrzahl. Die Einzahl ist jedoch auch möglich und richtig: *Sowohl seine Frau als auch sein Freund hatten ihn verlassen,* seltener auch: *hatte ihn verlassen.* (Das Zeitwort steht aber immer in der Mehrzahl, wenn eines der Hauptwörter in der Mehrzahl steht: *Sowohl seine Frau als auch seine Freunde hatten ihn verlassen.*)
spaltbreit/ einen Spalt breit/ Spaltbreit	Alle drei Schreibweisen sind möglich: Zusammen und klein schreibt man, wenn es sich um ein Eigenschaftswort handelt: *eine spaltbreite Öffnung.* Getrennt schreibt man, wenn *breit* näher bestimmt wird durch *Spalt,* dem wiederum ein Geschlechtswort (Artikel), ein Zahlwort o. Ä. vorangestellt ist: *Die Tür stand kaum einen Spalt breit offen.* Zusammen

	und groß schreibt man, wenn man *Spaltbreit* als Maßangabe versteht: *die Tür einen Spaltbreit öffnen.*
spalten	Bitte lesen Sie zum Gebrauch der beiden Formen des Mittelwortes der Vergangenheit (des 2. Partizips) unter »gespalten oder gespaltet« nach.
Spekulant	Das Hauptwort *Spekulant* erhält – außer im Werfall – die Endung *-en: der Spekulant, des Spekulanten* (nicht: *des Spekulants*), *dem Spekulanten* (nicht: *dem Spekulant*), *den Spekulanten* (nicht: *den Spekulant*), Mehrzahl: *die Spekulanten.*
spitze oder **Spitze**	In den Fällen, in denen nicht eindeutig zu erkennen ist, ob das Eigenschaftswort *spitze* oder das Hauptwort *Spitze* gemeint ist, sind beide Formen richtig: *Das ist spitze/Spitze. Das finde ich spitze/Spitze.* Eindeutig ein Eigenschaftswort (im Sinne von »hervorragend, toll«) ist *spitze* in Beispielen wie: *Das war ein spitze Film. Er hat wirklich spitze gespielt.* Ein Hauptwort (im Sinne von »Güte, Qualität«) ist *Spitze* in Sätzen wie: *Der Film war einsame Spitze. Das ist ganz große Spitze.* Erkennbar ist dies an den Beifügungen *(einsam, groß)* zu *Spitze.*
Sportsmann	Die Mehrzahl von *Sportsmann* lautet *die Sportsleute,* selten auch *die Sportsmänner.*
spotten	Das Zeitwort *spotten* steht gewöhnlich mit dem Verhältniswort (der Präposition) *über: Sie spotteten über ihn, über sein Missgeschick.* Der Anschluss ohne Verhältniswort nur mit dem Wesfall ist veraltet.
springen	Die Vergangenheitsformen von *springen* bildet man im Allgemeinen mit *sein: Das Kind ist über die Straße, ist von der Mauer gesprungen. Die Ampel war bereits auf Rot gesprungen.* Bezieht sich *springen* jedoch auf eine bestimmte

	Sportart (wie Weitsprung oder Hochsprung), dann können die Vergangenheitsformen mit *sein* oder mit *haben* gebildet werden: *Bist du an der Reihe oder bist/hast du schon gesprungen? Er ist/hat einen neuen Rekord gesprungen.*
ss oder **ß**	Die Regel lautet: Anstelle von *ß* dürfen nicht generell zwei *s* geschrieben werden. Eine Ausnahme von dieser Regel gibt es nur als Notbehelf, z. B. für den Fall, dass eine Schreibmaschine kein ß-Zeichen hat. Treffen in einem solchen Fall bei einem Wort 3 s-Buchstaben zusammen, dann darf man keinen von ihnen auslassen: *Reissschiene* (für: *Reißschiene*), *Massstab* (für: *Maßstab*). In solchen Fällen darf man aber nach den neuen amtlichen Rechtschreibregeln einen Bindestrich einfügen, um die Lesbarkeit zu verbessern: *Reiss-Schiene, Mass-Stab.* Trennt man ein Wort, das ersatzweise mit Doppel-s geschrieben ist, dann wird nach den neuen amtlichen Rechtschreibregeln zwischen den beiden *s* getrennt: *Grüs-se, heis-sen.* Wird ein Wort nur in Großbuchstaben geschrieben, dann tritt das Doppel-s an die Stelle von *ß,* weil ein *ß* als Großbuchstabe nicht existiert: *STRASSE, MASSE* (für: *Maße*). In Dokumenten kann man bei Namen aus Gründen der Eindeutigkeit auch *ß* verwenden: *HEINZ GROßE.* Treffen in einem solchen Fall in einem Wort 3 *S* zusammen, dann kann man einen Bindestrich setzen: *SCHLOSS-STRASSE* statt: *SCHLOSSSTRASSE.*
stähle oder **stehle**	Beide Formen sind Möglichkeitsformen (Konjunktive). Die Form *stehle* steht vor allem in der indirekten Rede: *Sie fragte, ob man ihm oft Bücher stehle.* Auch *stähle* kann in der indirekten Rede auftreten, z. B., wenn die Form *stehle* nicht eindeutig als Möglichkeitsform erkennbar ist: *Er behauptete, die Angestellten stählen* (für nicht eindeutiges *stehlen*) *öfter etwas.* Oder auch, wenn der Sprecher das, was er berichtet für zweifelhaft hält: *Er behauptete zwar, dass man ihm öfter Bücher stähle [, aber ich glaube es*

	nicht]. Sonst steht *stähle* vor allem in Bedingungssätzen: *Stähle er Geld, dann müsste man ihn entlassen.*
Start	Die Mehrzahl von *Start* lautet *die Starts,* selten auch *die Starte.*
statt	Bitte lesen Sie zur Beugung nach *statt* und zur Kommasetzung bei *statt* unter »anstatt« nach.
stattfinden	Das Mittelwort der Vergangenheit (2. Partizip) von *stattfinden* (es lautet *stattgefunden*) ist nicht als Beifügung eines Hauptwortes zu verwenden. Also nicht: *die stattgefundene Versammlung,* sondern: *die Versammlung, die stattgefunden hat.*
statthaben	Bitte lesen Sie für den Gebrauch des Mittelwortes der Vergangenheit (des 2. Partizips) von *statthaben* (es lautet *stattgehabt*) unter »stattfinden« nach.
Status	Der Wesfall von *Status* lautet *des Status,* die Mehrzahl *die Status* (Aussprache mit langem u).
stechen	Nennt man nach *stechen* Person und Körperteil, auf die sich *stechen* bezieht, dann kann die Person im Wemfall oder im Wenfall stehen. Der Wemfall ist üblicher: *Die Wespe stach dem Kind in den Arm,* auch: *stach das Kind in den Arm.* Ebenso bei *sich stechen: Ich habe mir in den Finger gestochen,* auch: *mich in den Finger gestochen.* Bei der Wendung *in die Augen stechen* ist nur der Wemfall möglich: *Die schöne alte Uhr stach ihm* (nicht: *ihn*) *gleich in die Augen.*
stecken	Hat das Zeitwort *stecken* eine Ergänzung im Wenfall bei sich und bedeutet »etwas in etwas hineinbringen, einfügen, hineinstecken«, so bildet man seine Vergangenheitsformen immer regelmäßig: *Er steckte den Schlüssel ins Schloss, hat*

	den Schlüssel ins Schloss gesteckt. Steht *stecken* ohne eine Ergänzung im Wenfall und hat die Bedeutung »sich irgendwo, in etwas befinden, dort festsitzen, eingepasst sein«, so gibt es neben der regelmäßigen Form *steckte* auch die unregelmäßige Form *stak,* die aber seltener und besonders in gehobener Ausdrucksweise gebraucht wird: *Der Schlüssel steckte,* gehoben auch: *stak im Schloss, hat im Schloss gesteckt.*
stehen	Die zusammengesetzten Vergangenheitsformen von *stehen* bildet man heute im Allgemeinen mit *haben: Der Wagen hat in der Garage gestanden. Wir hatten unter einem Baum gestanden.* Im Unterschied dazu ist im süddeutschen Sprachgebiet (auch in Österreich und in der Schweiz) die Bildung dieser Vergangenheitsformen mit *sein* üblich: *Der Wagen ist in der Garage gestanden. Wir waren unter einem Baum gestanden.*
Stellung	Wenn nach Formulierungen wie *die Stellung des Landes, die Stellung dieses Mannes, die Stellung von Direktor Meyer* eine Beifügung mit *als* folgt (*die Stellung des Landes als Handelspartner, die Stellung dieses Mannes als Politiker* usw.), dann ist zur Beugung dieser Beifügung Folgendes zu beachten: *Die Stellung des Landes als ...:* Folgt nach *als* eine Beifügung mit *der, die, das, ein* usw., dann setzt man diese üblicherweise in den gleichen Fall wie das Wort, auf das sie sich bezieht (hier: *des Landes,* also Wesfall): *Das schadet der Stellung des Landes als des wichtigsten Handelspartners.* Folgt aber die Beifügung nach *als* ohne *der, die, das* usw., so steht sie heute üblicherweise im Werfall: *Das schadet der Stellung des Landes als wichtigster Handelspartner.* *Die Stellung von Direktor Meyer als ...:* Ist das Hauptwort, das auf *Stellung* folgt, mit *von* angeschlossen, dann setzt man die auf *als* folgende Beifügung üblicherweise in den Wemfall: *Das gefährdet die Stellung von Direktor Meyer als handelndem Partner/als dem handelnden Partner nicht.*

	Aber auch hier kann die Beifügung nach *als* gelegentlich im Werfall folgen: *Das gefährdet die Stellung von Direktor Meyer als handelnder Partner nicht.*
stempeln	In der Bedeutung »jemanden als etwas Bestimmtes kennzeichnen, ihn in eine bestimmte Kategorie einordnen« wird *stempeln* nur mit *zu* (nicht mit *als*) verbunden: *Man hat ihn zum Lügner* (nicht: *als Lügner*) *gestempelt.* (Bei *jemanden abstempeln* gibt es allerdings beide Möglichkeiten: *Man hat ihn als Lügner* oder: *zum Lügner abgestempelt.*)
Stenograf	Das Hauptwort *Stenograf* erhält – außer im Werfall – die Endung *-en: der Stenograf, des Stenografen* (nicht: *des Stenografs*), *dem Stenografen* (nicht: *dem Stenograf*), *den Stenografen* (nicht: *den Stenograf*), Mehrzahl: *die Stenografen.*
still	Wird das Eigenschaftswort *still* als Hauptwort gebraucht, dann schreibt man es groß: *Sie liebte das Stille seines Wesens. Er war schon immer ein ganz Stiller.* Nach den neuen amtlichen Rechtschreibregeln gilt dies entsprechend für die feste Verbindung *im Stillen* (= unbemerkt; bei sich selbst): *Er hat im Stillen die Flucht vorbereitet. Im Stillen fluchte er.* Klein schreibt man dagegen immer: *Er ist der stillste der Schüler in der Klasse.*
Stock	Der erste Stock eines Gebäudes ist üblicherweise das Geschoss über dem Erdgeschoss. In manchen Landschaften, besonders in Süddeutschland, beginnt dagegen die Zählung der Stockwerke im Erdgeschoss, sodass dort der erste Stock dem Erdgeschoss und der zweite dem ersten Stock entspricht. Dieselbe Uneindeutigkeit besteht bei *einstöckig, zweistöckig, fünfstöckig* usw. Unmissverständlich sind dagegen Bildungen mit *-geschossig* (*eingeschossig, dreigeschossig* usw.), weil *Geschoss* allgemein auch das Parterre und den Keller bezeichnet *(Erd-, Kellergeschoss).*

stolz	Nach *stolz* steht das Verhältniswort (die Präposition) *auf,* nicht *über: Er war stolz auf* (nicht: *über*) *sie, seinen Besitz.*
Storno	Es kann *der Storno* oder *das Storno* heißen. Beides ist richtig. Die Mehrzahl lautet *die Storni.*
stoßen	Nennt man in Verbindung mit dem Zeitwort *stoßen* Person und Körperteil, auf die sich *stoßen* bezieht, dann kann die Person im Wemfall oder im Wenfall stehen. Der Wemfall steht vor allem dann, wenn ein unbeabsichtigter Stoß gemeint ist: *Er stieß mir gegen die Hüfte.* Der Wenfall wird eher gewählt, um einen absichtlichen Stoß zu kennzeichnen: *Er stieß seinen Freund in die Seite.* Wenn als Verursacher nicht eine Person, sondern eine Sache genannt wird, dann ist nur der Wemfall üblich: *Die Deichsel stieß ihm gegen die Brust.*
strafversetzen	Von dem Zeitwort *strafversetzen* gebraucht man nur die Grundform (den Infinitiv: *strafversetzen*) und das Mittelwort der Vergangenheit (das 2. Partizip: *strafversetzt*): *Man wollte ihn strafversetzen. Er wurde strafversetzt.*
Straßennamen	siehe Tabelle
Strauß	Nach dem Wort *Strauß* steht die Angabe dessen, woraus der Strauß besteht (z. B. *Rosen, Flieder*), meist im selben Fall wie das Wort *Strauß* selbst: *ein Strauß [weißer] Flieder, mit drei Sträußen weißem Flieder.* Gelegentlich in gehobener Ausdrucksweise auch mit dem Wesfall: *ein Strauß weißen Flieders, mit drei Sträußen weißen Flieders.* Nur wenn die Angabe dessen, woraus der Strauß besteht, in der Mehrzahl steht, kann man häufiger auch den Wesfall gebrauchen: *ein Strauß rote Rosen* neben: *ein Strauß roter Rosen.* Im Wemfall der Mehrzahl gibt es sogar drei Möglichkeiten: *von einem Strauß roter Rosen* oder *von einem Strauß rote Rosen,* seltener auch: *von einem Strauß roten Rosen.*

Rechtschreibung von Straßennamen

1. Großschreibung:
Das erste Wort eines Straßennamens schreibt man groß:
Breite Straße
Lange Gasse
Ebenso schreibt man Eigenschaftswörter und Zahlwörter als Teil von Straßennamen groß, Geschlechtswörter (Artikel) und Verhältniswörter (Präpositionen) jedoch nur, wenn sie am Anfang stehen:
In der Mittleren Holdergasse
Am Warmen Damm
An den Drei Pfählen
Weg beim Jäger

2. Zusammenschreibung:
Zusammen schreibt man Straßennamen aus einem Hauptwort (auch einem Namen) und einem für Straßennamen typischen Wort wie *Straße, Gasse, Weg, Platz, Allee, Ring, Chaussee, Damm, Promenade, Ufer* u. a.:
Schlossstraße
Seilergasse
Bismarckplatz
Zusammen schreibt man auch Straßennamen, bei denen der erste Wort bestandteil ein Ortsname, ein Völkername oder ein Personenname ist, der auf *-er* ausgeht:
Marienwerderstraße (nach der Stadt Marienwerder)
Römerwall (nach dem Volk der Römer)
Herderplatz (nach dem Dichter und Philosophen J. G. Herder)
aber: *Berliner Platz* (vgl. Punkt 3, Getrenntschreibung)
Wenn der erste Wortbestandteil des Straßennamens aus einem ungebeugten Eigenschaftswort besteht, schreibt man ebenfalls zusammen:
Altmarkt
Neumarkt
Hochstraße

3. Getrenntschreibung:
Man schreibt getrennt, wenn es sich bei dem ersten Wortbestandteil des Straßennamens um die Ableitung eines Orts- oder Ländernamens auf *-er* handelt:
Berliner Straße
Kalk-Deutzer-Straße
aber: *Herderstraße* (vgl. Punkt 2, Zusammenschreibung)

4. Schreibung mit Bindestrich:
Bei einem Straßennamen, dessen erster Bestandteil aus mehreren Wörtern besteht, koppelt man alle Wörter durch Bindestriche durch:
Albrecht-Dürer-Straße
John-F.-Kennedy-Platz
Bad-Kissingen-Straße
La-Valeto-Straße

Streckformen	Bitte lesen Sie hierzu unter »Hauptwortstil« nach.
Stück	**1. Stück oder Stücke:** Gebraucht man *Stück* als Mengenangabe, so bleibt es (besonders in Verbindung mit Zahlen) in der Mehrzahl oft ungebeugt: *drei Stück* oder *Stücke Zucker; fünf Stück* oder *Stücke Seife.* Die Mehrzahlform *die Stücker* ist landschaftlich und umgangssprachlich. Auch die Ausdrucksweise *Stücker zehn* für »ungefähr zehn« gehört der Umgangssprache an. **2. Beugung nach *Stück:*** Nach *Stück* als Mengenangabe (z. B. *drei Stück*) steht das, was als Menge angegeben wird (z. B. *Kuchen, Seife*), meist im selben Fall wie die Mengenangabe *Stück* selbst: *ein Stück [frischer] Kuchen, bei einem Stück frischem Kuchen, für ein Stück frischen Kuchen.* Gelegentlich in gehobener Ausdrucksweise auch mit dem Wesfall: *ein Stück frischen Kuchens, bei einem Stück frischen Kuchens, für ein Stück frischen Kuchens* usw. Steht die Mengenangabe *Stück* selbst im Wesfall, so heißt es: *der Preis eines Stücks Kuchen* oder *der Preis eines Stück Kuchens,* aber (mit einem beigefügten Eigenschaftswort): *der Preis eines Stücks frischen Kuchens.*
Student	Das Hauptwort *Student* erhält – außer im Werfall – die Endung *-en: der Student, des Studenten* (nicht: *des Studients*), *dem Studenten* (nicht: *dem Student*), *den Studenten* (nicht: *den Student*), Mehrzahl: *die Studenten.*
Substitut	Das Hauptwort *Substitut* erhält – außer im Werfall – die Endung *-en: der Substitut, des Substituten* (nicht: *des Substituts*), *dem Substituten* (nicht: *dem Substitut*), *den Substituten* (nicht: *den Substitut*), Mehrzahl: *die Substituten.*
suchen	Wenn das Zeitwort *suchen,* das im gehobenen Sprachstil in der Bedeutung von »versuchen« verwendet wird, mit einer Wortgruppe, die die Grundform eines anderen Zeitwortes

enthält, verbunden ist (Infinitivgruppe, z. B. *zu gefallen*), dann ist ein Komma nicht sinnvoll: *Sie sucht zu gefallen.* Tritt zu *suchen* eine nähere Bestimmung, dann kann man nach den neuen amtlichen Rechtschreibregeln ein Komma setzen, um die Gliederung des Satzes deutlich zu machen. Man kann aber auch hier auf das Komma verzichten: *Sie suchten vergeblich[,] mir zu gefallen.*

T *t*

Tachometer	Sowohl *der Tachometer* als auch *das Tachometer* sind richtig. Die Form *der Tachometer* ist üblicher. Bei der Kurzform *Tacho* ist nur *der Tacho* richtig.
tadeln	Nach *tadeln* stehen gewöhnlich die Verhältniswörter (Präpositionen) *wegen* oder *für,* selten auch *um … willen: Man tadelte ihn wegen seiner Faulheit* oder *für seine Faulheit,* selten auch: *um seiner Faulheit willen.*
Tag	Groß schreibt man in Formen wie: *bei Tage, des Tags, über Tag, unter Tage arbeiten, Guten Tag sagen, Tag für Tag, von Tag zu Tag, unter Tags* (= den Tag über). Man schreibt jedoch *tags, tagsüber, tags darauf, tagaus, tagein* klein.
tagelang oder **Tage lang**	Man schreibt klein und zusammen, wenn es sich um das Eigenschaftswort handelt: *tagelanges Warten. Er war tagelang krank.* Groß und getrennt schreibt man nur dann, wenn *Tage* näher bestimmt ist: *mehrere Tage lang: Er war zwei Tage lang krank.*
tagen	Das Mittelwort der Vergangenheit (2. Partizip) von *tagen* (es lautet *getagt*) kann man nicht als Beifügung eines Hauptwortes verwenden. Also nicht: *die im April getagte Versammlung,* sondern: *die Versammlung, die im April getagt hat.*
Tasse	Nach *Tasse* als Mengenangabe steht das, was als Menge angegeben wird (z. B. *Kaffee*), meist im selben Fall wie die Mengenangabe *Tasse* selbst: *eine Tasse [starker] Kaffee, mit einer Tasse starkem Kaffee, für eine Tasse starken Kaffee.* Möglich ist auch eine Angabe im Wesfall (*eine Tasse starken Kaffees, mit einer Tasse starken Kaffees* usw.).

	Dieser Wesfall klingt jedoch gehoben und wird seltener gebraucht.
tausend	Klein schreibt man das Zahlwort *tausend* (das immer ungebeugt auftritt): *tausend Nägel; einige, mehrere tausend Nägel; mehr als tausend Nägel; an die tausend Nägel; tausend Dank; der dritte Teil von tausend, eins zu tausend. Die Firma kauft nur zehn von tausend. Das Dorf wird tausend [Jahre alt]. Sie zählt bis tausend.* Groß schreibt man, wenn das Zahlwort als Hauptwort gebraucht wird (das dann auch in gebeugter Form auftreten kann): *Die Karte mit der Tausend* (= mit der Zahl tausend) *fehlt.* Als Maßangabe für tausend Einheiten: *ein halbes Tausend; drei Exemplare des zweiten Tausends.* Groß- oder Kleinschreibung ist nach den neuen amtlichen Rechtschreibregeln dann richtig, wenn *tausend* unbestimmte (nicht in Ziffern schreibbare) Mengen bezeichnet: *einige Tausend/tausend Nägel* (= Packungen von je tausend Stück); *Die Summe geht in die Tausende/tausende. Viele Tausende/tausende blieben verschwunden. Sie lagerten zu Tausenden/tausenden auf der Wiese. Es geschah trotz des Einsatzes Tausender/tausender Freiwilliger* oder *von Freiwilligen.*
Teil	Von den beiden Sätzen *ein Teil Äpfel lag auf der Erde* oder *lagen auf der Erde* bevorzugt man im Allgemeinen den zweiten mit der Einzahl des Zeitworts (man bezieht es auf *Teil*): *Ein Teil Äpfel lag auf der Erde, ist schon verfault, wurde verkauft.* Gelegentlich bezieht man jedoch das Zeitwort nicht auf *Teil,* sondern auf die genannten Dinge und setzt es in die Mehrzahl (d. h., man konstruiert nach dem Sinn): *Ein Teil [der] Äpfel lagen auf der Erde, sind schon verfault, wurden verkauft.* Beide Möglichkeiten sind richtig.
teilnehmen	Das Mittelwort der Vergangenheit (2. Partizip) von *teilnehmen* (es lautet *teilgenommen*) kann man nicht als Beifügung eines Hauptwortes verwenden. Also nicht: *das an der*

	Versammlung teilgenommene Mitglied, sondern: *das Mitglied, das an der Versammlung teilgenommen hat.*
teils – teils	**1. Komma:** Vor dem zweiten *teils* steht immer ein Komma, gleichgültig, ob *teils – teils* Satzteile oder Sätze miteinander verbindet: *Sie verbrachten ihre Ferien teils in Frankreich, teils in Italien. Die Schüler waren teils Einheimische, teils kamen sie als Fahrschüler aus den Nachbarorten.* **2. Teils seine Herkunft, teils sein Einfluss hatte/hatten ihm seine Stellung verschafft:** Bei Sätzen dieser Art steht das Zeitwort gewöhnlich in der Einzahl, die Mehrzahl ist aber auch möglich: *Teils seine Herkunft, teils sein Einfluss hatte,* selten auch: *hatten ihm seine Stellung verschafft.* (Das Zeitwort steht aber immer in der Mehrzahl, wenn eines der Hauptwörter in der Mehrzahl steht: *Teils seine Herkunft, teils seine Beziehungen hatten ihm seine Stellung verschafft.*)
Teppichboden	Die Mehrzahl von *Teppichboden* lautet *die Teppichböden.*
Terminal	Die Vorrichtung der Datenverarbeitungsanlage heißt *das Terminal.* Die Flughafenhalle dagegen (und auch die Anlage in Häfen, Bahnhöfen) heißt *der Terminal* oder *das Terminal.*
Thema	Die Mehrzahl von *Thema* lautet *die Themen* oder *die Themata* (nicht: *die Themas* oder *die Thematas*).
titulieren	Ein Hauptwort, das mit dem Zeitwort *titulieren* unmittelbar oder durch die Verhältniswörter (Präpositionen) *mit* oder *als* verbunden ist, bleibt ungebeugt, d. h. unverändert: *Die Schüler mussten ihn Herr Doktor, mit Herr Doktor titulieren. Sie hat mich »Schurke«, als »Schurke«, mit »Schurke« tituliert.*
Tonne	Gebraucht man *Tonne* als Maßbezeichnung, dann beugt man die darauf folgende Angabe, wenn sie in der Einzahl steht,

	in folgender Weise: *eine Tonne Teer* (nicht: *eine Tonne Teers*), wenn ein Eigenschaftswort dabeisteht: *eine Tonne flüssiger Teer, mit drei Tonnen flüssigem Teer.* Gelegentlich in gehobener Ausdrucksweise auch mit dem Wesfall: *eine Tonne flüssigen Teers, mit drei Tonnen flüssigen Teers.* Steht die Angabe dessen, was als Menge genannt wird, in der Mehrzahl, dann kann sie, wenn *Tonne* im Wemfall steht, in folgender Weise gebeugt sein: *mit einer Tonne gesalzener Heringe* oder *gesalzene Heringe,* seltener: *gesalzenen Heringen.*
total	Das Wort *total* gehört zu den Eigenschaftswörtern, die bereits einen höchsten Grad ausdrücken und deswegen nicht mehr steigerbar sind (also **nicht:** *die totalste Vernichtung*). **Richtig** nur: *die totale Vernichtung.*
Tournee	Die Mehrzahl von *Tournee* lautet *die Tourneen* oder *die Tournees.*
träte oder **trete**	Beide Formen sind Möglichkeitsformen (Konjunktive). Die Form *trete* steht vor allem in der indirekten Rede: *Er sagte, sie trete gerade aus dem Haus.* Auch *träte* kann in der indirekten Rede auftreten, z. B., wenn die Form *trete* nicht eindeutig als Möglichkeitsform erkennbar ist: *Er sagte, sie träten* (für nicht eindeutiges *treten*) *gerade aus dem Haus.* Oder auch, wenn der Sprecher das, was er berichtet, für zweifelhaft hält: *Er sagte zwar, sie träte bald aus dem Haus [, aber ich glaube es nicht].* Sonst steht *träte* vor allem in Bedingungssätzen: *Wenn sie ans Fenster träte, könnte sie ihn sehen.*
treten	Nennt man nach *treten* in der Bedeutung »mit dem Fuß treffen« die betroffene Person und den betroffenen Körperteil, dann kann die Person im Wemfall oder auch im Wenfall stehen: *Er hat mir auf den Fuß getreten.* Oder: *Er hat mich auf den Fuß getreten.* Der Wemfall *(mir)* ist üblicher. Es kann neben *Er hat mir auf den Fuß getreten* auch heißen: *Er ist*

	mir auf den Fuß getreten. Dabei bildet man die Vergangenheit mit *hat,* wenn das Treten absichtlich geschieht: *Er hat auf die brennenden Zweige getreten;* mit *ist* und seltener mit *hat* bildet man die Vergangenheit, wenn das Treten unabsichtlich, durch ein Missgeschick o. Ä. geschieht: *Er ist* (selten: *hat*) *in eine Pfütze getreten.*
triefen	**1. Formen:** Das Wort *triefen* ist ein Zeitwort, dessen Formen heute meist regelmäßig sind: *triefen, triefte, getrieft.* Es heißt also: *Der Schweiß triefte ihm von der Stirn.* Die Form *troff* ist zwar auch richtig, sie gehört aber einer gewählten Ausdrucksweise an: *Regenwasser troff vom Dach.* **2. von oder vor etwas triefen:** An *triefen* kann sowohl mit *von* als auch mit *vor* angeschlossen werden: *Die Wurst trieft von* oder *vor Fett. Seine Erzählungen triefen von* oder *vor Sentimentalität.*
trocken	Wird *trocken* als Hauptwort gebraucht, so wird es großgeschrieben: *Sie war froh, als sie nach dieser Überfahrt wieder auf dem Trockenen* (= auf trockenem Boden) *stand. Völlig durchnässt waren sie endlich wieder im Trockenen* (= an einem trockenen Platz). Dies gilt nach den neuen amtlichen Rechtschreibregeln entsprechend für die folgenden festen Verbindungen bzw. Bedeutungen *sein Schäfchen im Trockenen haben/ins Trockene bringen; auf dem Trockenen sein, sitzen* (= nicht mehr weiterkommen; erledigt sein; nichts mehr zu trinken haben).
trocknen	Es kann sowohl *Die Wäsche ist gut getrocknet* als auch *hat gut getrocknet* heißen. Die Form *ist getrocknet* kommt häufiger vor.
Tropfen	Steht das Hauptwort *Tropfen* als Maßbezeichnung, dann setzt man die Angabe dessen, was gemessen wird, gewöhnlich in den gleichen Fall wie *Tropfen* selbst: *zwei Tropfen Öl* (nicht: *zwei Tropfen Öls*), *zwei Tropfen reines Öl, mit zwei Tropfen reinem Öl.* Steht ein Eigenschaftswort dabei

	(reines Öl), dann kann in gehobener Ausdrucksweise auch der Wesfall stehen: *zwei Tropfen reinen Öls, mit zwei Tropfen reinen Öls.*
trotz	Nach *trotz* steht heute gewöhnlich der Wesfall: *Sie gingen trotz des Regens spazieren; er war trotz aller gegenteiligen Behauptungen unschuldig.* In Süddeutschland, Österreich und der Schweiz verbinden viele Sprecher *trotz* mit dem Wemfall: *Sie gingen trotz dem Regen spazieren.* Der Wemfall anstelle des Wesfalls ist auch noch dann in Gebrauch, wenn das Hauptwort, das auf *trotz* folgt, kein *der, die* oder *das* bei sich hat: *trotz vielem Abfall* neben: *trotz vielen Abfalls.* Ebenfalls steht der Wemfall, wenn sich der Wesfall eines Hauptworts in der Mehrzahl nicht vom Werfall und Wenfall unterscheidet. Es heißt dann: *trotz Beweisen* (statt: *trotz Beweise*), *trotz Büchern* (statt: *trotz Bücher*).
trüb, trübe	Das Eigenschaftswort *trübe* (seltenere Form: *trüb*) schreibt man groß, wenn es als Hauptwort gebraucht wird: *alles, das Trübe; etwas, nichts Trübes; das Trübste, was man sich denken kann.* Dies gilt nach den neuen amtlichen Rechtschreibregeln entsprechend bei der festen Verbindung *im Trüben fischen.* Klein schreibt man dagegen immer: *das trübste der Gewässer.*
Trupp	**1. Ein Trupp Soldaten zog/zogen durch die Straßen:** Nach dem Hauptwort *Trupp* steht das folgende Zeitwort gewöhnlich in der Einzahl: *Ein Trupp Soldaten zog durch die Straßen.* Auch die Mehrzahl des Zeitworts ist richtig, sie ist jedoch weniger üblich: *Ein Trupp Soldaten zogen durch die Straßen.* **2. ein Trupp junger Soldaten/junge Soldaten:** Üblicherweise steht die Angabe, die nach *Trupp* folgt, im Wesfall: *ein Trupp junger Soldaten.* Es ist jedoch auch möglich, diese Angabe in den gleichen Fall zu setzen, den das Wort *Trupp* selbst aufweist: *ein Trupp junge Soldaten; die Letzten eines*

	Trupps wandernder Jugendlicher; sie gingen mit einem Trupp Gefangenen. Beide Möglichkeiten sind richtig.
tun	*Sie tut gerade schreiben. Wir tun das noch bezahlen.* Sätze dieser Art, in die das Zeitwort *tun* zusätzlich zum eigentlichen Zeitwort *(schreiben, bezahlen)* eingebaut ist, gehören der Umgangssprache an. Sie sind nicht richtig. Richtig ist nur: *Sie schreibt gerade. Wir bezahlen das noch.*
Tunnel	Das Wort *Tunnel* betont man in dieser Schreibweise auf der ersten Silbe; es hat männliches Geschlecht: *der Tunnel,* Wesfall: *des Tunnels.* In der Mehrzahl ist sowohl *die Tunnel* als auch *die Tunnels* richtig. Vor allem in Süddeutschland, Österreich und der Schweiz kommt auch die sächliche Form *das Tunell* (mit Betonung auf der zweiten Silbe) vor; der Wesfall lautet dann *des Tunells,* Mehrzahl *die Tunells.*
Tür oder **Türe**	Richtig ist nur *Tür: Bitte Tür schließen.*
türkis	Diese Farbbezeichnung beugt man standardsprachlich nicht, also: *ein türkis Abendkleid, in einer türkis Bluse.* Wer diese Form umgehen will, kann ausweichen auf die Zusammensetzung mit *-farben: ein türkisfarbenes Abendkleid, in einer türkisfarbenen Bluse.*
Typ	In der Bedeutung »junger Mann« beugt man das Wort in der Einzahl im Allgemeinen so: *der Typ, des Typs, dem Typ, den Typ.* Daneben wird aber auch wie folgt gebeugt: *der Typ, des Typen, dem Typen, den Typen.* Die Mehrzahl lautet für beide Beugungsarten *die Typen.*

U *u*

übel Wird das Eigenschaftswort *übel* als Hauptwort gebraucht, dann wird es großgeschrieben. *Das war das Übelste, was uns passieren konnte. Das ist noch lange nicht das Übelste. Er hat mir viel, nichts Übles getan.* (Bei der Wendung *etwas ist von,* auch *vom Übel* handelt es sich um das Hauptwort *das Übel,* das ohnehin großgeschrieben wird.) Nach den neuen amtlichen Rechtschreibregeln gilt dies entsprechend für *das Übelste: Dass er dann krank wurde, war das Übelste dabei.* Klein- oder Großschreibung ist im folgenden Fall möglich: *Er hat ihn aufs übelste/Übelste belogen.* Klein schreibt man dagegen immer: *Das ist das übelste seiner Machwerke.*

über **1. Kinder über 10 Jahre:** Nach *über* steht in den folgenden Beispielen der Wenfall: *Der Gesundheitszustand der Kinder über 10 Jahre* (nicht: *über 10 Jahren*) *war im Allgemeinen gut. Die Steuern von Gemeinden über 10 000 Einwohner* (nicht: *über 10 000 Einwohnern*) *werden erhöht.* Wenn man *über* nicht als Verhältniswort (Präposition), sondern als Umstandswort (Adverb) im Sinne von »mehr als« gebraucht, hat es keinen Einfluss auf die Beugung des folgenden Hauptworts *(Jahre, Einwohner, Teilnehmer).* Dies kann man daran erkennen, dass man das *über* weglassen kann ohne den Satz ungrammatisch zu machen: *Wir rechnen mit über* (= mehr als) *100 Teilnehmern.*

2. Gemeinden von über 10 000 Einwohnern: Bei der Konstruktion *von über + Zahl* steht das darauf folgende Hauptwort immer im Wemfall (der von dem Verhältniswort *von* abhängt): *Gemeinden von über 10 000 Einwohnern* (nicht: *von über 10 000 Einwohner*).

über was oder **worüber**	Vor allem in der gesprochenen Sprache ersetzen viele Sprecher heute *worüber* durch *über was: Über was hat er gesprochen? Ich weiß nicht, über was sie gestolpert ist.* Die Verbindung *über was* ist jedoch umgangssprachlich. Stilistisch besser ist *worüber: Worüber hat er gesprochen? Ich weiß nicht, worüber sie gestolpert ist.*
überdrüssig	Die Verbindung *überdrüssig sein* steht gewöhnlich mit dem Wesfall einer Person oder Sache: *Sie war seiner, des Lebens, ihrer Lügen überdrüssig.* Weniger gehoben klingend, aber seltener im Gebrauch ist die Verbindung mit dem Wenfall, der heute auch richtig ist: *Sie war ihn, das Leben, ihre Lügen überdrüssig.*
überlange Zusammensetzungen	Vor allem in der Amtssprache und in der Sprache der Technik besteht die Neigung, einen Sachverhalt mit möglichst wenig Worten wiederzugeben. Das führt dann dazu, dass man längere Fügungen in einem Wort zusammenfasst. Dabei entstehen bisweilen überlange Zusammensetzungen, die nur schwer zu überblicken und kaum zu verstehen sind. Solche Bildungen kann man vermeiden, indem man sie auflöst: *Treibstoffstandschauzeichen* (besser: *Schauzeichen für den Treibstoffstand*), *Geräteunterhaltungsnachweis* (besser: *Nachweis für die Geräteunterhaltung*) usw.
überschlägig oder **überschläglich**	Beide Formen sind richtig; *überschläglich* kommt allerdings allmählich außer Gebrauch.
üblich	Wird das Eigenschaftswort *üblich* als Hauptwort gebraucht, dann wird es großgeschrieben: *Mit der Post kam nur das Übliche. Es geschah im Rahmen des Üblichen, wich nicht vom Üblichen ab.* Nach den neuen amtlichen Rechtschreibregeln gilt dies entsprechend im folgenden Fall: *Es ist das Übliche* (= üblich), *dass jeder Sieger einen Preis erhält.*

übrig	Nach den neuen amtlichen Rechtschreibregeln schreibt man dieses Eigenschaftswort, wenn es als Hauptwort gebraucht wird, immer groß: *Die Übrigen, alle Übrigen kommen später. Das Übrige, alles Übrige müssen wir später erledigen.* Dies gilt entsprechend für die festen Verbindungen *im Übrigen* (= übrigens, ansonsten, außerdem) und *ein Übriges tun* (= noch etwas darüber hinaus tun).
um was oder **worum**	Vor allem in der gesprochenen Sprache ersetzen viele Sprecher heute *worum* durch *um was: Um was handelt es sich? Ich frage mich, um was sie streiten.* Die Verbindung *um was* ist jedoch umgangssprachlich. Stilistisch besser ist *worum: Worum handelt es sich? Ich frage mich, worum sie streiten.*
um zu	**1. Komma:** Nach den neuen amtlichen Rechtschreibregeln ist ein Komma vor *um zu* nicht nötig. Eine Grundform (ein Infinitiv), die man mit *um zu* anschließt, kann aber durch Komma abgetrennt werden, wenn man die Gliederung des Satzes deutlich machen will: *Er kam[,] um aufzuräumen. Er kam[,] um bei der Arbeit zu helfen. Er redet[,] um zu gefallen.* **2. Falscher Anschluss nach *um zu:*** Eine Aussage, die mit *um zu* an einen Hauptsatz angeschlossen ist, sollte sich immer auf den Satzgegenstand (das Subjekt) dieses Hauptsatzes beziehen. Dies beachten viele Sprecher nicht. Es entstehen dann stilistisch unschöne Sätze, die oft auch missverständlich oder von unfreiwilliger Komik sind. Nicht möglich ist etwa folgender Satz: *Die Ernährung der Kühe ist nicht gut genug, um ausreichend Milch zu geben.* Der Satzgegenstand des Hauptsatzes, auf den sich die Aussage mit *um zu* beziehen soll, ist hier *die Ernährung (der Kühe),* gemeint sind aber natürlich *die Kühe* selbst; also muss man anders formulieren, etwa in folgender Weise: *Die Kühe werden nicht gut genug ernährt, um ausreichend Milch zu geben.* Nun ist das Hauptwort *die Kühe* der Satzgegenstand, und die

	Aussage mit *um zu* bezieht sich inhaltlich darauf. Ein anderes Beispiel: *Der Boden ist nicht gut genug, um gutes Tennis zu spielen.* In diesem Fall könnte die Aussage mit *um zu* so geändert werden, dass sie sich auf den Satzgegenstand des Hauptsatzes bezieht, etwa so: *Der Boden ist nicht gut genug, um gutes Tennisspielen zu ermöglichen.* Ähnlich verhält es sich bei folgendem Beispiel: *Er gab den Kindern reichlich zu essen, um satt zu werden.* Der Satz könnte richtig etwa lauten: *Er gab den Kindern reichlich zu essen, um sie zu sättigen.* Oft ist es auch ratsam, die Konstruktion mit *um zu* aufzugeben und anders zu formulieren: *Er gab den Kindern reichlich zu essen, damit sie satt wurden* oder: *sodass sie satt wurden.* Besondere Vorsicht ist dann geboten, wenn Missverständnisse entstehen können. Ein Satz wie: *Der Vater schickte seinen Sohn, um den Streit zu schlichten* lässt zwei Deutungen zu. Die entsprechenden eindeutigen Formulierungen könnten sein: *Der Vater schickte seinen Sohn, um durch ihn den Streit schlichten zu lassen.* Oder: *Der Vater schickte seinen Sohn, um dadurch den Streit zu schlichten.* Im ersten Fall schlichtet der Sohn, im zweiten der Vater den Streit.
umgekehrt	Es heißt richtig: *Die Sache verhält sich gerade umgekehrt, als du denkst.* Nicht richtig ist: *... wie du denkst.*
umstehend	Das Eigenschaftswort *umstehend* wird großgeschrieben, wenn es als Hauptwort gebraucht wird: *Das Umstehende* (= das auf der anderen Seite Gesagte) *ist zu beachten. Die Umstehenden* (= die in der Nähe stehenden Zuschauer) *waren entsetzt.* Dies gilt nach den neuen amtlichen Rechtschreibregeln entsprechend in den folgenden Fällen: *Sie finden im Umstehenden* (= umseitig, umstehend) *die näheren Angaben. Er sollte Umstehendes* (= jenes auf der anderen Seite) *beachten.*

U

unbekannt Das Eigenschaftswort *unbekannt* wird großgeschrieben, wenn es als Hauptwort gebraucht wird: *Der große Unbekannte; eine Gleichung mit zwei Unbekannten.* Klein schreibt man es in der festen Verbindung *nach unbekannt* (= an einen nicht bekannten Ort) *verzogen.* Dies gilt nach den neuen amtlichen Rechtschreibregeln entsprechend für *ein Verfahren gegen unbekannt* (= eine unbekannte Person).

unbeschadet Das Verhältniswort (die Präposition) *unbeschadet* kann vor oder auch nach dem abhängigen Hauptwort stehen. Es wird aber immer mit dem Wesfall (nicht mit dem Wemfall) verbunden: *unbeschadet des Regens* (nicht: *dem Regen*) oder *des Regens unbeschadet.*

und **1. ... und danken wir Ihnen herzlich:** Besonders in der Amtssprache und in der Kaufmannssprache ist die Umstellung von Satzaussage (Prädikat) und Satzgegenstand (Subjekt) nach *und* gebräuchlich gewesen. Heute ist sie nicht mehr üblich. Also nicht: *Wir senden die uns von Ihnen zur Verfügung gestellten Unterlagen zurück, und danken wir Ihnen herzlich.* Richtig: *..., und wir danken Ihnen herzlich.* Oder: *... und danken Ihnen herzlich.*

2. Vater und Mutter gingen/ging spazieren: Verbindet das *und* Hauptwörter in der Einzahl, dann steht das folgende Zeitwort in der Mehrzahl: *Vater und Mutter gingen* (nicht: *ging*) *spazieren. Das Haus, die Scheune und der Stall waren* (nicht: *war*) *ein Raub der Flammen.* Bei formelhaften Fügungen wie: *Grund und Boden, Zeit und Geld, Freund und Feind* kann das Zeitwort jedoch sowohl in der Einzahl wie auch in der Mehrzahl stehen: *Grund und Boden durfte* (auch: *durften*) *nicht verkauft werden. Zeit und Geld fehlt* (auch: *fehlen*) *ihm,* ebenso: *Es fehlt* (auch: *fehlen*) *ihm Zeit und Geld.* Bei zwei oder mehr durch *und* verbundenen Grundformen (Infinitiven) setzt man das Zeitwort gewöhnlich in die Einzahl: *Lautes Singen und Lachen war zu hören.*

Ist den Hauptwörtern, die durch *und* verbunden sind, *kein, jeder* oder *mancher* vorangestellt, dann steht das Zeitwort gewöhnlich in der Einzahl (die Mehrzahl ist jedoch auch richtig): *Jeder Mann und jede Frau sollte* (seltener: *sollten*) *das wissen. Mancher Lehrer und mancher Schüler lehnt* (seltener: *lehnen*) *das ab.*

3. Kommasetzung bei *und*

Vor *und* steht in der Regel kein Komma, doch man kann es setzen, um die Gliederung der Satzverbindung deutlich zu machen:

a) Wenn *und* selbstständige gleichrangige Sätze verbindet:

Es dauert nur eine halbe Stunde[,] und wir können anfangen.

Wie geht es Anna[,] und wofür hast du dich jetzt entschieden?

b) Wenn *und* gleichrangige Nebensätze verbindet:

Er sagt, dass er kommen wolle[,] und dass sie wohl auch dabei sei.

Sie war verspätet, weil das Auto streikte[,] und weil die Straßenbahn Verspätung hatte.

Ein Komma kann nach den neuen amtlichen Rechtschreibungen gesetzt werden, wenn *und* einen Nebensatz einleitet, der von dem nachfolgenden Hauptsatz abhängt:

Wir spielten Tennis[,] und wenn es regnete, gingen wir ins Hallenbad.

Vor *und* muss ein Komma stehen, wenn davor ein Einschub steht:

Claudia, die Älteste, und einer ihrer Brüder waren gekommen.

Wir mussten das Auto stehen lassen, weil die Achse gebrochen war, und zu Fuß nach Hause gehen.

U

und zwar Eine genauere Bestimmung, die mit *und zwar* angekündigt wird, trennt man immer durch Komma ab: *Ich werde kommen, und zwar am Samstag. Er war verletzt, und zwar schwer. Ich werde am Sonntag, und zwar schon sehr früh, von hier wegfahren.*

unentgeltlich	Dieses Eigenschaftswort ist nicht von *Geld,* sondern von *Entgelt* abgeleitet. Man schreibt es daher mit *t: unentgeltlich.*
unfern	Das Verhältniswort (die Präposition) *unfern* hat heute den Wesfall nach sich: *unfern des Hauses.* Auch bei Ortsnamen darf das *s* des Wesfalls nicht wegfallen: *unfern Berlins* (nicht: *Berlin*).
unfreundlich	Es heißt heute im Allgemeinen *unfreundlich sein zu jemandem,* nur seltener noch *gegen jemanden: Warum warst du so unfreundlich zu ihm* (seltener: *gegen ihn*)?
ungeachtet	Das Verhältniswort (die Präposition) *ungeachtet* kann vor oder seltener auch nach dem abhängigen Hauptwort stehen. Es wird aber immer mit dem Wesfall (nicht mit dem Wemfall) verbunden: *ungeachtet aller* (nicht: *allen*) *gegenteiligen Erfahrungen* oder seltener: *aller gegenteiligen Erfahrungen ungeachtet.*
ungewiss	Das Eigenschaftswort *ungewiss* wird großgeschrieben, wenn es als Hauptwort gebraucht wird: *Die Fahrt ging ins Ungewisse. Sie steigerten es ins Ungewisse.* Dies gilt nach den neuen amtlichen Rechtschreibregeln entsprechend für die festen Verbindungen *im Ungewissen* (= ungewiss, unaufgeklärt) *bleiben, lassen, sein* und *ins Ungewisse* (= planlos, nicht zielstrebig) *leben.*
uni	Diese Farbbezeichnung kann man standardsprachlich nicht beugen, also: *ein uni Kleid, aus einem uni Stoff.* Wer diese Form nicht verwenden will, kann ausweichen auf die Zusammensetzung mit *-farben: ein unifarbenes Kleid, aus einem unifarbenen Stoff.*
Unikum	Die Mehrzahl von *Unikum* lautet *die Unika,* seltener auch *die Unikums.* Beide Mehrzahlformen sind richtig.

unklar	Das Eigenschaftswort *unklar* wird großgeschrieben, wenn es als Hauptwort gebraucht wird: *Er hasste alles Unklare. Bei ihm gab es nichts Unklares.* Dies gilt nach den neuen amtlichen Rechtschreibregeln entsprechend für die festen Verbindungen *im Unklaren* (= unaufgeklärt) *sein, bleiben, lassen.*
Unkosten	Bei dem Hauptwort *Unkosten* hat die Vorsilbe *Un-* nicht, wie manche Sprecher fälschlicherweise annehmen, verneinenden Sinn (wie etwa bei den Wörtern *Undank, Unvermögen, Untreue, Ungehorsam*). Die Vorsilbe *Un-* hat hier vielmehr verstärkende Funktion (ähnlich wie bei den Wörtern *Unmenge, Unzahl* u. Ä.). Früher bedeutete *Unkosten* so viel wie »ärgerliche, belastende Kosten«. Heute ist der Bedeutungsunterschied zu *Kosten* nicht mehr sehr groß. Man gebraucht das Wort *Unkosten* jedoch vorwiegend dann, wenn es sich um unvorhergesehene Geldausgaben handelt, die neben den normalen Lebenshaltungskosten entstehen: *Durch seinen Unfall sind ihm erhebliche Unkosten entstanden. Sie hat sich für das Geschenk sehr in Unkosten gestürzt.* In der Geschäftspraxis bezeichnet man oft die Aufwendungen, die zu den Betriebskosten im engeren Sinn hinzukommen, als *Unkosten: Die Reparatur der Büromöbel hat größere Unkosten verursacht. Die Unkosten, die durch den Arbeitsausfall entstanden sind, übernehmen wir.* In der Fachsprache der Betriebswirtschaftslehre ist der Ausdruck *Unkosten* jedoch nicht zulässig, dort gibt es nur *Kosten* (Gemeinkosten).
unrecht oder **Unrecht**	Das Wort *das Unrecht* ist ein Hauptwort, das dementsprechend großgeschrieben wird: *jemandem ein Unrecht tun; im Unrecht sein; sich ins Unrecht setzen; jmdn. zu Unrecht verdächtigen. Ihm ist [ein, viel, großes] Unrecht widerfahren.* Dies gilt nach den neuen amtlichen Rechtschreibregeln entsprechend für die festen Verbindungen: *Unrecht haben; Unrecht bekommen; jemandem Unrecht geben.* Klein schreibt man dagegen immer *jemandem unrecht tun.*

unten stehend	Nach den neuen amtlichen Rechtschreibregeln schreibt man diese Fügung getrennt. Wenn sie hauptwörtlich gebraucht wird, ist Zusammen- oder Getrenntschreibung (mit kleinem *unten*) möglich: *Das Untenstehende/unten Stehende* (= das weiter unten Gesagte) *ist zu beachten; im Untenstehenden/unten Stehenden* (= weiter unten) *die näheren Angaben. Er sollte Untenstehendes/unten Stehendes* (= jedes Folgende) *beachten.*
unter	**1. Kinder unter 10 Jahren oder unter 10 Jahre:** Nach *unter* steht in den folgenden Beispielen der Wemfall: *Es waren Kinder unter 10 Jahren* (nicht: *unter 10 Jahre*). *Der Gesundheitszustand der Kinder unter 10 Jahren* (nicht: *unter 10 Jahre*) *war im Allgemeinen gut. Die Steuern von Gemeinden unter 10 000 Einwohnern* (nicht: *unter 10 000 Einwohner*) *werden gesenkt.* Anders verhält es sich in Sätzen wie diesen: *Wir rechnen mit unter* (= weniger als) *25 Teilnehmern.* Das Wort *unter* in der Bedeutung »weniger als« ist hier nicht Verhältniswort (Präposition), sondern Umstandswort (Adverb). Es hat daher keinen Einfluss auf die Beugung des folgenden Hauptworts *(Jahre, Einwohner, Teilnehmer).* Dies kann man daran erkennen, dass man das *unter* weglassen kann ohne den Satz zu zerstören. **2. Gemeinden von unter 10 000 Einwohnern:** Bei der Konstruktion *von unter* + Zahl steht das darauf folgende Hauptwort immer im Wemfall (der von dem Verhältniswort *von* abhängt): *Gemeinden von unter 10 000 Einwohnern* (nicht: *von unter 10 000 Einwohner*).
unter der Hand	Nach den neuen amtlichen Rechtschreibregeln schreibt man diese Fügung immer getrennt: *etwas unter der Hand* (= heimlich, im Stillen, nicht auf dem sonst üblichen Weg) *erfahren, verkaufen; etwas unter der Hand haben* (= etwas in Arbeit haben, damit beschäftigt sein).

unter was oder **worunter**	Vor allem in der gesprochenen Sprache ersetzen viele Sprecher heute *worunter* durch *unter was: Unter was hast du die Briefe gelegt? Er wusste nicht, unter was er suchen sollte.* Die Verbindung *unter was* ist jedoch umgangssprachlich. Stilistisch besser ist *worunter: Worunter hast du die Briefe gelegt? Er wusste nicht, worunter er suchen sollte.*
unterbringen, Unterbringung	Nach *unterbringen in, an, auf* usw. steht der Wemfall (Frage: wo?); der Wenfall (Frage: wohin?) ist nicht üblich: *jemanden in einem* (nicht: *in ein*) *Krankenhaus, an einer* (nicht: *an eine*) *Schule unterbringen.* Anders als bei *unterbringen* kann nach dem dazugehörenden Hauptwort *Unterbringung* in vielen Fällen sowohl der Wemfall als auch der Wenfall stehen. Es kann heißen *die Unterbringung in einem Krankenhaus* oder auch *in ein Krankenhaus.*
untersagen	Weil das Zeitwort *untersagen* schon verneinenden Sinn hat (= nicht erlauben), darf man einen von ihm abhängenden Satz nicht zusätzlich verneinen. Nicht richtig ist darum: *Der Arzt untersagte ihm, keine Zigaretten zu rauchen.* Richtig: *Der Arzt untersagte ihm, Zigaretten zu rauchen.*
Unterschied	Die Fügungen *im Unterschied zu* und *zum Unterschied von* sind beide richtig. Nicht richtig ist eine Vermischung beider: *im Unterschied von* oder *zum Unterschied zu.* Es heißt also: *Zum Unterschied von/im Unterschied zu ihrer Schwester bevorzugt sie dunkle Kleider.*
Unterteil	Es kann *das Unterteil* oder *der Unterteil* heißen. Beides ist richtig. Die sächliche Form *das Unterteil* ist jedoch gebräuchlicher.
unterzeichnen	Nach *sich unterzeichnen als* steht das folgende Hauptwort im Werfall: *Er unterzeichnete sich als Regierender Bürgermeister.* Die Verbindung mit dem Wenfall ist veraltet.

	Also nicht: *Er unterzeichnete sich als Regierenden Bürgermeister.*
Unterzeichnete, der und die	Derjenige, der einen Geschäftsbrief unterzeichnet hat, ist der *Unterzeichnete,* (als Frau:) *die Unterzeichnete* oder *der Unterzeichner (die Unterzeichnerin).* Nicht richtig ist: *der* oder *die Unterzeichnende.* Zu den Zusammensetzungen lesen Sie bitte unter »Rechtsunterzeichneter« und »Linksunterzeichneter« nach.
Untiefe	Das Hauptwort *Untiefe* hat zwei Bedeutungen (entsprechend den zwei Bedeutungen der Silbe *un-*). Einmal bedeutet es »flache Stelle im Wasser« (die Silbe *un-* hat hier verneinenden Sinn wie bei den Wörtern *unhöflich, unecht, Unruhe*). Zum anderen hat es die Bedeutung »sehr große Tiefe« (hier hat *un-* verstärkenden Sinn wie bei den Wörtern *Unmenge, Unmasse, Unkosten*).
unverrichteter Dinge	In dieser Wendung ist nur Getrenntschreibung richtig: *unverrichteter Dinge zurückkehren.*
unweit	Das Verhältniswort (die Präposition) *unweit* hat heute den Wesfall nach sich: *unweit des Waldes.* Auch bei Ortsnamen darf das *s* des Wesfalls nicht wegfallen: *unweit Münchens* (nicht: *München*).
unzählig	Ein Eigenschaftswort oder Mittelwort (Partizip), das auf *unzählig* folgt, beugt man (auch wenn es als Hauptwort gebraucht wird) in gleicher Weise wie *unzählig* selbst: *unzählige kleine Fehler, unzählige Angestellte, unzählige kleine Mücken; das Leid unzähliger Kranker, das Summen unzähliger kleiner Mücken; mit unzähligen kleinen Mücken.*

V v

Vakuum	Die Mehrzahl von *Vakuum* kann *die Vakua* oder *die Vakuen* lauten.
Variable	Außer im Werfall und im Wenfall erhält das Hauptwort *Variable* in der Regel die Endung *-n: die Variable, der Variablen* (nicht: *der Variable*), Mehrzahl: *die Variablen.* Die Endung *-n* kann aber weggelassen werden, wenn *Variable* in der Mehrzahl ohne Geschlechtswort (Artikel) [in Verbindung mit einer Zahl] steht: *zwei Variablen* oder *zwei Variable.*
verbieten	Weil das Zeitwort *verbieten* schon verneinenden Sinn hat (= nicht tun lassen, für nicht erlaubt erklären), darf man einen von ihm abhängenden Satz nicht zusätzlich verneinen. Also nicht: *Wir verboten den Kindern, nicht auf der Straße zu spielen.* Richtig heißt es: *Wir verboten den Kindern, auf der Straße zu spielen.*
verbieten oder **verbitten**	Es heißt *etwas verbieten,* aber: *sich etwas verbitten.* Richtig ist darum nur: *Ich verbitte mir* (nicht: *ich verbiete mir*) *das. Ich habe mir diesen Ton verbeten* (nicht: *verboten*).
verborgen	Das Eigenschaftswort *verborgen* wird großgeschrieben, wenn es als Hauptwort gebraucht wird: *Gott, der ins Verborgene sieht; nach etwas Verborgenem suchen.* Dies gilt nach den neuen amtlichen Rechtschreibregeln entsprechend für die feste Verbindung *im Verborgenen* (= geheim, unbemerkt): *Das konnte nicht im Verborgenen bleiben. Diese Ordensschwester wirkte lange Zeit im Verborgenen.*

verdienen	Wenn das Zeitwort *verdienen* mit einer Wortgruppe, die die Grundform eines anderen Zeitwortes enthält, verbunden ist (Infinitivgruppe), dann kann man ein Komma setzen, um die Gliederung des Satzes deutlich zu machen oder um Missverständnisse auszuschließen: *Das verdient wirklich[,] hier erwähnt zu werden* oder *Das verdient[,] wirklich hier erwähnt zu werden.* Beide Möglichkeiten sind nach den neuen amtlichen Rechtschreibregeln richtig.
Verdienst	**1. der Verdienst und das Verdienst:** Man muss zwischen *Verdienst* als männlichem und als sächlichem Wort unterscheiden. So bedeutet *der Verdienst* »durch eine Tätigkeit erworbenes Einkommen«: *Er ist derzeit ohne irgendeinen Verdienst.* Dagegen bedeutet *das Verdienst* »Leistung, die Anerkennung verdient«: *Ihre Rettung war das Verdienst des Sanitäters.* **2. seine Verdienste als ...:** Folgt auf *Verdienste* in der Bedeutung »Leistungen, die Anerkennung verdienen« eine Ergänzung, die mit *als* angeschlossen wird, dann steht diese heute üblicherweise im Werfall: *für seine Verdienste als selbstloser Helfer.* Ist ein Hauptwort, das auf *Verdienste* folgt, mit *von* angeschlossen *(die Verdienste von Doktor Meyer ...),* dann setzt man die *als*-Ergänzung üblicherweise in den Wemfall: *die Verdienste von Doktor Meyer als selbstlosem Helfer* oder *als einem selbstlosen Helfer.* Es ist jedoch auch möglich, diese Ergänzung in den Werfall zu setzen: *die Verdienste von Doktor Meyer als selbstloser Helfer.*
vereinzelt	Ein Eigenschaftswort oder Mittelwort (Partizip), das auf *vereinzelt* folgt, beugt man (auch wenn es als Hauptwort gebraucht wird) im Allgemeinen in gleicher Weise wie *vereinzelt* selbst: *vereinzelte Geschädigte, vereinzelte alte Gebäude, die Wände vereinzelter alter Gebäude, der Protest vereinzelter Geschädigter* (auch noch: *vereinzelter Geschädigten*), *von vereinzelten Geschädigten, an vereinzelten beschädigten Gebäuden.*

vergewissern, sich	An *sich vergewissern* im Sinne von »sich über jemanden oder etwas Sicherheit, Gewissheit verschaffen« schließt man das abhängige Hauptwort oder Fürwort (Pronomen) gewöhnlich mit dem Wesfall an: *Er wollte sich ihrer, seines Bruders, ihrer Sympathie vergewissern.* Der Anschluss mit dem Verhältniswort (der Präposition) *über* ist auch möglich, aber selten: *Er wollte sich über sie, über seinen Bruder, über ihre Sympathie vergewissern.* Der Anschluss mit *von* ist nicht richtig. Also nicht: *Er wollte sich von ihr vergewissern.*
verhindern	Weil das Zeitwort *verhindern* schon verneinenden Sinn hat (= nicht geschehen lassen), darf man einen von ihm abhängenden Satz nicht zusätzlich verneinen. Nicht richtig ist darum: *Sie verhinderte, dass er nicht noch mehr trank.* Richtig ist: *Sie verhinderte, dass er noch mehr trank.*
verhüten	Weil das Zeitwort *verhüten* schon verneinenden Sinn hat (= nicht Erwünschtes verhindern), darf man einen von ihm abhängenden Satz nicht zusätzlich verneinen. Nicht richtig ist darum: *Er verhütete gerade noch, dass kein Unglück geschah.* Richtig ist: *Er verhütete gerade noch, dass ein Unglück geschah.*
verkaufen	Die Formen *du verkäufst, er verkäuft* sind nicht standardsprachlich, sondern landschaftlich. Richtig ist: *du verkaufst, er verkauft.*
verlangen	Wenn das Zeitwort *verlangen* mit einer Wortgruppe, die die Grundform eines anderen Zeitwortes enthält, verbunden ist (Infinitivgruppe), dann kann man ein Komma setzen, um die Gliederung des Satzes deutlich zu machen oder um Missverständnisse auszuschließen: *Sie verlangte ihren Bruder zu sprechen* oder *Sie verlangte, ihren Bruder zu sprechen.* Beide Möglichkeiten sind nach den neuen amtlichen Rechtschreibregeln richtig.

vermittels, vermittelst	Beide Formen sind richtig; sie stehen mit dem Wesfall: *vermittels* oder *vermittelst eines Rundschreibens.* Das Wort kommt vor allem in der Amtssprache vor, es besagt nicht mehr als das einfache *mittels.* Beide Ausdrücke kann man stattdessen durch *mit, mit Hilfe von* oder *durch* ersetzen.
verpacken	Nach *verpacken in* kann sowohl der Wemfall (Frage: wo?) als auch der Wenfall (Frage: wohin?) stehen: *Die Sachen wurden in die bereitstehenden Koffer verpackt* oder: *wurden in den bereitstehenden Koffern verpackt.*
Vers	Es heißt: *Vers 1–5; Vers 1, 3 und 5,* aber: *die Verse 1–5; die Verse 1, 3 und 5.* Das Hauptwort *Vers* vor Zahlen steht in der Mehrzahl, wenn ihm ein Geschlechtswort (Artikel) vorangeht *(die Verse),* es steht in der Einzahl, wenn kein Geschlechtswort vorangeht *(Vers).*
versalzen oder **versalzt**	In der Bedeutung »mit zu viel Salz versehen« sind beide Formen richtig. Die Form *versalzt* ist allerdings selten: *Die Suppe ist versalzen* oder selten: *versalzt. Versalzene Kartoffeln* oder selten: *versalzte Kartoffeln.* In der Bedeutung »verdorben, zunichte gemacht« ist nur *versalzen* möglich: *Das Vergnügen war ihm versalzen.*
verschieden	Wenn man *verschieden* im Sinne von »mehrere, manche« gebraucht, dann erhält das folgende Eigenschaftswort oder Mittelwort (Partizip) – auch wenn es zum Hauptwort geworden ist – in der Regel die gleichen Endungen wie *verschieden* selbst: *verschiedene neue Bücher, verschiedene zwischen den Parteien bestehende Streitpunkte; als Folge verschiedener übereilter privater* (nicht: *privaten*) *Vorstöße; mit verschiedenen Delegierten; verschiedenes Bekanntes.* Im Wesfall (Mehrzahl) tritt jedoch bei Mittelwörtern (Partizipien), die als Hauptwort gebraucht werden, neben dieser Beugungsart auch die Beugung mit *-en* auf: *der Einspruch verschiedener Abgeordneter* oder *Abgeordneten.*

verschließen	Nach *verschließen in* steht überwiegend der Wemfall (Frage: wo?): *Er verschloss das Geschenk sorgfältig in seinem Schreibtisch.* Die Verbindung mit dem Wenfall (Frage: wohin?) ist auch möglich: *Er verschloss das Geschenk sorgfältig in seinen Schreibtisch.*
verschwinden	Nach *verschwinden in* kann sowohl der Wenfall (Frage: wohin?) als auch der Wemfall (Frage: wo?) stehen: *Er verschwand schnell ins Haus* oder: *im Haus.*
Versicherte, der und die	Man beugt das Wort in folgender Weise: *der Versicherte, ein Versicherter, zwei Versicherte, die Versicherten, einige Versicherte, alle Versicherten, solche Versicherte* und *solche Versicherten, beide Versicherten* und seltener auch *beide Versicherte; genanntem Versicherten, die Forderung besagter Versicherter.* Als Beisatz (Apposition): *mir (dir, ihm) als Versicherten* und *mir (dir, ihm) als Versichertem; ihr als Versicherten* und *ihr als Versicherter.*
versprechen	Die Kommasetzung bei dem Zeitwort *versprechen* ist nach den neuen amtlichen Rechtschreibregeln grundsätzlich unabhängig von der Bedeutung des Zeitwortes geregelt. Wenn *versprechen* mit einer Wortgruppe, die die Grundform eines anderen Zeitwortes enthält (Infinitivgruppe), verbunden ist, kann man ein Komma setzen oder es weglassen: *Sie hat versprochen[,] pünktlich zu sein.* In manchen Sätzen kann es sinnvoll sein, das Komma wegzulassen, um Missverständnisse auszuschließen: *Das Unternehmen verspricht prächtig zu gedeihen.*
verstauen	Nach *verstauen in, auf, unter* usw. steht überwiegend der Wemfall (Frage: wo?): *Sie verstaute das Geschirr in den zwei Kisten.* Die Verbindung mit dem Wenfall (Frage: wohin?) ist auch möglich: *Sie verstaute das Geschirr in die zwei Kisten.*

verstehen	Wenn das Zeitwort *verstehen* mit einer Wortgruppe, die die Grundform eines anderen Zeitwortes enthält, verbunden ist (Infinitivgruppe), dann kann man ein Komma setzen, um die Gliederung des Satzes deutlich zu machen oder um Missverständnisse auszuschließen: *Er versteht sehr gut, andere zu täuschen* oder *er versteht sehr gut andere zu täuschen.*
versuchen	Wenn das Zeitwort *versuchen* mit einer Wortgruppe, die die Grundform eines anderen Zeitwortes enthält, verbunden ist (Infinitivgruppe), dann kann man ein Komma setzen, um die Gliederung des Satzes deutlich zu machen oder um Missverständnisse auszuschließen: *Er versuchte mehrfach mir zu helfen* oder *er versuchte mehrfach, mir zu helfen.* Beide Möglichkeiten sind nach den neuen amtlichen Rechtschreibregeln richtig.
Vertikale	In der Regel bleibt das Hauptwort *Vertikale* in allen Fällen der Einzahl ohne Endung: *die Vertikale, der Vertikale* (nicht: *der Vertikalen*). In der Mehrzahl erhält es die Endung *-n: die Vertikalen.* Diese Endung kann aber auch weggelassen werden, wenn *Vertikale* ohne Geschlechtswort (Artikel) [in Verbindung mit einer Zahl] steht: *zwei Vertikalen* oder *zwei Vertikale.*
Vertrauen	An das Hauptwort *Vertrauen* kann man mit den Verhältniswörtern (Präpositionen) *auf, in* oder *zu* anschließen (der Anschluss mit *gegen* kommt gelegentlich vor, ist aber nicht üblich): *Sein Vertrauen auf sie, auf ihre Begabung* oder *in sie, in ihre Begabung* oder *zu ihr, zu ihrer Begabung war sehr groß.* Bei der Verbindung *Vertrauen setzen* schließt man nur mit *auf* oder *in* an: *Er setzte sein ganzes Vertrauen auf sie, auf ihre Aussage* oder *in sie, in ihre Aussage.* Bei der Verbindung *Vertrauen haben* schließt man fast nur mit *zu* an: *Er hatte großes Vertrauen zu ihr, zu ihren Fähigkeiten.*

Verunglückte, der und die	Man beugt das Wort in folgender Weise: *der Verunglückte, ein Verunglückter, zwei Verunglückte, die Verunglückten, einige Verunglückte, alle Verunglückten, solche Verunglückte* und *solche Verunglückten, beide Verunglückten* und seltener auch *beide Verunglückte; besagtem Verunglückten, eine Anzahl bewusstloser Verunglückter.* Als Beisatz (Apposition): *mir (dir, ihm) als Verunglückten* und *mir (dir, ihm) als Verunglücktem; ihr als Verunglückten* und *ihr als Verunglückter.*
Verwandte, der und die	Man beugt das Wort in folgender Weise: *der Verwandte, ein Verwandter, zwei Verwandte, die Verwandten, einige Verwandte, alle Verwandten, solche Verwandte* und *solche Verwandten, beide Verwandten* und seltener auch *beide Verwandte; besagtem Verwandten, die Namen entfernter Verwandter.* Als Beisatz (Apposition): *mir (dir, ihm) als Verwandten* und *mir (dir, ihm) als Verwandtem; ihr als Verwandten* und *ihr als Verwandter.*
verwehren	Weil das Zeitwort *verwehren* schon verneinenden Sinn hat (= nicht zu tun erlauben), darf man einen von ihm abhängenden Satz nicht zusätzlich verneinen. Also nicht: *Er verwehrte es ihr, nicht in das Zimmer einzutreten.* Richtig heißt es: *Er verwehrte es ihr, in das Zimmer einzutreten.*
verweigern	Weil das Zeitwort *verweigern* schon verneinenden Sinn hat (= nicht gewähren, nicht gestatten), darf man einen von ihm abhängenden Satz nicht zusätzlich verneinen. Also nicht: *Er verweigerte mir, nicht an der Sitzung teilzunehmen.* Richtig heißt es: *Er verweigerte mir, an der Sitzung teilzunehmen.*
verwenden	Das Zeitwort *verwenden* hat die Vergangenheitsformen *verwendete, hat verwendet* und *verwandte, hat verwandt.* In der Bedeutung »benutzen, anwenden« sind beide Formen

	gebräuchlich: *Er verwendete* oder *verwandte leuchtende Farben. Er hat seine Zeit nutzbringend verwendet* oder *verwandt.* Bei *sich für jemanden, etwas verwenden* mit der Bedeutung »seinen Einfluss für jemanden, etwas geltend machen« sind die Formen *verwandte, hat verwandt* üblicher: *Er hat sich beim Minister für seinen Freund verwandt,* seltener: *verwendet.* Ähnliches gilt für *verwenden* in der veralteten Bedeutung »wegwenden, abwenden«: *Sie verwandte kein Auge von ihm. Er hat keinen Blick von ihr verwandt.*
via	Das Verhältniswort (die Präposition) *via* hat die Bedeutung *über, auf dem Weg über.* Mit ihr gibt man also nicht ein Reiseziel unmittelbar an, sondern nennt nur eine Station auf dem Weg dorthin. Richtig heißt es deshalb: *Er ist via München nach Wien gereist.* Das Verhältniswort kann auch in übertragener Bedeutung stehen: *Er hat uns das via Telefon mitgeteilt.*
viel, viele/ vieler, viele, vieles	**1. Rechtschreibung:** Das Wort *viel* usw. schreibt man immer und in allen seinen Formen klein: *Das sagen viele; in vielem übereinstimmen; um vieles mehr.* Einzige Ausnahme ist nach den neuen amtlichen Rechtschreibregeln der Ausdruck *die Vielen,* den man klein- oder großschreiben kann: *das Lob der vielen* oder *der Vielen* (= der breiten Masse). **2. viel oder viele:** Vor einem Hauptwort, das keine Beifügung hat, heißt es in der Einzahl meistens nur *viel: viel Geld, mit viel Geld.* Auch in der Mehrzahl kommt *viel* häufig vor: *mit viel* oder *mit vielen Fehlern; ohne viel* oder *viele Worte zu verlieren ...* Aber im Wesfall nur: *der Lohn vieler Mühen.* **3. Beugung nach *viel* usw.: a)** Die Beugung des folgenden Wortes bereitet oftmals dann Schwierigkeiten, wenn es sich bei diesem Wort um ein Hauptwort handelt, das auf ein Eigenschaftswort oder Mittelwort (Partizip) zurückzuführen ist wie z. B. *das Fremde* (auf *fremd*), *der Verwandte* (auf *verwandt*) usw.

In der Einzahl beugt man folgendermaßen: *vieles Fremde, die Vielfalt vieles Fremden, mit vielem Fremden.* In der Mehrzahl treten z. T. zwei Formen auf: *viele Verwandte,* selten: *Verwandten, für viele Verwandte,* selten: *Verwandten.*

b) Probleme bereiten auch die Formen des Eigenschaftswortes, das nach *viel* (in seiner gebeugten Form, also: *viele, vieles* usw.) folgt und das sich auf ein folgendes Hauptwort bezieht. Überwiegend erhält dieses Eigenschaftswort die gleichen Endungen wie *viel* usw. selbst: *vieler unnötiger Ärger, mit vieler natürlicher Anmut, vielen guten Willen zeigen; viele nette Freunde, mit vielen freundlichen Grüßen.* Ausnahmen gibt es jedoch in der Einzahl, wenn im Wer- oder im Wenfall ein sächliches Hauptwort folgt oder wenn im Wemfall ein männliches oder ein sächliches Hauptwort folgt. Hier lauten die Formen: *vieles überflüssige Zögern* (Wer- und Wenfall); *mit vielem guten Willen; mit vielem überflüssigen Zögern.* In der Mehrzahl stellt der Wesfall eine Ausnahme dar. Hier treten zwei Formen auf: *das Überprüfen vieler freundlicher,* seltener: *freundlichen Zuschriften.* Verwendet man jedoch statt gebeugtem *viele, vieles* usw. die endungslose Form *viel,* hat *viel* keinen Einfluss auf die Beugung des folgenden Eigenschaftswortes: *Viel gutes Reden nutzte nichts (Gutes Reden ...). Viel schöner Schmuck wurde getragen (Schöner Schmuck ...). Mit viel gutem Rat begann er die schwere Aufgabe (Mit gutem Rat ...).*

vieles, was

Ein Nebensatz, der mit dem Wort *vieles* angekündigt ist, wird mit *was* eingeleitet (nicht mit *das* oder *welches*): *Es gibt noch vieles, was besprochen werden sollte. Vieles wurde besprochen, was nicht nötig gewesen wäre.*

Viertel

1. Beugung: Steht dieses Wort im Wemfall (Mehrzahl), dann kann man sowohl die gebeugte *(Vierteln)* als auch die ungebeugte Form *(Viertel)* verwenden: *Die Leistung wurde von drei Vierteln* oder *von drei Viertel der Beschäftigten erbracht.*

	2. Ein Viertel der Schüler ist/sind krank: Folgt der Angabe *ein Viertel* ein Hauptwort in der Einzahl, dann steht auch das Zeitwort in der Einzahl: *Ein Viertel der Klasse ist krank.* Folgt auf *ein Viertel* ein Hauptwort in der Mehrzahl, dann steht das Zeitwort üblicherweise in der Einzahl, es kann jedoch auch in der Mehrzahl stehen: *Ein Viertel der Schüler ist krank,* seltener: *Ein Viertel der Schüler sind krank.* Wenn allerdings die Bruchzahl in der Mehrzahl steht *(drei Viertel),* verwendet man beim Zeitwort gewöhnlich ebenfalls die Mehrzahl, und zwar unabhängig davon, ob das Hauptwort, das der Bruchzahl folgt, in der Mehrzahl oder in der Einzahl steht: *Drei Viertel der Klasse/der Schüler sind krank.*
vierteljährig oder **vierteljährlich**	Das Eigenschaftswort *vierteljährig* drückt eine Zeitdauer aus: *eine vierteljährige* (= drei Monate dauernde) *Reise.* Das Eigenschaftswort *vierteljährlich* drückt eine regelmäßige Wiederholung aus: *seine vierteljährlichen* (= alle drei Monate stattfindenden) *Besuche.*
vierzehntägig oder **vierzehntäglich**	Das Eigenschaftswort *vierzehntägig* drückt eine Zeitdauer aus: *ein vierzehntägiger* (= 14 Tage dauernder) *Urlaub.* Das Eigenschaftswort *vierzehntäglich* drückt dagegen eine regelmäßige Wiederholung aus: *unsere vierzehntäglichen* (= alle 14 Tage stattfindenden) *Zusammenkünfte.* Statt *vierzehntäglich* sagt man auch *zweiwöchentlich.*
Virus	Es kann *das Virus* oder *der Virus* heißen. In der Fachsprache heißt es nur *das Virus.* Der Wesfall lautet *des Virus,* die Mehrzahl *die Viren.*
Visum	Die Mehrzahl von *Visum* lautet *die Visa* oder auch *die Visen.*
voll	**1. voll Menschen/voll von Menschen:** Ein Hauptwort, das auf *voll* folgt, kann man auf mehrfache Weise anschließen. Man kann den Wesfall verwenden: *voll der Menschen, voll des Staunens, voll des Weines.* Diese Ausdrucksweise ist

jedoch gehoben. Das Hauptwort kann man auch unmittelbar und unverändert an *voll* anschließen: *voll Menschen, voll Geldscheine; voll Staunen, voll Wein.* Am häufigsten ist jedoch der Anschluss mit *von* und dem Wemfall, wobei gelegentlich *von* weggelassen wird: *voll von Menschen, voll von Geldscheinen, voll Geldscheinen; voll von Staunen, voll [von] gutem Wein.*

2. voller Geldscheine: Manche Sprecher verwenden auch die erstarrte Form *voller.* Ein folgendes Hauptwort schließt man unverändert an: *voller Geldscheine, voller Misstrauen, voller Wein.* Tritt eine Beifügung hinzu, verwendet man eher den Wesfall: *voller zerknitterter Geldscheine, voller tiefen Misstrauens.*

3. ein Fass voll guten Weines/voll gutem Wein: Ist *voll* als nachgestellte Beifügung verwendet, steht das folgende Hauptwort im Wesfall oder im Wemfall: *ein Fass voll guten Weines* (Wesfall) oder: *ein Fass voll gutem Wein* (Wemfall). Will man hier mit *von* anschließen, muss man ein Komma setzen: *ein Fass, voll von gutem Wein.*

4. Steigerung: Das Wort *voll* gehört zu den Eigenschaftswörtern, die bereits einen höchsten Grad ausdrücken und deswegen eigentlich nicht mehr steigerbar sind. Trotzdem wird es gelegentlich gesteigert: *vollste Diskretion; zu meiner vollsten Zufriedenheit.* Diese Form sollte man jedoch dann vermeiden, wenn sie den bereits höchsten Grad *voll* nur noch verstärkt. Die Steigerungsformen *(voller, vollste)* sind aber dann zu akzeptieren, wenn der Sprecher die Ausgangsform *voll* nicht als höchsten, sondern nur als einen relativ hohen Grad ansieht. Ein Beispiel: *Das Kino ist heute voller als gestern.* Der Satz besagt, dass gestern das Kino zwar voll war, aber nicht voll bis auf den letzten Platz, sondern dass einige Plätze leer geblieben waren. Man sieht *voll* hier also nicht als höchste Stufe an, sondern als Stufe, die noch eine Steigerung zulässt. Das Gleiche gilt oft auch für Ausdrucksweisen wie *zu meiner vollsten Zufriedenheit* (z. B. in Zeugnissen). Man will dadurch ausdrücken, dass *zu*

	meiner vollsten Zufriedenheit der absolut höchste Grad ist, während *zu meiner vollen Zufriedenheit* dann nur einen relativ hohen Grad bezeichnet.
Volumen	Die Mehrzahl von *Volumen* lautet *die Volumen* oder *die Volumina.*
von	**1. in Namen:** Den Namenzusatz (Adelsprädikat) *von* schreibt man am Satzanfang und in Aneinanderreihungen wie *Von-Humboldt-Straße* groß. Ist *von* jedoch abgekürzt, dann schreibt man es am Satzanfang und in Aneinanderreihungen klein: *v.-Humboldt-Straße. v. Humboldts Leistungen wurden überall anerkannt.* **2. von – an:** Anstelle der Verbindung *von – an* gebrauchen manche *von – ab.* In gutem Deutsch sollte man das vermeiden. Also: *von da an* (nicht: *ab*), *von Montag an, von frühester Jugend an.* **3. von – bis:** Bezeichnet man mit der Verbindung *von – bis* die Erstreckung eines Zeitraumes *(Sprechstunde von 8 bis 10 Uhr),* muss *bis* ausgeschrieben werden. Es kann hier nicht das *bis*-Zeichen *(von 8–10 Uhr)* verwendet werden. **4. Beugung nach *von:*** Nach dem Verhältniswort (der Präposition) *von* steht der Wemfall. Hauptwörter in der Mehrzahl, die von diesem Verhältniswort abhängen, haben daher die Endung *-n* (ausgenommen bei *s*-Plural: *von den Autos*): *Verkauf von Möbeln, Einsatz von Landesmitteln; das Verzinken von Drähten.* **5. mehrere Verhältniswörter:** Das Nebeneinanderstellen mehrerer Verhältniswörter (Präpositionen) sollte man aus stilistischen Gründen nach Möglichkeit vermeiden, besonders dann, wenn es mehr als zwei sind. Denn die verschiedenen ineinander geschachtelten Bezüge erschweren das Verständnis. Außerdem klingen solche Konstruktionen unschön: *der Lärm von mit Eisenstangen beladenen Lkws; das Auftreten von durch Frost verursachten Rissen.* Während man Fügungen mit zwei Verhältniswörtern noch hinnehmen

kann, ist das Nebeneinander von drei Verhältniswörtern stilistisch schlecht: *Die Straße wird viel von mit durch Fachkräfte verstautem Baumaterial beladenen Lkws befahren.* Man umschreibt in diesen Fällen besser: *Die Straße wird viel von Lkws befahren, die mit Baumaterial beladen sind, das durch Fachkräfte verstaut wurde.* Üblich sind dagegen die Verbindungen *von über* und *von unter: ein Weg von über zwei Stunden; Städte von unter 100 000 Einwohnern.* Der Wemfall *(Stunden; Einwohnern)* ist von dem Wort *von* abhängig, *über* bzw. *unter* übt keinen Einfluss aus.

6. *von* oder Wesfall: Viele Sprecher verwenden anstelle eines Hauptwortes im Wesfall eine Konstruktion mit dem Verhältniswort *von* (in Verbindung mit einem Hauptwort im Wemfall). Es sind dies Fälle wie: *die Hälfte meines Vermögens* oder *10 % des Gewinns.* Dafür sagt man heute auch: *die Hälfte von meinem Vermögen, 10 % vom Gewinn.* Noch häufiger ersetzt man den Wesfall durch *von* mit dem Wemfall in Fällen wie: *eine Frau noblen Charakters.* Da dies gehoben klingt, sagt man lieber: *eine Frau von noblem Charakter.* Die Neigung, den Wesfall auch dann durch *von* mit dem Wemfall zu ersetzen, wenn durch den Wesfall ein Besitzverhältnis ausgedrückt wird, ist besonders in der Umgangssprache sehr groß. Dies sollte man aber in der Standardsprache vermeiden. In diesen Fällen heißt es richtig: *das Haus meiner Eltern,* nicht: *das Haus von meinen Eltern;* richtig: *das Gefieder der Vögel,* nicht: *das Gefieder von den Vögeln.* In einigen Fällen ist aber auch hier die Konstruktion mit *von* üblich und notwendig, nämlich in Verbindung mit einem Zahlwort oder einem Namen: *der Preis von sechs Häusern; die Museen von München* (statt: *Münchens Museen* oder *die Museen Münchens*); *das Auto von Frau Müller* (statt: *Frau Müllers Auto*). Auf die Konstruktion mit *von* weicht man besonders auch dann aus, wenn man die Aneinanderreihung mehrerer voneinander abhängender Hauptwörter im Wesfall vermeiden will: *das Jahr des Todes meines Vaters,* besser: *das Jahr von meines Vaters Tod.*

von was oder **wovon**	Vor allem in der gesprochenen Sprache ersetzen viele Sprecher heute *wovon* durch *von was: Von was lebt er? Ich weiß nicht, von was er lebt.* Die Verbindung *von was* ist jedoch umgangssprachlich. Stilistisch besser ist *wovon: Wovon lebt er? Ich weiß nicht, wovon er lebt.*
vorangehend	Das Eigenschaftswort *vorangehend* wird großgeschrieben, wenn es als Hauptwort gebraucht wird: *Die Vorangehenden* (= die vorangehenden Personen) *verfehlten den Weg. Sie müssen das Vorangehende* (= das oben Gesagte) *genau beachten. Alles Vorangehende* (= alle vorangehenden Ausführungen) *ist hiermit hinfällig.* Dies gilt nach den neuen amtlichen Rechtschreibregeln entsprechend in den folgenden Fällen: *Wer Vorangehendes* (= Obiges) *liest, erkennt dies schnell. Das ergibt sich aus Vorangehendem. Das Vorangehende bitte beachten.* Ebenso: *im Vorangehenden* (= weiter oben). Gleiches gilt für die Wörter *vorausgehend, vorhergehend, vorstehend* u. Ä.
vorausgehend	Bitte lesen Sie für die Groß- oder Kleinschreibung von *vorausgehend* unter »vorangehend« nach.
vorausgesetzt	Wird ein Nebensatz mit *vorausgesetzt* angekündigt, dann steht vor und hinter *vorausgesetzt* ein Komma: *Wir wollen baden gehen, vorausgesetzt, die Sonne scheint.* Nach den neuen amtlichen Rechtschreibregeln kann in der Fügung *vorausgesetzt dass* vor dem *dass* ein Komma stehen; wird die Fügung aber als Einheit verstanden, kann das Komma auch entfallen: *Wir wollen baden gehen, vorausgesetzt[,] dass die Sonne scheint.*
Vorbeugung	An das Hauptwort *Vorbeugung,* das zu dem Zeitwort *vorbeugen* gebildet ist, kann man die Sache, der vorgebeugt werden soll, nicht im Wesfall anschließen. Also nicht richtig: *die Vorbeugung einer Gefahr, einer Krankheit* usw. Möglich

	ist in solchen Fällen nur ein Anschluss mit *gegen: die Vorbeugung gegen eine Gefahr, gegen eine Krankheit* usw.
vorher-gehend	Bitte lesen Sie für die Groß- oder Kleinschreibung von *vorhergehend* unter »vorangehend« nach.
vorig	Das Eigenschaftswort *vorig* schreibt man groß, wenn es als Hauptwort gebraucht wird: *die Vorigen* (= die bereits in der vorausgegangenen Szene vorkommenden Personen eines Theaterstücks), *das Vorige* (= die vorigen Aufführungen eines Theaterstücks). Dies gilt nach den neuen amtlichen Rechtschreibregeln entsprechend für die folgenden Fälle: *Das Vorige bitte beachten. Das ergibt sich aus Vorigem.* Ebenso: *im Vorigen* (= weiter oben).
vorliegend	Das Eigenschaftswort *vorliegend* schreibt man groß, wenn es als Hauptwort gebraucht wird: *Das Vorliegende, alles Vorliegende* (= die vorliegenden, alle vorliegenden Unterlagen) *sorgfältig aufbewahren.* Dies gilt nach den neuen amtlichen Rechtschreibregeln entsprechend für die folgenden Fälle: *Bitte Vorliegendes, das Vorliegende* (= dieses) *beachten.* Ebenso: *im Vorliegenden* (= hier).
Vormittag	Groß schreibt man das Hauptwort: *am Vormittag; eines Vormittags; der gestrige, heutige, morgige Vormittag.* Dies gilt nach den neuen amtlichen Rechtschreibregeln entsprechend in den folgenden Fällen: *gestern, heute, morgen Vormittag; von morgen Vormittag an.*
vormittags	Bitte lesen Sie hierzu unter »mittags« nach.
Vorsitzende	Man beugt das Wort in folgender Weise: *der Vorsitzende, ein Vorsitzender, zwei Vorsitzende, die Vorsitzenden, einige Vorsitzende, alle Vorsitzenden, solche Vorsitzende* und *solche Vorsitzenden, beide Vorsitzenden* und selte-

	ner auch *beide Vorsitzende; besagtem Vorsitzenden, die Forderung besagter Vorsitzender.* Als Beisatz (Apposition): *mir (dir, ihm) als Vorsitzenden* und *mir (dir, ihm) als Vorsitzendem; ihr als Vorsitzenden* und *ihr als Vorsitzender.*
vorstehend	Bitte lesen Sie für die Groß- oder Kleinschreibung von *vorstehend* unter »vorangehend« nach.

W *w*

Waagerechte	Außer im Werfall erhält das Hauptwort *Waagerechte* (oder *Waagrechte*) in der Regel die Endung *-n: die Waagerechte, der Waagerechten* (nicht: *der Waagerechte*), Mehrzahl: *die Waagerechten.* Die Endung *-n* kann aber weggelassen werden, wenn *Waagerechte* in der Mehrzahl ohne Geschlechtswort (Artikel) [in Verbindung mit einer Zahl] steht: *zwei Waagerechten* oder *zwei Waagerechte.*
wagen	Wenn das Zeitwort *wagen* mit einer Wortgruppe, die die Grundform eines anderen Zeitwortes enthält, verbunden ist (Infinitivgruppe), dann kann man ein Komma setzen, um die Gliederung des Satzes deutlich zu machen: *Sie wagte ihn anzusprechen* oder: *Sie wagte, ihn anzusprechen.* Beides ist nach den neuen amtlichen Rechtschreibregeln richtig.
Wagen	Die Mehrzahl von *Wagen* lautet *die Wagen.* Die vor allem in Süddeutschland gebräuchliche Form *die Wägen* ist hochsprachlich nicht richtig.
ward oder **wart**	Die Form *ward* gehört zu *werden,* die Form *wart* dagegen zu *sein.* Die Form *ward (ich ward; er, sie, es ward)* ist kaum noch gebräuchlich, man sagt dafür heute *ich wurde; er, sie, es wurde.* Davon zu unterscheiden ist *ihr wart: Wart ihr gestern im Kino? Während ihr beim Training wart, habe ich eingekauft.*
Warenlager	Die Mehrzahl von *Warenlager* lautet allgemeinsprachlich *die Warenlager.* In der Kaufmannssprache ist auch die Form *die Warenläger* gebräuchlich.

warnen	Weil das Zeitwort *warnen* schon verneinenden Sinn hat (= raten, etwas nicht zu tun), darf man eine von ihm abhängende Grundform nicht zusätzlich verneinen. Nicht richtig ist darum: *Er warnte ihn, nicht zu schnell zu fahren.* Richtig ist: *Er warnte ihn, zu schnell zu fahren.*
was für ein oder **welcher**	In Fragesätzen sind *was für ein* und *welcher* nicht austauschbar, weil man damit nach Unterschiedlichem fragt. Mit *was für ein* wird nach der Beschaffenheit, nach der Art oder dem Merkmal eines Wesens oder Dings gefragt (als kleine Hilfe: Man antwortet auf eine solche Frage mit *ein*): *Was für einen Rock hast du gekauft? Einen schwarzen. – Was für ein Buch willst du ihm schenken? Einen Krimi. – Was für eine Schule ist das? Eine Grundschule.* In der Mehrzahl heißt es nur *was für* (ohne *ein*): *Was für Blumen sind das? Das sind Lilien* (Antwort ohne *ein*). Auch bei Stoffbezeichnungen heißt es meist nur *was für* (ohne *ein*): *Mit was für Papier arbeitet er? Was für Wein trinkt er am liebsten?* Dagegen fragt *welcher* nach einem einzelnen Wesen oder Ding aus einer jeweiligen Menge; es hat also aussondernden Sinn (als kleine Hilfe: Eine Antwort mit *der, die, das* usw. ist bildbar): *Welches Kleid* (= welches von den Kleidern) *ziehst du an? Das grüne. – Welches Urlaubsziel habt ihr? [Das Urlaubsziel] Tirol.* Die Form *was für welchen* statt *was für einen (Er trinkt Wein. Was für welchen?)* ist landschaftlich und sollte deshalb vermieden werden. Richtig ist: *Er trinkt Wein. Was für einen?*
weder – noch	**1. Komma:** Vor *noch* steht kein Komma, wenn *weder – noch* nur Satzteile verbindet: *Weder er noch sie können schwimmen.* Verbindet *weder – noch* Sätze, kann nach den neuen Regeln ein Komma gesetzt werden, muss aber nicht: *Er hat ihm weder beruflich geholfen[,] noch hat er seine künstlerischen Anlagen gefördert.* Wird ein Teil der Fügung zwei- oder mehrmals genannt (z. B. *weder er noch sie noch ihre Schwester*), steht zwischen *noch ... noch ...* kein Komma.

2. Weder er noch seine Schwester kann/können schwimmen: Beide Formen sind richtig. Nach *weder – noch* kann das Zeitwort sowohl in der Einzahl als auch in der Mehrzahl stehen, wenn Hauptwörter oder Fürwörter, die nach *weder* und *noch* folgen, in der Einzahl stehen. Steht dieses Hauptwort oder Fürwort in der Mehrzahl, dann hat auch das Zeitwort die Form der Mehrzahl: *Weder er noch seine Schwestern können schwimmen.*

wegen

1. Beugung nach *wegen:* Nach *wegen* steht standardsprachlich der Wesfall, umgangssprachlich auch der Wemfall, wenn das Hauptwort, das von *wegen* abhängt, ein Begleitwort aufweist: *wegen des schlechten Wetters, wegen eines Unfalls; wegen dringender Geschäfte.* Selten wird *wegen* auch nachgestellt: *des Kindes wegen; der Leute wegen,* wobei dann immer der Wesfall steht. Steht das abhängige Hauptwort ohne ein Begleitwort, bleibt es in der Einzahl im Allgemeinen ungebeugt, d. h. unverändert: *wegen Umbau* (statt: *wegen Umbaus*), *wegen Karin, wegen Motorschaden.* In der Mehrzahl weicht man dann auf den Wemfall aus, wenn der Wesfall nicht eindeutig erkennbar ist, sondern mit dem Werfall und dem Wenfall übereinstimmt: *wegen Geschäften* (nicht: *Geschäfte;* aber: *wegen dringender Geschäfte*). Den Wemfall setzt man auch dann, wenn man dadurch das Nebeneinanderstehen zweier Hauptwörter im Wesfall vermeiden kann: *wegen meines Bruders neuen Balls, wegen des neuen Balls meines Bruders.* Dafür: *wegen meines Bruders neuem Ball.*

2. wegen mir oder meinetwegen: Standardsprachlich sagt man heute *meinetwegen: Habt ihr meinetwegen gewartet?* Die Fügung *wegen mir* ist umgangssprachlich.

3. wegen was oder weswegen: Vor allem in der Umgangssprache ersetzen manche Sprecher heute *weswegen* durch *wegen was: Wegen was regst du dich denn so auf?* Diese Verwendungsweise ist stilistisch unschön. Besser ist *weswegen: Weswegen regst du dich denn so auf?*

Weibliche Titel und Berufsbezeichnungen

Bei den meisten Berufsbezeichnungen und auch bei vielen Titeln für Frauen haben sich die weiblichen Bezeichnungen weitgehend durchgesetzt: *Meine Schwester ist Ärztin. Die Rektorin kam in die Klasse. Sie ist Direktorin. Du als Prokuristin einer großen Firma weißt ... Ich will Kauffrau werden. Sie ist Referentin für Jugendfragen.* Auch: *Sie ist Professorin* (neben: *Professor*) *an der Musikhochschule, Staatssekretärin* (neben: *Staatssekretär*) *im Familienministerium. Die Bundesministerin für das Gesundheitswesen, Frau Dr. Müller, eröffnete die Ausstellung. Die neue Ministerpräsidentin des Landes sprach vor dem Kongress.* Nur noch gelegentlich stellt man zur besonderen Kennzeichnung des Geschlechts einem Titel oder einer Berufsbezeichnung die nähere Bestimmung *weiblich* voran: *Sie war der erste weibliche Minister, der erste weibliche Ministerpräsident ihres Landes.* In der Anrede gebraucht man mehr und mehr die weiblichen Bezeichnungen neben den männlichen: *Frau Ministerin* (neben: *Frau Minister*), *Frau Professorin* (neben: *Frau Professor*), *Frau Rechtsanwältin* (neben: *Frau Rechtsanwalt*) usw. Nur üblich ist die weibliche Bezeichnung *Frau Kammersängerin.* Im Zweifelsfall sollte man sich nach dem Anredewunsch der Angeredeten richten.

Zur abgekürzten Schreibweise von weiblichen Titeln und Berufsbezeichnungen *(Mitarbeiter/-in)* lesen Sie bitte unter »I (im Wortinnern)« nach.

Weihnachten

1. Geschlecht: Das endungslose Hauptwort *die Weihnacht* tritt gelegentlich neben der üblichen Form *Weihnachten* auf, und zwar vor allem in der religiösen Sprache. Im Allgemeinen fasst man *Weihnachten* heute als ein sächliches Hauptwort in der Einzahl auf: *Hast du ein schönes Weihnachten gehabt?* Es wird jedoch vorwiegend ohne Geschlechtswort (Artikel) verwendet: *Weihnachten ist längst vorbei.* Neben der sächlichen Form in der Einzahl treten zwar noch andere Formen auf, diese sind aber landschaftlich

	begrenzt. In bestimmten formelhaften Wendungen ist allerdings die Mehrzahl allgemein verbreitet: *Fröhliche Weihnachten! Weiße Weihnachten sind zu erwarten.* **2. an/zu Weihnachten:** Der Gebrauch von *an* oder *zu* ist landschaftlich verschieden. Während man besonders in Süddeutschland *an Weihnachten* sagt, ist in Norddeutschland und Österreich *zu Weihnachten* gebräuchlich. Beide Ausdrucksweisen sind richtig.
weil	**1. Komma:** Einen Nebensatz, der mit *weil* eingeleitet ist, muss man immer durch Komma abtrennen: *Ich helfe ihm, weil er mich braucht. Weil sie sich nicht gemeldet hatte, rief ich bei ihr an.* Ist *weil* Teil einer als Einheit empfundenen Fügung (z. B. *aber weil*), steht das Komma nicht direkt vor *weil,* sondern vor dem ersten Wort der Fügung: *Ich hätte gerne daran teilgenommen, aber weil ich krank war, ging es nicht. Ich möchte mich bedanken, besonders weil ihr so fair wart.* Nach den neuen amtlichen Rechtschreibregeln kann vor *weil* ein zusätzliches Komma gesetzt werden, wenn die Teile der Fügung nicht als Einheit gesehen werden: *Sie hatte schon wieder Hunger, vor allem[,] weil das Frühstück so karg gewesen war.* **2. Stellung des Zeitwortes:** Die mit *weil* eingeleiteten Sätze sind Nebensätze. Deshalb muss das Zeitwort wie bei allen mit einem Bindewort (einer Konjunktion) eingeleiteten Nebensätzen am Ende stehen: *Ich kann nicht kommen, weil ich keine Zeit habe. Sie war ärgerlich, weil er nicht gekommen war.* Besonders in der gesprochenen Sprache kommt bei nachgestellten *weil*-Sätzen auch die Voranstellung des Zeitwortes vor *(Ich kann nicht kommen, weil ich habe keine Zeit. Sie war ärgerlich, weil er war nicht gekommen.).* Es handelt sich hier meist um Begründungssätze, die sich in der Satzstellung an entsprechende *denn*-Sätze anlehnen *(Ich kann nicht kommen, denn ich habe keine Zeit.).* Standardsprachlich ist die Voranstellung des Zeitwortes in *weil*-Sätzen dennoch nicht richtig.

weitblickend, weit blickend	Will man dieses Wort steigern, dann heißt es entweder *weitblickend, weitblickender, am weitblickendsten,* auch: *weitestblickend* oder nach den neuen amtlichen Rechtschreibregeln *weit blickend, weiter blickend, am weitesten blickend.* Beide Möglichkeiten sind richtig.
weiter	Man schreibt groß, wenn das Eigenschaftswort als Hauptwort gebraucht wird: *Weiteres, das Weitere, alles Weitere, nichts Weiteres.* Dies gilt nach den neuen amtlichen Rechtschreibregeln entsprechend für die Fügungen *im Weiteren, des Weiteren* (= darüber hinaus, im Übrigen). Man schreibt dagegen klein in den festen Verbindungen *bis auf weiteres* (= vorerst, vorläufig), *ohne weiteres* (= ohne, dass es Schwierigkeiten macht).
weiterer, weitere, weiteres	Ein Eigenschaftswort oder Mittelwort (Partizip), das auf *weiterer* usw. folgt, erhält (auch wenn es als Hauptwort gebraucht wird) die gleichen Endungen wie *weiterer* usw. selbst: *weitere intensive Versuche, die Entlassung weiterer [leitender] Angestellter, weitere Reisende, weiteres wichtiges Material.*
weitgehend, weit gehend	Will man dieses Wort steigern, dann heißt es entweder *weitgehend, weitgehender, am weitgehendsten,* auch: *weitestgehend* oder *weit gehend, weiter gehend, am weitesten gehend.* Beide Möglichkeiten sind richtig.
welcher, welche, welches	**1. welches oder welchen:** Es heißt im Wesfall *welches,* wenn das folgende Hauptwort die Endung *-[e]n* hat: *Die Aussage welches Zeugen? Die Unterschrift welches Fürsten?* Hat das Hauptwort im Wesfall jedoch die Endung *-[e]s,* kann es sowohl *welches* als auch *welchen* heißen: *Die politischen Verhältnisse welches* oder *welchen Staates? Welches* oder *welchen Kindes Spielzeug?* **2. der oder welcher:** Im Allgemeinen wirkt es schwerfällig zu sagen: *die Frau, welche ich getroffen habe ...; das*

	Kind, mit welchem ich sprach ... In gutem Deutsch verwendet man besser *der, die, das* usw.: *die Frau, die ich getroffen habe ...; das Kind, mit dem ich sprach.* Auf *welcher* usw. weicht man aber dann aus, wenn im Satz sofort das gleich lautende Geschlechtswort (der gleich lautende Artikel) folgt: *das Kind, welches das Spielzeug ...* nicht: *das Kind, das das Spielzeug ...*)
wenden	Das Zeitwort *wenden* hat die Vergangenheitsformen *wendete, hat gewendet* und *wandte, hat gewandt: Sie wandte* oder *wendete kein Auge von dem Kind. Er hat sich an die zuständige Stelle gewandt* oder *gewendet. Ich habe mich gegen diese Vorwürfe gewandt* oder *gewendet.* Wird jedoch die Änderung der Richtung in der Fortbewegung ausgedrückt, dann sind nur die Formen *wendete, gewendet* gebräuchlich: *Ich wendete meinen Wagen. Das Schiff hat gewendet.* Das Gleiche gilt, wenn *wenden* die Bedeutung »umkehren, umdrehen« hat: *Ich wendete das Kleid. Das Blatt hat sich gewendet.*
wenig	**1. Rechtschreibung:** Das Wort *wenig* schreibt man immer und in allen seinen Formen klein: *dies wenige; einige wenige; weniges genügt; das wenigste, die wenigsten.* Nach den neuen Regeln kann großgeschrieben werden, wenn hervorgehoben werden soll, dass nicht das unbestimmte Zahlwort gemeint ist, z. B.: *Sie freute sich auch über das wenige,* (auch:) *das Wenige* (die wenigen Geschenke). **2. wenig oder wenige:** Vor einem Hauptwort, das keine Beifügung hat, heißt es in der Einzahl meistens nur *wenig: wenig Geld, mit wenig Hoffnung.* Auch in der Mehrzahl kommt *wenig* häufig vor: *mit wenig/mit wenigen Aussichten.* Aber im Wesfall der Mehrzahl nur: *das Werk weniger Augenblicke.* **3. Beugung nach *wenig*:** Ein Eigenschaftswort oder Mittelwort (Partizip), das auf *wenig* (in seiner gebeugten Form, also: *wenige, weniges* usw.) folgt, erhält (auch wenn es

als Hauptwort gebraucht wird) meist die gleichen Endungen wie *wenig* selbst: *weniger echter Schmuck, weniges erlesenes Silber, die Abwesenheit weniger leitender Beamter, wenige Tote.* Eine Ausnahme ist der Wemfall. Folgt hier ein männliches oder sächliches Hauptwort in der Einzahl, lautet die Endung des Eigenschaftswortes nicht *-m,* sondern *-n: mit wenigem guten Willen, nach wenigem kurzen Beraten.* Verwendet man jedoch statt gebeugtem *wenige, weniges* usw. die endungslose Form *wenig,* hat *wenig* keinen Einfluss auf die Beugung des folgenden Eigenschaftswortes: *wenig gutes Essen* (wie: *gutes Essen*); *mit wenig gutem Willen* (wie: *mit gutem Willen*); *wenig treue Freunde* (wie: *treue Freunde*). Mit der endungslosen Form und der Form mit Endung kann man unterschiedliche Aussagen machen: In dem Satz *Er hat wenig erfahrene Mitarbeiter* kann *wenig* eine Beifügung zu *erfahren* sein und bedeutet dann »nicht sehr, in geringem Maße«. Heißt es aber *Er hat wenige erfahrene Mitarbeiter,* dann ist *wenige* eine Beifügung zu *Mitarbeiter.* Es sagt in diesem Fall etwas über die Zahl der Mitarbeiter aus.

weniger als Wenn die Angabe nach *weniger als* in der Mehrzahl steht, dann kann das zugehörige Zeitwort in der Einzahl oder in der Mehrzahl stehen; die Mehrzahl wird im Allgemeinen bevorzugt: *In dem riesigen Werk wird,* häufiger: *werden weniger als 300 Autos produziert.*

weniges, was Einen Nebensatz, der mit dem Wort *weniges* angekündigt wird, leitet man mit *was* ein (nicht mit *das*): *Auf der Ausstellung gab es nur weniges zu sehen, was bei den Besuchern größeres Interesse fand.*

wenn Einen Nebensatz, der mit *wenn* eingeleitet ist, trennt man durch Komma ab: *Ich komme, wenn du mich brauchst. Wenn du mich brauchst, komme ich. Ich komme, wenn du mich brauchst, sofort zu dir.* Unvollständige Nebensätze

	aber, die mit *wenn* eingeleitet sind, wirken oft formelhaft und brauchen dann nicht durch Komma abgetrennt zu werden: *Ich werde wenn möglich kommen. Ich werde wenn nötig eingreifen.* Es ist aber nicht falsch, in diesen Fällen ein Komma zu setzen: *Ich werde, wenn nötig, eingreifen.*
werde oder **würde**	Beide Formen sind Möglichkeitsformen (Konjunktive) zu dem Zeitwort *werden.* Die Form *werde* steht vor allem in der indirekten Rede: *Sie sagte, sie werde morgen kommen. Sie fragte, ob er morgen kommen werde.* Auch *würde* kann in der indirekten Rede stehen, einmal, wenn *werde* nicht eindeutig als Möglichkeitsform erkennbar ist, d. h., wenn es in dem jeweiligen Satz mit der Wirklichkeitsform (dem Indikativ) übereinstimmt: *Ich sagte, ich würde* (für nicht eindeutiges *werde*) *bald fertig.* Zum andern steht *würde* statt *werde,* wenn dem Sprecher das, was er berichtet, nicht glaubhaft erscheint: *Sie sagte, sie würde morgen kommen.* Sonst steht *würde* vor allem in Bedingungssätzen: *Wenn sie ihn rufen würden, käme er sofort.*
werden oder **sein**	Es heißt richtig: *Die Mitglieder werden* (nicht: *sind*) *gebeten, pünktlich zu erscheinen.*
wert	Nach der Verbindung *wert sein* kann das abhängende Hauptwort oder Fürwort (Pronomen) im Wenfall oder im Wesfall stehen. Es ergeben sich dabei unterschiedliche Bedeutungen: Der Wenfall steht, wenn man ausdrücken will, dass etwas einen bestimmten Wert hat, dass sich etwas lohnt: *Das Auto ist diesen Preis wert. Die Veranstaltung ist diesen Aufwand nicht wert.* Der Wesfall steht dann, wenn man *wert* in der Bedeutung »würdig« gebraucht: *Das Thema wäre einer näheren Betrachtung wert. Das ist nicht der Erwähnung wert.*
wichtig	Man schreibt das Eigenschaftswort groß, wenn es als Hauptwort gebraucht wird, z. B.: *nichts Wichtiges tun; das Wichtigste notieren.* Dies gilt nach den neuen amtlichen

	Rechtschreibregeln entsprechend für den folgenden Fall: *Es ist das Wichtigste* (= am wichtigsten), *gesund zu sein.*
wider oder **wieder**	Die Wörter *wider* und *wieder* sollte man nicht miteinander verwechseln. So ist *wider* ein Verhältniswort (eine Präposition) und bedeutet »gegen«. Nach diesem Verhältniswort folgt ein Hauptwort im Wenfall: *wider besseres Wissen, wider alle Vernunft, wider die Gesetze handeln, wider Erwarten.* Demgegenüber ist *wieder* ein Umstandswort (Adverb) und bedeutet »nochmals« oder »zurück zum früheren Zustand«. *Wir fahren wieder nach Italien. Er stand sofort wieder auf.*
widerhallen	Die Formen von Gegenwart und Vergangenheit dieses Zeitwortes sind: *hallt wider, hallte wider* und seltener ebenso: *widerhallt, widerhallte. Ihre Schritte hallen, hallten in dem leeren Raum wider.* Oder: *Ihre Schritte widerhallen, widerhallten in dem leeren Raum.*
widerspiegeln	Die Formen von Gegenwart und Vergangenheit dieses Zeitwortes sind: *spiegelt wider, spiegelte wider* und seltener ebenso: *widerspiegelt, widerspiegelte: Sein Gesicht spiegelt, spiegelte die Freude wider.* Oder: *Sein Gesicht widerspiegelt, widerspiegelte die Freude.*
wie	**1. Komma:** Vor *wie* steht kein Komma, wenn nur Wörter miteinander verbunden sind: *Michael ist nicht so stark wie Thomas. Ich bin nicht so begeistert wie er.* Man kann jedoch ein Komma setzen, wenn nach *wie* mehrere Erläuterungen folgen: *In anderen Ländern, wie Chile, Bolivien und Venezuela, ist von dieser Entwicklung noch nichts zu merken.* Oder: *In anderen Ländern wie Chile, Bolivien und Venezuela ist von ...* Vor *wie* muss ein Komma stehen, wenn nach *wie* ein vollständiger Satz folgt: *Es kam alles so, wie ich es vorausgesagt hatte. Das klingt, wie eine Harfe klingt.* Folgt jedoch ein unvollständiger (oft schon formelhaft wirken-

W

der) Nebensatz, braucht man kein Komma zu setzen: *Ich habe wie gesagt keine Zeit.* Oder: *Ich habe, wie gesagt, keine Zeit* (= wie ich schon gesagt habe). Ähnliche Beispiele: *Seine Darlegungen endeten wie folgt: ... Er ging wie gewöhnlich um 10 Uhr ins Bett.* Es ist aber nicht falsch, in diesen Fällen ein Komma zu setzen: *Er ging, wie immer, nach dem Essen spazieren.*

2. jemanden wie ein Schurke/einen Schurken behandeln: In einem Satz wie *Er behandelte seinen Gegner wie ein Schurke* steht *Schurke* im gleichen Fall wie *er;* das Wort, auf das sich *Schurke* bezieht, ist hier also *er.* Lautet der Satz aber *Er behandelte seinen Gegner wie einen Schurken,* steht *Schurke* im gleichen Fall wie *sein Gegner;* das Wort, auf das sich *Schurke* bezieht, ist hier also *Gegner.* Welche Form die richtige ist, hängt davon ab, welchen Bezug man herstellen will.

3. an einem Tag wie jedem anderen/wie jeder andere: Das Satzglied, das nach *wie* folgt, kann entweder im gleichen Fall stehen wie sein Bezugswort: *an einem Tag wie jedem anderen; in Zeiten wie den heutigen* (beide Glieder im Wemfall). Oder aber man sieht dieses Satzglied als eine Verkürzung eines Nebensatzes an, der vollständig etwa lauten würde: *an einem Tag, wie es jeder andere ist; in Zeiten, wie es die heutigen sind.* Deswegen ist auch der Werfall *(wie jeder andere; wie die heutigen)* richtig. Der Werfall muss sogar stehen, wenn das Bezugswort im Wesfall steht und das Glied, das mit *wie* angeschlossen ist, ein persönliches Fürwort (Personalpronomen) oder ein Eigenname ist: *die Verdienste eines Politikers wie er; die Anteilnahme guter Bekannter wie Sie; Ausstellungen großer Maler wie Picasso* (nicht: *Picassos*).

W

wieder

Zusammen mit einem folgenden Zeitwort schreibt man *wieder,* wenn es die Bedeutung »zurück« hat: *jemandem geborgtes Geld wiedergeben; an einen Ort wiederkommen.* Man schreibt auch zusammen, wenn das Zeitwort allein im

	gegebenen Zusammenhang unüblich wäre: *etwas wiederkäuen, jährlich wiederkehren.* Getrennt schreibt man, wenn *wieder* die Bedeutung »erneut, nochmals« hat und das Zeitwort seine eigentliche Bedeutung behält: *Sie hat den Korb wieder aufgenommen. Er hat seine Geschichte wieder erzählt.* Eine zusätzliche Hilfe bei Unsicherheiten, ob man nun zusammen- oder getrennt schreiben muss, kann die Betonung sein. Wird nur *wieder* oder nur das Zeitwort betont, ist Zusammenschreibung angezeigt, bei gleichmäßiger Betonung beider Teile aber Getrenntschreibung: *ein Fernsehspiel wiederholen; seine Bücher wiederholen* (= zurückholen). – Aber: *Man musste die Polizei wieder* (= nochmals) *holen. Seine Gesundheit ist wiederhergestellt. – Ich habe den Aschenbecher wieder hergestellt. – Es dauerte lange, bis er sein Geld wiederbekam* (= zurückbekam). – *Sie wusste, dass sie die Grippe jedes Jahr wieder bekam* (= erneut bekam).
wie viel/ wie viele	**1. Rechtschreibung:** Nach den neuen amtlichen Rechtschreibregeln schreibt man *wie viel* immer getrennt: *Wie viel kostet das? Ich weiß nicht, wie viel er hat.* Immer getrennt schreibt man auch die gebeugten (d. h. veränderten) Formen *wie viele, wie vieles* usw.: *Mit wie vielen Teilnehmern rechnest du?* Einzige Ausnahme ist die Form *wievielte,* die man zusammenschreibt: *Zum wievielten Mal habe ich das heute schon gesagt?* Das Hauptwort hierzu wird groß- und zusammengeschrieben: *Den Wievielten haben wir heute?* **2. Gebrauch:** Man verwendet eher dann die Form *wie viele* (und nicht *wie viel*), wenn man als Antwort eine größere Anzahl erwartet: *Wie viele Autos verlassen täglich das Werk?*
willkommen oder **Willkommen**	Man schreibt klein, wenn es sich um das Eigenschaftswort *willkommen* (z. B. *jemandem willkommen sein; jemanden willkommen heißen*) handelt: *Er sagte: »Herzlich willkommen!«* Groß schreibt man dagegen, wenn das Wort

	als Hauptwort gebraucht wird: *Sie rief uns ein herzliches Willkommen zu.*
winken	Es heißt richtig: *Ich habe gewinkt* (nicht: *gewunken*). Die Form *gewunken* ist landschaftlich und gilt standardsprachlich als falsch.
Wir hoffen, Ihnen damit gedient zu haben, und verbleiben ...	Nach den neuen amtlichen Rechtschreibregeln kann man beide Kommas in diesem Satz auch weglassen: *Wir hoffen Ihnen damit gedient zu haben und verbleiben ...* Man darf allerdings nicht nur das Komma vor dem *und* weglassen; wenn man sich für ein Komma nach *hoffen* entscheidet, muss auch vor dem *und* eines stehen.
wir oder du	*Wir oder du hast* (nicht: *haben*) *das getan.*
wir und du	*Wir und du* (= wir) *haben uns* (nicht: *sich*) *gefreut.*
wir und er	*Wir und er* (= wir) *haben uns* (nicht: *sich*) *gefreut.*
wir und ihr	*Wir und ihr* (= wir) *haben uns gefreut.* Nicht: *Wir und ihr haben sich gefreut* oder *Wir und ihr habt euch gefreut.*
wir und sie (Mehrzahl)	*Wir und sie* (= wir) *haben uns* (nicht: *sich*) *gefreut.*
Wirtschaftsblock	Die Mehrzahl von *Wirtschaftsblock* lautet *die Wirtschaftsblöcke.* Die Form *die Wirtschaftsblocks* ist zwar auch richtig, kommt aber selten vor.
wissen	**1. Komma:** Wenn das Zeitwort *wissen* mit einer Wortgruppe, die die Grundform eines anderen Zeitwortes enthält, verbunden ist (Infinitivgruppe), dann ist ein Komma nicht sinnvoll: *Sie weiß sich zu beherrschen.* Tritt zu *wissen* eine nähere Bestimmung, dann kann man nach den neuen amtlichen Rechtschreibregeln ein Komma setzen, um die Glie-

	derung des Satzes deutlich zu machen. Man kann aber auch hier auf das Komma verzichten: *Sie weiß wohl[,] sich zu beherrschen.* **2. wissen von/wissen um:** Beide Formen sind richtig. Man kann sowohl sagen: *Ich weiß von den Schwierigkeiten* als auch: *Ich weiß um die Schwierigkeiten.* Der Anschluss mit *um* wirkt jedoch gehoben.
Wissen	Die beiden Fügungen *meines Wissens* und *meinem Wissen nach* (oder: *nach meinem Wissen*) vermischen viele Sprecher fälschlicherweise miteinander zu *meines Wissens nach.* Richtig ist aber nur: *Der Fall verhält sich meines Wissens anders. Der Fall verhält sich meinem Wissen nach anders.* (Oder: *Der Fall verhält sich nach meinem Wissen anders.*) Aber nicht richtig: *Der Fall verhält sich meines Wissens nach anders.*
wo	**1. Komma:** Einen Nebensatz, der mit *wo* eingeleitet ist, trennt man durch Komma ab: *Er wusste nicht, wo es lag. Wo er war, konnte er nur ahnen.* Unvollständige Nebensätze aber, die mit *wo* eingeleitet sind, wirken gelegentlich formelhaft, und man braucht sie dann nicht durch Komma abzutrennen: *Er wird uns wo möglich* (= wo es möglich ist) *helfen. Die Bilder sind wo nötig mit Erläuterungen versehen.* Es ist aber nicht falsch, in diesen Fällen ein Komma zu setzen: *Er wird uns, wo möglich, helfen.* **2. Abtrennung von *wo* bei zusammengesetzten Wörtern wie *wobei, wofür, wovon* usw.:** Besonders in der norddeutschen Umgangssprache kommt diese Trennung häufig vor. Sie ist standardsprachlich falsch. Es muss also heißen: *Es war etwas, wobei er sich nichts gedacht hatte* (nicht: *... wo er sich nichts bei gedacht hatte*). *Etwas, wofür er nichts konnte* (nicht: *... wo er nichts für konnte*). *Etwas, wonach er sich sehnt* (nicht: *... wo er sich nach sehnt*).

	3. Der Raum, wo ..., der Augenblick, wo ...: Mit *wo,* das einen Nebensatz einleitet, stellt man meist einen räumlichen Bezug her: *Das war der Raum, das Haus, die Stadt, wo er ihm zum ersten Mal begegnet war. Dort, wo er zu Hause ist, kennt man dies nicht.* Mit *wo* in dieser Funktion kann man aber auch einen zeitlichen Bezug herstellen: *Es geschah in dem Augenblick, wo er sich umdrehte.* Nicht möglich hingegen ist ein Anschluss mit *wo,* wenn man einen unmittelbaren Bezug zu Personen oder Dingen herstellen will: Also nicht: *der Mann, wo ...,* sondern nur: *der Mann, der vorhin vorbeiging.* Nicht: *das Geld, wo ...,* sondern nur: *das Geld, das auf der Bank liegt.* **4. Falsches *wo* anstelle von *als:*** In landschaftlicher Umgangssprache ersetzen viele Sprecher bei zeitlichem Bezug *als* durch *wo.* Dieser Gebrauch von *wo* ist nicht richtig. Es muss also heißen: *Das hat er nur getan, als* (nicht: *wo*) *er noch klein war. Es war damals, als* (nicht: *wo*) *wir gerade in Urlaub fahren wollten.*
wohlgesinnt	Dies ist die richtige Form: *Sie ist mir wohlgesinnt* (nicht richtig: *wohlgesonnen*). Bitte lesen Sie hierzu auch unter »gesinnt oder gesonnen« nach.
Wohnung[s]suchende, der und die	**1. Wohnungsuchende oder Wohnungssuchende:** Beide Formen sind üblich und richtig. **2. Beugung:** Man beugt das Wort in folgender Weise: *der Wohnung[s]suchende, ein Wohnung[s]suchender, zwei Wohnung[s]suchende, die Wohnung[s]suchenden, einige Wohnung[s]suchende, alle Wohnung[s]suchenden, solche Wohnung[s]suchende* und *solche Wohnung[s]suchenden, beide Wohnung[s]suchenden* und seltener auch *beide Wohnung[s]suchende; gut verdienendem Wohnung[s]suchenden, die Ansprüche jüngerer Wohnung[s]suchender.* Als Beisatz (Apposition): *mir (dir, ihm) als Wohnung[s]suchenden* und *mir (dir, ihm) als Wohnung[s]suchendem;*

	ihr als Wohnung[s]suchenden und *ihr als Wohnung[s]-suchender.*
wollen	**1. wollen oder gewollt:** Das Mittelwort der Vergangenheit (2. Partizip) von *wollen* heißt *gewollt: Er hat es nicht gewollt. Er hat nur das Beste gewollt.* Wenn aber das Zeitwort *wollen* in Verbindung mit einem anderen Zeitwort auftritt, das in der Grundform (im Infinitiv) steht, so verwendet man nicht *gewollt,* sondern *wollen: Er hat es nicht nehmen wollen.* Nicht: *Er hat es nicht nehmen gewollt.* **2. Doppelte Ausdrucksweise:** Man sollte vermeiden, *wollen* in Verbindung mit anderen Wörtern zu gebrauchen, die (ebenso wie *wollen* selbst) einen Wunsch, eine Absicht o. Ä. ausdrücken. Es heißt also nicht: *Er hatte den Wunsch, dorthin reisen zu wollen.* Sondern richtig: *Er hatte den Wunsch, dorthin zu reisen.* (Oder auch: *Er wollte gern dorthin reisen.*)
Worttrennung (Silbentrennung)	siehe Tabelle
wünschen	Wenn das Zeitwort *wünschen* mit einer Wortgruppe, die die Grundform eines anderen Zeitwortes enthält, verbunden ist (Infinitivgruppe), dann kann man ein Komma setzen, um die Gliederung des Satzes deutlich zu machen oder um Missverständnisse auszuschließen: *Er wünscht sehnlichst an der Fahrt teilzunehmen.* Oder: *Er wünscht sehnlichst, an der Fahrt teilzunehmen.* Beide Möglichkeiten sind nach den neuen amtlichen Rechtschreibregeln richtig.

Die Regeln der Worttrennung im Einzelnen

1. Heimische Wörter:
Trennung nach Sprechsilben liegt z. B. vor bei

Freun-de
Win-ter
Re-gen
Bes-se-rung
Be-zie-hung
Ge-sund-heit

Bei den **Mitlauten** ist dagegen Folgendes zu beachten:

a) Einen einzelnen Mitlaut setzt man immer auf die neue Zeile:

tre-ten
ge-hen
rei-zen
bo-xen
bei-ßen

b) *ch, sch* und nach den neuen amtlichen Rechtschreibregeln auch *ck* gelten als ein Laut.
Sie bleiben immer zusammen und werden auf die neue Zeile gesetzt:

wa-schen
Bü-cher
ba-cken

c) Steht *ss* als Ersatz für *ß* (z. B. weil auf einer Schreibmaschine das *ß* fehlt), dann trennt man nach den neuen amtlichen Rechtschreibregeln zwischen den beiden *s:*

Grüs-se
heis-sen

d) Von mehreren aufeinander folgenden Mitlauten kommt nur der letzte auf die neue Zeile. Dies gilt nach den neuen amtlichen Rechtschreibregeln auch für *st:*

kämp-fen
neb-lig
neh-men
Städ-te
Knos-pe
Kas-ten
Er-näh-rung

Bei den **Selbstlauten** gilt es, Folgendes zu beachten:

a) Nach den neuen amtlichen Rechtschreibregeln kann man einen einzelnen Selbstlaut am Wortanfang abtrennen:

A-der
U-hu
o-der

b) Zwei gleiche Selbstlaute (die wie ein Laut gesprochen werden) und ebenso die Doppellaute *au, ei, eu* usw. darf man nicht trennen:

Waa-ge
See-le
die-ser
Eu-le
Ei-fel

Die Regeln der Worttrennung im Einzelnen (Fortsetzung)

2. Fremdwörter
Die grundsätzliche Trennung nach Sprechsilben gilt auch für Fremdwörter:

Hys-te-rie
Re-mi-nis-zenz
Na-ti-on
po-e-tisch
In-di-vi-du-a-list
Gu-a-te-ma-la

Nach den neuen amtlichen Rechtschreibregeln kann man die folgenden Buchstabengruppen nach Sprechsilben trennen, sie können aber auch ungetrennt bleiben:
bl, pl, fl, cl, kl, phl; br, pr, dr, tr, fr, vr, gr, cr, kr, phr, str, thr; gn, kn:

Pub-li-kum, auch *Pu-bli-kum*
Per-sif-la-ge, auch *Per-si-fla-ge*
Zyk-lus, auch *Zy-klus* usw.

Die folgenden Verbindungen aus Mitlauten bleiben dagegen auch in Fremdwörtern immer ungetrennt:
ch, ck, sch, ph, rh, sh und th:

Ma-che-te
Pro-phet
Myr-rhe
Ca-shew-nuss
ka-tho-lisch

3. Besondere Erleichterungen durch die neuen amtlichen Rechtschreibregeln:
Bislang machte die Trennung solcher Wörter wie *daran, woran, worauf, heran, hinauf* und *warum* besondere Schwierigkeiten. Dies ist nach den neuen amtlichen Rechtschreibregeln nun nicht mehr der Fall, da man auch hier jetzt nach Sprechsilben trennen kann:

da-ran
wo-ran
wo-rauf
he-ran
hi-nauf
wa-rum usw.

Z z

Zahl	Bitte lesen Sie zu Formulierungen wie *eine Zahl Studenten stand/standen dort* und *eine Zahl hübscher/hübsche Sachen* unter »Anzahl« nach.
Zahl oder **Ziffer**	Im allgemeinen Sprachgebrauch verwenden viele Sprecher *Zahl* und *Ziffer* häufig unterschiedslos, obwohl die Wörter verschiedene Bedeutung haben. Die Ziffern sind die grafischen Zeichen zur schriftlichen Fixierung der Zahleninhalte, d. h. der durch die Zahlen *1, 2, ... 9* und *0* ausgedrückten Werte. Dabei werden die Ziffern *1, 2, ... 9* im Textzusammenhang gleichzeitig zu den Zahlen *1, 2, ... 9.* Höhere Zahlen gibt man schriftlich durch Aneinanderreihung mehrerer Ziffern wieder. Die Jahreszahl *1965* etwa ist eine Zahl aus den Ziffern *1, 9, 6* und *5.* Bei einer Adresse bedeutet die Hausnummer *386* eine Zahl aus den Ziffern *3, 8* und *6.* Es gibt jedoch Bildungen, wie z. B. *Sterblichkeitsziffer, Kennziffer, Zifferblatt, sich beziffern auf,* denen *Ziffer* in der Bedeutung »Zahl« zugrunde liegt.
Zahlen und **Ziffern**	**1. Schreibung von Zahlen in Ziffern oder in Buchstaben:** Grundsätzlich kann man Zahlen sowohl in Ziffern als auch in Buchstaben schreiben: *Sie haben 4* (oder: *vier*) *Kinder. Er kommt um 4* (oder: *vier*) *Uhr.* In bestimmten Bereichen ist es jedoch üblich, die Schreibung von Zahlen in Ziffern zu verwenden, so zum Beispiel in Statistiken, in technischen und wissenschaftlichen Texten u. a., in Zusammenhängen also, in denen es darauf ankommt, dass die jeweilige Zahl leicht ins Auge springt. **2. Zahlen in Verbindung mit Zeichen und Abkürzungen:** In Verbindung mit Zeichen und Abkürzungen von Maßen, Gewichten, Geldsorten u. a. schreibt man die Zahl als

Ziffer: *3 km, 3,5 kg, 6 EUR* oder *6 €.* Ist die jeweilige Maß-, Gewichts- oder Münzbezeichnung ausgeschrieben, dann kann man die dazugehörende Zahl sowohl in Ziffern wie in Buchstaben schreiben: *3* (oder: *drei*) *Kilometer, 3,5* (oder: *dreieinhalb,* auch: *drei Komma fünf*) *Kilo, 6* (oder: *sechs*) *Euro.*

3. Schreibung in Ziffern siehe Tabelle.

4. Zusammen- oder Getrenntschreibung oder Bindestrich: In Wörtern angegebene Zahlen, die unter einer Million liegen, schreibt man zusammen; Angaben über einer Million schreibt man dagegen getrennt: *neunzehnhundertfünfundsechzig,* (aber:) *zwei Millionen dreitausendvierhundertneunzehn.* Zusammen schreibt man Ableitungen, die eine Zahl enthalten, unabhängig davon, ob die Zahl in Buchstaben oder in Ziffern geschrieben ist: *achtfach* oder *8fach, ein neunundfünfziger* oder *59er-Wein, 131er, ver307fachen.* Nach den neuen amtlichen Rechtschreibregeln schreibt man Zusammensetzungen, die eine Zahl enthalten, mit Bindestrich: *8-Tonner* oder *Achttonner, 4-Kanteisen, 14-karätig.* Aneinanderreihungen von Wörtern mit Zahlen (in Ziffern) werden durch Bindestriche verbunden: *56-Cent-Briefmarke, $^{3}/_{4}$-Liter-Flasche, 2-kg-Dose, 70-PS-Motor, 5 000-m-Lauf, 3-Meter-Brett, 4 × 100-m-Staffel.* Dagegen schreibt man zusammen, wenn die Zahlen in Buchstaben geschrieben werden: *Dreikaiserbündnis, Zehncentmarke.*

zahllos

Ein Eigenschaftswort oder Mittelwort (Partizip), das auf *zahllos* folgt, beugt man (auch wenn es als Hauptwort gebraucht wird) in gleicher Weise wie *zahllos* selbst: *zahllose wertvolle Gegenstände, zahllose Abgeordnete, in zahllosen grafischen Darstellungen, mit zahllosen Angestellten.* Nur im Wesfall ist gelegentlich noch eine zweite Form gebräuchlich: *die Herstellung zahlloser grafischer Darstellungen,* selten auch: *die Herstellung zahlloser grafischen Darstellungen; die Reaktion zahlloser Angestellter,* selten auch: *die Reaktion zahlloser Angestellten.*

Schreibung in Ziffern

Ganze Zahlen, die aus mehr als drei Ziffern bestehen, zerlegt man von der Endziffer aus in dreistellige Gruppen, die durch einen Zwischenraum voneinander abgesetzt werden:

3 560 kg

Geldbeträge sollten aus Sicherheitsgründen mit dem Punkt gegliedert werden:

846.382 EUR

Bei Zahlen, die eine Nummer darstellen, teilt man jedoch meistens keine Gruppen ab:

Nr. 33590

Abweichend hiervon werden **Telefon- und Telefaxnummern** funktionsbezogen durch je ein Leerzeichen gegliedert (Anbieter, Landesvorwahl, Ortsnetzkennzahl, Einzelanschluss bzw. Durchwahlnummer). Vor der Durchwahlnummer steht ein Bindestrich.

Um die Nummern übersichtlicher zu gestalten, dürfen Teile von Telefon- oder Telefaxnummern durch Fettschrift oder Farbe hervorgehoben werden.

Telefonnummern,
Einzelanschluss ohne Durchwahl:

1428
11423
170914

Durchwahlnummer:

234-01 (Zentralnummer)
2345-693

Telefonnummer mit Vorwahlnummer und Netzkennzahl:

06281 4391
0172 3701458

Servicerufnummern:

0180 2 55678
0800 67890

International:

+49 6151 89-0

Telefaxnummern,
Einzelanschluss:

06281 4392

Durchwahlanschluss:

2345-695

International:

+49 123456-0

Postfachnummern gliedert man von der letzten Ziffer ausgehend in Zweiergruppen:

17 09 14

Kontonummern kann man von der Endziffer aus in Dreiergruppen gliedern:

8 582 404 oder *8582404*

Bankleitzahlen gliedert man dagegen von links nach rechts in zwei Dreier- und eine Zweiergruppe:

770 960 05

Postleitzahlen gliedert man nie:

68167 Mannheim

Schreibung in Ziffern (Fortsetzung)	
Dezimalstellen trennt man von den ganzen Zahlen durch ein Komma und gliedert sie vom Komma ausgehend durch einen Zwischenraum in Dreiergruppen: *52,36 m* *4,654 32 m* Bei Rechnungen wird die Zahl der Cents nur durch ein Komma, nicht durch einen Punkt abgetrennt: *3,45 €* (in der Schweiz dagegen steht zwischen Franken- und	Rappenzahl immer ein Punkt: *sFr. 4.20*) Bei der Zeitangabe wird die Zahl der Minuten von der Stundenzahl durch einen Punkt oder durch Hochstellung abgehoben: *6.30 Uhr oder 6^{30}* Nach DIN 5008 soll mit dem Doppelpunkt gegliedert werden; jede Zeiteinheit ist dann zweistellig anzugeben: *07:00 Uhr, 23:14:47 Uhr*

zahlreich	Bitte lesen Sie zur Beugung nach *zahlreich* unter »zahllos« nach.
Zeichenblock	Die Mehrzahl von *Zeichenblock* lautet *die Zeichenblocks* oder *die Zeichenblöcke.* Die Form *die Zeichenblocks* ist üblicher.
zeigen, sich	**1. sich zeigen als:** Bei *sich zeigen als* steht das Hauptwort, das dem *als* folgt, heute gewöhnlich im Werfall: *Er zeigte sich als genialer Regisseur.* Der Wenfall *(Er zeigte sich als genialen Regisseur)* ist veraltet. **2. Gebrauch des Mittelworts:** Das Mittelwort der Vergangenheit (2. Partizip) von *sich zeigen* (es lautet *gezeigt*) ist nicht als Beifügung eines Hauptwortes zu verwenden. Also nicht: *die sich als Künstlerin gezeigte Frau,* sondern: *die Frau, die sich als Künstlerin gezeigt hat.*
Zeit lang	In der festen Verbindung *eine Zeit lang* schreibt man nach den neuen amtlichen Rechtschreibregeln getrennt: *Er war eine Zeit lang krank.* Ebenso getrennt: *einige Zeit lang, eine kurze Zeit lang.*

Zeitlauf Die Mehrzahl von *Zeitlauf* heißt *die Zeitläufte* oder *die Zeitläufe.* Die Form *die Zeitläufte* ist üblicher.

Zentimeter **1. Beugung nach *Zentimeter:*** Nach der Maßangabe *Zentimeter* steht das, was gemessen wird, meist im selben Fall wie die Maßangabe *Zentimeter* selbst: *drei Zentimeter [dünner] Golddraht; mit drei Zentimetern dünnem Golddraht.* Gelegentlich in gehobener Ausdrucksweise auch mit dem Wesfall: *drei Zentimeter dünnen Golddrahts, mit drei Zentimetern dünnen Golddrahts.* Steht die Maßangabe *Zentimeter* selbst im Wesfall, so heißt es: *der Preis eines Zentimeters Golddraht* oder auch: *der Preis eines Zentimeter Golddrahts,* aber (mit einem beigefügten Eigenschaftswort) nur: *der Preis eines Zentimeters dünnen Golddrahts.*

2. Drei Zentimeter Golddraht reicht/reichen für diesen Zweck: Von diesen beiden Formen, die beide richtig sind, bevorzugt man im Allgemeinen die Mehrzahl: *Drei Zentimeter Golddraht reichen gut aus, sind zu wenig, kosten nicht viel.* Steht *Zentimeter* in der Mehrzahl ohne Angabe des Gemessenen, dann muss das Zeitwort in der Mehrzahl stehen. Die Einzahl ist hier nicht richtig: *Drei Zentimeter reichen* (nicht: *reicht*) *für diesen Zweck.*

3. mit drei Zentimeter/Zentimetern: Wenn *Zentimeter* in der Mehrzahl steht *(2, 3, 4 Zentimeter),* dann heißt es im Wemfall: *Mit drei Zentimetern kommen wir aus.* Wenn man dabei das Gemessene (z. B. *Golddraht*) angibt, steht *Zentimeter* oft auch in der ungebeugten Form: *Mit drei Zentimeter Golddraht kommen wir aus.* Geht jedoch der Maßangabe *Zentimeter* das Geschlechtswort (der Artikel) voraus, dann verwendet man immer die gebeugte Form *(Zentimetern),* unabhängig davon, ob das Gemessene *(Golddraht)* angegeben ist oder nicht: *Mit den drei Zentimetern [Golddraht] kommen wir aus.*

Zentner

1. Beugung nach *Zentner:* Nach der Mengenangabe *Zentner* steht das, was als Menge angegeben wird, meist im selben Fall wie die Mengenangabe *Zentner* selbst: *ein Zentner [kanadischer] Weizen, aus einem Zentner kanadischem Weizen, für einen Zentner kanadischen Weizen.* Gelegentlich in gehobener Ausdrucksweise auch mit dem Wesfall: *ein Zentner kanadischen Weizens, aus einem Zentner kanadischen Weizens, für einen Zentner kanadischen Weizens.* Nur wenn das, was als Menge angegeben wird, in der Mehrzahl steht, steht häufiger auch der Wesfall: *ein Zentner neue Kartoffeln* neben: *ein Zentner neuer Kartoffeln.* Im Wemfall der Mehrzahl gibt es sogar drei Möglichkeiten: *von einem Zentner neuer Kartoffeln* oder *von einem Zentner neue Kartoffeln,* seltener auch: *von einem Zentner neuen Kartoffeln.* Steht die Mengenangabe *Zentner* selbst im Wesfall, so heißt es: *der Preis eines Zentners Weizen* oder auch *der Preis eines Zentner Weizens,* aber (mit einem beigefügten Eigenschaftswort) nur: *der Preis eines Zentners kanadischen Weizens.*

2. Ein Zentner Kartoffeln wird/werden benötigt: Folgt der Angabe *ein Zentner* (die Mengenangabe steht hier in der Einzahl) das, was als Menge angegeben wird, ebenfalls in der Einzahl, so steht auch das Zeitwort in der Einzahl: *Ein Zentner Weizen reicht aus.* Folgt der Angabe *ein Zentner* das, was als Menge angegeben wird, in der Mehrzahl, so kann das Zeitwort gelegentlich auch in der Mehrzahl stehen: *Ein Zentner Kartoffeln reicht aus,* seltener: *Ein Zentner Kartoffeln reichen aus.* Wenn Mengenangabe und das, was als Menge angegeben wird, in der Mehrzahl stehen *(drei Zentner Kartoffeln),* dann steht auch das Zeitwort in der Mehrzahl: *Drei Zentner Kartoffeln reichen aus.* Steht dagegen das, was als Menge angegeben wird, in der Einzahl *(drei Zentner Weizen),* so steht das Zeitwort nur gelegentlich auch in der Einzahl: *Drei Zentner Weizen reichen aus,* selten: *Drei Zentner Weizen reicht aus.*

	3. mit drei Zentner/Zentnern: Wenn *Zentner* in der Mehrzahl steht *(2, 3, 4* usw. *Zentner),* dann heißt es im Wemfall: *Mit drei Zentnern kommen wir aus.* Wenn man dabei das Gemessene (z. B. *Weizen*) nennt, dann steht *Zentner* oft auch in der ungebeugten Form: *Mit drei Zentner Weizen kommen wir aus.* Geht jedoch der Mengenangabe *Zentner* das Geschlechtswort (der Artikel) voraus, dann verwendet man immer die gebeugte Form *(Zentnern),* unabhängig davon, ob das Gemessene *(Weizen)* angegeben wird oder nicht. *Mit den drei Zentnern [Weizen] kommen wir aus. Von den 10 Zentnern [Kartoffeln] ist nicht mehr viel übrig.*
Zorn	Ein Hauptwort oder Fürwort (Pronomen), das von *Zorn* abhängt, kann man mit den Verhältniswörtern (Präpositionen) *auf* oder *gegen* (nicht mit *für* oder *zu*) anschließen: *Ihr Zorn auf* oder *gegen ihn* (nicht: *für ihn* oder *zu ihm*) *war verraucht.*
zornig	An das Eigenschaftswort *zornig* kann man ein Hauptwort oder Fürwort (Pronomen) mit den Verhältniswörtern (Präpositionen) *auf* oder *über* anschließen. Dabei gebraucht man *auf,* wenn eine Person als Ziel des Zorns genannt wird, und *über,* wenn allgemein vom Grund des Zorns gesprochen wird: *Der Vater war zornig auf seinen Sohn. Der Vater war zornig über das Zeugnis seines Sohnes.*
zu	**1. Schreibung von zusammengesetzten Zeitwörtern in der mit *zu* erweiterten Grundform:** Wenn die Grundform (der Infinitiv) von zusammengesetzten Zeitwörtern wie *einkaufen, zurückkommen* oder auch *zumuten, zusehen* usw. durch *zu* erweitert wird, dann schreibt man diese erweiterte Form auch in einem Wort: *einzukaufen, zurückzukommen* und auch *zuzumuten, zuzuschauen* usw. Also: *Ich bitte Sie, für ihn einzukaufen. Das ist ihm nicht zuzumuten* usw. Zu beachten ist, dass eine Fügung, die nicht zusammengeschrieben wird (z. B. *jemand mit jemandem*

	bekannt machen), auch nicht bei der Erweiterung mit *zu* zusammengeschrieben werden darf: *Er bat mich, ihn mit ihr bekannt zu machen. Er forderte mich auf, mit ihm spazieren zu gehen.* **2. Falsch gebildete Formen von *zu*:** Das Wort *zu* in der Bedeutung »geschlossen, nicht geöffnet« kann man nicht wie ein Eigenschaftswort brauchen oder beugen, es ist unveränderbar. Gebeugte Formen wie *die zue* oder *zune Flasche, ein zues* oder *zunes Fenster* sind umgangssprachlich und standardsprachlich falsch.
zu Hause	Getrennt schreibt man die Fügung (Frage: wo?): *Ich bin zu Hause. Zu Hause ist es doch am schönsten. Sie hielt es zu Hause nicht mehr aus.* Nach den neuen amtlichen Rechtschreibregeln ist hier in Österreich und der Schweiz auch die Form *zuhause* richtig: *Ich bin gerne zuhause.* Zusammen und groß schreibt man das Hauptwort *das Zuhause* (Frage: was?): *Das ist mein Zuhause. Sie hat ein schönes Zuhause.*
zu was oder **wozu**	Vor allem in der gesprochenen Sprache ersetzen viele Sprecher heute *wozu* durch *zu was: Zu was brauchst du das Geld? Er fragt sich, zu was das taugt.* Die Verbindung *zu was* ist jedoch umgangssprachlich. Stilistisch besser ist *wozu: Wozu brauchst du das Geld? Er fragt sich, wozu das taugt.*
zu zweien, zu zweit	Man kann sowohl *zu zweien (zu dreien, zu vieren)* als auch *zu zweit (zu dritt, zu viert)* sagen. Allerdings unterscheiden sich beide Formen meist in der Bedeutung. Gewöhnlich gebraucht man *zu zweien,* wenn von einer Einteilung einer größeren Anzahl in Gruppen zu je zwei die Rede ist: *Ihr müsst euch zu zweien aufstellen.* Soll dagegen nur die Gesamtzahl genannt werden, so gebraucht man gewöhnlich *zu zweit: Allein geht es nicht, aber zu zweit oder zu dritt schafft man es leicht.*

zugrunde, zu Grunde	Nach den neuen amtlichen Rechtschreibregeln kann man *zugrunde* auch auseinander schreiben: *zu Grunde.* Von einem folgenden Zeitwort wird es immer getrennt geschrieben: *Das Reich musste zugrunde/zu Grunde gehen. Sie wurden zugrunde/zu Grunde gerichtet. Etwas anderes scheint zugrunde/zu Grunde zu liegen.* Dies gilt neu auch in Verbindung mit einem Mittelwort (Partizip) als Beifügung zu einem Hauptwort: *die zugrunde/zu Grunde liegenden Texte; zugrunde/zu Grunde gerichtete Familien; die zugrunde/zu Grunde zu legende Wohnfläche.*
zugunsten, zu Gunsten	**1. Rechtschreibung:** Nach den neuen amtlichen Rechtschreibregeln kann man *zugunsten* auch auseinander schreiben: *zu Gunsten.* **2. Beugung:** Das Verhältniswort (die Präposition) *zugunsten* kann vor oder nach dem Hauptwort oder Fürwort (Pronomen) stehen. Bei Voranstellung steht es mit dem Wesfall: *zugunsten bedürftiger Kinder.* Ist *zugunsten* nachgestellt, dann steht es mit dem Wemfall. Diese Nachstellung ist jedoch selten: *bedürftigen Kindern zugunsten.* Als Umstandswort (Adverb) steht *zugunsten* mit *von* und dem Wemfall: *zugunsten von bedürftigen Kindern.*
zum Beispiel (z. B.)	Die Fügung *zum Beispiel* kann ohne Komma in den Ablauf eines Satzes einbezogen sein oder auch an dessen Spitze stehen: *Ich sehe sie zum Beispiel oft auf der Straße beim Einkaufen.* Oder: *Zum Beispiel sehe ich sie oft auf der Straße beim Einkaufen.* Wenn aber *zum Beispiel* eine nachgestellte nähere Bestimmung einleitet, dann steht vor *zum Beispiel* immer ein Komma: *Ich sehe sie oft auf der Straße, z. B. beim Einkaufen. Ich sehe sie oft, z. B. beim Einkaufen, auf der Straße. Er hat die Rolle schon überall, z. B. in Paris und in New York, gespielt und gesungen. Manches stört mich an ihm, z. B. hat er schlechte Manieren.* Wenn in solchen Fällen *zum Beispiel* in Verbindung mit einem Bindewort (einer Konjunktion wie *als, dass, wenn* o. Ä.) einen

	Nebensatz einleitet, dann steht unmittelbar nach *zum Beispiel* gewöhnlich auch ein Komma, es muss aber nicht stehen: *Ich sehe sie oft auf der Straße, z. B., wenn sie einkaufen geht.* Oder als einheitliche Fügung ohne Komma: *Ich sehe sie oft auf der Straße, z. B. wenn sie einkaufen geht.*
zumal	Wenn *zumal* einen Zusatz (sei es ein Satzteil oder ein ganzer Satz) einleitet, so trennt man diesen Zusatz durch Komma ab: *Er isst sehr gerne Obst, zumal Äpfel. Er isst Obst, zumal Äpfel, sehr gerne. Er isst Obst sehr gerne, zumal Äpfel liebt er besonders.* Gelegentlich kann die Kommasetzung bei einem Satzteil, der mit *zumal* eingeleitet ist, unterbleiben, nämlich wenn dieser Satzteil in den Ablauf des Satzes einbezogen werden kann und nicht als Zusatz aufgefasst wird. Als Zusatz mit Kommasetzung: *Er isst Obst, zumal am Abend, sehr gerne.* In den Ablauf des Satzes einbezogen ohne Kommasetzung: *Er isst Obst zumal am Abend sehr gerne.* Mit *da* und *wenn* bildet *zumal* Fügungen, die als Einheit empfunden werden können. Zwischen *zumal* und *da* bzw. *zumal* und *wenn* steht dann kein Komma. Nach den neuen amtlichen Rechtschreibregeln kann aber auch nach *zumal* und vor *da* oder *wenn* ein Komma stehen. Die mit *zumal da* oder *zumal wenn* eingeleiteten Nebensätze trennt man stets durch Komma ab: *Sie kann ihn nicht ausstehen, zumal[,] wenn er betrunken ist. Ich kann es ihm nicht abschlagen, zumal[,] da er immer so gefällig ist.* (Bei solchen Sätzen kann man *da* im Unterschied zu *wenn* auch weglassen: *Ich kann es ihm nicht abschlagen, zumal er immer so gefällig ist.*)
zumindest/ mindestens/ zum Mindesten	Im Sinne von »wenigstens« kann man sowohl *zumindest* als auch *mindestens,* seltener auch *zum Mindesten* gebrauchen: *Du hättest mir die Sache zumindest* oder *mindestens* oder auch *zum Mindesten andeuten müssen.* Falsch hingegen ist die Form *zumindestens,* die durch eine Vermischung von *zumindest* und *mindestens* entstanden ist.

zurecht oder **zu Recht**	Die Form *zurecht* tritt nur in Zusammensetzungen auf, z. B.: *Er hat sich nicht mehr zurechtgefunden. Ich werde schon zurechtkommen. Sie hatte sich das so zurechtgelegt. Wir haben uns zurechtgemacht. Dieser Tisch sollte zurechtgestellt werden.* Sonst schreibt man: *Die Forderung besteht zu Recht.*
zurückrufen	Im Sinne von »wieder anrufen« gebraucht man *zurückrufen* hochsprachlich nur ohne Ergänzung im Wenfall: *Ich rufe zurück, sobald ich etwas erfahren habe. Würden Sie in einigen Minuten zurückrufen?* In der Umgangssprache wird *zurückrufen* auch mit Ergänzung im Wenfall gebraucht: *Ich rufe Sie zurück. Würden Sie mich morgen zurückrufen?*
Zusammentreffen von drei gleichen Buchstaben	Treffen in einem zusammengesetzten Wort drei gleiche Buchstaben zusammen, dann darf nach den neuen amtlichen Rechtschreibregeln keiner von ihnen wegfallen: *Kaffeeersatz, Brennnessel, Balletttruppe.* Zur besseren Lesbarkeit kann in allen diesen Fällen ein Bindestrich gesetzt werden: *Kaffee-Ersatz, Brenn-Nessel, Ballett-Truppe.* Treffen beim behelfsmäßigen Ersatz von *ß* durch *ss* drei s-Buchstaben zusammen, dann darf man von diesen drei *s* in keinem Falle eines auslassen: *MASSSACHEN, MASSSTAB.* Der größeren Übersichtlichkeit wegen kann man auch diese Zusammensetzungen mit Bindestrich schreiben: *MASS-SACHEN, MASS-STAB.*
zutreffend	Bei den Steigerungsformen von *zutreffend* darf man das *d* nicht weglassen. Richtig ist also: *zutreffender, am zutreffendsten.*
zuungunsten	Bitte lesen Sie zum Verhältniswort (zur Präposition) *zuungunsten* unter »zugunsten« nach.
zuzüglich	Nach *zuzüglich* steht üblicherweise der Wesfall: *zuzüglich aller Versandkosten, zuzüglich des Portos, zuzüglich der erwähnten Gläser.* Steht aber das Hauptwort, das von *zuzüg-*

	lich abhängt, allein, also ohne ein Begleitwort, dann bleibt es in der Einzahl im Allgemeinen ungebeugt, d. h. unverändert: *zuzüglich Porto.* In der Mehrzahl aber weicht man bei allein stehenden Hauptwörtern auf den Wemfall aus: *zuzüglich Gläsern.*
zwecks	Das Verhältniswort (die Präposition) *zwecks* ist besonders in der Amtssprache gebräuchlich und stilistisch unschön. Es steht im Allgemeinen anstelle von *zu* oder *für* und wird in der Regel mit dem Wesfall verbunden: *zwecks eines Handels, zwecks Zahlungsaufschubs.* In der Mehrzahl weicht man jedoch auf den Wemfall aus, wenn der Wesfall nicht eindeutig erkennbar ist: *zwecks Geschäften* (nicht: *Geschäfte*).
zwischen	**1. Kinder zwischen 10 und 12 Jahren, Gemeinden zwischen 50 000 und 100 000 Einwohnern:** Nach dem Verhältniswort (der Präposition) *zwischen* steht in solchen Fällen immer der Wemfall: *Das Buch ist besonders für Kinder zwischen 10 und 12 Jahren geeignet. Es waren Kinder zwischen 10 und 12 Jahren. Es geht um den Gesundheitszustand der Kinder zwischen 10 und 12 Jahren. Es waren die Steuern von Gemeinden zwischen 50 000 und 100 000 Einwohnern.* Anders verhält es sich bei Sätzen wie: *Die Kinder waren zwischen 10 und 12 Jahre alt. Es waren die Steuern von Gemeinden, die zwischen 50 000 und 100 000 Einwohner haben.* Hier ist *zwischen* kein Verhältniswort, sondern Umstandswort (Adverb). Es hat daher keinen Einfluss auf die Beugung des folgenden Hauptworts *Jahre* bzw. *Einwohner.* Diese Hauptwörter sind hier nicht von *zwischen* abhängig, sondern von *alt sein* und *haben.* **2. Gegensätze zwischen den Arbeitgebern und zwischen den Arbeitnehmern:** Die Wiederholung von *zwischen* (nach *und*) kann bei solchen Aussagen völlig den Sinn verändern und zu Missverständnissen führen. Richtig und sinnvoll ist ein solcher Ausdruck nur, wenn man hier Gegensätze sowohl innerhalb des Arbeitgeberlagers als auch innerhalb

	des Arbeitnehmerlagers ansprechen will und nicht Gegensätze zwischen diesen beiden Lagern. Sonst dürfte *zwischen* nicht wiederholt werden, und es müsste heißen: *Die Gegensätze zwischen den Arbeitgebern und den Arbeitnehmern sollen abgebaut werden.* Ganz und gar sinnlos ist die Wiederholung von *zwischen* in Fällen wie: *der Abstand zwischen diesem Haus und zwischen dem Nachbarhaus* oder: *das Spiel zwischen dem 1. FCK und zwischen dem HSV.* Richtig ist hier nur: *der Abstand zwischen diesem Haus und dem Nachbarhaus* und: *das Spiel zwischen dem 1. FCK und dem HSV.*
zwischenzeitlich	Das Wort *zwischenzeitlich* tritt hauptsächlich im geschäftlichen Briefverkehr sowie in der Amtssprache auf und ist stilistisch unschön. Man ersetzt es besser durch *inzwischen* oder *in der Zwischenzeit.*